目でみる 女性スポーツ白書

井谷惠子・田原淳子
來田享子 — 編著

大修館書店

はしがき

　20世紀最後の年に開かれたシドニーオリンピックは、女性の初参加から100年を迎えた記念すべき大会でした。開会式をはじめ種目の拡大でも、女性の登用が強く意識されていたことは記憶に新しいところです。わが国の女性選手達も参加者数でも新種目への挑戦でも、そしてその戦績においても大活躍を見せました。「激しいスポーツは女子には向かぬ」とされた時代から、女性のスポーツへの進出は質・量ともに急速に加速されてきました。女性選手達の明るい表情や、生き生きと語ることばは、女性スポーツが非常に開放的になったことを物語っています。東京オリンピックの東洋の魔女達に苦難と忍耐の表情が刻まれていたことと重ねると、女性スポーツの環境がこの数十年で様変わりしたことが読みとれるように思います。

　地域スポーツでも女性人口は増え、フィットネスクラブやテニススクールでは快い汗を流す女性の姿が自然な風景になっています。昨年の統計では、女性のスポーツ実施率が男性を上回った世代も出現し、ことに中高年女性では健康志向のスポーツ熱が高いことが理解できます。一方、メディアはこのような女性のスポーツ参加や活躍を好んで取材し、華々しく報道しています。このために「休日、男性は接待ゴルフか疲れて眠るだけ、女性はウィークデーの昼間からクラブ三昧」「女性はもう充分スポーツを楽しみ、進出を果たしている」という理解が浸透しているように思われます。しかし、メディアで華やかに語られる女性選手の活躍や人々の意識の中にあるスポーティブ・ウイメン像は本当に女性とスポーツとの一般的現実を照らしているのでしょうか。

　本書の編集に関わった私たちは「何かスポーツを始めたいけれど自信がないし、時間もない」「監督や役員はほとんどが男性で占められていて、女性の意見は取り上げてもらえない」など多くの不満や、時によっては不満や異議の声さえあげることのできない現実を訴える声に接してきました。その中で、「男らしさ」を誇示する文化装置として発祥したスポーツが、今なお男性優位の意識や仕組みを強く残し、それらが女性の主体的でゆたかなスポーツ参加を妨げていることに気づくようになりました。そして、スポーツは「ジェンダー最後の砦」と揶揄されるように、生物学的性差として片づけられてしまう「身体」を媒介とする文化であるが故に、女性の主張が受け入れられ難いという困難な問題を

内包していることにも直面してきました。

　ジェンダー研究の進展や拡大とともに、女性はもう充分解放されたという一般的認識と現実との隔たり、またそれらの認識を知らず知らず作りあげていくジェンダー構造が解明されつつあります。相変わらず、家事負担や育児責任を大きく担いながら、安い賃金で働き、意思決定の場への参画が阻まれている女性像が明らかにされてきたのです。しかし、わが国のスポーツの世界では、女性とスポーツの関係が男性と比べてどうなのか、それらが何に起因するものであるのかについて正面から語られることは稀であったように思われます。また、多様な領域から成り立つ体育学・スポーツ科学では生理学や社会学などの個々の領域で議論はされても、総合的に女性とスポーツの関係を見直すという試みもなされては来ませんでした。海外ではスポーツに潜むジェンダー構造やセクシズムについての研究はわが国に比べてはるかに先行しており、スポーツにおける男女平等や公正を求めて世界的な運動も始まっています。

　本書では、わが国における女性とスポーツとの関わりを問い直す最初のステップとして、これまでに公表された学術的データを中心に関係する資料の収集を試みました。女性とスポーツとの関わりに問題意識を持つ様々な分野の研究者が集まり、歴史、競技スポーツ、生涯スポーツ、スポーツ産業、メディア、子どものスポーツ環境、教育、からだ、生活などの領域から女性とスポーツの現実を浮かび上がらせることがねらいとなっています。

　数量的なデータの男女比較や年表の提示にとどめた本書の性格は、女性とスポーツの関係を問うという目的に十分答えられるものではありません。また、ジェンダー研究がこれまでの研究手法や男女の区分け自体に疑念を示している今、男女を比較検討するという手法に限界のあることも自認しつつ、あえて女性とスポーツとの現実を洗い出してみることに意義を見いだしました。

　本書が女性とスポーツとの関係についての問い直し、スポーツにおけるジェンダー構造への気づきの契機になればうれしく思います。最後に、ここに収集した資料は、NPO法人ジュースの調査研究部が文部科学省の男女共同参画学習委嘱事業として行った成果をさらに発展、充実させたものであることを紹介させていただきます。

編著者　井谷惠子、田原淳子、來田享子

目でみる女性スポーツ白書◆目次

目次

はしがき ……………………………………………………………………………… 1

第1章　女性スポーツをめぐる世界の動向

- 1-1　年表と新聞記事でみる20世紀の女性スポーツの歩み ……………… 13
- 1-2　近代オリンピック大会（夏季）における競技の採用 ………………… 32
- 1-3　近代オリンピック大会（夏季）の参加者数の変化 …………………… 38
- 1-4　近代オリンピック大会（夏季）における男女別種目数の割合の変化 …… 40
- 1-5　21世紀の女性スポーツを担う国際組織 …………………………… 42

第2章　競技スポーツと女性

- 2-1　競技にみる男女差 ……………………………………………………… 52
  ■男女の種目が実施された競技　■片方の性だけで実施された競技　■大会によって男女の実施に違いがみられた競技
- 2-2　種目にみる男女差 ……………………………………………………… 55
  ■男子・女子に特有の種目　■階級別競技種目　■性によって距離・量に違いがみられる種目　■混成種目・性別による区別のない種目
- 2-3　日本代表選手団にみる男女差 ………………………………………… 62
  ■選手・役員全体の男女比　■オリンピック大会における競技別男女比　■パラリンピック大会における競技別男女比　■本部役員の男女比
- 2-4　日本体育協会・JOC加盟団体にみる男女差 ………………………… 69
  ■役員の男女比　■登録者の男女比　■指導者の男女比　■審判員の男女比　■コンディショニング・スタッフの男女比　■女性の登用に関する意識　■役員の選出方法　■女性を対象とした組織・部門　■女性に関する取り組み
- 2-5　競技記録にみる男女差 ………………………………………………… 82
  ■陸上競技　■競泳　■スピードスケート　■ウェイトリフティング

第3章　女性の生涯スポーツ参加

- 3-1　女性のスポーツ実施状況 ……………………………………………… 90
  ■スポーツ実施率の推移　■レベル別にみたスポーツ実施率　■スポーツ実施率の国際比較〈3ヵ国〉　■スポーツ種目別にみる実施率
- 3-2　スポーツクラブ・同好会にみる女性 ………………………………… 95
  ■スポーツクラブ・同好会の所属率　■所属クラブ・同好会の種類および活動種目　■スポーツクラブ・同好会への所属希望
- 3-3　女性のスポーツ活動に対する取り組み方 …………………………… 98
  ■スポーツ実施の目的　■スポーツ活動に対する満足度　■潜在的スポーツ人口と無関心層　■スポーツ活動の促進条件

	3-4　女性の生涯スポーツイベントとプログラム	102
	■家庭婦人の競技大会　■女性が中心に運営しているスポーツイベント　■生涯スポーツイベント（スポレク祭・ねんりんピック）にみる男女差	
	3-5　地域の女性スポーツ指導者	110
	■体育指導委員の現状　■文部科学大臣認定「スポーツ指導者」の現状　■日本スポーツ少年団指導者の現状	

第4章　スポーツ産業と女性

- 4-1　スポーツ産業の領域 …… 120
- 4-2　スポーツ関連費用にみる女性の動向 …… 121
  - ■スポーツ種目別の年間平均費用　■スポーツ財（用具・衣服）の年間費用　■スポーツサービス（入場料・受講料・会費）の年間費用　■スポーツ財（用品・用具）の購入希望
- 4-3　フィットネス産業と女性 …… 125
  - ■フィットネスクラブ数と会員及び会費の推移　■フィットネスクラブ会員の男女比　■フィットネスクラブにおけるクラス（プログラム）種類別実施数　■フィットネスクラブにおける施設責任者の男女比
- 4-4　商業スポーツ施設に関連する指導者資格 …… 131
  - ■厚生労働省が認可する指導者資格の男女比1：「健康運動指導士」「健康運動実践指導員」　■厚生労働省が認可する指導者資格の男女比2：「運動指導専門研修（運動指導担当者）」「運動実践専門研修（運動実践担当者）」　■文部科学省が認可する商業スポーツ施設における指導者資格の男女比：「スポーツプログラマー2種（フィットネストレーナー）」「C級教師（初級）・B級教師（中級）・A級教師（上級）」
- 4-5　プロスポーツ産業と女性 …… 135
  - ■主なプロスポーツ団体の登録状況と男女比　■主なプロスポーツ団体における役員の男女比　■プロスポーツ選手の獲得賞金金額の男女差　■女子プロスポーツ（ゴルフ）を支える主なスポンサー企業・団体

第5章　メディアにみる女性とスポーツ

- 5-1　スポーツへの関心 …… 144
  - ■書籍・雑誌　■テレビ・ラジオ　■好きなスポーツとスポーツ選手
- 5-2　メディアの中の女性とスポーツ …… 148
  - ■テレビのスポーツ中継　■新聞のスポーツ面の分析（◎スポーツ写真 ◎「月刊切り抜き体育・スポーツ」）　■雑誌にみる女性とスポーツ　■スポーツ新聞にみる女と男
- 5-3　スポーツ・メディアの受け手への影響 …… 160
- 5-4　スポーツ・メディアの送り手 …… 164

第6章　「女の子」とスポーツ

- 6-1　スポーツ実施の現状―遊び・運動・習い事― …… 168

　　　　　■遊び経験　■遊びや運動の好き嫌い　■運動時間　■習い事
　6-2　子どもの意識 ………………………………………………………………180
　　　　　■自己像と運動・スポーツ　■女性像・男性像　■将来の夢・憧れの職業
　6-3　大人から子どもに送られるメッセージ …………………………………188

第7章　学校体育と女性

　7-1　教育課程の変遷にみる男女差 ……………………………………………194
　7-2　戦前・戦中の教育課程における「女子の特性」のとらえ方 …………195
　7-3　男女別の体育カリキュラム ………………………………………………198
　7-4　体育授業とジェンダーバイアス …………………………………………200
　7-5　体育の好き嫌い・満足感 …………………………………………………202
　7-6　学校期におけるスポーツ経験の差 ………………………………………204
　7-7　運動部活動にみる男女差 …………………………………………………206
　7-8　体育教員とジェンダー ……………………………………………………210
　7-9　体育・スポーツを専攻する生徒・学生 …………………………………214
　7-10　スポーツ指導と暴力／セクシュアル・ハラスメント …………………216

第8章　女性のからだ

　8-1　文部省新体力テストでみる女性の体力・運動能力 ……………………222
　　　　　(1)全年齢共通テスト項目■握力■上体起こし■長座体前屈　(2)6歳から64歳
　　　　　対象の項目■反復横とび■20mシャトルラン(往復持久走)■立ち幅とび　(3)6
　　　　　歳から19歳対象の項目■50m走■ソフトボール(6歳〜11歳)・ハンドボール投げ
　　　　　(12歳〜19歳)■持久走(男子1,500m、女子1,000m)　(4)20歳から64歳対
　　　　　象の項目■急歩(男子1,500m、女子1,000m)　(5)65歳から79歳対象の項目■
　　　　　開眼片足立ち■10m障害物歩行■6分間歩行■ADL(日常生活活動テスト)
　8-2　幼児の運動能力検査でみる女児の体力・運動能力 ……………………237
　　　　　■25m走■立ち幅とび■ソフトボール投げ■テニスボール投げ■両足連続とびこし
　　　　　■体支持時間■捕球■往復走
　8-3　女性の体格 …………………………………………………………………243
　　　　　■身長■体重■BMI■肥満とやせの傾向■体型の自己評価■体脂肪率
　8-4　女性の性的発育 ……………………………………………………………248
　8-5　女性の骨塩量（骨密度）…………………………………………………249
　8-6　競技者と月経 ………………………………………………………………250
　　　　　■競技者の月経時の諸症状　■競技種目別の月経異常発現率　■初経発来年齢
　8-7　女性の痩身願望 ……………………………………………………………253

第9章　女性の生活とスポーツ参加

　9-1　女性のスポーツ参加を促進する要因 ……………………………………258

| 9-2 | 変わりゆく女性のライフサイクル | 260 |

■女性のライフサイクルの変化　■高齢者の暮らしと夫婦の意識

| 9-3 | 男女の生活時間 | 265 |
| 9-4 | 男女の役割分業意識 | 267 |

■性別役割分業に対する意識　■「家庭と仕事」についての意識　■家事・育児・介護についての意識と実態

| 9-5 | 女性と労働 | 273 |

■日本の女性労働の特徴　■女性の離職理由　■女性の管理職割合と男女の賃金格差

| 9-6 | 女性の身体活動 | 278 |

■女性の健康・体力に関する意識　■女性の身体活動　■今後やってみたいスポーツ

資料編

女性とスポーツ関連団体（海外編） …………………………………………… 284
女性とスポーツ関連団体（国内編） …………………………………………… 286
女性の地位向上に関わる代表的な声明・条約・法規 ………………………… 288
■女性差別撤廃条約
■第4回世界女性会議の概要及び行動綱領（1995年）
■国連特別総会「女性2000年会議」概要（2000年）
■男女共同参画社会基本法（1999年6月23日法律第78号）

女性と体育・スポーツに関する世界的な宣言・アジェンダ・法規 ………… 306
■ブライトン宣言（第1回世界女性スポーツ会議　1994年）
■ウィンドホーク行動要請（第2回世界女性スポーツ会議　1998年）
■各国政府の文部大臣の実行を要請するベルリンアジェンダ（1999年）
■プンタ・デル・エステ宣言（1999年）
■第1回IOC世界女性スポーツ会議決議文（1996年）
■第2回IOC世界女性スポーツ会議決議文（2000年）
■タイトルⅨ（教育修正法第9篇）

海外での体育・スポーツに関する男女共同参画ガイドライン ……………… 327
■「体育・スポーツにおける男女共同参画手引き書」NAGWS男女共同参画特別委員会（1995年）

海外のセクシュアル・ハラスメントガイドライン …………………………… 330
■スポーツ場面におけるセクシュアル・ハラスメントに関するNASPEによる声明、2000秋
■Women Sport International による「スポーツにおけるセクシュアル・ハラスメント／性的虐待」防止のための啓発リーフレット（抜粋）
■カナダのスポーツ界におけるハラスメント対策

FAT防止のための啓発リーフレット …………………………………………… 342
■WSIによるFAT防止のための啓発リーフレット（抜粋）

あとがき ………………………………………………………………………………… 346

第1章
女性スポーツをめぐる世界の動向

1-1　年表と新聞記事でみる20世紀の女性スポーツの歩み
1-2　近代オリンピック大会（夏季）における競技の採用
1-3　近代オリンピック大会（夏季）の参加者数の変化
1-4　近代オリンピック大会（夏季）における男女別種目数の割合の変化
1-5　21世紀の女性スポーツを担う国際組織

本書の最初に、20世紀の100年間に女性とスポーツの関わりがどのように変化してきたのかを概観しておきたい。

　欧米諸国における女性とスポーツの関わりは、男性と同様、一部の上流階級の人々にだけ許されたものとしてはじまった。19世紀の終わり頃、女性にとってスポーツは、あるときは、社交の道具であり、遊びであった。時には、「女性らしい」立ち居振舞いを身につけるための一種のトレーニングにもなった。一方、日本での女性とスポーツの関わりは、女子の中等教育の一環として、体力や体格の増強を目的に行われるものとしてはじまった。21世紀を迎えた私たちにとって、女性とスポーツの関わりは、いうまでもなく19世紀末の黎明期とは異なるものになった。この100年に、どのような出来事が女性とスポーツの「今」をつくりあげたのだろうか。

　本章では、はじめに、20世紀の女性スポーツのあゆみを年表というかたちでたどってみたい。年表には、日本における出来事を中心に抽出し、国際的な流れもわかるよう、世界における出来事についても、一部スペースをわけて記載した。紙面の関係上、ここで紹介した出来事は、過去のほんの一部分にすぎない。また「女性とスポーツ」の過去をたどる研究は、「男性とスポーツ」のそれと比べると、まだまだ明らかにされていないことも多い。年表では数行に収められてしまった出来事の背景には、さまざまなドラマがあったであろうことは想像に難くない。そんなわけで、年表が語る過去よりももっと、実際の「女性とスポーツ」の過去には奥行きや広がりがあることを理解した上で、この100年の先達たちの歩みに近づいてみたい。

　年表をまとめた段階で、この100年の流れはおよそ次のように見ることができるのではないかと考える。

　第一の流れは、第二次世界大戦が終わる1940年代中ごろまでの時期に見ることができる。この時期、主として男性がつくりあげてきたスポーツの世界に、女性たちが参入しようとすることそれ事態に、さまざまな抵抗があった。そうした中で、女性がさまざまなスポーツ場面に参加するためのムーブメントが展開された。例えば、女性が近代オリンピック大会をはじめとする国際的な競技会に出場するための権利すら、獲得しなければならないものであった。そうした権利の獲得にむけたムーブメントと同時に、女性たちは、その権利に足るだけのスポーツの普及に努めなければならなかった。別の観点からみれば、国際

競技会が女性とスポーツの関係を活性化する役割を果たした時期だといえるかもしれない。しかし、この時期に、女性が参加を希望した競技自体は、「女性らしい」といわれる範疇にとどまっていた。そのため「男性のためだけのスポーツ」が存在する状況が残された。

第二の流れは、1980年前後までの時期で、戦前同様、スポーツへの女性の参加拡大を意図したムーブメントが継続された。しかし、戦前と異なっていたのは、根拠もなく女性には無理だといわれてきたスポーツに、女性が挑戦をはじめたことであった。第一の流れの成果は、こうした新たな挑戦が可能になったことにも見ることができる。また、メディアを通じて女性のスポーツが「流行現象」や「流行語」を生みだし、社会に影響を与えるまでに普及が拡大してきたことも年表から読みとれる。

第三の流れは、1980年代以降のものである。今の私たちにもっとも近いこの時期は、フェミニズム、ジェンダーといった用語に支えられた社会一般での女性運動とあいまって、スポーツでも女性の「参加」から「参画」へとムーブメントが方向づけられた時期であろう。競技を主体とした、いわゆる女性スポーツ組織だけでなく、競技を超えた広い視野で、女性とスポーツに関わるネットワークをつくり、「参画」に向けた課題の解決策を見出そうとする組織が見られはじめるのが、ここ20年間の大きな動きである。

これら3つの時期を簡単に表現すれば、〈スポーツへの女性の参加拡大の時期（1900年代～1940年代中ごろ）〉、〈"女性スポーツ"の拡大の時期（1940年代中ごろ～1970年代）〉、〈スポーツへの女性の参画を目指す時期（1980年代～）〉といえるのではないだろうか。

本章では、年表のほか、近代オリンピック大会（夏季）を女性スポーツの普及を示す指標の一つと考え、女性の参加者および種目数の変化をグラフでみた。また同じ視点から、どのような競技がいつ頃からオリンピック種目に採用されるようになったのか、それは男性の同じ競技とどの程度、時期的に異なるのか、が明らかになるように、オリンピック大会（夏季）への競技導入の変遷を図化したものを記載した。これらは、第2章「女性と競技スポーツ」とも関連するが、1900年からの時代推移を見るという視点から、本章に付加したものである。

また、最後の項目として、「21世紀の女性スポーツを担う国際組織」と題し、1980年代以降の〈スポーツへの女性の参画を目指す時期〉に、活発な活動を展

開した女性とスポーツに関わる国際的な組織を紹介した。これらの組織のうち、いくつかは、50年以上の歴史をもつものである。しかし、多くの組織が、まだ若いものでありながら、女性とスポーツの関わりについて21世紀に向けたビジョンを提示してきた。世界中でネットワークを結んでいる組織を記載することで、年表等で振り返ってきた女性とスポーツの過去から、未来へと視点を移してみたい。

1-1 年表と新聞記事でみる20世紀の女性スポーツの歩み

〈年表について〉
・見開き左側には年表を、右側には当時の様子を報道した新聞記事をいくつか掲載した。
・年表は2段にわけ、上段には日本での出来事を、下段には世界でのできごとを記載した。
・年表には年のほか、明らかになっている範囲で月日を記載した。月日が不明なものについては「-」とした。
・必要に応じて社会一般での出来事をグレーの網掛けで示した。「できごと」の冒頭に★があるものは、右側に新聞記事が掲載されているものである。
・「できごと」の末尾には、それが記載されていた典拠文献を文献表の番号で示した。

【1900-1924】

年 月 日	できごと（日本）
1900. 3.26	文部省が女子の師範学校・高等女学校の月経時における体操科の取扱いに関して注意を行う。(1)
1901. 3.22	「高等女学校令施行規則」制定。体操科の内容が普通体操および遊戯になる。(1)
1904. 6.25	久保田文相が女子の体育振興を強調。(1)
1905. 2.16	女子のスポーツが発達すると女性らしさが失われ品位を下げるのではないか、とする批判記事が掲載される（東京朝日新聞）。(1)
9. 9	日本初の婦人ゴルフ競技会が神戸六甲山上コースで開催される。(1)
1906. 7.—	このころ、女子学生の体育・スポーツに関する活動写真が封切られる。(1)
—	このころ、女子学生の富士登山がよく見られるようになる。(1)
1908.—	男女の場所を区分して、須磨海水浴場が開設される。(2)
1910. 5. 2	師範学校長会議で女子生徒に奨励すべきスポーツとして、なぎなた・水泳・弓・スケート・テニス・羽根つきがあげられる。(1)
1911. 6. 1	平塚らいてうなどが青鞜会を発起、雑誌「青鞜」創刊される。
7. 8	公娼廃止運動団体「廓清会」設立される。
1912. 7. 6～14	第5回オリンピック大会（ストックホルム）、日本が男子選手(2名)のみで初参加。(1)
1913. 3. 7	第一次世界大戦、勃発。
—	大阪毎日新聞社、浜寺海水浴場に婦人水浴場を設置。(2)
1915.—	女学生に袴の裾をくくったブルマーが普及する。(2)
5. 1～2	大阪毎日新聞主催、第2回日本オリンピック大会に女子の陸上競技がオープン種目として採用される。(3)
1917.11.—	愛媛県今治高等女学校で野球部が創設される。(4)
1922. 5.27	女性のための初の総合的競技会とされる第1回府下女子連合競技会開催（YWCA主催、東京女子高等師範学校グランド）。(3)
1923.—	東京朝日新聞に「女子の運動を発達させるには何うしたら好いか」の連載。(2)
5.21～26	★第6回極東選手権競技大会（大阪市立運動場）に、女子の水泳・テニス・バレーボールがはじめてオープン種目として採用される。(日本女子選手の国際大会初参加)。(3)
8.14	第1回全国競泳大会（新愛知新聞主催）で女子4種目が行われる。(2)
1924. 6.15～16	女性のための日本初の全国的・総合的競技会である第1回日本女子オリンピック大会開催（健母会・中央運動社主催、大阪市立運動場）。(3)

年 月 日	できごと（世界）
1900. 7.14～22	第2回オリンピック大会（パリ）に、ゴルフ・馬術・テニス・ヨットなどの種目で初めて22名の女性が参加する。(3)
1921.10.31	国際女子スポーツ連盟（FSFI）設立、会長アリス・ミリア。(3)
1922. 8.20	第1回国際女子オリンピック大会（パリ）開催。(3)
—	英国のデイリープレス紙上で、女性のスポーツ競技を批判する投稿が増える。(2)

競技の記録（日三第）

水泳

◇四百四十碼（優勝）

▲A組 1小野田一選五分十七秒五分の門 新記録 2 愛部源治 3 松高 1 松高…最高分五分二十九秒

【新記錄】2 毛利敬
▲C組 1 石腰男五分四十一秒 五分の二 2 三食信
△新記錄 スタートに於て C 組よく A 組に比車のパラフーゲ兄父よく泳ぎ、壜の二回目のターンに於 B 組を抜き、最後のターンより D 組レブール迄もと四十碼と云ふ所

（標準記録小野田は自身の一分二秒五を三秒五更新）
百碼决勝を経過とし高標の御酸
に供するため直試を再び行ふ一
幣つて遂に鈴木等もよく追跡し
ト離んだが鈴鹿最一周場快泳を
人浪外小野田に肉削を出し、イ
ンガ、タンジョブに突ひ逃げ鈴木

◇女子軍試合で比車を破つた
（上）金田芙子戸田定代
（オープン競技）

【東京朝日新聞1923.5.24付 朝刊】

【東京朝日新聞1923.5.25付 朝刊】

【1925-1940】

年　月　日	できごと(日本)
1925. 9. ―	米国女子野球団が来日する。(5)
1926. 4. 1	日本初の女性スポーツ組織、日本女子スポーツ連盟(JWSF)設立、会長木下東作。(3)
8.27〜29	★第2回国際女子競技大会(世界女子オリンピック大会から改称、ヨーテボリ)に日本女子スポーツ連盟が人見絹枝を派遣。(3)
11. 9	講道館開運坂道場で、女子部の授業開始。本田存助教と柴愛子が道場取締りに。(1)
1928.7.28〜8.12	第9回オリンピック大会(アムステルダム)に、日本から人見絹枝が参加、800m走で銀メダルを獲得。(1)
1929. 8. 7〜10	日本の女子水泳選手4名がハワイの全米女子水泳選手権大会に遠征。(1)
1930. 9. 6〜 8	第3回国際女子競技大会(プラハ)に、日本から6名の陸上競技選手が出場。(3)
1931. 8. 2	人見絹江没、24歳。(1)
9.18	満州事変。
1932. 7.30	警視庁が女性ボクサー(石田正子)対男性ボクサーの試合を禁止する。(2)
1933. 1. ―	小崎甲子が最初の講道館女子初段になる。(1)
1934. 8. 9〜11	第4回国際女子競技大会(ロンドン)に日本から9名の陸上競技選手が出場。(3)
1935. 1. 6	講道館女子部、初めて寒稽古を行う。(1)
1936. 8. 1〜16	★第11回オリンピック大会(ベルリン)で日本の前畑秀子が200mで金メダル獲得。「前畑、ガンバレ」の放送に日本が沸く。(3)
2. 6〜16	第4回冬季オリンピック大会(ガルミッシュ・パルテンキルヘン)フィギュアスケートに、最年少・冬季初の女性選手稲田悦子(12歳)が出場。(6)
〜1937	この頃、JWSF消滅。(3)
1938. 7.16	第12回オリンピック東京大会の開催を返上。(8)
1940.10.30	二階堂トクヨ、教育功労者として表彰される。(1)

年　月　日	できごと(世界)
1926. 8.27〜29	★第2回国際女子競技大会(ヨーテボリ)開催、8カ国から延176名が参加。(3)
1928.7.28〜8.12	第9回オリンピック大会(アムステルダム)に女子陸上競技初登場。女子800m走に国際的な批判が集まる。(3)
1930. 9. 6〜 8	第3回国際女子競技大会(プラハ)開催、19カ国から約300名が参加。(3)
1934. 8. 9〜11	第4回国際女子競技大会(ホワイトシティー)開催、19カ国から400余名が参加。同大会はこれを最後に消滅。(3)
1936. 8.10〜11	国際陸上競技連盟第13次総会で、国際陸上競技連盟が女子の陸上競技の統括を決議。FSFIが実質的に消滅する。(3)
1940. ―	米国で全国アマチュア競技連盟女子部がアメリカ健康・体育・レクリエーション協会に合併される。(1)

第1章　女性スポーツをめぐる世界の動向　17

各國の選手流女

世代の女が多い

全體に英國が一番優勢
日本はもう二三年練習が大切

〔ゴーテンアルグ卅一日發〕　人見絹枝

ゴーデンブルグの町に來て凡そ一ヶ月子の家に厄介にさへ入るのにはすまないトーマソンの家に歸つてから取れるだらうから月を延ばしたとこゝで次の都屋に歸つた、私は今度がのトマソン（妻）もゐなかつた

國際女子オリムピック大會の大ポスター

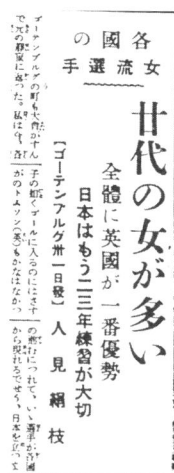

【大阪毎日新聞1926.9.2付　朝刊】

萬歳！水の女王様

世界一を育んだ今は亡き母の慈愛

紀ノ川原に付添うて励ます
遂に酬いた前畑嬢

次は結婚だ

——嘉ふ校長

【東京朝日新聞1936.8.12付　朝刊】

【1941-1959】

年 月 日	できごと（日本）
1941. 9. 8	大阪市の厚生協会、全国初の女子体力章検定を生駒山上で試演。(1)
11. -	厚生省、女子体力章検定を制定。(1)
1942. 6. 8	大阪市体力課、全国初の女子体力総合検定を実施。(1)
1943. 9.11	女子陸上運動訓練要綱きまる。(1)
1944. 8.22	女子挺身隊勤労令公布。(1)
1945. 8.15	日本、無条件降伏・ポツダム宣言受諾を発表（第二次世界大戦終結）。
12.17	衆議院議員選挙法改正公布、婦人参政権が実現する。
1946. 7.14	大峰山女子開放を目的に近畿登山協会女子登山隊が登山を決行、信徒らに阻止され下山。(1)
1947. 3.31	教育基本法公布（教育の機会均等、男女共学、女子への高等教育機関の解放など）。
4. 3	第10回読売旗争奪野球大会開催、後楽園に女子アナウンサー登場。(1)
5. 3	日本国憲法施行（男女平等、表現の自由など）。
1948. 3.22	旧制高校最後の入試で女性がはじめて受験。三高に合格した八木貴代子は、体操の時間は見学を続けさせられる。(2)
1950. 3. 2	女子プロとして日本女子野球連盟発足。(52年にプロから社会人野球に移行、71年に自然消滅。(4)
5. 9	東京ミス競輪のおひろめ競技会開催（京王閣競輪場）、選手・審判・誘導員・改札係などすべてが女性。(1)
11.19	★女性ボクサーの公開試合が広島で開催される。(1)
1952.10. -	婦人航空連盟、設立。(1)
1954. 5.24	★ウィンブルドン大会に加茂幸子が日本初の女子選手として出場。(1)
8. 5	日本女子体育連盟結成。(1)
1959. 7.12	★田中聡子、200m背泳で世界新。(1)

年 月 日	できごと（世界）
1941. 4. -	米国で女子大学生のための対抗競技が体育指導者協会やアメリカ健康・体育・レクリエーション協会によって認められる。(1)
1946. -	英国で大学における女子体育教師の養成がはじまる。(1)
1949. 7.18～23	第1回国際女子体育連盟会議（コペンハーゲン）開催。(1)
1952. -	初の障害者スポーツ世界大会がストーク・マンデビルで開催される。（現在はパラリンピック第1回大会として認定)(11)
1953. 7.19～26	第2回国際女子体育連盟会議（パリ）開催。(1)
1954.11.19	世界女子プロレス、日本で初めて開催。(1)
1956.5.30～6.3	第11回国際スポーツ医学者会議のテーマの一つに「女子とスポーツ」が含まれる。(1)
1957.6.24～7.6	ウィンブルドン大会で米国女性黒人選手（ギブソン）初優勝。(1)
7.15～20	第3回国際女子体育連盟会議（ロンドン）開催。(1)

第1章　女性スポーツをめぐる世界の動向　19

広島で女流ボクサー出場

十九日広島市中央バレーボールコートで行われたゴステロ対利田のプロボクシング試合の前座にわが国はじめての女流ボクサー石岡知子（二ユーユニオン）と宮間和子（二・北大阪）が出場、石岡が判定で勝った。

【朝日新聞1950.11.20付　朝刊】

田中（聡）嬢が世界新

2分37秒1、二百背泳で

日本選手権水泳第四日最終日は十二日西独水泳連盟の協賛で、甲子園市営プール（五十㍍プール）で行われ、二百㍍背泳で田中聡子選手（甲南大）が二分三十七秒一の世界新記録をつくった。これは昨年十月第三回アジア大会（東京）で同選手が出した二分四十一秒四を四秒三縮めたもの、日本の女子自由形選手としてはじめてのオリンピック選手となったアメリカのクリス・フォン・サルツァ選手が四月に出した二分三十八秒九の世界新記録を〇秒八更新した。なお田中選手のすべての通過記録もそれぞれの距離の世界新記録（二十五㍍プール）で、二百㍍自由形二分四十一秒〇で昨年八月三十日、ワイディー・デン・ハーグ選手が出した記録をおさえる大快挙。

世界新を出した田中嬢のゴール（神宮プールで）

田中選手のラップ

距離	タイム
50㍍	36.5
100㍍	1:16.0
150㍍	1:57.3
200㍍	2:37.1

ノドがかわいて苦しかった

田中聡子選手の話　コースの感じがちがっていたので心配したけれど、ゴールするまでハッと思った。

【朝日新聞1959.7.13付　朝刊】

ウィンブルドンへ

加茂幸子嬢が初出場

加茂幸子嬢

日本女子テニス界最大のトーナメントであるウィンブルドン大会に出場する。ウィンブルドン大会の日本の女子選手の出場はこれが初めてのこと。加茂嬢はロバート・チルニー両氏から出た非難を受取るようなふしは是非解明するように、と協会が決定した。同大会は六月九日日比谷田村町日東紅茶のBOA機にて出発する予定だが、同氏からは日本のBOA機関で非常に切望されている。加茂嬢は全英国における友人ジョージ・セル氏に世界テニス界最大のトーナメントであるウィンブルドン大会に出場するためのもの。

【朝日新聞1954.5.25付　朝刊】

【1960-1970】

年 月 日	できごと(日本)
1960.10.7	日本女子ヒマラヤ隊、ディオ・チバ峰(6000m)に登頂。(1)
1961.5.—	文部省婦人教育課設置。
10.15	ヨーロッパ遠征の日紡貝塚女子バレーチーム24戦無敗、東洋の魔女とよばれる。(1)
1962.4.1	中学校で新学習指導要領実施(技術・家庭科新設、男女で区分け)。
10.13~30	世界バレーボール選手権(モスクワ)で、日本女子チーム全勝で完全優勝。(1)
1963.10.12	依田郁子、80mハードルで11秒の壁を破る。(1)
1964.7.2	警察庁が流行に先手を打ち、「トップレス水着は禁止」と全国へ取締りを通達。(2)
10.10~24	★第18回オリンピック大会(東京)開催、日本女子バレーボールチームが金メダルを獲得し、大松監督の「おれについてこい」が流行語になる。(1)
1966.2.5~13	ユニバーシアード冬季大会(イタリア)で、女子フィギュアスケートの福原美和(早大)が2連覇。(1)
1967.1.2	日本女性4人、ニュージーランドのクック山(3763m)に登頂。(1)
7.19	日本女性2人(今井通子、若山美子)がマッターホルン北壁に初登頂。(2)
11.12~21	第42回全日本庭球選手権、16歳の高校生沢松和子が優勝。(1)
1969.10.5	女子バレーボールチームを題材にしたドラマ「サインはV」がスタート、高視聴率獲得。(1)
1970.3.22	第1回全日本女子プロボウリング選手権開催、中山律子優勝。(1)
4.1~4	★第1回全国家庭婦人バレーボール大会開催(東京)、48チームが参加。(2)(14)
5.17	日本山岳会エベレスト登山隊の渡辺節子、エベレストのサウスコル(7985m)まで到達、女性の登高世界一を記録。(1)
8.—	第2回世界女子ソフトボール選手権大会が大阪で開催される。(1)

年 月 日	できごと(世界)
1960.8.—	国際女子バスケットボール・ネットボール協会設立会議(セイロン)開催。(1)
1961.8.6~12	第4回国際女子体育連盟会議(ワシントン)開催。(1)
1964.11.26~27	スイスのマクリンゲンで「女子の体育・スポーツ」に関するシンポジウムが開催される。(1)
1965.2.14~21	第1回世界女子ソフトボール選手権大会(メルボルン)開催。(1)
4.11~14	大学女子学生競技・レクリエーション連盟の全国会議(リンカーン)。(1)
8.2~7	第5回国際女子体育連盟会議(ケルン)開催。(1)
1967.7.8	ビリー・ジーン・キングが全英テニス選手権大会で、シングルス・ダブルス・混合ダブルスの3種目を制覇。(2)
1968.1.6~13	第1回アジア女子ホッケー選手権大会(ニューデリー)開催。(1)
1969.6.25~7.1	スイス体育・スポーツ博物館「スポーツにみる女性」展を開催。(1)
8.18~23	第6回国際女子体育連盟会議、東京で開催される。(1)

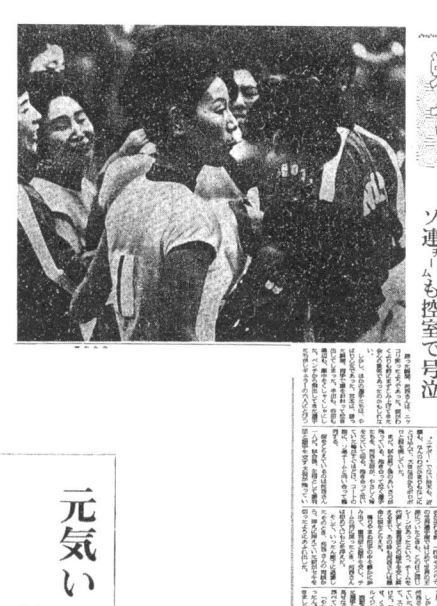

栄冠の"魔女"ついに泣く

「すべてが終りました」
一瞬、セキを切ったよう
ソ連チームも控室で号泣

【朝日新聞】1964.10.24付　朝刊

元気いっぱいプレー
家族の声援を背に
全国家庭婦人バレー大会

【朝日新聞】1970.4.3付　朝刊

【1971-1979】

年 月 日	できごと（日本）
1971. 6.27	松村鈴子、13歳で200m背泳に日本新。(1)
7.17	★女性アルピニスト今井通子、女性として世界初の「欧州アルプス三大北壁」の三冠王になる。(1)
1972. 7.21	日本水泳選手権大会で青木まゆみが100mバタフライで世界新。(1)
11.28	13歳の渡辺絵美が全日本フィギュア選手権で初出場優勝。(1)
1973. 4. 1	高校教育課程改定「家庭一般」女子のみ必修、保健体育単位に男女差。(1)
1975. 2. 2	第1回女子ミニサッカー関東大会開催。(1)
5.16	日本女性隊、女性で最初のエベレスト登頂に成功。(1)
7. 5	★沢松和子、第87回全英オープンテニスでアン・キヨムラと組んで、日本女性初の優勝。(1)
11.18	沖縄海洋博記念太平洋単独横断ヨットレースで小林則子が最短時間・最長航海の女性世界記録達成。(1)
1977. 5. 8	第1回バドミントン世界選手権開催、女子ダブルス日本チーム優勝。(1)
6.12	樋口久子、全米女子プロゴルフ選手権で日本人初の優勝。(1)
1978. 4.16	★日本初の女性だけのフルマラソン大会(多摩湖)に49人が参加。(1)
7.28	第1回全日本女子柔道選手権大会、講道館で開催、37名が参加。(1)
1979. 8. 2	全国家庭婦人バレーボール連盟設立。(14)

年 月 日	できごと（世界）
1972.8.26~9.11	第20回オリンピック大会（ミュンヘン）で初めて女性選手が選手宣誓を行う。(1)
1973. －	第1回国際フェミニスト会議開催（アメリカ）。
10.28	西ドイツ・クルドニールで初の女子マラソン大会が行われる。(1)優勝の記録は2時間59分25秒6。(1)
1975. －	国際婦人年。
6. －	中国にバスケットボールの女性レフリー登場。(1)
7.21	米国で男女の体育・スポーツにおける機会均等など性的差別を禁止する法律（タイトルⅨ）公布。(1)
1976. 5. 3	世界3大自動車レースのひとつ、インディアナポリス500マイルに史上発の女性参加者（米、J・ガスリー）。(1)
1977. 8.17~28	ユニバーシアード大会でバスケットボールの国際試合に米国女性が初の女性レフリーとして登場。(1)
1978. 3.19	第1回国際女子マラソン（アトランタ）開催、参加者187人。(1)
6.15	米国で「男子にまじってサッカー試合に出場できないのは男女差別撤廃法に反する」とする12歳女性の訴えをみとめる判決。(1)
8.18~28	世界水泳選手権（ベルリン）で初めて女子水球のエキジビション。(1)
1979.11.18	国際陸連初公認の女子フルマラソンとして第1回東京国際女子マラソン開催。(1)
－	米国の高校でフットボール公式戦初の女性プレーヤー登場。(1)

第1章　女性スポーツをめぐる世界の動向　23

女性初の"北壁3冠王"

今井通子さん、グランド・ジョラスも征服

頂上で結婚祝い
お相手は隊長高橋さん

【朝日新聞1971.7.20付　朝刊】

沢松、ダブルスで優勝

ウィンブルドン
日系米女性とペア

【朝日新聞1975.7.7付　朝刊】

日本で初の女性フルマラソン

桜の下を力走する女性たち。ゼッケン①は10㌔㍍で優勝したゴーマン夫人　＝東村山市の多摩湖畔で

【朝日新聞1978.4.17付　朝刊】

【1980-1986】

年 月 日	できごと（日本）
1980. 3.22〜23	第1回全日本女子サッカー選手権大会開催。(1)
1981. 8. —	第1回全国家庭婦人ソフトボール大会開催。(2)
9. 6〜 9	★日本ではじめて女子サッカーの国際試合、神戸・東京で開催。(1)
10. 1	★兵藤（前畑）秀子、日本女性初の五輪功労賞銀賞受賞決定。(1)
1982. 2.28	岡本綾子、ゴルフ米公式ツアーで日本人として初の2勝をあげる。(1)
3.24	★小野清子、日本初の女性JOC委員となる。(1)
8. —	第1回家庭婦人バスケットボール交歓大会開催、27チームが参加。(2)
7.31	大貫映子、日本人で初めてドーバー海峡を泳いで横断することに成功。(1)
1983. 1.23	初の国際女子駅伝、横浜市で開催。(1) また、これに先駆け、第1回全国都道府県対抗女子駅伝競走大会が京都で開催。(1)
1984. 6.22	服部道子、日本女子アマゴルフ史上最年少（15歳）、初の母娘チャンピオンに。(1)
8. —	第1回全国女子水球大会開催。(1)
8.21	第1回全国家庭婦人剣道大会開催。(1)
1985. 3.16	日本陸連、「ロード種目に限り男女混合レースを認める」と競技規則を改正。(1)
5. —	男女雇用機会均等法成立、86年4月施行。
7.25	日本において女性差別撤廃条約が効力を発する。
1986. 4.25	女優和泉雅子、北磁極踏破に成功、女性では世界初。(1)
1986. 8. 1	全国大学女子軟式野球連盟、発足。(1)
11.17	女子プロゴルファーを養成する全国初の各種学校設立。(1)

年 月 日	できごと（世界）
1980.10. 9	第1回国際女性スポーツ会議、日本プレスセンターで開催。(1)
5. 3〜 4	第1回女子世界パワーリフティング選手権大会（米）開催。(1)
11.29〜30	第1回世界柔道女子選手権大会（ニューヨーク）開催。(1)
1981. 9. 3	国連「女性に対するあらゆる形態の差別の撤廃に関する条約」発効。
10. 1〜 2	★IOC第84次総会で初の女性IOC委員が選出される（2名）。(7)
—	英国オックスフォード対ケンブリッジのボートレースで史上初の女性コックス登場。(1)
1983. 7. 2	第1回アジア女子ボディビル選手権（シンガポール）開催。(1)
1985. —	前年の国際レスリング連盟による女子レスリング公認をうけ初の女子レスリング国際大会開催。 日本からは柔道三段の大島和子が出場。
3.21	アイディタロット国際犬ぞりレースで大会史上初の女性チャンピオン。(1)
1986. 3.23	史上初の女子ウェイトリフティング国際大会（ブダペスト）開催、23名が参加。(1)

欧州の二強、引き分け
国際女子サッカー開幕

欧州の三強を招いての国際女子サッカー大会は六日、神戸中央球技場で、予想を上回る激しさとテクニックの応酬となったが、1-1で引き分けた。日本-イングランドの組み合わせで行われた。日本で初めての国際大会とあって、約七千人の観衆がつめかけた。

欧州選手権の決勝の顔合わせとなった第一試合には、デンマークーイタリア、日本ーイングランドの組み合わせで行われた。デンマークがピーターソンの得点でリードしたが、イタリーも後半二十五分、注目のビヨット・エリザベッタがゴール正面から強烈な同点シュートを放った。

また、日本は前半、イングランドの激しい攻めをよく防いだものの、後半押し出たところを攻め込まれ、4点を奪われて完敗した。

【朝日新聞1981.9.7付　朝刊】

女性委員二人 IOCに誕生
兵藤さんに功労銀章

【バーデンバーデン（西ドイツ）二日＝高橋特派員】八十七年の歴史を持つ国際オリンピック委員会（IOC）に、史上初の女性IOC委員二人が誕生した――第八十四次IOC総会が二日、当地で開かれ、新しいIOC委員七人を選任し、その中にフィンランドのピョルランチ現会長が実現させた。

モ・ヘッグマンさん（40）と、ベネズエラのフロル・イサバ・フォンセカさん（57）の二人の女性も入った。IOCはキラニン前会長が女性委員を迎え入れるのに積極的だったが、それをサマランチ現会長が実現させた。

ヘッグマンさんは陸上競技出身の体育教師。フォンセカさんはテニス、馬術の出場。同総会では、オリンピック・オーダー（功労章）を受ける三十八人を決めたが、銀章に日本の兵藤（旧姓前畑）秀子さん――一九三六年のベルリン五輪水泳女子二百㍍平泳ぎで優勝した日本の兵藤（旧姓前畑）秀子さんも選ばれた。三十八人の内訳は金四、銀二十四、銅十人。

兵藤秀子さん

【朝日新聞1981.10.3付　朝刊】

小野清子さん正式就任 JOC委員

日本オリンピック委員会（JOC）は二十四日の総会で日本スポーツ芸術協会から推薦された小野清子さん（飛のJOC委員就任を承認した。女性JOC委員は史上初めて。

小野委員は「東京五輪の際、組織委員会の役員だったJOC委員のみなさん方と同席できることを決めた。

また総会は八二年のオリンピック・オーダー受章対象者として八田一朗日本アマチュアレスリング協会会長をIOCに推薦することを決めた。

【朝日新聞1982.3.25付　朝刊】

【1986-1994】

年月日	できごと（日本）
1988. 4. 1	日本女子ラグビーフットボール連盟発足。(1)全国に女子チーム30。(1)
6.12	橋本聖子が全日本自転車競技選手権女子スプリントで優勝し、日本初の夏冬オリンピック代表に決定する。(2)
1989. 2.10	新学習指導要領発表、高校の家庭科男女とも必修。保健体育男女差撤廃。
3.18	伊藤みどり、フィギュアスケート世界選手権で日本のフィギュアスケート史上初の金メダル。(1)
1990. 1. —	★日本相撲協会が女性初の森山真弓官房長官による総理大臣杯授与を拒否したことが話題になる。(7)
8.12	初の全日本女子野球選手権大会開催。(1)
1991. 2. 1	小学生女子を対象とした初のサッカー全国大会開催、12チームが参加。(1)
7.18～26	第8回スペシャルオリンピックス（ミネソタ）で10歳の吉本友子が最重度障害部門の体操床運動で銀メダル。(10)
10. —	プロ野球オリックスの入団テストに2名の女性が参加。(4)
1992. 6.28	田部井淳子(52歳)、女性初の7大陸最高峰征服。(1)
6.28	第1回男女混合タッチフットボール大会開催。(1)
7.25-8.9	第25回オリンピック大会（バルセロナ）のマラソンで有森裕子が銀メダル獲得。(1)
1993. 8. 6	日本体育協会第12代会長に女性初、高原須美子就任。(1)
9.19	真木和が2万mで世界新。(1)
12.11	千葉マリンスタジアムで女子アメフト初の公式戦クイーンボウル開催。(1)
1994. 4. 7	★東京六大学野球連盟、春季リーグから女子選手の登録を認める。(1)
1994. 7.12	総理府が男女共同参画室、男女共同参画審議会を設置。

年月日	できごと（世界）
1988. 7.16	陸上100mでF・ジョイナーが10秒49の世界新。(1)
1989.11.29	女子体操のスター選手、N・コマネチがルーマニアからハンガリーに亡命。(1)
1990. 7. 8	女子空手道第1回世界選手権大会が福岡で開催される。(1)
1991. 2.26	モニカ・セレシュ、全豪テニスで最年少17歳、初出場で優勝。(1)
11.16～30	女子サッカー、第1回ワールドカップ開催（中国）、12カ国が参加。(1)
1992.12.27	バルセロナ五輪女子飛び板飛込みメダリストの高敏（中国）が前年の世界水泳選手権の金メダルを競売にかけ、約1600万円で落札。(1)
1993. 3.30	中国女子水泳選手が薬物使用で2年間の出場停止処分。(1)
6. 5	米大リーグの新人選択会議で史上初めて女性が指名される。(1)
4.25	英国に女性ボクシング協会誕生、12名の選手が登録される。(1)
1994. 5. 5～8	第1回世界女性スポーツ会議がイギリスで開催、「ブライトン宣言」が採択される。(1)(12)

第1章　女性スポーツをめぐる世界の動向

森山長官授与 "待った"?
相撲の総理杯 理事長が難色

森山官房長官が昨年暮れ、「女だから大相撲の土俵に上がれなければいけない」というのは、「伝統、文化は守っていかなければいけない」こうした発言、初場所千秋楽（二十一日、東京・国技館）で自ら内閣総理大臣杯の授与役を買って出る意向を明らかにしたことについて、日本相撲協会の二子山理事長（元横綱初代若乃花）は西日、要請があっても断る方針を示唆した。

二子山理事長からは「何らかのしかるべき人から話が来てから返事をするべき。まだ時間もあることだし、結論を急ぐことはない」と、当面、静観することにしている。

官房長官サイドからは昨年十二月二十九日、電話で打診があったというが、相撲協会側は正式な要請とは受け取っていない。

森山長官は「どうしても、おかしいと」こういう社会が日本につづくというのもいい、とも話し、拒否の姿勢をにじませました。

【朝日新聞1990.1.5付　朝刊】

東京六大学野球 女性部員認める
チアボーイ乱舞する?

伝統の東京六大学野球に女性選手誕生か――東京六大学野球連盟は七日、理事会を開き、女性の部員登録を認めることを確認した。理事会の正式議題ではなかったが、二月に米大学野球で女性選手が完投勝利したことが話題に。元々、連盟規約に部員の性別の明記はなく暗黙の了解だった"女人禁制"に終止符を打つことになった。立大と明大に女子マネジャーがいるが、部員登録はされず、この日の決定で晴れて正式部員になれる。部員は、選手登録すれば、試合出場も可能。

【朝日新聞1994.4.8付　朝刊】

女子マネ9人、部員登録 ベンチ入りの予定なし

東京六大学野球連盟が女性の登録を認めたことを受けて、明大と立大の女子マネジャーが八日、春季リーグ開幕を前に同連盟に部員登録を行った。登録したのは明大の粂知代子さん（二年）と立大の中野聖巳さん（三年）ら八人の計九人。

の歴史で、女子が部員登録されたのは初めて。六大学内で女子マネジャーがいるのは現在、両校だけ。マネジャーは選手とともにベンチ入りも可能だが、両校とも今のところ女子がベンチに入る予定はない、という。

▼「女性もベンチに」赤松良子文相は八日の閣議後の記者会見で、東京六大学野球連盟が女性の部員登録を認めたのに関連し、高校野球の全国大会での女性マネジャーのベンチ入りについて「合理的な理由がなくて（女性がベンチに）入れないの

【朝日新聞1994.4.9付　朝刊】

【1994-1999】

年 月 日	できごと(日本)
1995. 5.25	★日本サッカー協会が日本女子リーグなど全国レベルの試合の主審を務めることができる女子1級審判員の新設を決定。(1)
8. 8	東京六大学野球史上初の女性選手、J・ハーラー投手が初登板。(1)
1996. 2.28	日本相撲連盟、女性のアマチュア相撲団体、日本新相撲連盟を発足。(1)
5. 9	高校野球連盟　女性マネージャーのベンチ入り認める。(7)
7.20-8.4	第26回オリンピック大会(アトランタ)で有森裕子がマラソンで銅メダル。(1)
12.14	第1回全日本女子ボクシングスパーリング大会が大阪市で開催、20名が参加。(1)
1997. 1.19	女性用に考案された「新相撲」の第1回全日本選手権大会(大阪)開催。(1)
3. 2	静岡県中学選抜野球大会に初の女子選手が出場。(1)
1998. 3. 7	★プロ野球セントラルリーグ会長に初めて女性が就任する。(7)
12.28	改正労働基準法成立(女子保護規定撤廃)
8.20	財団法人日本障害者スポーツ協会の内部組織として日本パラリンピック委員会発足。(11)
12.19	女性スポーツ組織ジュース(JWS)設立。
1999. 6.23	男女共同参画社会基本法成立。
2.26	女性スポーツ組織ジュース、NPO法人の認可。

年 月 日	できごと(世界)
1994.10.16	国際陸連、98年のヨーロッパ選手権から女子3000mを5000mに改め、棒高跳びとハンマー投げを加えると発表。(1)
1994.11.27	知的障害者のスポーツを支援する全国組織「スペシャルオリンピックス日本」設立。(1)
1995. 1. 6	女子ウェイトリフティング世界選手権で優勝した2名の選手が薬物使用で永久追放処分。(1)
9. 4～15	第4回世界女性会議「北京宣言」発表。(1)
3. 7～10	第1回ICHPER。SDアジア女性スポーツ会議開催(マニラ)(13)
1996.7.20-8.4	第26回オリンピックアトランタ大会で女子選手数が3分の1を超える。(1)
9.28	第1回世界女子100kmトラックレース(ナント)で開催。
10.14～16	第1回 IOC世界女性スポーツ会議開催。(1)
1997.12.13～21	イスラム圏の女性のための国際スポーツ競技会(テヘラン)開催、13種目に23カ国の選手が参加、男性には非公開。
1998. 5.19～22	第2回世界女性スポーツ会議開催(ナミビア)。

Lリーグに女性の笛も

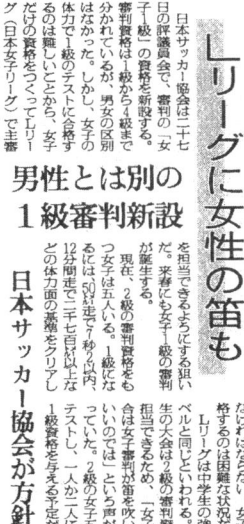

男性とは別の1級審判新設

日本サッカー協会が方針

日本サッカー協会は二十七日の評議員会で、審判の「女子一級」の資格を新設することを決めた。来春にも女子一級の審判が誕生する。

審判資格は一級から四級まで分かれているが、男女の区別はなかった。しかし、女子の体力で一級のテストに合格するのは難しいことから、女子だけの資格をつくってLリーグ（日本女子リーグ）で主審を担当できるようにする狙いだ。Lリーグは中学生の強いレベルと同じといわれる。中学生の大会は二級の審判資格で担当できるため、「女子の試合は女子審判が笛を吹いてもいいのでは」という声が上がっていた。二級の女子五人には、一人か二人に女子一級資格を与える予定だ。

現在、二級の審判資格をもつ女子は五人いる。一級になるには、50㍍走7.7秒以内、12分間走で二千七百㍍以上などの体力面の基準をクリアし一級テストし、合格しなければならない。女子が合格するのは困難な状況だ。

【朝日新聞1995.5.20付　朝刊】

ひと

女性初のセ・リーグ会長に就任した

高原 須美子（たかはら すみこ）さん

「（就任を断って）病人を困らせるようなことはしないでくれ」。入院中の渡辺恒雄・巨人オーナーから、大使をしていたフィンランドに電話があった。「初」に縁のある人だ。

本欄三度目のご登場を願った。これまでにも一九九三年、日本体育協会初の女性会長に就任した時、九五年、民間女性初の大使に就任した時。「初」に縁のある人だ。

経済評論家という本職から、取り組んでみたい仕事だったのだ。「お国のためなら、引き受けるべきかもしれませんが、道筋をつける初代長官は荷が重い」プロ野球なら国家の存亡には関係ないから"気楽"に引き受けられる。でも、ファンの目は厳しい。腰案のセ・パ交流試合は？

「交流試合については勉強中ということ。（反対している）渡辺オーナーから正式に諭じられたということはありません」。経企庁長官時代の別当薫、荒巻淳らを応援。高校野球ファンの現在はヤクルトの後援会長を務める。だから巨人ファンではない、という。

渡辺オーナーのラブコールの前に、橋本首相の初代長官から、金融監督庁の初代長官に、という誘いがあった。経企庁長官時代に近い人物から、金融監督庁の初代長官に、という誘いがあった。

すれば、取り組んでみたい仕事だったのだ。「お国のためなら、引き受けるべきかもしれませんが、道筋をつける初代長官は荷が重い」プロ野球なら国家の存亡には関係ないから"気楽"に引き受けられる。スタートする。

いろいろありました。私に望まれていることをきちんとやり遂げる自負を持って、再びスポーツ界へ。七日のプロ野球新人戦から仕事がスタートする。

「コメの自由化も検討すべきだと思う」と言ったためにヤクルトの後援会長を務める自民党から批判を浴び、発言を控えるために体協会長としての実績に疑問の声もある。「批判もいろいろありました。私に望まれていることをきちんとやり遂げる自負を持って、再びスポーツ界へ。

文　堀川 貴弘
写真　長澤 幹城

「経済理論から言えば、財布のひもを握る女性をターゲットに」。64歳。

【朝日新聞1998.3.7付　朝刊】

【2000】

年　月　日	できごと(日本)
2000. 1.28	★女子アメフトで鈴木弘子(35歳)が初の日本人として米国プロリーグ(WPFL)入団テストに合格。(9)
2.-	日本相撲協会が土俵の女人禁制を理由に太田房江知事による知事杯授与を拒否する問題が話題になる。(9)
4.-	山形大学女子サッカー部が女子サッカーの底辺拡大をめざし地域スポーツクラブを発足させることを発表。(9)
8. 3	千葉すず選手がシドニー五輪代表選考に漏れたことを不服としてスポーツ仲裁裁判所に提訴した問題で、日本水連の選考方法は公正だったものの選考基準の事前告知が不十分だったとする判決が下る。(7)
9.15-10.1	★シドニーオリンピック大会で日本の女子選手が過去最高の13個のメダルを獲得、5個の男子を圧倒する。高橋尚子選手がマラソンで日本女子陸上競技初のオリンピック金メダルを獲得。

年　月　日	できごと(世界)
2000. 3. 6～8	第2回IOC世界女性スポーツ会議。
9.15-10.1	シドニーオリンピック大会開催、「女性の五輪100年」をテーマに聖火の最終ランナー全員が女性に。

〈典拠文献〉
(1) 岸野雄三ほか編(1999)近代体育・スポーツ史年表、三訂版、大修館書店
(2) 江刺正吾(1992)女性スポーツの社会学、不昧堂、pp.307-341
(3) 來田享子(1999)日本女子スポーツ連盟による女性スポーツ促進運動に関する研究、中京大学大学院学位請求論文
(4) 桑原稲敏(1993)女たちのプレーボール幻の女子プロ野球青春物語、風人
(5) 佐々木等(1971)近世日本女子体育・スポーツ発展史、二階堂学園
(6) 大阪毎日新聞
(7) 朝日新聞
(8) 田原淳子(1993)第12回オリンピック東京大会の開催中止をめぐる諸外国の反応について：外務省外交史料館文書の分析を通して、体育学研究：38
(9) 読売新聞
(10) ファミリー熊日　1991.9.14日付
(11) http://www.paralympic.org/
(12) http://www.iwg-gti.org/e/brighton/index.htm
(13) 1st ICHPER. SD ASIA Conference on Women and Sports(プログラム)
(14) 京都府家庭婦人バレーボール連盟提供資料

〈参考文献〉
　クロスロード(1999)オリンピックおもしろ大百科―感動と栄光の100年＆シドニー大会情報―夏期大会、Hinode fine mook、日之出出版
　日本オリンピックアカデミー編(1988)オリンピックものしり小事典、池田書店

第1章 女性スポーツをめぐる世界の動向　31

【読売新聞2000.2.22付　夕刊】

【日本経済新聞2000.9.12付　朝刊】

1-2　近代オリンピック大会（夏季）における競技の採用

表1-1に、近代オリンピック大会（夏季）に採用された男女それぞれの競技数を大会別に示した。はじめて女子が参加した1900年パリ大会では、男子の競技10に対し、女子はわずか2競技にすぎなかった。その後、1976年モントリオール大会で、女子の競技数は、ようやく男子の競技数の半分に到達する。男女の競技数が近い値になったのは、ごく最近のことであるといえる。

次ページ以降では、どのような競技がいつ頃から採用されたのか、それは男子の同じ競技とどのように異なるかみてみよう。

表1-1　近代オリンピック大会（夏季）競技数

回	年	開催地	女子	男子	混合
1	1896	アテネ	0	9	0
2	1900	パリ	2	10	1
3	1904	セントルイス	1	11	0
4	1908	ロンドン	1	13	0
5	1912	ストックホルム	2	11	1
7	1920	アントワープ	2	16	1
8	1924	パリ	3	16	1
9	1928	アムステルダム	4	13	1
10	1932	ロサンゼルス	3	13	2
11	1936	ベルリン	4	18	2
14	1948	ロンドン	5	16	2
15	1952	ヘルシンキ	5	16	2
16	1956	メルボルン	5	16	2
17	1960	ローマ	5	16	2
18	1964	東京	6	18	2
19	1968	メキシコ	6	17	2
20	1972	ミュンヘン	7	20	2
21	1976	モントリオール	10	20	2
22	1980	モスクワ	11	20	2
23	1984	ロサンゼルス	13	20	3
24	1988	ソウル	16	22	3
25	1992	バルセロナ	18	24	3
26	1996	アトランタ	21	25	2
27	2000	シドニー	24	26	3

来田（2001）

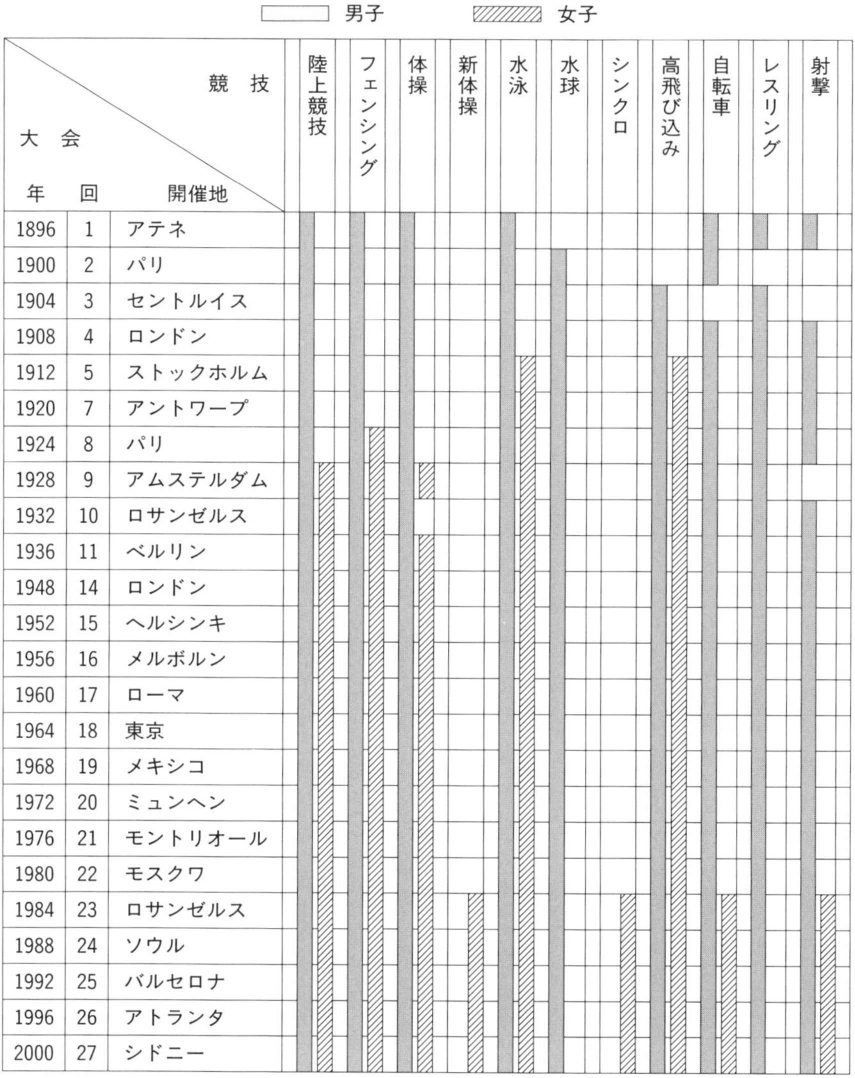

凡例: □ 男子 / ▨ 女子

年	回	開催地	陸上競技	フェンシング	体操	新体操	水泳	水球	シンクロ	高飛び込み	自転車	レスリング	射撃
1896	1	アテネ	男	男	男		男				男	男	男
1900	2	パリ	男	男	男		男	男			男		男
1904	3	セントルイス	男	男	男		男	男		男	男	男	男
1908	4	ロンドン	男	男	男		男	男		男	男	男	男
1912	5	ストックホルム	男	男	男		男女	男		男女	男	男	男
1920	7	アントワープ	男	男	男		男女	男		男女	男	男	男
1924	8	パリ	男	男女	男		男女	男		男女	男	男	男
1928	9	アムステルダム	男女	男女	男女		男女	男		男女	男	男	
1932	10	ロサンゼルス	男女	男女	男		男女	男		男女	男	男	男
1936	11	ベルリン	男女	男女	男女		男女	男		男女	男	男	男
1948	14	ロンドン	男女	男女	男女		男女	男		男女	男	男	男
1952	15	ヘルシンキ	男女	男女	男女		男女	男		男女	男	男	男
1956	16	メルボルン	男女	男女	男女		男女	男		男女	男	男	男
1960	17	ローマ	男女	男女	男女		男女	男		男女	男	男	男
1964	18	東京	男女	男女	男女		男女	男		男女	男	男	男
1968	19	メキシコ	男女	男女	男女		男女	男		男女	男	男	男
1972	20	ミュンヘン	男女	男女	男女		男女	男		男女	男	男	男
1976	21	モントリオール	男女	男女	男女		男女	男		男女	男	男	男
1980	22	モスクワ	男女	男女	男女		男女	男		男女	男	男	男
1984	23	ロサンゼルス	男女	男女	男女	女	男女	男	女	男女	男女	男	男女
1988	24	ソウル	男女	男女	男女	女	男女	男	女	男女	男女	男	男女
1992	25	バルセロナ	男女	男女	男女	女	男女	男	女	男女	男女	男	男女
1996	26	アトランタ	男女	男女	男女	女	男女	男	女	男女	男女	男	男女
2000	27	シドニー	男女	男女	男女	女	男女	男女	女	男女	男女	男	男女

図1-1 オリンピック大会に採用された競技（男女別）——1

來田（2001）

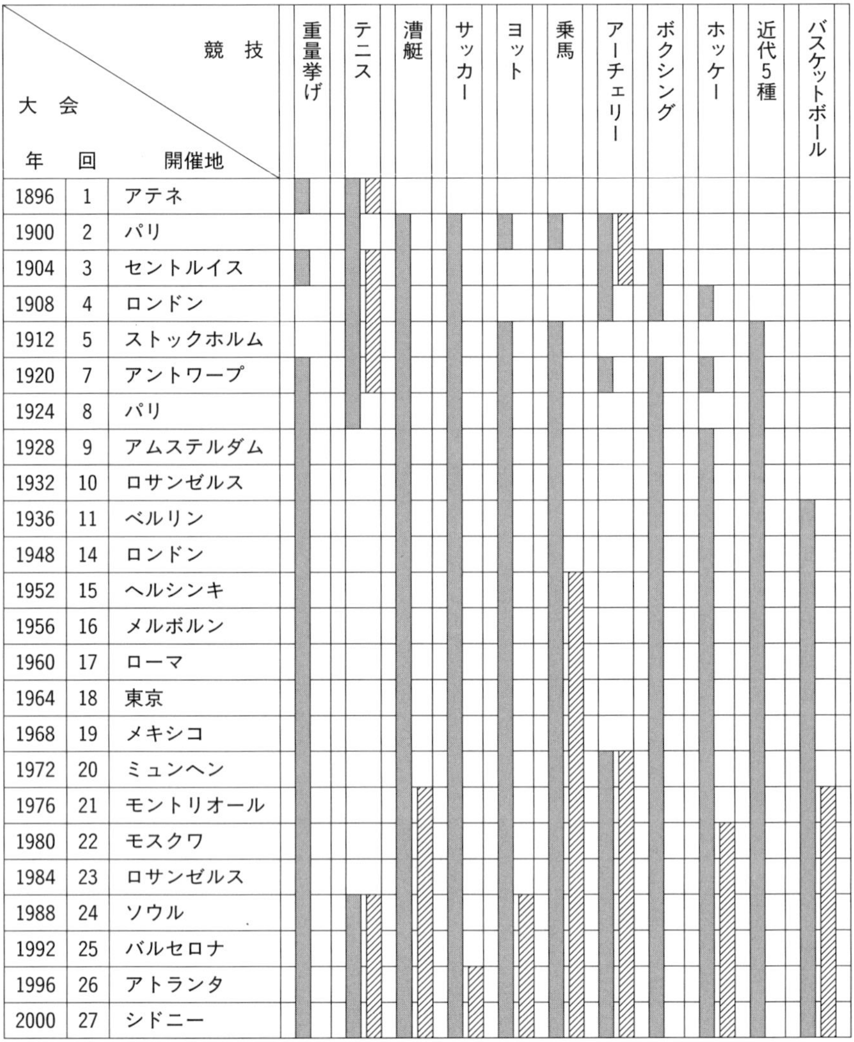

大会 年	回	競技 開催地	重量挙げ	テニス	漕艇	サッカー	ヨット	乗馬	アーチェリー	ボクシング	ホッケー	近代5種	バスケットボール
1896	1	アテネ	■	▨									
1900	2	パリ		■	■	■	■	■	▨				
1904	3	セントルイス	■	▨					▨	■			
1908	4	ロンドン		■	■	■	■		■	■	■		
1912	5	ストックホルム		■	■	■	■	■		■		■	
1920	7	アントワープ	■	▨	■	■	■	■	■	■	■	■	
1924	8	パリ	■	▨	■	■	■	■		■		■	
1928	9	アムステルダム	■		■	■	■	■		■	■	■	
1932	10	ロサンゼルス	■		■		■	■		■	■	■	
1936	11	ベルリン	■		■	■	■	■		■	■	■	■
1948	14	ロンドン	■		■	■	■	■		■	■	■	■
1952	15	ヘルシンキ	■		■	■	■	■		■	■	■	■
1956	16	メルボルン	■		■	■	■	■		■	■	■	■
1960	17	ローマ	■		■	■	■	■		■	■	■	■
1964	18	東京	■		■	■	■	■		■	■	■	■
1968	19	メキシコ	■		■	■	■	■	■	■	■	■	■
1972	20	ミュンヘン	■		■	■	■	■	■	■	■	■	■
1976	21	モントリオール	■		▨	■	■	■	■	■	▨	■	▨
1980	22	モスクワ	■		■	■	■	■	■	■	▨	■	▨
1984	23	ロサンゼルス	■		■	■	■	■	■	■	▨	■	▨
1988	24	ソウル	■	▨	▨	■	■	■	▨	■	▨	■	▨
1992	25	バルセロナ	■	■	▨	■	■	■	▨	■	▨	■	▨
1996	26	アトランタ	■	■	▨	▨	■	■	▨	■	▨	■	▨
2000	27	シドニー	■	■	▨	▨	■	■	▨	■	▨	■	▨

図1-1(続き2)

來田(2001)

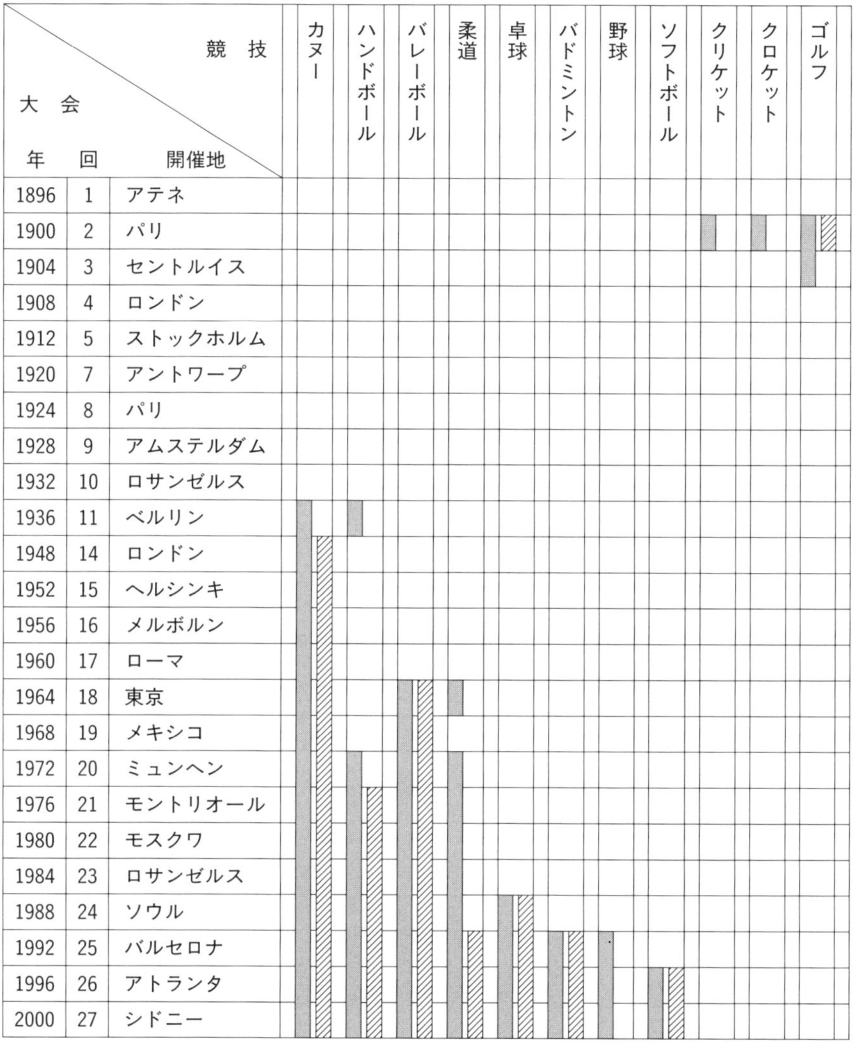

第1章 女性スポーツをめぐる世界の動向　35

年	回	開催地	カヌー	ハンドボール	バレーボール	柔道	卓球	バドミントン	野球	ソフトボール	クリケット	クロケット	ゴルフ
1896	1	アテネ											
1900	2	パリ									■	■	▨
1904	3	セントルイス											
1908	4	ロンドン											
1912	5	ストックホルム											
1920	7	アントワープ											
1924	8	パリ											
1928	9	アムステルダム											
1932	10	ロサンゼルス											
1936	11	ベルリン	■	▨									
1948	14	ロンドン											
1952	15	ヘルシンキ											
1956	16	メルボルン											
1960	17	ローマ											
1964	18	東京	■		▨								
1968	19	メキシコ	■		▨								
1972	20	ミュンヘン	■	▨	▨								
1976	21	モントリオール	■	▨	▨								
1980	22	モスクワ	■	▨	▨								
1984	23	ロサンゼルス	■	▨	▨								
1988	24	ソウル	■	▨	▨		▨						
1992	25	バルセロナ	■	▨	▨	▨	▨	▨					
1996	26	アトランタ	■	▨	▨	▨	▨	▨		▨			
2000	27	シドニー	■	▨	▨	▨	▨	▨		▨			

図1-1(続き3)
來田(2001)

大会年	回	開催地	ジュ・ド・ポーム	ラクロス	モーターボート	ポロ	ラケッツ	Roque	ラグビー
1896	1	アテネ							
1900	2	パリ				■			■
1904	3	セントルイス		■				■	
1908	4	ロンドン	■		■		■		
1912	5	ストックホルム							
1920	7	アントワープ				■			■
1924	8	パリ				■			■
1928	9	アムステルダム							
1932	10	ロサンゼルス							
1936	11	ベルリン				■			
1948	14	ロンドン							
1952	15	ヘルシンキ							
1956	16	メルボルン							
1960	17	ローマ							
1964	18	東京							
1968	19	メキシコ							
1972	20	ミュンヘン							
1976	21	モントリオール							
1980	22	モスクワ							
1984	23	ロサンゼルス							
1988	24	ソウル							
1992	25	バルセロナ							
1996	26	アトランタ							
2000	27	シドニー							

図1-1(続き4)

來田(2001)

コラム　20世紀初頭の〈女らしいスポーツ〉との闘い
―国際女子スポーツ連盟とオリンピック大会―

　女子陸上競技がオリンピック種目になったのは、1928年アムステルダム大会からである。この大会の7年前、国際女子スポーツ連盟（FSFI）が設立された。世界初の女性スポーツ組織の誕生である。FSFIは、IOCや国際陸上競技連盟を相手に、女子陸上競技をオリンピック種目にするための闘いをおよそ15年にわたって続けた。設立から7年で、女子陸上競技はオリンピック種目として承認された。それでもFSFIが闘いをやめなかったのには理由があった。理由のひとつは、自分たちの望む種目が採用されなかったこと。例えば、800m走は、ゴールに倒れこむ選手が多かったために、「女子には過激すぎる」とされ、翌大会から廃止された。女子がオリンピックで再び800mを走ったのは、20年以上経った1956年のことである。

　当時の男性たちは、「過激すぎる」とか「女らしくない」などといった理由で、女性がスポーツをすることを制限しようとした。では、何が女らしいスポーツだとされたのか。19世紀末の女性の礼儀作法書では、次のようなスポーツが奨励されたという。「関節をやわらかくし、調子よく歩くようになるためのダンスと体操であり、器用さと気品をもたらすテニスやポロやアーチェリーであり、姿勢をよくする乗馬であり、当時若い女性たちのあいだで流行していた自転車である。」

　この他、散歩やスケートも、女性の身のこなしを優雅にするスポーツだとして奨励されていた。当時のIOCの議事録を見ると、確かにこれらのスポーツへの抵抗が少ないことに気づかされる。

　ちなみに、FSFIが闘いをやめなかったもう一つの理由は、FSFIが女子の参加だけでなく、審判や組織者として参画することを望んでいたからである。80年前のムーブメントだけに、現在と変わらぬこの主張には、感嘆させられる。（來田享子）

参考文献：小倉孝誠（1999）〈女らしさ〉はどう作られたのか，法藏館

1-3 近代オリンピック大会（夏季）の参加者数の変化

表1-2に、1896年アテネ大会から2000年シドニー大会までのオリンピック大会の男女別参加者数を示した。これをグラフ化したのが図1-2である。図をみると、男女とも次第に増加し、特に女子は1980年代以降、急激に参加者数が増えたことが読みとれる。

表1-2　近代オリンピック大会（夏季）参加者数

回	年	開催地	参加者数		
			女性(%)	男性(%)	全体
1	1896	アテネ	0(0)	280(100)	280
2	1900	パリ	19(1.8)	1047(98.2)	1066
3	1904	セントルイス	6(0.9)	675(99.1)	681
4	1908	ロンドン	36(1.8)	1963(98.2)	1999
5	1912	ストックホルム	57(2.3)	2433(97.7)	2490
7	1920	アントワープ	77(2.9)	2591(97.1)	2668
8	1924	パリ	136(4.4)	2934(95.6)	3070
9	1928	アムステルダム	290(10.8)	2404(89.2)	2694
10	1932	ロサンゼルス	127(9.6)	1201(90.4)	1328
11	1936	ベルリン	328(8.3)	3628(91.7)	3956
14	1948	ロンドン	385(9.5)	3679(90.5)	4064
15	1952	ヘルシンキ	518(10.6)	4361(89.4)	4879
16	1956	メルボルン	384(11.8)	2874(88.2)	3258
17	1960	ローマ	610(11.4)	4738(88.6)	5348
18	1964	東京	683(13.4)	4398(86.6)	5081
19	1968	メキシコ	781(14.4)	4642(85.6)	5423
20	1972	ミュンヘン	1058(14.7)	6115(85.3)	7173
21	1976	モントリオール	1247(20.7)	4779(79.3)	6026
22	1980	モスクワ	1125(21.6)	4092(78.4)	5217
23	1984	ロサンゼルス	1567(23.1)	5230(76.9)	6797
24	1988	ソウル	2186(25.8)	6279(74.2)	8465
25	1992	バルセロナ	2708(28.9)	6660(71.1)	9368
26	1996	アトランタ	3626(35.1)	6706(64.9)	10332
27	2000	シドニー	4261(38.2)	6886(61.8)	11147

注：特に初期の大会における参加者数は、文献によって異なる場合がある。ここでは、1999年7月にIOCのコミュニケーション部（Department of Communications）が公表したデータを用いた。

來田(2001)

図1-2でみると、男子は、大会によって増減が激しい場合があることがうかがえる。著しく減少しているもののうち、1904年セントルイス大会、1932年ロサンゼルス大会、1956年メルボルン大会などは、開催地がヨーロッパから遠距離にあったことが影響したと考えられる。また、西側諸国による1980年モスクワ大会ボイコットの影響もみられる。男子にみられる著しい増減と比べ、女子では、開催地やボイコットなどの影響を比較的受けていないことがうかがえる。

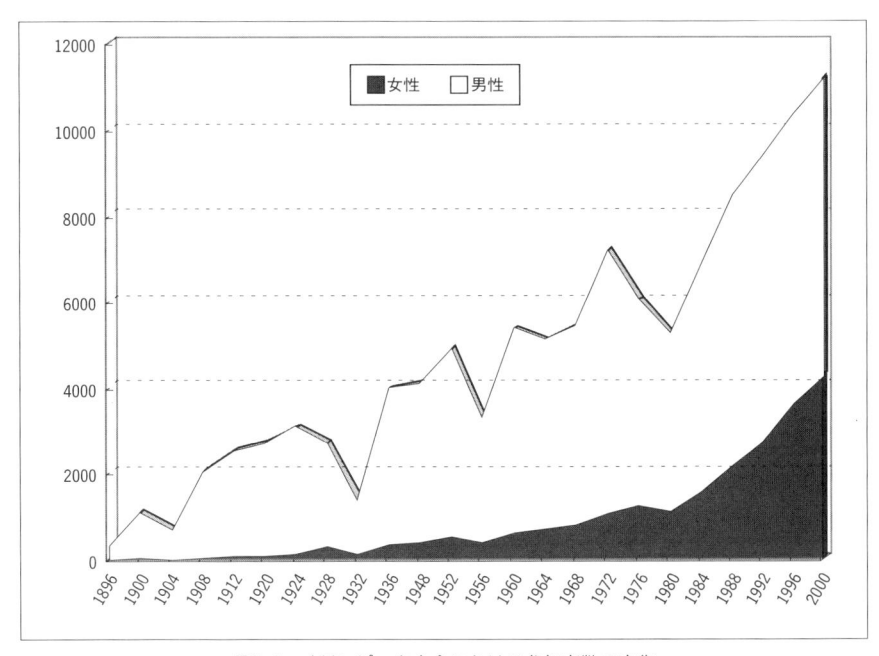

図1-2　オリンピック大会における参加者数の変化

來田(2001)

1-4 近代オリンピック大会(夏季)における男女別種目数の割合の変化

図1-3 (グラフの数字は実数) は、近代オリンピック大会における種目数全体に対する男女それぞれの種目数の割合を示したものである。女子の種目数は、1980年代以降、増加する割合が高くなっており、先にみた女子の参加者数が同じ時期に増加した一因が種目数の増加にあったことをうかがわせる。シドニー大会でも、多くの女子新種目が採用されたが、2000年の時点でも、女子種目の割合は全体の約40％にようやく到達したところである。

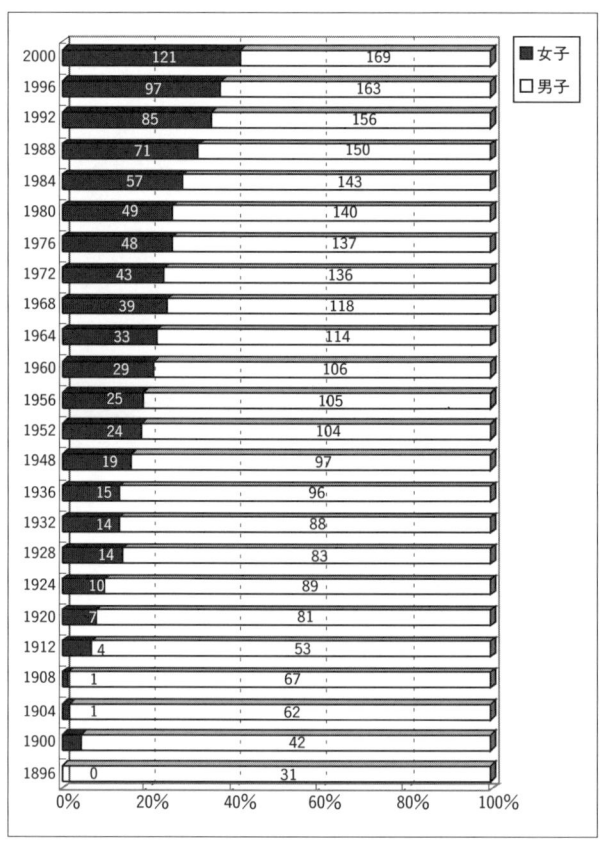

年	女子	男子
2000	121	169
1996	97	163
1992	85	156
1988	71	150
1984	57	143
1980	49	140
1976	48	137
1972	43	136
1968	39	118
1964	33	114
1960	29	106
1956	25	105
1952	24	104
1948	19	97
1936	15	96
1932	14	88
1928	14	83
1924	10	89
1920	7	81
1912	4	53
1908	1	67
1904	1	62
1900	2	42
1896	0	31

図1-3 オリンピック大会(夏季)における男女の種目数の割合

來田(2001)

コラム　2つの世界女性スポーツ会議
—IWGとIOC—

　1994年第1回世界女性スポーツ会議がイギリスのブライトンで開催された。世界83カ国から280名が参加。会議の成果である「ブライトン宣言」はその後、世界中の女性スポーツ政策の指針となった。

　この会議直後に設立されたのがIWG（International Working Group on Women and Sport：国際女性スポーツワーキンググループ）である。これは、世界中の女性スポーツに関わる政府及び非政府組織の代表者からなる作業グループである。

　上記の会議に最も敏速に反応したのがIOC（国際オリンピック委員会）であった。1995年にサマランチ会長は現在副会長であるアニタ・デフランツを女性委員会委員長に指名。1996年には第1回のIOC世界女性スポーツ会議をローザンヌで開催。IOCの女性スポーツ政策を披露した。

　1998年ナミビアのウィンドフックではIWGを中心とした第2回世界女性スポーツ会議が開催された。ここでIWGはIOC女性委員会委員をメンバーに引き込みながら第2期（1998—2002年）のメンバーに移行した。2000年3月にはIOCの第2回女性世界女性スポーツ会議がパリで開催。女性のオリンピック大会参加100周年を祝い、IOCの女性スポーツ推進政策をかなり強調した会議となった。現在、IWGはIOCの動きと同調しながら第3回世界女性スポーツ会議を2002年にモントリオールで開催すべく準備中である。今後もこの2つの国際的組織、すなわち、オリンピック・ムーブメントに特化したIOC女性委員会と女子の体育・スポーツや女性の人権を重視したIWGの活動は相乗効果を生みながら発展していくものと思われる。（小笠原悦子）

1-5　21世紀の女性スポーツを担う国際組織

IWG

The International Working Group on Women and Sport

（国際女性スポーツワーキンググループ）

　IWGは、1994年の第1回世界女性スポーツ会議で創設された。スポーツおよび運動に関わっている世界中の女性や少女の機会を振興促進するという目的を持った、政府および主要な非政府組織の代表15名からなるワーキンググループである。現在は2期目（1998−2002年）。1994年に施行された女性とスポーツに関するブライトン宣言と 1998年のウインドホーク行動綱領の実施を推進しモニターする。2002年カナダで開催される第3回世界女性スポーツ会議の準備を行っている。次回の会合は2001年アジア女性スポーツ会議に合わせて日本で開催される。

Department of Canadian Heritage (Sport Canada)
Secretariat IWG
8th Floor, 15 Eddy Street
Hull, Quebec CANADA K1A 0M5
Tel: 1-819-956-8036　Fax: 1-819-956-8019
http://www.iwg-gti.org

IAPESGW

International Association of Physical Education and Sport for Girls and Women

（国際女子体育スポーツ連盟）

　1949年に設立された。女性スポーツと女子体育のために活動している会員を支援し、専門的な発展と国際協力の機会を提供している国際的な組織。4年に1度の頻度で学会を開催し、50周年を迎えた。1969年には東京大会が開かれた。日本女子体育連盟は長年、学会に多くの参加者を送り組織発展に貢献してきた。近年、組織はスポーツにおける男女平等及び女子への体育教育の平等な機会を提供するための研究や出版の推進に力を注いでいる。

President: Dr. Margaret Talbot
Leeds Metropolitan University
Beckett Park, Leeds LS6 3QS
United Kingdom
Fax: 44.113.283.7430
Email: m.talbot@lmu.ac
www.udel.edu/HESC/bkelly/iapesgw.html

WSI

WomenSport International

（ウィメンスポーツ・インターナショナル）

　1993年設立。WSIの目的は、少女・女性の生活の質向上に寄与するスポーツや身体活動が、社会において、十分な関心および地位を得られるようにすること。また、スポーツ界内外の男女をメンバーとし、スポーツおよびレクリエーション活動における少女・女性の発展を強く社会に提唱していける組織になっていくことも目的にあげている。WSIは、理論的かつ活動的組織で、30カ国以上から成る会員で構成されている。

WomenSport International
Dr. Carole Oglesby, President
College of PE and Sport Science
Pearson Hall, Temple University
Philadelphia, Pennsylvania 19122, USA
reds@astro.temple.edu
www.de.psu.edu/WSI/index.htm

WSF（USA）

Women's Sports Foundation

（米国女性スポーツ財団）

　米国女性スポーツ財団はビリージーン・キングによって1974年に設立された非営利組織である。WSFの目的は「スポーツとフィットネスへの参加を通じて、すべての女性の身体的、精神的、情緒的な健康を改善すること」である。ウェブサイトでは、かなりの資料をデータベース化し、関連イベント、奨学金情報をはじめ女性とスポーツに関するトピックや問題等、さまざまな情報を提供している。複数のスポンサー企業と提携し、20名以上の専任スタッフを抱える最も勢いのある女性スポーツ組織である。

Eisenhower Park, East Meadow,
NY 11554 USA
Tel: +1-516-542-4700（Infoline 800-227-3988）
Fax: +1-516-542-4716
wosport@aol.com
www.womenssportfoundation.org

WSF (United Kingdom)
Women's Sports Foundation
（英国女性スポーツ財団）

　「スポーツを通じて、またスポーツにおける男女平等を追求し促進する」ことを目的に1984年に設立された。英国女性スポーツ財団は、すべてのレベルの女性がスポーツに参加する機会を改善することに専心する、英国唯一の組織である。この組織のウェブサイトは、組織の出版物や商品、女性とスポーツに関する他組織へのリンク集、そして女性のキャリア、女性スポーツ報道、体育教育、食事療法、女性の参加、コーチングなどのテーマの研究を紹介している。

Women's Sports Foundation
305-315 Hither Green Lane
Lewisham, London, SE13 6TJ
Tel/fax: 0181-697 5370
info@wsf.u-net.com
http://www.wsf.org.uk

IOC

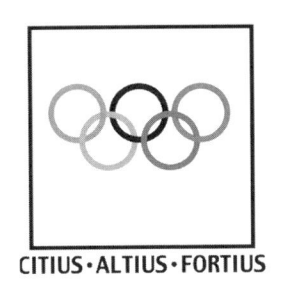

The International Olympic Committee Women and Sport Working Group

(IOC女性スポーツワーキンググループ)

　1995年にサマランチ会長によって、会長と理事会に女性とスポーツに関する提言を行う目的で設立された。このグループは諮問機関でオリンピックムーブメントを中心的に推進している3団体 (IOC、国際スポーツ連盟、国内オリンピック委員会) の代表、およびIOCアスリート委員と個人会員で成り立っている。過去2回のIOC世界女性スポーツ会議を開催している。女性スポーツの発展に関するIOCの方針についての情報を提供している。

Secretary and Chief for Women's Advancement
Department of International Co-operation and Communication
Mrs Katia MASCAGNI STIVACHTIS
International Olympic Committee
Chateau de Vidy, 1007 Lausanne Switzerland
Tel: +41-21-621-6419
Fax: +41-21-621-6354
katia.mascagni@olympic.org
http://www.olympic.org/ioc/e/org/women/women_into_e.html

CAAWS

Canadian Association for the Advancement of Women and Sport and Physical Activity

（カナダ女性スポーツ振興協会）

　1981年に設立されたカナダの非営利組織で、「スポーツや体育活動の参加者またはリーダーとして、女性が機会や選択の自由を得たり、平等になるように保証」することを目的としている。ウェブサイトは、スポーツにおける男女平等、リーダーシップ、ハラスメントや虐待予防、表彰や奨学金、ネットワーク、出版物や本、女性スポーツの歴史、女性やスポーツ、女性誌などの他のサイトへのリンク集などの情報を提供。無料の電子メールによるニュース購読サービスもある。

CAAWS
1600 James Naismith Drive
Gloucester, ON, Canada, K1B 5N4
Phone: (613) 748-5793
Fax: (613) 748-5775
caws@caaws.ca
www.caaws.ca

Womensport Australia
(ウィメンスポーツ・オーストラリア)

　1991年に設立されたこの組織は、さまざまなオーストラリア政府機関と緊密な関係を持っている。この組織の目的は「スポーツとレクリエーションを通じて、またその中における女性の参加を促し、男女平等を実現すること」である。この組織のウェブサイトは、イベント、出版物、賞、関連サイトなど、女性とスポーツに関する最新のニュースと情報を提供している。

Womensport Australia
Level 10, 114 Albert Road
South Melbourne Vic 3205
Phone: (03)9693-6419
Fax: (03)9696-5470
wsa21c@eisa.net.au
www.ausport.gov.au/wspahome.html

NAGWS

National Association for Girls and Women in Sport

（全米女子スポーツ協会）

　1899年創設以来100周年を迎えた最も古い女性スポーツ組織である。この組織は「女性スポーツプログラムのための平等な資金、質の高さ、そして敬意を擁護」してきた。その努力は、女子大学スポーツの全米選手権プログラムやタイトルIXの法制化につながってきた。この組織のウェブサイトはプログラムやイベントの情報、出版物（会報を含む）とリンク、そして頻繁に聞かれる質問（タイトルIX、女子プログラムの参加状況統計など）を掲載している。

NAGWS
1900 Association Drive
Reston, VA 20191-1599
Phone: (703)476-3450
Fax: (703)476-4566
nagws@aahperd.org
www.aahperd.org/nagws/nagws-main.html

第2章
競技スポーツと女性

- 2-1 競技にみる男女差
  - ■男女の種目が実施された競技
  - ■片方の性だけで実施された競技
  - ■大会によって男女の実施に違いがみられた競技
- 2-2 種目にみる男女差
  - ■男子・女子に特有の種目
  - ■階級別競技種目
  - ■性によって距離・量に違いがみられる種目
  - ■混成種目・性別による区別のない種目
- 2-3 日本代表選手団にみる男女差
  - ■選手・役員全体の男女比
  - ■オリンピック大会における競技別男女比
  - ■パラリンピック大会における競技別男女比
  - ■本部役員の男女比
- 2-4 日本体育協会・JOC加盟団体にみる男女差
  - ■役員の男女比
  - ■登録者の男女比
  - ■指導者の男女比
  - ■審判員の男女比
  - ■コンディショニング・スタッフの男女比
  - ■女性の登用に関する意識
  - ■役員の選出方法
  - ■女性を対象とした組織・部門
  - ■女性に関する取り組み
- 2-5 競技記録にみる男女差
  - ■陸上競技
  - ■競泳
  - ■スピードスケート
  - ■ウェイトリフティング

第2章では、近年の競技スポーツにおいて女性がどのような位置に置かれているのかを、男性の場合と比較することによって明らかにしてみたい。そのための視点として、競技大会における競技や種目の実施にかかわる男女のちがい、日本代表選手団における男女の比率、体育協会や競技団体における男女の比率やそこでの女性の登用に関する意識、競技記録における男女差を取り上げることにする。ここで紹介するデータを通じて、競技スポーツと女性にかかわる課題を浮き彫りにしていきたい。

2-1　競技にみる男女差

■男女の種目が実施された競技

　オリンピック大会など内外の総合スポーツ競技大会で実施されている55競技について、性別による実施競技のちがいを比較してみよう。オリンピック大会、アジア大会、パラリンピック大会、国民体育大会の最近の実施競技をみると、そこで実施された競技が、男女両種目とも行われていたのは37競技で、全体の67.3％にあたる。そのうち、男女混合で実施される種目を含むものが4競技ある。馬術、セーリングでは男女の別なく実施可能な種目が含まれ、フィギュアスケートとバドミントンでは混成種目を含んでいる。また、パラリンピック大会では、乗馬のほかに、サッカー、バレーボール、ゴールボール、ボッチャで出場資格に男女の区別がない（表2-1）。なお、競技・種目の分類は、一つの国際競技連盟（IF）が管轄している競技種目を一つの競技としている。

第2章 競技スポーツと女性 53

表2-1 いずれの大会でも両方の性で実施された競技(37競技)

競技名	オリンピック大会 2000シドニー 1998長野 男子	女子	アジア大会 1998バンコク 1999カンウォン 男子	女子	パラリンピック大会 2000シドニー 1998長野 男子	女子	国民体育大会 1999熊本 1999長野・小樽 男子	女子
☆ 陸上競技	●	○	●	○	●	○	●	○
☆ 水泳	●	○	●	○	●	○	●	○
アーチェリー	●	○	●	○	●	○		
バスケットボール	●	○	●	○	●	○		
☆ セーリング	●○※		●	○	●	○		
馬術/乗馬	※		※		※		●	○
☆ フェンシング	●	○	●	○				
サッカー	●	○	●	○	※			
バレーボール	●	○	●	○	※			
テニス/車椅子テニス	●	○	●	○	●	○		
卓球	●	○	●	○	●	○		
☆ 射撃	●	○	●	○	●	○		
☆ スキー	●	○	●	○	●	○		
☆ スケート	●○※		●	○	●	○		
☆ バイアスロン	●	○	●	○	●	○		
☆ 体操	●	○	●	○			●	○
ハンドボール	●	○	●	○				
ホッケー	●	○	●	○				
バドミントン	●○※		●	○				
☆ カヌー	●	○	●	○				
☆ ボート	●	○	●	○				
カーリング	●	○						
リュージュ	●	○						
近代五種	●	○						
テコンドー	●	○						
トライアスロン	●	○						
ゴルフ			●	○			●	○
ソフトテニス			●	○			●	○
セパタクロー			●	○				
スカッシュ			●	○				
ゴールボール					※			
ボッチャ					※			
ボウリング							●	○
弓道							●	○
剣道							●	○
山岳							●	○
空手道							●	○

●男子種目として実施、○女子種目として実施、※男女共通または混合種目として実施
☆オリンピック大会実施競技において性別によって異なる種目を含む競技
* 1 水泳には、競泳、飛び込み、水球、シンクロナイズドスイミングを含む。
* 2 体操には、器械体操、新体操、トランポリンを含む。
* 3 バレーボールには、バレーボールとビーチバレーを含む。
* 4 スキーには、アルペンスキー、フリースタイル、ジャンプ、ノルディック複合、クロスカントリースキー、スノーボードを含む。
* 5 スケートには、スピードスケート、ショートトラック、フィギュアスケートを含む。

第54回国民体育大会熊本県実行委員会(2000)、IMS/STUDIO6、ベースボール・マガジン社(1998, pp.202-207)、財団法人日本オリンピック委員会(1999, 2000)、日本パラリンピック委員会(2000)より作図、田原(2001)

■片方の性だけで実施された競技

　一方、いずれの大会でも男子種目のみ実施されているのは、野球やボクシング、ラグビーなど12競技にのぼる。従来、男子のみ実施されていた競技のうち、最近女子種目が新たに導入された競技は、近代五種・テコンドー（2000年シドニー）、セパタクロー（1998年バンコク）である。それに対し、いずれの大会でも女子種目のみ実施されているのは、なぎなたの1競技だけである（表2-2）。

表2-2　いずれの大会でも片方の性だけで実施された競技（12競技）

競技名	オリンピック大会 2000シドニー 1998長野		アジア大会 1998バンコク 1999カンウォン		パラリンピック大会 2000シドニー 1998長野		国民体育大会 1999熊本 1999長野・小樽	
	男子	女子	男子	女子	男子	女子	男子	女子
〈男子種目のみ実施された競技〉								
野球	●		●					
ボクシング	●		●				●	
レスリング	●		●				●	
ラグビーフットボール/車椅子ラグビー			●		●		●	
ボブスレー	●							
武術太極拳			●					
ビリヤード＆スヌーカー			●					
カバディ			●					
銃剣道							●	
相撲							●	
軟式野球							●	
高校野球							●	
〈女子種目のみ実施された競技〉								
なぎなた								○

●男子種目として実施、○女子種目として実施

第54回国民体育大会熊本県実行委員会（2000）、IMS/STUDIO6、ベースボール・マガジン社（1998, pp.202-207）、財団法人日本オリンピック委員会（1999, 2000）、日本パラリンピック委員会（2000）より作図、田原（2001）

■大会によって男女の実施に違いがみられた競技

　また、国際大会では男女の種目が実施されているものの、国内では男子種目しか実施されていないのは、アイスホッケー、自転車、ウェイトリフティングの3競技であった。逆に、国際大会では女子のみの実施競技でありながら、国内では男女とも実施されている競技は、ソフトボールである（表2-3）。

表2-3 大会によって男女の実施に違いが見られた競技（5競技）

競技名	オリンピック大会 2000シドニー 1998長野		アジア大会 1998バンコク 1999カンウォン		パラリンピック大会 2000シドニー 1998長野		国民体育大会 1999熊本 1999長野・小樽	
	男子	女子	男子	女子	男子	女子	男子	女子
アイスホッケー/アイスレッジホッケー	●	○	●	○	※		●	
自転車	●	○	●	○	●	○	●	
ウェイトリフティング/パワーリフティング	●	○	●	○	●	○	●	
柔道	●		●	○	●		●	○
ソフトボール		○		○			●	○

●男子種目として実施、○女子種目として実施、※男女共通種目として実施

第54回国民体育大会熊本県実行委員会(2000)，IMS/STUDIO6，ベースボール・マガジン社(1998, pp.202-207)，財団法人日本オリンピック委員会(1999, 2000)，日本パラリンピック委員会(2000)より作図，田原(2001)

2-2 種目にみる男女差

陸上競技や体操のように男女とも実施されている競技であっても、性別によって異なる種目がみられる。表2-1および表2-3で☆印のついている競技がそれに該当し、12競技にのぼる。オリンピック大会の実施種目を通して、性別による種目の区別がどのように行われているかをみてみよう。

■男子・女子に特有の種目

男子特有の種目あるいは女子特有の種目として、性別によって明確な違いが見られる種目を次頁の表2-4、表2-5に示した。近年、徐々にではあるが、従来の男子特有の種目を女子種目としても採用する動きがみられるようになっている。しかし、競技種目数全体では、女子特有の種目（4競技8種目）よりも男子特有の種目（9競技33種目）の方がはるかに多い。

表2-4　女子特有の種目

競技名	種別	種目	オリンピック大会 2000シドニー 女子
水泳	シンクロナイズドスイミング	チーム	○
		デュエット	○
カヌー		カヤック・フォア500m	○
セーリング		ヨーロッパ級	○
体操	体操競技	段違い平行棒	○
		平均台	○
	新体操	団体	○
		個人総合	○

IMS/STUDIO6，ベースボール・マガジン社(1998, pp.202-207)，財団法人日本オリンピック委員会(2000, pp.111-113)より作成，田原(2001)

表2-5　男子特有の種目

競技名	種別	種目	オリンピック大会 2000シドニー 1998長野 男子	女子	パラリンピック大会 2000シドニー 1998長野 男子	女子
陸上競技		50km競歩	●			
		3000m障害	●			
カヌー		カナディアン・シングル500m	●			
		カナディアンシングル1000m	●			
		カナディアン・ペア500m	●			
		カナディアン・ペア1000m	●			
		カヤック・シングル1000m	●			
		カヤック・ペア1000m	●			
		カヤック・フォア1000m	●			
		スラローム　カナディアン・シングル	●			
		スラローム　カナディアン・ペア	●			
ボート		舵無フォア	●			
		軽量級舵無フォア	●			
自転車	トラック(短距離)	ケイリン	●			
		オリンピックスプリント	●			
	トラック(長距離)	4000m団体追い抜き	●			
		マディソン	●			
フェンシング		サーブル個人	●			
		サーブル団体	●			
体操	体操競技	平行棒	●			
		あん馬	●			
		吊り輪	●			
		鉄棒	●			
射撃	ライフル射撃	ラピッドファイアーピストル25m	●			
		ライフル伏射50m	●			
	クレー射撃	ランニング・ターゲット	●			
スキー	クロスカントリー	4×5kmリレー			●	
	ジャンプ	ノーマルヒル	●			
		ラージヒル	●			
		ラージヒル団体	●			
	ノルディック複合	個人	●			
		団体	●			
セーリング		フィン級	●			

IMS/STUDIO6，ベースボール・マガジン社(1998, pp.202-207)，財団法人日本オリンピック委員会(2000, pp.111-113)，日本パラリンピック委員会(2000)より作成，田原(2001)

コラム　女子ウェイトリフティングのオリンピック種目導入

　2000年シドニーオリンピック大会では、新たな女子競技として、ウェイトリフティングが採用された。この競技の採用に関しては、サマランチ会長をはじめとするIOC内部で、男女平等をアピールする声があったことも追い風になった。それ以外にも、1984年ロサンゼルス大会で行われた女性のスポーツ活動に関するアンケート調査の結果、多くの女性選手たちがウェイトトレーニングを行っていることが明らかになったことも影響を与えたとされる。

　その後、アメリカや中国で、ウェイトリフティングの大会が行われるようになり、1987年には初の世界選手権が開催された。

　ウェイトリフティングというと、パワーのみを競うような印象を与えがちである。この印象といわゆる「女性らしさ」のイメージを対置して、女性には不向きな競技だとする偏見もあった。シドニー大会で同競技の女子コーチを務めた関口脩氏は、次のように語る。

「この競技は、調整力やバランスが必要とされ、柔軟性があり、技術の習得を得意とする女性に向いている。両足踏み切りの動作によって、体重の負荷が両足にかかるため、安全性も高い。当初、60％強あったパワーや瞬発力の性差は、この数年で70％になった。」

　こうした考えとは別に、女子のこの競技の魅力は、美しさ、しなやかさの表現が女子特有のものであり、男子にはないものだとする向きもある。ここには「女性らしいウェイトリフティング」のイメージが生産されていくのを見ることができる。だが、果たして女性がスポーツの世界に求めるのは、パワーの対極に置かれた「しなやかさ」や「美しさ」だけなのだろうか。

　次回のアテネ大会では、従来は「男性のスポーツ」だとされてきたレスリングの採用が確実視されている。次々と採用される女子の新競技をみると、ステレオタイプを超えた、女性とスポーツの関係が模索される時期が来ていることを感じずにいられない。（伊藤紫乃・來田享子）

■階級別競技種目

　オリンピック大会で体重による階級別に実施された競技には、柔道、ウェイトリフティング、テコンドーがある。これらの競技で男女がどのような階級に分かれているかを見ると、ウェイトリフティングの69kg級を除くと、同じ競技で男女が同じ階級にはならないように設定されている。階級数では、ウェイトリフティングで男子が女子よりも1階級多いが、柔道とテコンドーは男女とも同じ階級数である。階級の範囲は、男子の方が広く、平均階級幅は、男子が女子よりも2〜3kg程度広い（表2-6）。

表2-6　階級別競技種目の男女比較

	男子			女子		
	柔道	ウェイトリフティング	テコンドー	柔道	ウェイトリフティング	テコンドー
48kg級					○	○
49kg級						○
52kg級				○		
53kg級					○	
56kg級		●				
57kg級				○		○
58kg級			●		○	
60kg級	●					
62kg級		●				
63kg級				○		
66kg級	●					
67kg級						○
67kg超級						○
68kg級			●			
69kg級		●			○	
70kg級				○		
73kg級	●					
75kg級					○	
75kg以上級					○	
77kg級		●				
78kg級				○		
78kg超級				○		
80kg級			●			
80kg超級			●			
81kg級	●					
85kg級		●				
90kg級	●					
94kg級		●				
100kg級	●					
100kg超級	●					
105kg級		●				
105kg以上級		●				
階級数	7	8	4	7	7	4
平均階級幅	8kg	8.3kg	11kg	6kg	5.4kg	9kg
階級範囲	40kg	49kg	22kg	30kg	27kg	18kg

●男子種目として実施，○女子種目として実施

財団法人日本オリンピック委員会(2000, pp.111-113)より作成，田原(2001)

■性によって距離・量に違いがみられる種目

表2-7は、同じような技能を競う種目を、距離または量を変えることで、男女で異なる種目として実施されているものである。水泳や自転車など一定距離を移動する際のスピードを競う種目では、女性の距離が男性の50%～75%に設定される傾向がみられる。

表2-7 大会別実施種目の男女比較

競技名	種別	種目	オリンピック大会 2000シドニー 1998長野 男子	女子	パラリンピック大会 2000シドニー 1998長野 男子	女子
陸上競技		100mハードル		○		
		110mハードル	●			
		七種競技		○		○
		十種競技	●		●	
水泳	競泳	800m自由形		○		
		1500m自由形	●			
カヌー	レーシング	カヤック・フォア500m		○		
		カヤック・フォア1000m	●			
自転車	トラック	500mタイムトライアル		○		
		1000mタイムトライアル	●			
		3000m個人追い抜き		○		
		4000m個人追い抜き	●			
	ロード	45kmロードレース				○
		55kmロードレース			●	○
		65kmロードレース			●	
		75kmロードレース			●	
		70km個人ロードレース		○		
		190km個人ロードレース	●			
射撃	ライフル射撃	ピストル25m		○		
		ピストル50m	●			
スケート	スピードスケート	3,000m		○		
		10,000m	●			
	ショートトラックスピードスケート	3000mリレー		○		
		5000mリレー	●			
バイアスロン		7.5kmスプリント		○		
		10kmスプリント	●			
		15km個人		○		
		20km個人	●			
スキー	クロスカントリー	5kmクラシカル		○		
		10kmクラシカル	●			
		15kmクラシカル				○
		20kmクラシカル			●	
		10kmフリー/パシュート		○		
		15kmフリー/パシュート	●			
		15kmクラシカル		○		
		30kmクラシカル	●			
		5kmフリー				○
		10kmフリー			●	
		30kmフリー		○		
		50kmフリー	●			
		4×5kmリレー		○		
		4×10kmリレー	●			
		2.5kmショットスキー				○
		5kmショットスキー			●	○
		10kmショットスキー			●	
		15kmショットスキー			●	

●男子種目として実施, ○女子種目として実施

IMS/STUDIO6, ベースボール・マガジン社(1998, pp.202-207),
財団法人日本オリンピック委員会(2000, pp.111-113), 日本パラリンピック委員会(2000)より作成, 田原(2001)

■混成種目・性別による区別のない種目

　バドミントンやフィギュアスケートでは、男女のちがいを認識した上で、混成種目が実施されている（表2-8）。一方、セーリングでは男女別の種目以外に性別を問わない種目を設けている（表2-9）。

表2-8　混成種目

競技名	種別	種目	オリンピック大会 2000シドニー 1998長野	
			男子	女子
バドミントン		混合ダブルス	※	
スケート	フィギュアスケート	ペア	※	
		アイスダンス	※	

IMS/STUDIO6，ベースボール・マガジン社(1998，pp.202-207)，財団法人日本オリンピック委員会(2000，pp.111-113)より作成，田原(2001)

表2-9　性別による区別のない種目

競技名	種目	オリンピック大会 2000シドニー
セーリング	スター級	※
	レーザー級	※
	49er級	※
	トーネード級	※
	ソリング級	※

財団法人日本オリンピック委員会(2000，pp.111-113)より作成，田原(2001)

コラム　性別確認検査は必要か

　女子種目に男性が出場するのを防ぎ、競技の公正さを保つために行われる検査が「性別確認検査（Gender Verification）」である。1960年代からオリンピック大会などの国際大会で実施され、女性であることが確認された選手だけが、女子種目への出場を許可される。

　この検査が行われるようになった背景には「極めて男性的な人が女子種目に出場して優れた成績を収め、そのような女子選手を死後、解剖したところ、睾丸がみつかったこと」があったからだという。競技が男女別に行われているのは、性による不公平さをなくすためとされてきた。男性の睾丸から分泌される男性ホルモン（テストステロン）は、その合成物質が禁止薬物に指定されていることからもわかるように、筋の発達を促進する。そのため睾丸をもち男性ホルモンを分泌する身体をもっている者が女子種目に出場すれば、その選手は子どもの頃から生理的なドーピングを行っているに等しい。

　検査は、頭髪と口内の粘膜を採取してY染色体について調べられる。だが、専門家でも判断の難しい症例が多数あるという。今日の性別確認検査では、両性の間にある遺伝上、ホルモン上の変異が許容されない。性別障害や染色体異常により、検査で陽性と判定された「女子選手」は、突然「女性ではない」と宣告され、心理的な苦痛、アイデンティティの喪失、屈辱はもちろんのこと、永久的に競技資格を剥奪され、記録は取り消される。国際陸上競技連盟は1992年に「性別確認検査」を廃止し、IOC（国際オリンピック委員会）はシドニー大会から試験的に同検査を取りやめた。

　ドーピング問題とも関連して、性の確認は、競技の公平さと人権問題との間で揺れ動く。このような「性別確認検査」が孕む問題の一方で、男女が別に競技をすること自体を問い直そうとする見解があることにも、注目すべきだろう。（田原淳子）

参考文献：1）熊本悦明（1997）「スポーツにおける性別確認検査」コーチングクリニック　12月, pp.19-22.
　　　　　2）http://www.womenssportsfoundation.org

2-3　日本代表選手団にみる男女差

　ここでは、1998年長野/2000年シドニーのオリンピック大会とパラリンピック大会に出場した日本代表選手団に焦点をあて、そこでの選手数と選手に同行した役員数の男女の割合を比較してみよう。ここでいう役員とは、監督、コーチ、トレーナーなどのスタッフを指している。

■選手・役員全体の男女比

　オリンピック大会に出場した日本選手の男女比は、男子59.7％で、女子は40.3％であった（図2-1）。同大会の男女の競技種目数（混成・男女共通を含む）は、男子が34競技219種目、女子が31競技163種目である。このことから、女子の占める割合は、競技が47.7％、種目が42.7％であるのに対し、日本からの出場選手は40.3％で、種目の割合より若干低いことがわかる（表2-10）。

　一方、オリンピック大会における日本代表選手団の役員の男女比をみると、男性が92.5％と役員の大部分を占め、女性は7.5％に過ぎない（図2-2）。女子の選手数が約4割を占めているのに対し、選手を指導・管理する立場である役員として派遣された女性の割合はあまりに少ない。

表2-10　オリンピック大会における競技種目数と日本の選手・役員数

	女子	男子	合計	女子の割合
競技数	31	34	65	47.7％
種目数	163	219	382	42.7％
選手数	174	258	432	40.3％
役員数	24	296	320	7.5％

IMS/STUDIO6、ベースボール・マガジン社(1998, pp.202-207)、財団法人日本オリンピック委員会(2000, pp.10-103, 111-113)より作成、田原(2001)

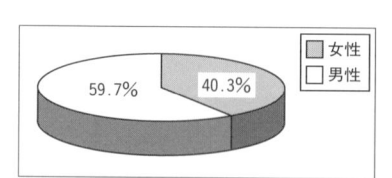

図2-1　オリンピック大会における日本選手の男女比

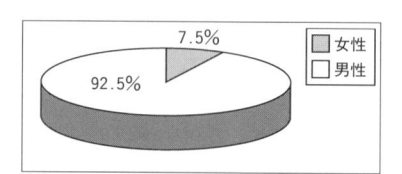

図2-2　オリンピック大会における日本の役員の男女比

財団法人日本オリンピック委員会(2000, pp.10-103)より作成、田原(2001)

同様にパラリンピック大会に出場した日本代表選手は、男子が75.2%、女子は24.8%であった（図2-3）。パラリンピック大会の男女の競技種目数（男女共通を含む）は、男子が23競技91種目、女子が21競技81種目である。このことから、女子の占める割合は、競技が47.7%、種目が47.1%であるのに対し、日本からの出場選手は24.8%で、種目の割合の約半分にとどまっている（表2-11）。

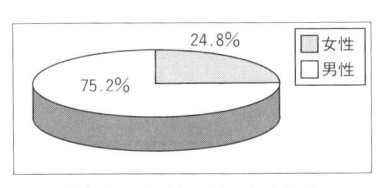

図2-3 パラリンピック大会の選手の男女比

日本パラリンピック委員会(2000)より作成，田原(2001)

表2-11 パラリンピック大会における競技種目数と日本の選手・役員数

	女子	男子	合計	女子の割合
競技数	21	23	44	47.7%
種目数	81	91	172	47.1%
選手数	55	167	222	24.8%
役員数	32	128	160	20.0%

日本パラリンピック委員会(2000)より作成，田原(2001)

上記データから、パラリンピック大会とオリンピック大会を比較した場合、競技種目の男女の格差はほとんどみられない。そこからすると、パラリンピック大会における日本の女子選手数の少なさは顕著である。男女共通の競技において女子選手が出場権を得にくいという点を考慮したとしても、同大会に出場する女子選手の増加を今後さらに期待したい。

さらに、パラリンピック大会における日本代表選手団の役員の男女比は、男性が80.0%、女性は20.0%であった（図2-4）。女性の役員は、選手の割合より若干少ないものの、ほぼ近い比率で派遣されており、オリンピック大会における女性役員の派遣率を大幅に上回っている。

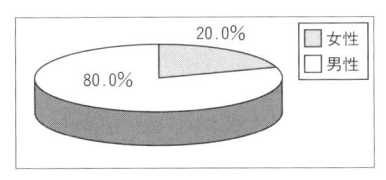

図2-4 パラリンピック大会の役員の男女比

日本パラリンピック委員会(2000)より作成，田原(2001)

■オリンピック大会における競技別男女比

　オリンピック大会に出場した日本の選手および役員について、競技別に男女の比率を示したものが、図2-5・図2-6である。図2-5は女子選手の割合が高い順に競技を配列し、図2-6はそれに対応させて競技を配列している。

　女子だけが出場した競技は、ソフトボールとビーチバレーの2競技であったが、その役員数をみると、女性役員がもっとも多かったソフトボールで33%、ビーチバレーでは0%であった。

　一方、男子だけが出場し、女子が出場しなかった6競技（野球、サッカー、ボブスレー、レスリング、馬術、ボクシング）では、やはり女性の役員はみられなかった。過去には、馬術で女子選手がいなくても女性役員が同行した例がみられたが、性別の区別なく実施されるという馬術の競技特性も影響しているのだろう。

　それ以外の男女とも出場した23競技では、女性役員のいなかった

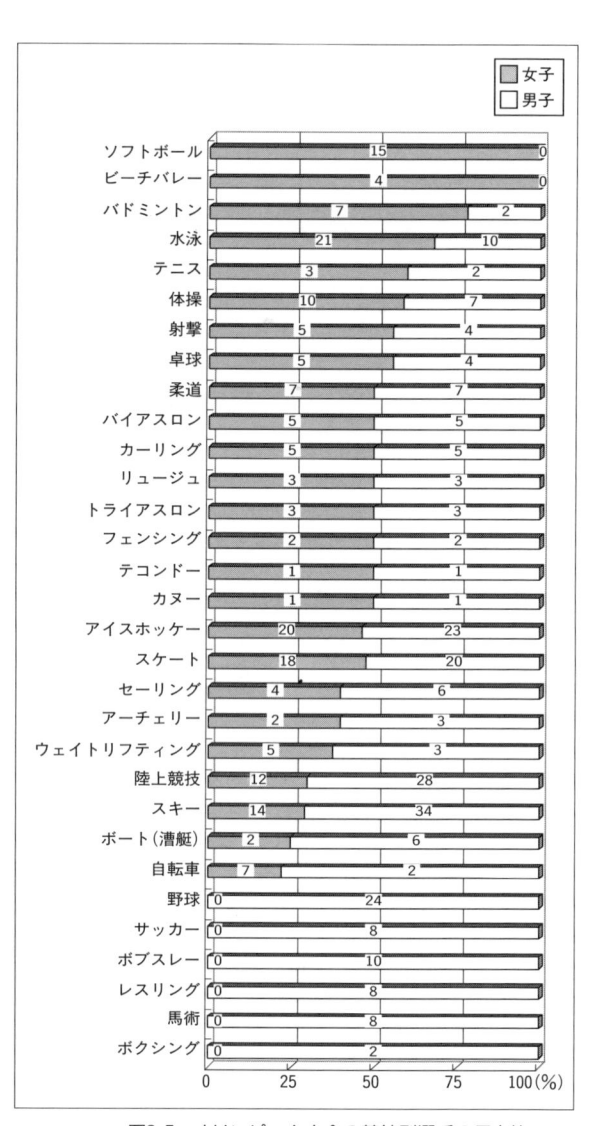

図2-5　オリンピック大会の競技別選手の男女比
財団法人日本オリンピック委員会(2000, pp.10-103)より作成、田原(2001)

競技が17で、女性役員をわずかでも派遣した6競技(水泳、体操、柔道、カーリング、アイスホッケー、スケート)をはるかに上回った。

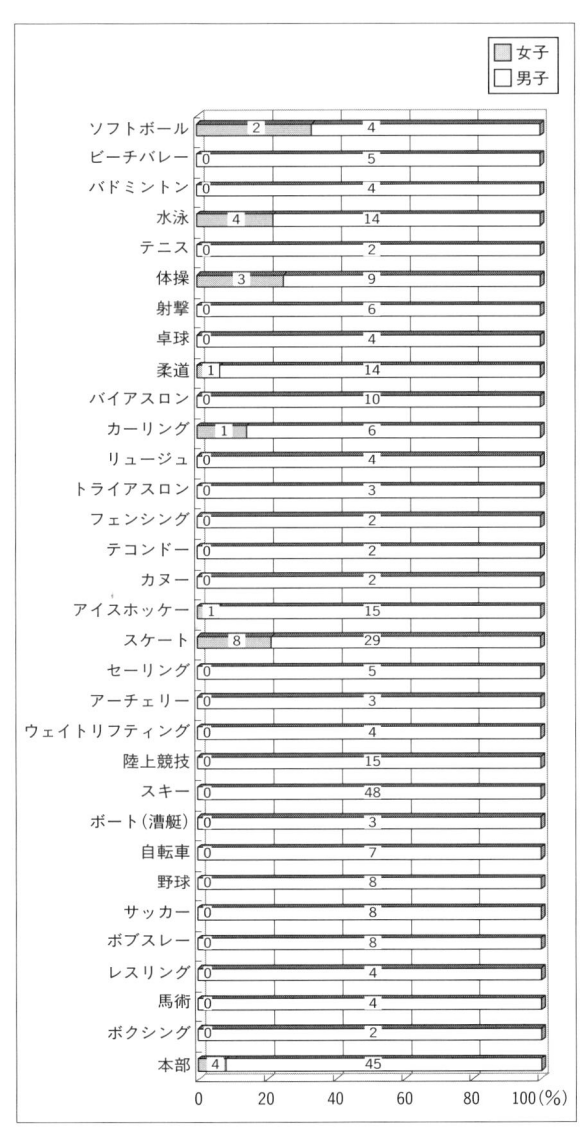

競技	女子	男子
ソフトボール	2	4
ビーチバレー	0	5
バドミントン	0	4
水泳	4	14
テニス	0	2
体操	3	9
射撃	0	6
卓球	0	4
柔道	1	14
バイアスロン	0	10
カーリング	1	6
リュージュ	0	4
トライアスロン	0	3
フェンシング	0	2
テコンドー	0	2
カヌー	0	2
アイスホッケー	1	15
スケート	8	29
セーリング	0	5
アーチェリー	0	3
ウェイトリフティング	0	4
陸上競技	0	15
スキー	0	48
ボート(漕艇)	0	3
自転車	0	7
野球	0	8
サッカー	0	8
ボブスレー	0	8
レスリング	0	4
馬術	0	4
ボクシング	0	2
本部	4	45

図2-6 オリンピック大会の競技別役員の男女比

財団法人日本オリンピック委員会(2000, pp.10-103)より作成, 田原(2001)

■パラリンピック大会における競技別男女比

次に、パラリンピック大会に出場した日本の選手および役員について、図2-7・図2-8に競技別に男女の比率を示した。図7は女子選手の割合が高い順に競技を配列し、図8はそれに対応させて競技を配列している。

パラリンピック大会では、女子だけが出場した競技はみられなかった。日本から男子だけが出場し、女子が出場しなかった7競技（バレーボール、自転車、柔道、乗馬、フェンシング、パワーリフティング、アイスレッジホッケー）のうち、男子のみの競技として実施されているのは柔道だけである。

また、日本選手が出場した競技のうち、バレーボール、乗馬、アイスレッジ

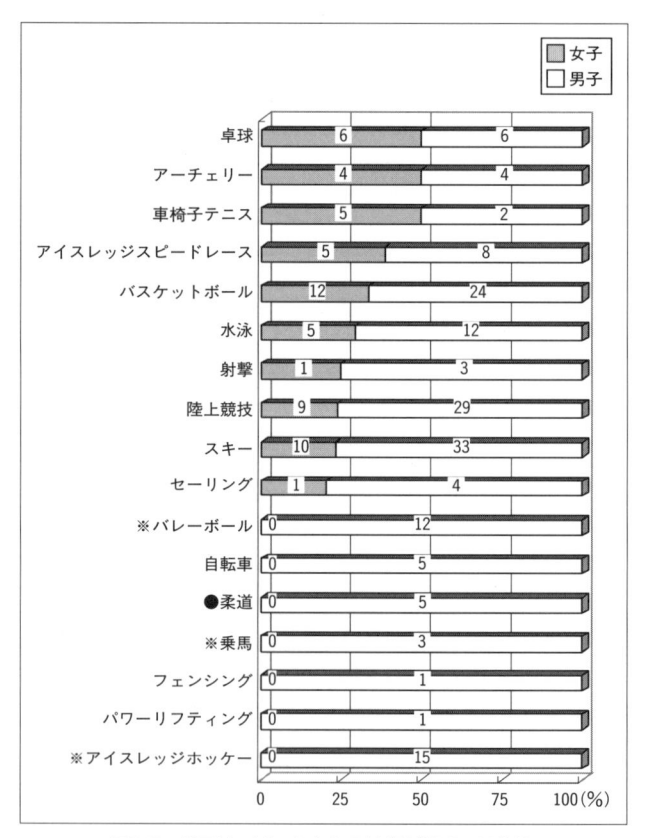

競技	女子	男子
卓球	6	6
アーチェリー	4	4
車椅子テニス	5	2
アイスレッジスピードレース	5	8
バスケットボール	12	24
水泳	5	12
射撃	1	3
陸上競技	9	29
スキー	10	33
セーリング	1	4
※バレーボール	0	12
自転車	0	5
●柔道	0	5
※乗馬	0	3
フェンシング	0	1
パワーリフティング	0	1
※アイスレッジホッケー	0	15

図2-7　パラリンピック大会の競技別選手の男女比

●男子のみの競技　※男女共通の競技

日本パラリンピック委員会(2000)より作成，田原(2001)

ホッケーの3競技は、男女の別なく出場可能な競技として設定されているが、日本からは男子の選手だけが出場した（図2-7）。日本パラリンピック委員会によれば、まだ選手層が薄い競技では、男女別に競技を実施することが困難なため、男女共通の競技として設定されているのが現状であり、特に女子の選手が少ないという。

役員の男女比をみると、選手が男女とも出場している10競技の中で、役員が男性のみであった競技は5競技で、半数をしめた（図2-8）。一方、選手が男子のみの出場でありながら、役員に女性を派遣していた競技は乗馬だけであった（図2-8）。

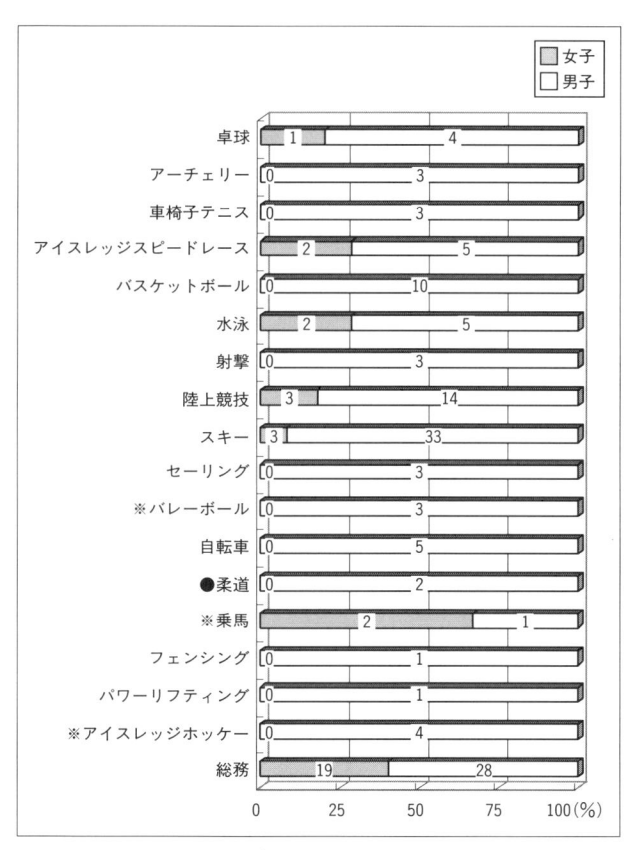

図2-8　パラリンピック大会の競技別役員の男女比

●男子のみの競技　※男女共通の競技

日本パラリンピック委員会(2000)より作成，田原(2001)

■本部役員の男女比

　大会には、競技ごとの選手・役員のほかに、日本オリンピック委員会（JOC）や日本パラリンピック委員会が派遣する本部役員がある。本部役員には、団長、副団長、医務担当、広報担当などの役員と、その他の本部員に大きく分けられる。また、長野冬季大会から主として渉外関係を担当するJOCオフィスが現地に開設されているので、本稿ではそのスタッフも本部役員に含めている。

　これらの本部役員について全体の男女比をみると、オリンピック大会では、男性92.0％に対し、女性はわずか8.0％であった。また、パラリンピック大会では、男性79.0％、女性21.0％であった。

　さらに、役員の内訳を示したのが、図2-9・図2-10である。団長・副団長といったリーダー格の役員は、オリンピック大会、パラリンピック大会ともすべて男性で占められていた。また、オリンピック大会では、医療（医師）やプレス関連のアタッシェ等の専門スタッフに、女性の派遣はみられなかった。一方、パラリンピック大会では、医療スタッフ（医師・看護婦）が57.1％を占め、唯一女性が男性を上回った。本部員・総務員における女性の割合は、いずれの大

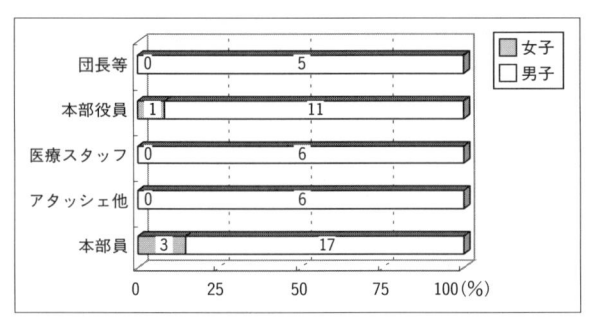

図2-9　オリンピック大会の
　　　　本部役員男女比

財団法人日本オリンピック委員会(2000, pp.10-103)
より作成，田原(2001)

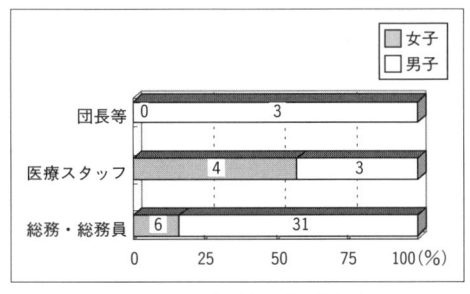

図2-10　パラリンピック大会の
　　　　本部役員男女比

日本パラリンピック委員会(2000)より作成，田原(2001)

会でも15％程度であった。
　以上、みてきたように、選手数全体では男女の比率に大きな相違はみられなくても、選手を支え、指導的立場にある役員の多くが男性で占められているのが日本の現状のようである。このことは、女子選手の多い競技にもあてはまる。

2-4　日本体育協会・JOC加盟団体にみる男女差

　わが国の代表的なスポーツ団体について、男女の比率や女性の登用に関する意識などを見てみよう。本稿で紹介するデータは、2000年8月～9月に実施された質問紙による調査の結果である。調査対象としたスポーツ団体は、日本体育協会、日本オリンピック委員会と、これらの加盟団体、準加盟団体、協力団体、承認団体、および日本障害者スポーツ協会である。
　ただし、日本体育協会の加盟団体には、中央競技団体のほか、都道府県体育協会を含んでいる。

■役員の男女比
　団体の意思決定機関における女性の割合をみるため、各団体における役員の人数を男女別に調査した。数多くの団体を統括する日本体育協会の女性役員の割合は2.8％、日本障害者スポーツ協会の女性役員の割合は2.9％であり、いずれも3％に満たなかった（図2-11、図2-12）。

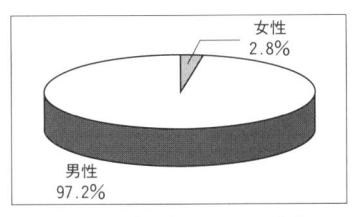

図2-11　日本体育協会の役員男女比
田原(2001)

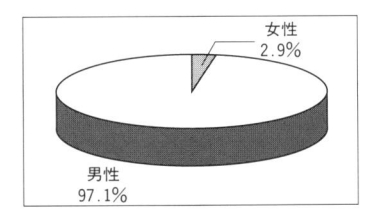

図2-12　日本障害者スポーツ協会の役員男女比
田原(2001)

また、日本体育協会およびJOC（日本オリンピック委員会）に加盟する競技団体について、女性の役員の割合をみると、回答が寄せられた30団体の平均は4.9％であり（図2-13）、回答のあった26都道府県体育協会の平均は2.3％であった（図2-14）。いずれもきわめて低い割合を示し、団体の意思決定が95％以上の男性によって行われていることがわかる。

　次に、都道府県体育協会の役員（回答のあった計3,309人）について、役員の内訳を男女の割合で示したのが、図2-15である。会長、専務理事、理事長に女性は皆無で、副会長0.8％、理事・常務理事3.3％、監事1.4％、評議員2.2％、その他3.8％であった。全体に低い数値だが、役員の中でも管理職には全くと言っていいほど女性の姿はない。

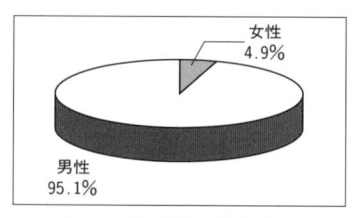

図2-13　競技団体の役員男女比
田原(2001)

図2-14　都道府県体協の役員男女比
田原(2001)

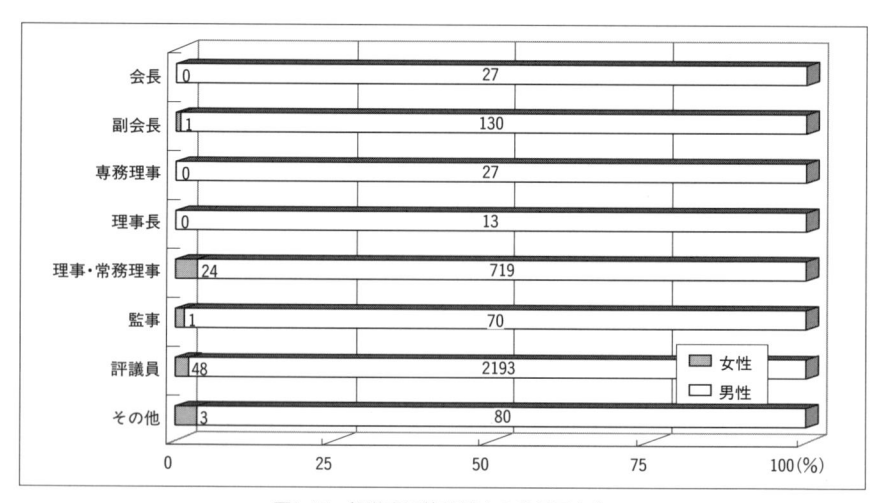

図2-15　都道府県体育協会の役員男女比
田原(2001)

次に、競技団体別に役員の男女比をみてみよう(図2-16)。突出して女性役員の多い団体は、全日本なぎなた連盟で93.4%を女性が占めていた。その次は、日本ローラースケート連盟が14.1%と1割程度にまで下がり、その他の団体では女性役員は1割に満たない。女性役員の平均比率は2.5%であった。女子だけの競技(なぎなた)と男子だけの競技(野球、ラグビーフットボール)の団体を除いて、男女の種目を含む競技団体でも、女性役員のいない団体が数多くみられた。

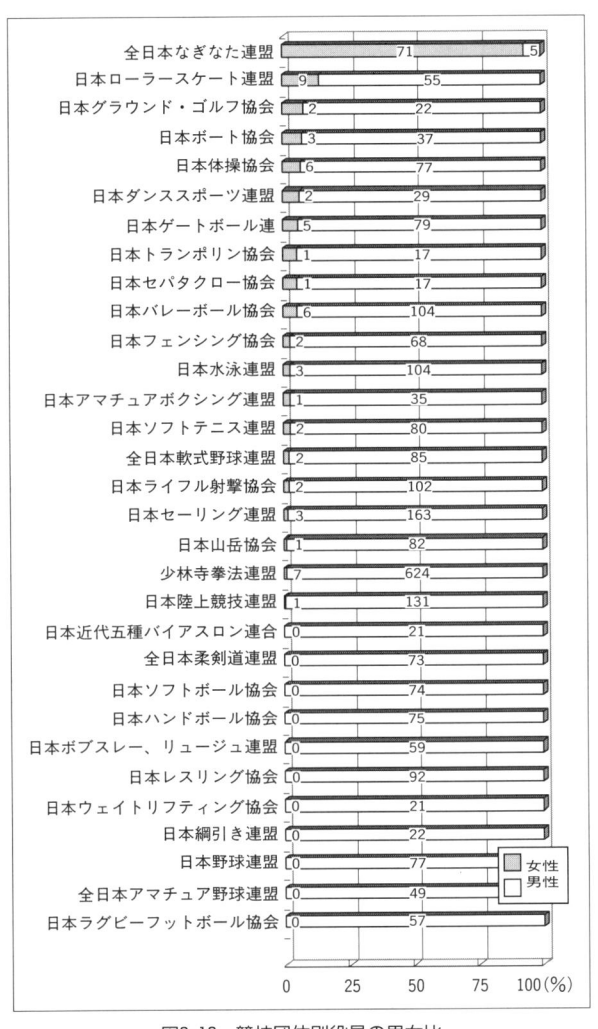

競技団体	女性	男性
全日本なぎなた連盟	71	5
日本ローラースケート連盟	9	55
日本グラウンド・ゴルフ協会	2	22
日本ボート協会	3	37
日本体操協会	6	77
日本ダンススポーツ連盟	2	29
日本ゲートボール連	5	79
日本トランポリン協会	1	17
日本セパタクロー協会	1	17
日本バレーボール協会	6	104
日本フェンシング協会	2	68
日本水泳連盟	3	104
日本アマチュアボクシング連盟	1	35
日本ソフトテニス連盟	2	80
全日本軟式野球連盟	2	85
日本ライフル射撃協会	2	102
日本セーリング連盟	3	163
日本山岳協会	1	82
少林寺拳法連盟	7	624
日本陸上競技連盟	1	131
日本近代五種バイアスロン連合	0	21
全日本柔剣道連盟	0	73
日本ソフトボール協会	0	74
日本ハンドボール協会	0	75
日本ボブスレー、リュージュ連盟	0	59
日本レスリング協会	0	92
日本ウェイトリフティング協会	0	21
日本綱引き連盟	0	22
日本野球連盟	0	77
全日本アマチュア野球連盟	0	49
日本ラグビーフットボール協会	0	57

図2-16　競技団体別役員の男女比

田原(2001)

■登録者の男女比

　各競技団体に所属する登録者数の男女比を、女性の割合の多い順に配置したのが、図2-17である。全日本なぎなた連盟（96.9％）を筆頭に、日本バレーボール協会（75.9％　ただしチーム数）、日本体操協会（73.8％）、日本陸上競技連盟（73.0％）では、登録者の約¾を女性が占め、日本ダンススポーツ連盟（53.7％）、日本水泳連盟（53.2％）で女性が男性の登録者数を上回っている。

　一方、国際的には女子の競技として知られるソフトボールは、日本ソフトボール協会への女子の登録者数の割合が1.9％ときわめて低い。わが国では、女子の競技としてよりもむしろ男子に人気のある競技としてソフトボールが普及していることがわかる。また日本野球連盟に女性の登録者がいることも注目に値するであろう。

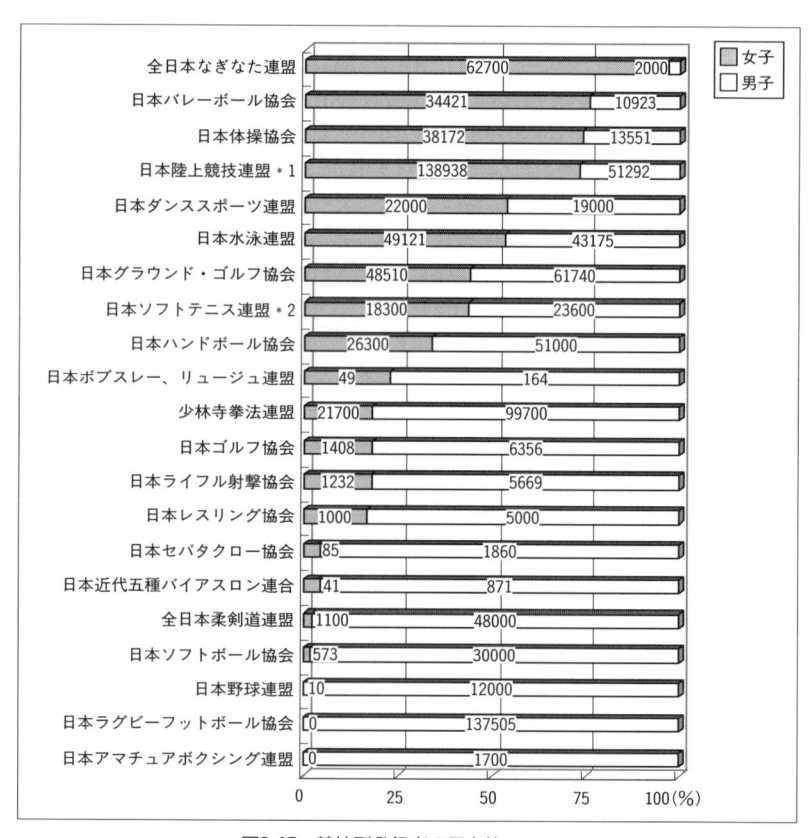

競技団体	女子	男子
全日本なぎなた連盟	62700	2000
日本バレーボール協会	34421	10923
日本体操協会	38172	13551
日本陸上競技連盟 *1	138938	51292
日本ダンススポーツ連盟	22000	19000
日本水泳連盟	49121	43175
日本グラウンド・ゴルフ協会	48510	61740
日本ソフトテニス連盟 *2	18300	23600
日本ハンドボール協会	26300	51000
日本ボブスレー、リュージュ連盟	49	164
少林寺拳法連盟	21700	99700
日本ゴルフ協会	1408	6356
日本ライフル射撃協会	1232	5669
日本レスリング協会	1000	5000
日本セパタクロー協会	85	1860
日本近代五種バイアスロン連合	41	871
全日本柔剣道連盟	1100	48000
日本ソフトボール協会	573	30000
日本野球連盟	10	12000
日本ラグビーフットボール協会	0	137505
日本アマチュアボクシング連盟	0	1700

図2-17　競技別登録者の男女比

田原(2001)

■指導者の男女比

競技団体別に指導者数の男女比を示したのが、図2-18である。ここでいう指導者とは、日本体育協会が公認する「地域スポーツ指導者」「競技力向上指導者」「商業スポーツ施設における指導者」「少年スポーツ指導者」を指している。競技団体によって人数にはかなりの差がみられるが、女性指導者全体の割合は39.9％となり、約4割の女性指導者がいることになる。

これらの指導者数の男女比を、同競技団体の登録者数の男女比（図2-17）と比較すると、両者がほぼ同じ割合になっている団体は、全日本なぎなた連盟（女性登録者96.9％、女性指導者98.7％）、日本体操協会（73.8％、74.0％）、日本ソフトボール協会（1.9％、1.9％）である。また登録者よりも指導者の女性の割合が高い団体は、日本水泳連盟(53.2％、59.0％)、日本セパタクロー協会(4.4

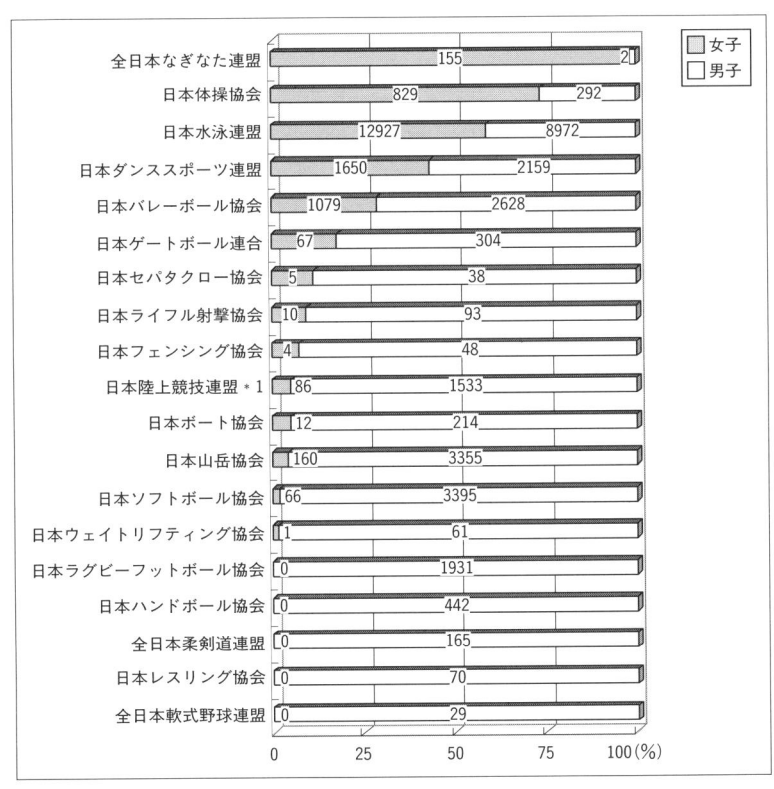

図2-18　競技別指導者の男女比

田原(2001)

%、11.6%)である。これに対し、登録者よりも指導者の女性の割合が低い団体は、日本バレーボール協会(女性登録者75.9%、女性指導者29.1%)、日本陸上競技連盟(73.0%、5.3%)、日本ハンドボール協会(34.3%、0.0%)、日本レスリング協会(16.7%、0.0%)である。これらの競技では、指導面で主として男性に依存していることになる。

一方、回答が寄せられた都道府県体育協会において、把握されている日本体育協会公認指導者は、女性19.9%、男性80.1%である(図2-19)。都道府県のレベルでは、各競技における指導者の男女別人数については、十分な把握が行われていないものと思われるが、同協会で把握されている日本体育協会公認指導者には、「地域スポーツ指導者」がもっとも多く、全体の81.9%にのぼる。その中で、女性の地域スポーツ指導者は、22.0%を占めている。

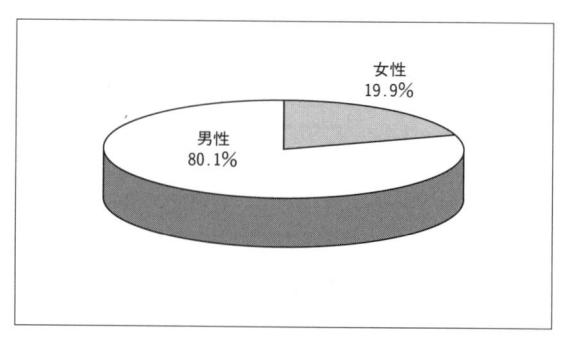

図2-19 都道府県体育協会の指導者の男女比
田原(2001)

■審判員の男女比

各競技団体の審判員の男女比を図2-20に示した。全日本なぎなた連盟(97.8%)に次いで女性の割合が高いのは、日本体操協会(60.8%)である。体操は、同協会における指導者でも74.0%と高い割合を示したが、審判員においても女性が高い比率を占める競技になっている。

第2章 競技スポーツと女性　75

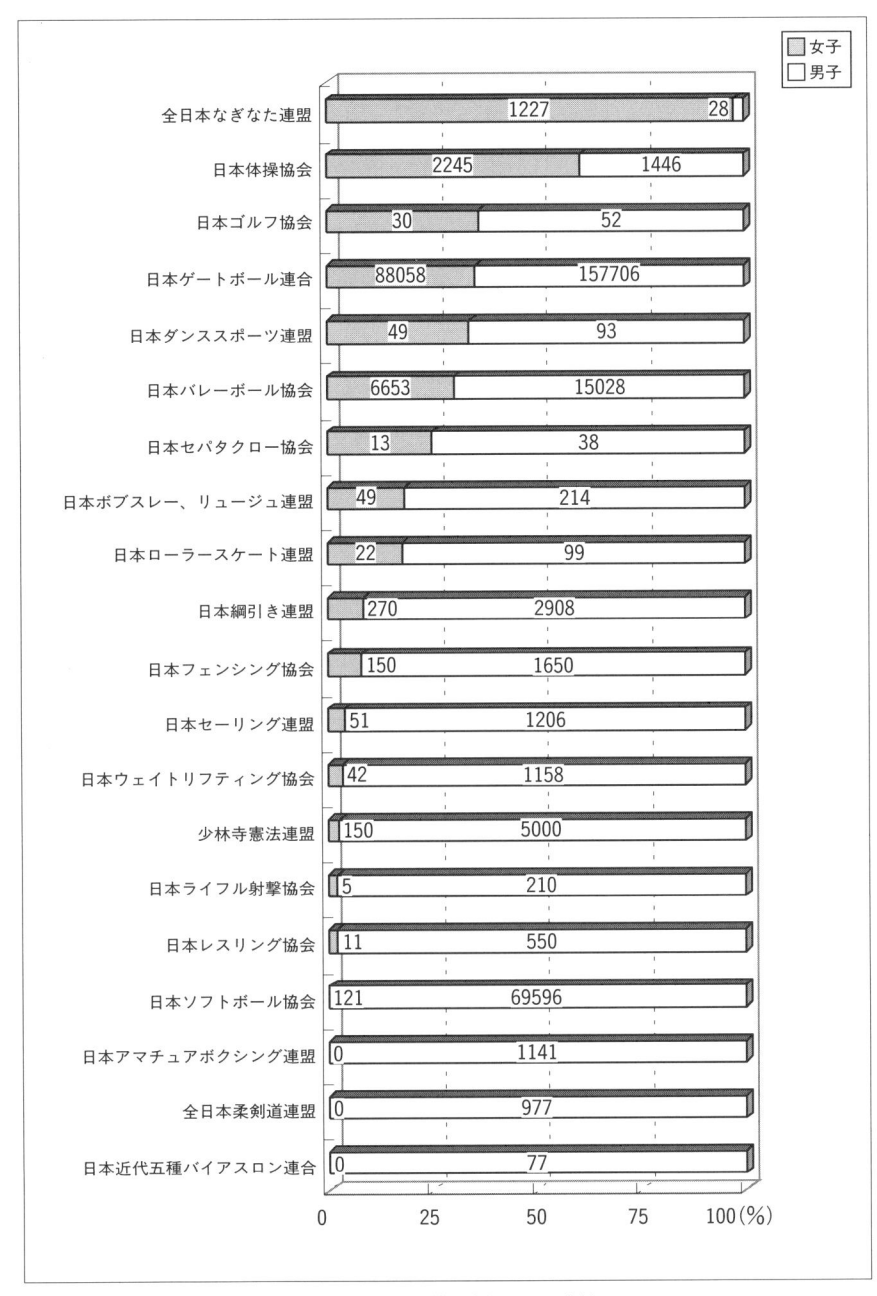

競技団体	女子	男子
全日本なぎなた連盟	1227	28
日本体操協会	2245	1446
日本ゴルフ協会	30	52
日本ゲートボール連合	88058	157706
日本ダンススポーツ連盟	49	93
日本バレーボール協会	6653	15028
日本セパタクロー協会	13	38
日本ボブスレー、リュージュ連盟	49	214
日本ローラースケート連盟	22	99
日本綱引き連盟	270	2908
日本フェンシング協会	150	1650
日本セーリング連盟	51	1206
日本ウェイトリフティング協会	42	1158
少林寺憲法連盟	150	5000
日本ライフル射撃協会	5	210
日本レスリング協会	11	550
日本ソフトボール協会	121	69596
日本アマチュアボクシング連盟	0	1141
全日本柔剣道連盟	0	977
日本近代五種バイアスロン連合	0	77

図2-20　競技団体別審判員の男女比

田原（2001）

以上のデータから、登録者、指導員、審判員の男女比を比較したものを表2-12に示した。登録者よりも審判員の方が女性の割合が明らかに高い団体は、日本ゴルフ協会と日本セパタクロー協会である。また、登録者よりも指導者の方が女性の割合が高い団体は、日本水泳連盟である。一方、審判員における女性の割合が指導者の女性の割合よりも高い団体は、日本バレーボール協会、日本ゲートボール連合、日本セパタクロー協会、日本フェンシング協会、日本ウェイトリフティング協会、日本レスリング協会である。

表2-12　競技団体における女性の割合(%)

	登録者	指導者	審判員
〈登録者よりも指導員の割合が高い団体〉			
日本水泳連盟	53.2	59.0	―
〈登録者よりも審判員の割合が高い団体〉			
全日本なぎなた連盟	96.9	98.7	97.8
日本ゴルフ協会	18.1	―	36.6
日本セパタクロー協会	4.4	11.6	25.5
〈審判員よりも指導者の割合が高い団体〉			
日本体操協会	73.8	74.0	60.8
日本ダンススポーツ連盟	53.7	43.3	34.5
日本ライフル射撃協会	17.9	9.7	2.3
日本ソフトボール協会	1.9	1.9	0.2
〈指導者よりも審判員の割合が高い団体〉			
日本バレーボール協会	75.9	29.1	30.7
日本ゲートボール連合	―	18.1	35.8
日本セパタクロー協会	4.4	11.6	25.5
日本フェンシング協会	―	7.7	8.3
日本ウェイトリフティング協会	―	1.6	3.5
日本レスリング協会	16.7	0.0	2.0
〈その他〉			
日本陸上競技連盟*1	73.0	5.3	―
日本ハンドボール協会	34.0	0.0	―
日本ボブスレー、リュージュ連盟	23.0	―	18.6
少林寺拳法連盟	17.9	―	2.9
日本近代五種バイアスロン連合	4.5	―	0.0
全日本柔剣道連盟	2.2	0.0	0.0

*1：1999年度のデータ　　　　田原(2001)

■コンディショニング・スタッフの男女比

　日本体育協会が公認するアスレチックトレーナー、スポーツプログラマー、フィットネストレーナー、スポーツドクターの資格を有する人を、ここでは総称して「コンディショニングスタッフ」と呼ぶことにする。これらの有資格者の人数を、各競技団体で男女別に示したのが　図2-21である。女性のコンディショニングスタッフは、非常に少ないのが現状である。もっとも多い日本ハンドボール協会と日本陸上競技連盟でも各4人にすぎない。競技者を支えるこれらの有資格者が今後さらに増加することを期待したい。

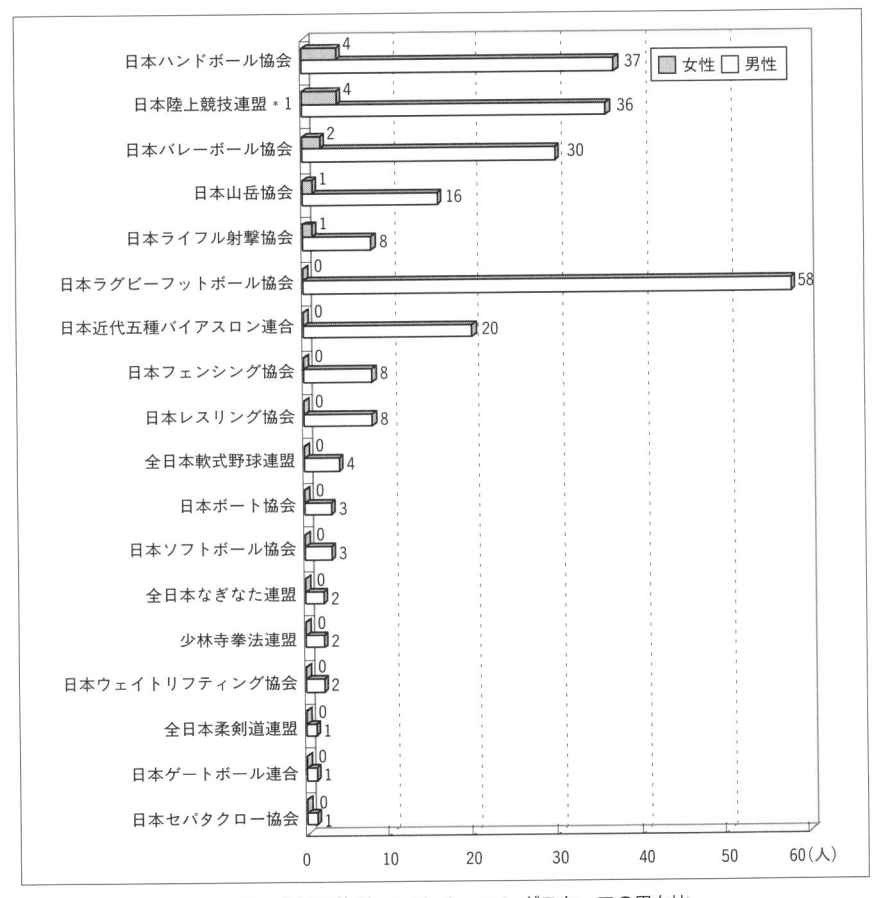

競技団体	女性	男性
日本ハンドボール協会	4	37
日本陸上競技連盟 *1	4	36
日本バレーボール協会	2	30
日本山岳協会	1	16
日本ライフル射撃協会	1	8
日本ラグビーフットボール協会	0	58
日本近代五種バイアスロン連合	0	20
日本フェンシング協会	0	8
日本レスリング協会	0	8
全日本軟式野球連盟	0	4
日本ボート協会	0	3
日本ソフトボール協会	0	3
全日本なぎなた連盟	0	2
少林寺拳法連盟	0	2
日本ウェイトリフティング協会	0	2
全日本柔剣道連盟	0	1
日本ゲートボール連合	0	1
日本セパタクロー協会	0	1

図2-21　競技団体別コンディショニングスタッフの男女比

＊1：1999年度のデータ　　　田原(2001)

■女性の登用に関する意識

これまで見てきたように、組織の意思決定機関や指導的立場に女性が非常に少ないことが明らかになっている。そこで、現行の組織が、女性の登用についてどのような考えをもっているのか、その意識を尋ねることにした。

団体の意思決定機関（執行部・理事会など）の役員、指導者に関する女性の登用について、都道府県体育協会における意識をまとめたものが、図2-22である。女性の役員登用について、「女性の人数を増やそうと考えている」と回答した団体は、22.2％で、もっとも多かったのは「特に何も考えていない」という回答であった（44.4％）。「その他」（22.2％）として、「なかなか登用できない現状がある」「構成上仕方がない」「必要に応じて検討する」「登用は各競技団体で」「各加盟団体から1名」などのやや消極的な回答がみられた。それ以外にも、「スポーツ振興の上からも、女性の参画は必要なことである」とする意見がある一方で、役員への登用には「各加盟団体より推薦される評議員に女性が増えることが前提」であるとの意見もみられ、段階的な女性の参画を促す声が聞かれた。また「競技の特性上、女性の人数が少ない（あるいは「いない」）のは仕方がない」という回答が11.1％みられた。女性の指導者の登用についても、都道府県体育協会では、役員の登用とほぼ同様の傾向がみられた。女性の登用に前向きな姿勢がみられた団体は、約2割程度であり、それ以外の大多数は、あまり関心を示していないようである。また、体育・スポーツが男性主導で行われるのが当然であるという見方が一部に存在することにも注目したい。

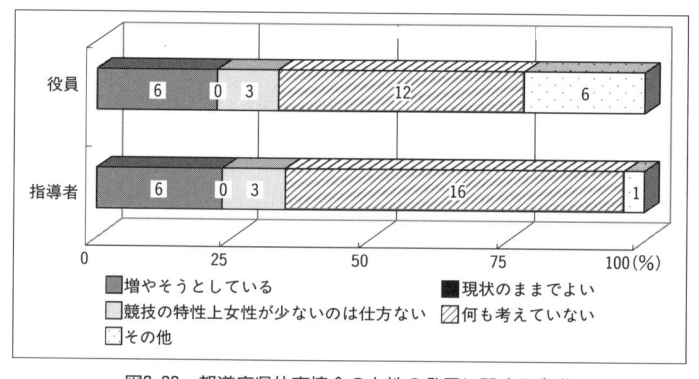

図2-22 都道府県体育協会の女性の登用に関する意識

田原(2001)

次に、各競技団体に、役員、指導者、コンディショニングスタッフ、審判員への女性の登用についての意識を尋ねた(図2-23)。役員については、50.0%が「女性の人数を増やそうと考えている」と回答し、女性の役員登用に積極的な姿勢が窺えた。団体としてもっとも積極的に女性の登用が考えられているのは、指導者への登用であり、59.4%と約6割を占めた。これは女性の競技人口の増加とも関連しているものと思われる。一方、比較的意識が低かったのは、コンディショニングスタッフへの登用であり、28.1%と3割弱にとどまった。「その他」としては、「女性に適任者がいれば、推薦（または登用—筆者）したい」「女性は消極的」「スポーツ実績・力量に男女差があるため（女性—筆者）役員が増えない」「スポーツに関する限り男性より女性の方が優れている部分が多いが、リーダーシップは取りにくい」などの意見がみられた。

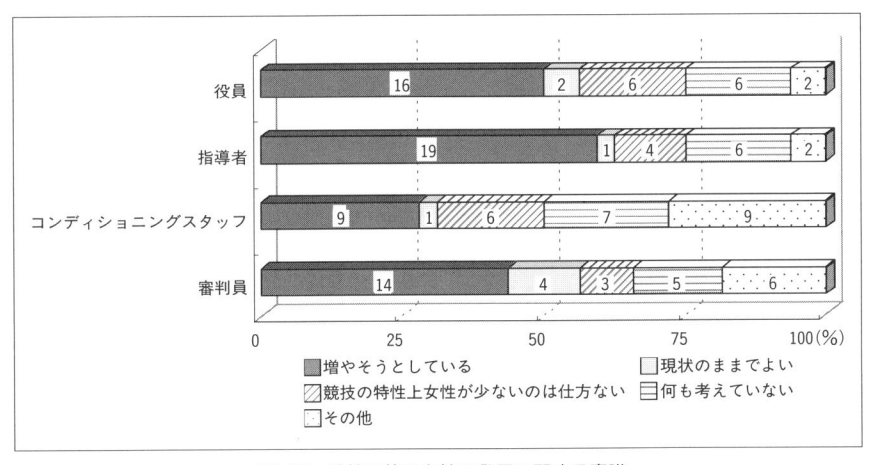

図2-23　競技団体の女性の登用に関する意識
田原(2001)

■役員の選出方法

　次に、組織の意思決定を担う役員が、各団体においてどのように選出されているのか、その方法について尋ねた。図2-24は、統括団体（日本体育協会・日本障害者スポーツ協会）、都道府県体育協会、競技団体の役員の選出方法について示したものである。

　統括団体では、両団体とも「役員その他による協議」によって選出されていた。ここでいう「役員その他」とは、理事等の役員、各部署の代表、評議員、学識経験者などを指している。具体的には、日本体育協会の場合、各評議員が選出母体毎の話し合いによって選出し、会長が指名する学識経験者を選出することになっている。

　都道府県体育協会および競技団体では、「総会・評議員会での投票」がもっとも多く約半数を占めている（都道府県体育協会46.2％、競技団体55.2％）。また都道府県体育協会では、「役員による協議」が23.1％であった。

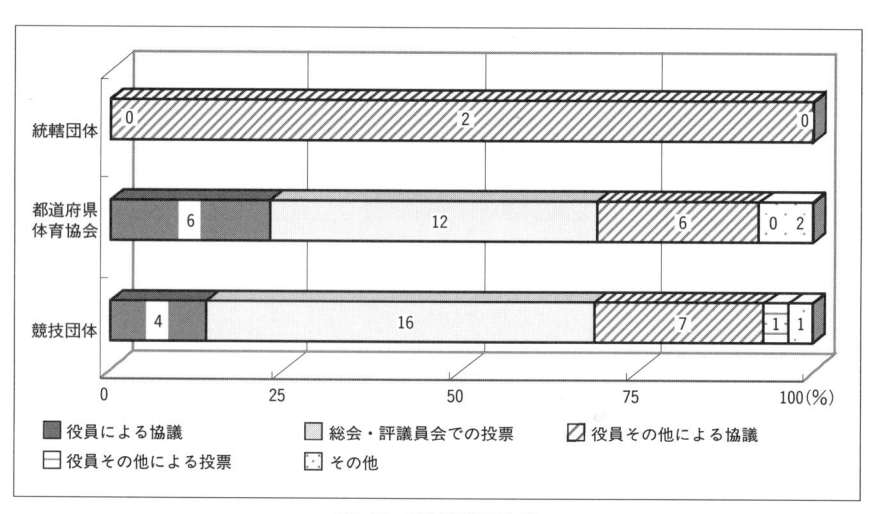

図2-24　役員の選出方法

田原(2001)

■女性を対象とした組織・部門

　ここでは、都道府県体育協会や競技団体の傘下にあって、女性を対象として設立された組織・部門について紹介したい。

　都道府県体育協会の中では、唯一和歌山県体育協会に「和歌山県女性スポーツ連盟」がある。同規約によれば、昭和50（1975）年に設立され、女性が手軽にスポーツを楽しみ、さらに健康で明るい生活を営むために、積極的なスポーツ活動の機会をつくることを目的としている。この連盟は、県下の女性の各種スポーツグループ（チーム）又は個人をもって組織され、主な事業は、①各種競技大会、親睦試合等の開催、②クラブ組織の充実と活動の助成、③関連行事への積極的な参加と協力、④リーダー研修会や講習会の開催、⑤啓発活動、⑥優良団体及び個人の選定並びに表彰、⑦その他この会の目的達成に必要な事業となっている。

　競技団体では、女性を対象として、以下のような組織・委員会が設立されている。

◇全日本なぎなた連盟：なぎなたは、当初女性の武道として位置づけられており、1955年に設立された同連盟は、女性によって結成、運営が行われている。

◇日本バレーボール協会「全国家庭婦人バレーボール連盟」：主婦層におけるバレーボール競技の普及、発展及び生涯スポーツを目的として1970年に設立。

◇日本陸上競技連盟：1978年女性競技者の強化・普及および啓蒙活動を目的に「女子委員会」が設立されたが、1999年同委員会は「女性競技連絡協議会」に変更。

◇日本ソフトボール協会：全国規模で実施している家庭婦人大会をまとめる目的で、各都道府県協会に1980年「家庭婦人委員会」が設立。しかし、「家庭婦人」という名称が好ましくないということから、エルダー大会（35歳以上）とレディース大会（19歳以上）に分けて実施するようになり、それを機に1990年「家庭婦人委員会」を廃止、以後は総務委員会で担当。

◇日本レスリング協会「日本女子レスリング連盟」：女子競技の将来性を見込んで1989年に設立。

◇日本ゴルフ協会「女子委員会」：女子競技に関する事項を担当し、関係委員会への女子委員派遣に関する事項を取り扱う目的で、1990年に設立。

◇日本アマチュアボクシング連盟「女性ボクシング検討委員会」：国際連盟にも

女性の規則（競技）があり、現に女性の競技が行われている国々もあることから、検討がはじめられている。

■女性に関する取り組み

男女共同参画に関する申し合わせ、暴力、セクシュアルハラスメント等に関するガイドラインなど、女性に関する独自の取り組みについては、以下の都道府県体育協会、競技団体で実施されている。
◇山梨県体育協会：県からの通知等により職員に啓蒙している。
◇日本ダンススポーツ連盟：セクハラ規定を設け該当者には罰則を設けている。
◇日本山岳協会：公的な取り決めを順守している。
◇少林寺拳法連盟：指導上の留意点としている。

(2-4で用いた日本体育協会・JOC加盟団体への調査は、平成12年度「アクティブウィメンプロジェクト」文部省委嘱事業の助成金により実施されたものである。)

2-5 競技記録にみる男女差

パフォーマンスの一つの重要な尺度としての記録に着目し、日本選手の男女差を見てみよう。ここでは、1999年時点で男女の日本記録がそれぞれの世界記録にどれだけ近づいているかを割合で示し、比較することにする。

■陸上競技

図2-25は、陸上競技における男女それぞれの世界記録に対する日本記録の到達率を示したものである。マラソンと5000mでは、女子の到達率が男子のそれを上回っており、女子の長距離のレベルの高さが窺える。トラック種目では、女子は短距離種目で男子との差が開く傾向にある。また、投擲種目は、男女とも世界記録への到達率が低く、男女の差も大きい。全体的な傾向として、パワーを要する種目で日本記録が低く、女子の場合にはさらにその傾向が強くみられる。

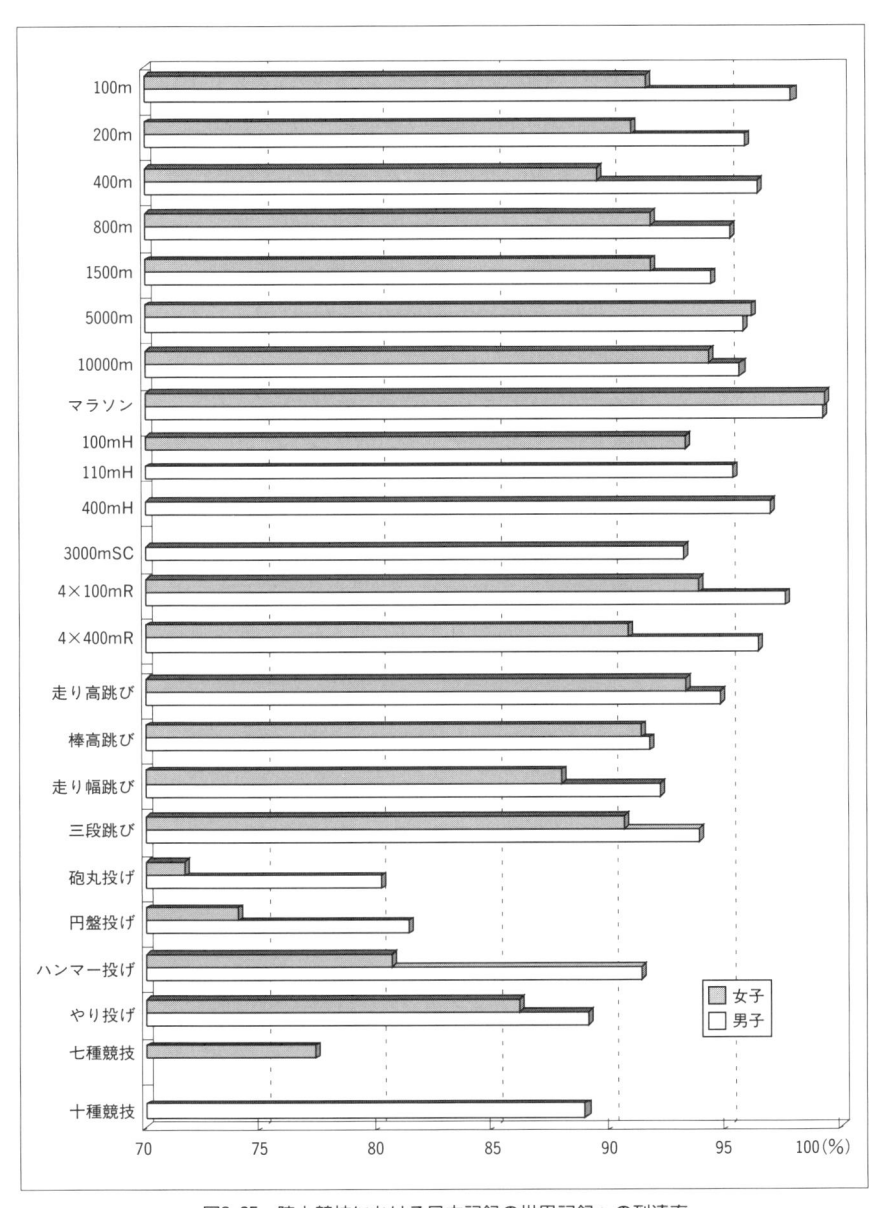

図2-25 陸上競技における日本記録の世界記録への到達率

陸上競技マガジン(2000)より作成，田原(2001)

■競泳

　日本の競泳は、全体として国際的にも競技レベルの高い種目であるといえそうである。男女の日本記録の世界記録への到達率を比較すると、図2-26に示すように20種目中13種目で女子の達成率が男子を上回っている。また、バタフラ

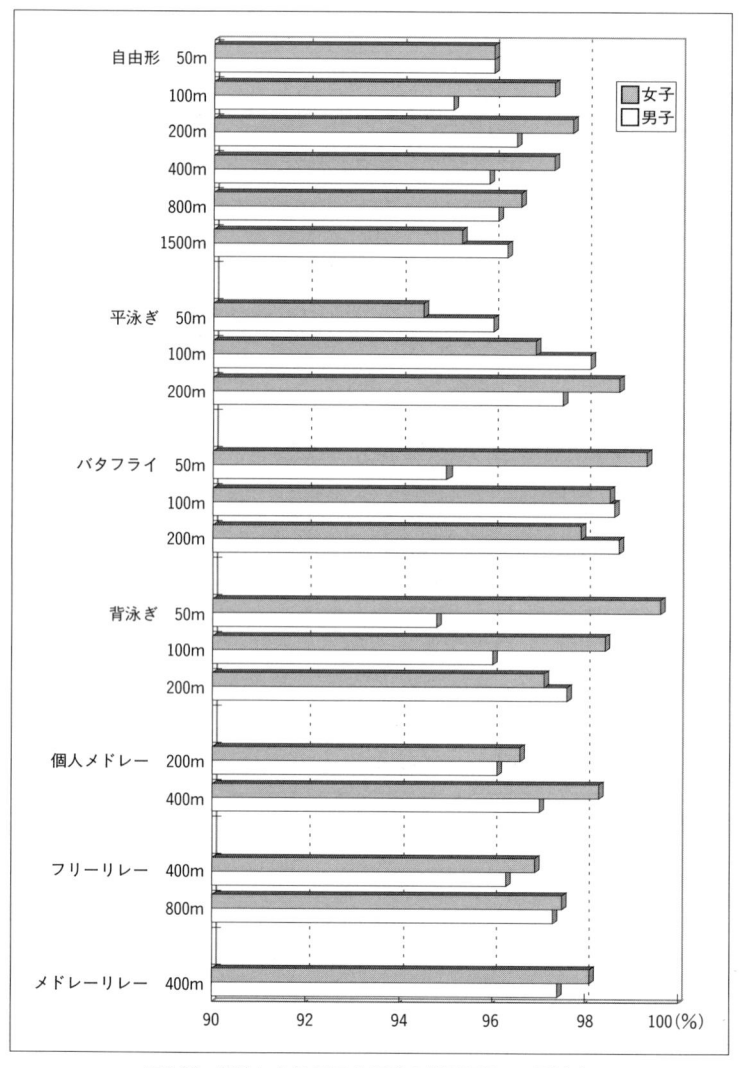

図2-26　競泳における日本記録の世界記録への到達率
SWIMMING & WATER POLOMAGAZINE(2000)より作成, 田原(2001)

イと背泳ぎの50mを除いては、男女の到達率に大きな差は見られない。こうした男女の傾向は、陸上競技とは大きく異なっている。競泳の種目特性がこのようなちがいをもたらすのか、それとも他に何らかの要因があるのか、興味深い結果が示された。

■スピードスケート

スピードスケートでは、全体として距離が短い方が世界記録への到達率が高い（図2-27）。この傾向は特に男子において顕著である。スピードスケートは、長距離に強い陸上競技とは異なる傾向を示しているといえる。

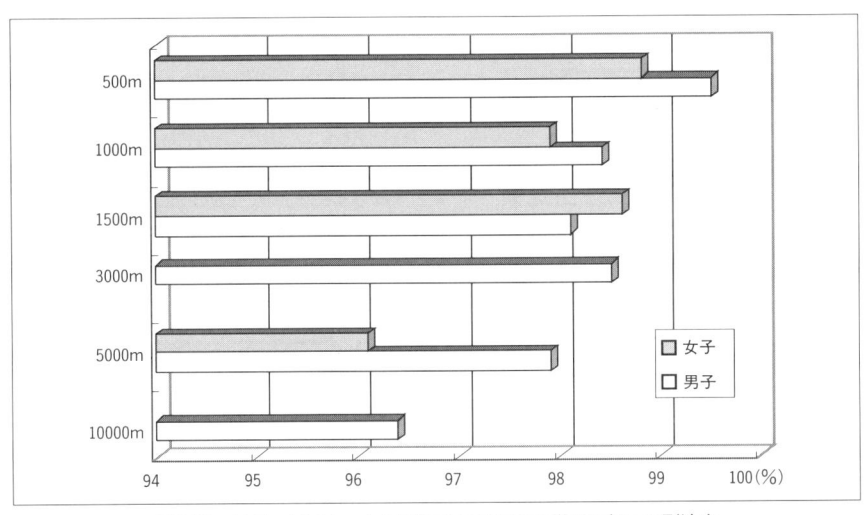

図2-27　スピードスケートにおける日本記録の世界記録への到達率
Speed Skater Network提供資料より作成，田原(2001)

■ウェイトリフティング

ウェイトリフティングについて、種目別に階級ごとの日本記録を世界記録への到達率で示したものが、図2-28である。男子は、62kg級、69kg級、105kg級において世界記録への到達率がやや高くなっているものの、階級による目立った特徴はみられない。一方、女子では、いずれの種目でも軽量な級ほど世界記録への到達率が高く、75kg級を除けば、重量級に進むに従って到達率が下がる傾向がみられる。このことは、女子のウェイトリフティングが、2000年シドニー

大会ではじめてオリンピック大会の正式種目として採用され、女子の競技としては、まだ十分定着していないことをうかがわせる。その意味で、日本人女性の体格や選手層の厚さがそのまま記録に影響を及ぼしているのかもしれない。

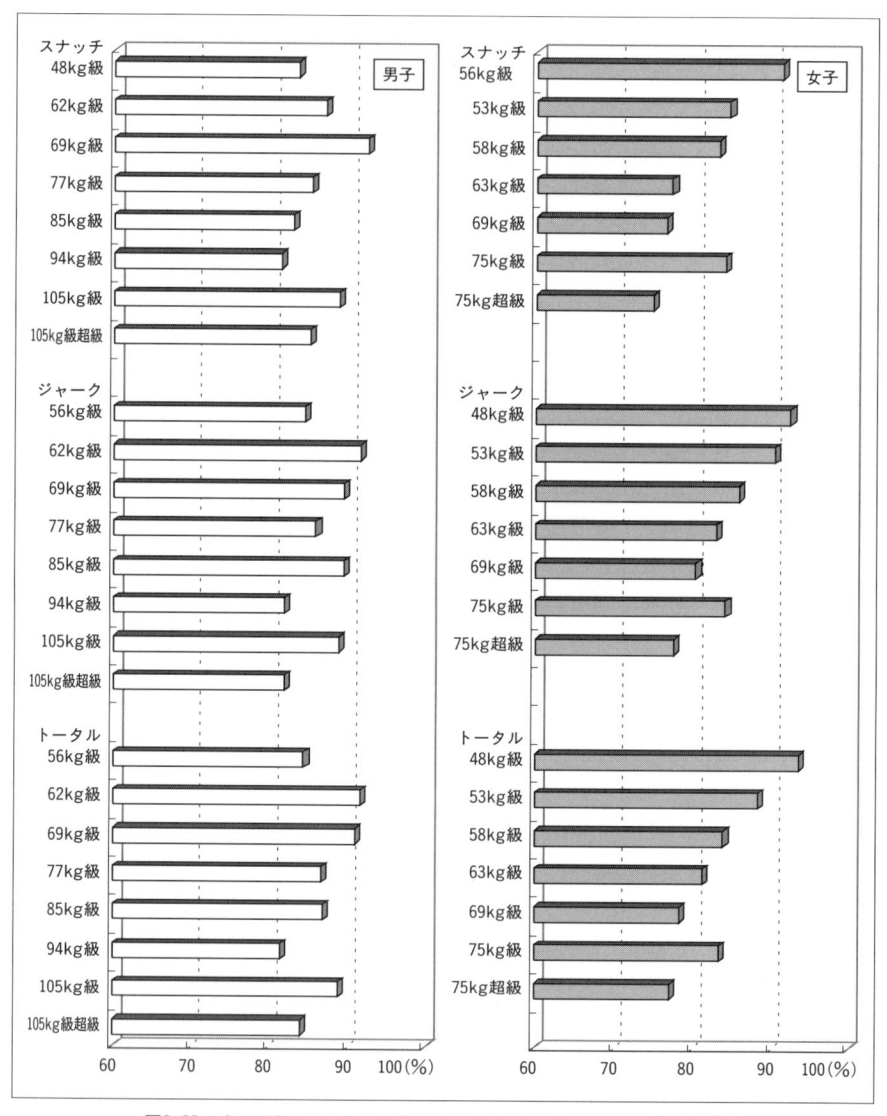

図2-28 ウェイトリフティングにおける日本記録の世界記録への到達率
日本ウェイトリフティング協会(2000)より作成、田原(2001)

【参考文献】

- 朝日新聞社編(2000)「第27回オリンピック競技大会シドニー2000 競技種目別メダリスト・記録一覧」アサヒグラフ4105号．
- 第54回国民体育大会熊本県実行委員会編(2000)第54回国民体育大会報告書(競技記録編)．第54回国民体育大会熊本県実行委員会．
- IMS／STUDIO6，ベースボール・マガジン社編(1998)NAGANO 1998第18回オリンピック冬季競技大会1998／長野 IOC(国際オリンピック委員会)オフィシャル・スーベニールブック．pp.202-207．
- RESULTS(1999)OLYMPIAN 8(2)：44-51．
- RESULTS(1999)OLYMPIAN 8(3)：44-45．
- 社団法人日本ウェイトリフティング協会(2000)「第60回全日本選手権大会 第14回全日本女子選手権大会」(プログラム)．
- 財団法人日本陸上競技連盟監修(2000)「世界記録」「日本記録」陸上競技マガジン．50(5)：4-27．
- スイミング・マガジン編集部(2000)「世界記録」「日本記録」SWIMMING & WATER POLO MAGAZINE．24(6)：4-9．
- 財団法人日本オリンピック委員会(2000)第27回オリンピック競技大会(2000/シドニー)日本代表選手団ハンドブック・名簿．財団法人日本オリンピック委員会，pp.10-103，111-113．
- 財団法人日本オリンピック委員会(1999)第13回アジア競技大会(1998/バンコク)報告書．財団法人日本オリンピック委員会．
- 財団法人日本オリンピック委員会(1999)第4回アジア冬季競技大会報告書．財団法人日本オリンピック委員会．
- 財団法人日本オリンピック委員会(1999)日本アマチュアスポーツ年鑑1999．ぎょうせい pp.172-180．
- 財団法人日本身体障害者スポーツ協会(1998)1998長野パラリンピック日本選手名鑑．中央法規，pp.19-65．
- http://www.g-eagle.com/psu/(Speed Skater Network)
- http://www.jsad.or.jp(財団法人日本障害者スポーツ協会 日本パラリンピック委員会)
- 和歌山県女性スポーツ連盟規約

第3章
女性の生涯スポーツ参加

3-1 女性のスポーツ実施状況
- ■スポーツ実施率の推移
- ■レベル別にみたスポーツ実施率
- ■スポーツ実施率の国際比較〈3ヵ国〉
- ■スポーツ種目別にみる実施率

3-2 スポーツクラブ・同好会にみる女性
- ■スポーツクラブ・同好会の所属率
- ■所属クラブ・同好会の種類および活動種目
- ■スポーツクラブ・同好会への所属希望

3-3 女性のスポーツ活動に対する取り組み方
- ■スポーツ実施の目的
- ■スポーツ活動に対する満足度
- ■潜在的スポーツ人口と無関心層
- ■スポーツ活動の促進条件

3-4 女性の生涯スポーツイベントとプログラム
- ■家庭婦人の競技大会
- ■女性が中心に運営しているスポーツイベント
- ■生涯スポーツイベント(スポレク祭・ねんりんピック)にみる男女差

3-5 地域の女性スポーツ指導者
- ■体育指導委員の現状
- ■文部科学大臣認定「スポーツ指導者」の現状
- ■日本スポーツ少年団指導者の現状

3-1　女性のスポーツ実施状況

　わが国で、実際どのくらいの女性がスポーツに親しんでいるのだろうか。主な全国調査の結果からその状況を把握してみることにする。なお、本章で取り扱う「スポーツ」は生涯スポーツの観点から、軽い体操や散歩、なわとび等の運動も含めて取り扱っている。

■スポーツ実施率の推移

　図3-1は、わが国成人（20歳以上）のうち、1年間に何らかの運動やスポーツを1回以上行った者の割合を示している（総理府，1997）。1965年以降、男性の割合が女性の割合よりも15～20ポイント高い値を示しており、女性のスポーツ参加率の低さが把握できる。ただ、ここ3回の調査結果（1994～2000年）をみると、男女の差が約10ポイントと以前よりは差が縮まりつつある。

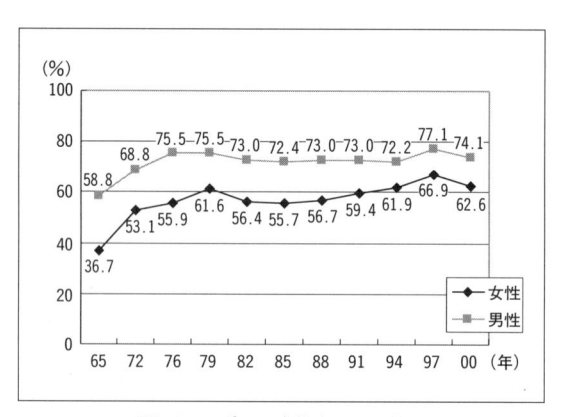

図3-1　スポーツ実施率にみる性差

総理府「体力・スポーツに関する世論調査」（2000），SSF笹川スポーツ財団「スポーツ白書」（1996）より作成，工藤（2001）

■レベル別にみたスポーツ実施率

　スポーツの実施状況をさらに詳しく把握するために、実施頻度・実施時間・実施強度の3つの観点からスポーツ実施レベル別にみてみる。スポーツの実施率は、表3-1のようにレベル0～4までに分類されている（SSF，2000）。なお、先ほどの総理府が報告している実施率は、ここでいう「レベル1～4」までを含めた値に相当する。

表3-1 スポーツ実施レベル

レベル0	過去1年間に全く運動・スポーツを実施しなかった
レベル1	年1回以上、週2回未満（1～103回/年）
レベル2	週2回以上（104回以上/年）
レベル3	週2回以上、1回30分以上継続した運動時間
レベル4（アクティブ・スポーツ人口）	週2回以上、1回30分以上、運動強度「ややきつい」以上

SSF笹川スポーツ財団「スポーツライフに関する調査」(2000)より改変，工藤(2001)

　スポーツ実施レベル別の結果を性別でみると(図3-2)、運動・スポーツを全く実施しなかった「レベル0」では、総理府の調査結果と同様に女性の割合が高くなっていたが、「レベル2」以上、すなわち週2回以上の定期的実施者の割合では、男女にほとんど差のないことがわかる。さらに「レベル4：週2回以上、運動時間1回30分以上、運動強度『ややきつい』以上」の条件をクリアする者では、男性が18.6％、女性が16.6％と男女に2ポイントの開きしかないことがわかる。

　つまり、女性の場合、スポーツを行わない者は男性より多いものの、スポーツを実施している女性をみた場合には、その質的レベルは男性と変わらないことが理解できる。なお、「レベル4」の週2回以上、運動時間1回30分以上、運動強度「ややきつい」以上の条件で運動・スポーツを実施している者を、この調査では「アクティブ・スポーツ人口」と位置付けている。

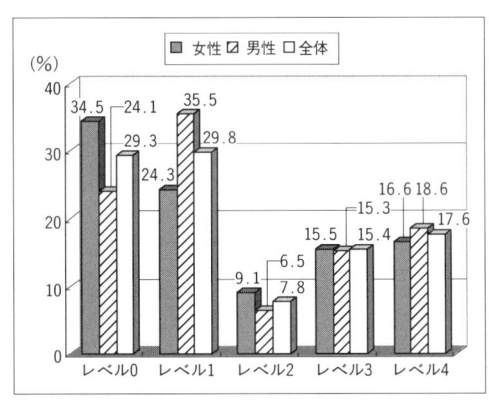

図3-2 スポーツ実施率(スポーツ実施レベル別)

SSF笹川スポーツ財団「スポーツライフに関する調査」(2000)より作成，工藤(2001)

さらに、女性のスポーツ実施レベル別の結果を年代別にみてみた（図3-3）。運動・スポーツを全く実施しなかった「レベル0」では、加齢と共に増加しており、対照的に年1回以上週2回未満の割合で実施している「レベル1」は加齢と共に減少している。一方、週2回以上、1回30分以上、運動強度『ややきつい』以上の条件を満たす「レベル4」をみると、50歳代が最も高く、次いで、40歳代、20歳代、60歳代と続き、アクティブな中高齢者像がうかがえる。

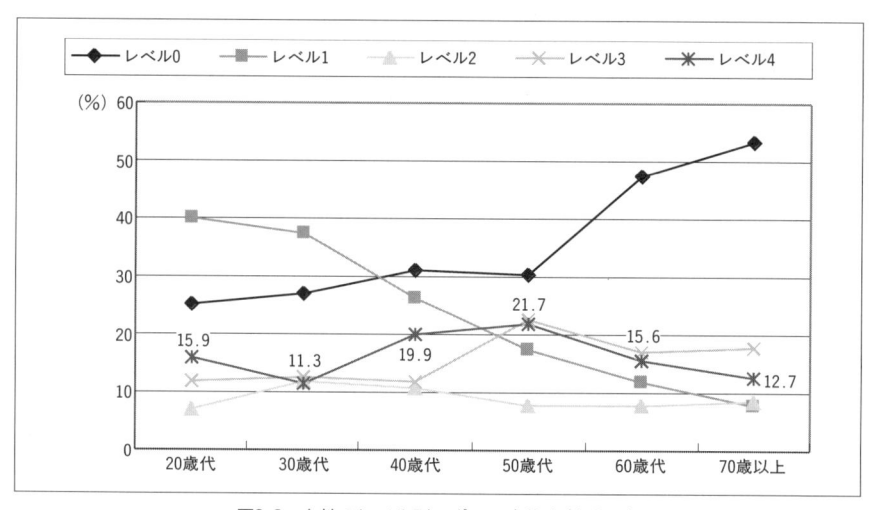

図3-3　女性のレベル別スポーツ実施率（年代別）
SSF笹川スポーツ財団「スポーツライフに関する調査」(2000)より作成，工藤(2001)

■スポーツ実施率の国際比較〈3カ国〉

わが国のアクティブ・スポーツ人口の割合をスポーツ先進諸国（カナダ・オーストラリア）と比較したものが表3-2である（SSF, 1998）。比較基準は各国で若干異なるが、「健康の維持増進や体力の向上に効果的といわれる運動所要量」を目安とし、この調査ではスポーツ実施レベルの「レベル4：週2回以上、1回30分以上、運動強度『ややきつい』以上」の者を対象とした。

オーストラリアとの比較では、男女共ほぼ同様の値を示している。一方、カナダとの比較では、男女共、いずれの性別・年代別においてもわが国が明らかに低い値を示していた。特に20～25歳の女性においては43ポイントもの開きがみられた。

わが国の特徴をみると、1996年の結果と比較して全体的に上昇傾向がうかがえ、特に20～24歳の男性で8ポイント、45～64歳の女性で7ポイントの上昇がみられた。わが国の男性のアクティブ・スポーツ人口は若年層が中心であるのに対し、女性は45～64歳の中高齢者が中心であることが確認できた。

表3-2　アクティブ・スポーツ人口の国際比較　　　　　　　　　　　　(%)

性別		20～24歳[*1]	25～44歳	45～64歳	65歳以上[*2]
男性	カナダ(1995)	54.0	40.0	33.0	33.0
	オーストラリア(1995)	28.2	18.4	15.5	17.5
	日本(1996)	21.5	13.0	8.2	7.2
	日本(1998)	29.4	11.4	12.6	11.0
女性	カナダ(1995)	54.0	33.0	32.0	18.0
	オーストラリア(1995)	14.1	11.2	10.3	10.1
	日本(1996)	11.8	8.9	8.4	3.7
	日本(1998)	10.6	12.4	15.4	9.4

注)日本と比較する上でのアクティブ・スポーツ人口の対応条件は以下の通りである。
　カナダ(1995)：余暇時間に消費される体重1kg当たりのエネルギー消費量が12カ月の平均で1日当たり少なくとも3kcal以上となるような運動
　オーストラリア(1995)：心肺機能が十分に活性化されたり、新陳代謝が高まるような程度の比較的高い強度・時間の運動や身体活動。
　日本(1996・1998)：頻度「週2回以上」、時間「30分以上」、強度「ややきつい」以上の運動

[*1]・[*2]の年齢区分は国により若干異なる。
[*1]：カナダは18～24歳、オーストラリアは15～24歳
[*2]：オーストラリアは65～74歳

SSF笹川スポーツ財団「スポーツライフに関する調査」(1998)より改変，工藤(2001)

■スポーツ種目別にみる実施率

わが国でどのような運動・スポーツ活動が成人女性の間で行われているのかをまとめたものが表3-3である（SSF，2000）。過去1年間に実施されたものだが、女性で最も実施率の高かった種目は「ウォーキング・散歩」で、次いで「軽い体操」「ボウリング」「水泳」「ハイキング」と続き、「ウォーキング」や「軽い体操」、「水泳」においては、女性の実施率が男性を上回る結果となった。

また、上位20種目のうち、男性には無く女性のみにみられる種目は、「なわとび」、「アクアエクササイズ」、「バレーボール」、「エアロビックダンス」、「テニス（硬式）」の5種目であった。ちなみに、男性のみにみられる種目は「ゴルフ（コース）」、「ゴルフ（練習場）」、「野球」、「ソフトボール」、「グラウンドゴルフ」であった。

表3-3　女性の種目別スポーツ実施率（上位20位）

順位	女性 実施種目	(%)	男性 実施種目	(%)
1	ウォーキング・散歩	37.0	ウォーキング・散歩	30.0
2	体操（軽い体操・ラジオ体操など）	22.3	ボウリング	22.9
2	ボウリング	16.6	ゴルフ（コース）	20.3
4	水泳	12.6	釣り	19.9
5	ハイキング	9.6	ゴルフ（練習場）	17.8
6	海水浴	8.5	体操（軽い体操・ラジオ体操など）	17.1
7	サイクリング	7.8	海水浴	14.0
8	スキー	7.1	野球	11.5
9	なわとび	6.9	水泳	11.4
10	バドミントン	6.5	ジョギング・ランニング	10.5
11	卓球	5.7	トレーニング（筋トレなど）	10.3
12	アクアエクササイズ	5.5	スキー	9.9
13	バレーボール	5.4	ソフトボール	9.7
14	エアロビックダンス	5.1	サイクリング	8.5
15	ジョギング・ランニング	4.8	ハイキング	8.0
16	登山	4.6	登山	7.4
17	トレーニング（筋トレなど）	4.4	キャンプ	7.2
17	釣り	4.1	卓球	6.8
19	キャンプ	4.0	グラウンドゴルフ	4.9
20	テニス（硬式）	3.5	バドミントン	4.8

SSF笹川スポーツ財団「スポーツライフに関する調査」(2000)より作成，工藤(2001)

3-2 スポーツクラブ・同好会にみる女性

　成人女性がスポーツクラブや同好会、チームなどにどの程度所属しながらスポーツ活動を実施しているのか。また、今後加入する意志があるのかをみてみた。なお、民間のフィットネスクラブについては第4章も参考にされたい。

■スポーツクラブ・同好会の所属率

　図3-4のように、何らかのスポーツクラブ・同好会やチーム（以下「クラブ・同好会」という）に加入している成人女性は18.5％、男性は25.7％（全体22.0％）と女性の加入率は男性を7ポイント下回っている（SSF，2000）。年代別でみると、女性の20歳代、30歳代でクラブ・同好会への加入率の低い傾向がみられる（図3-5）。

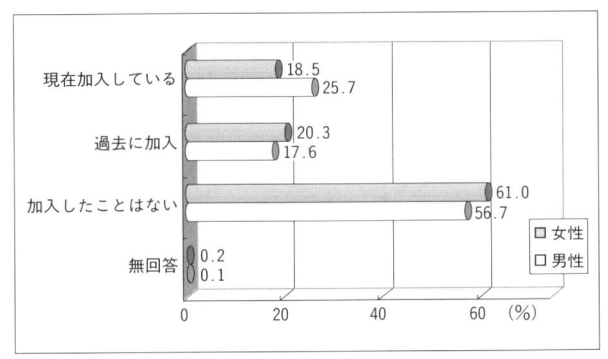

図3-4　スポーツクラブ・同好会の加入状況

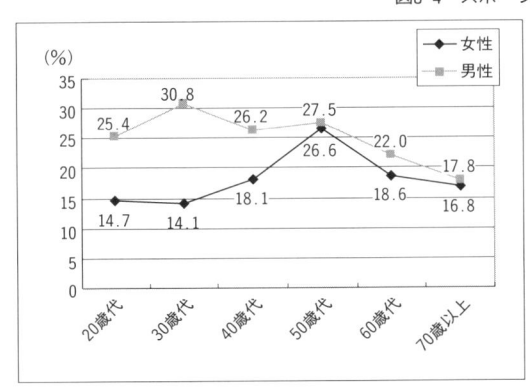

	女性	男性
現在加入している	18.5	25.7
過去に加入	20.3	17.6
加入したことはない	61.0	56.7
無回答	0.2	0.1

図3-5　スポーツクラブ・同好会の加入率（性別・年代別）

	20歳代	30歳代	40歳代	50歳代	60歳代	70歳以上
女性	14.7	14.1	18.1	26.6	18.6	16.8
男性	25.4	30.8	26.2	27.5	22.0	17.8

　　　図3-4、図3-5ともSSF笹川スポーツ財団「スポーツライフに関する調査」(2000)より作成，工藤(2001)

■所属クラブ・同好会の種類および活動種目

次に、成人女性がどのようなスポーツクラブ・同好会に所属しているのかをみると、最も多いのが「地域住民が中心のクラブ」で約6割。次いで「民間の会員制スポーツクラブ」の約2割と両クラブともに男性よりも女性の加入率が高い結果となった（図3-6）。

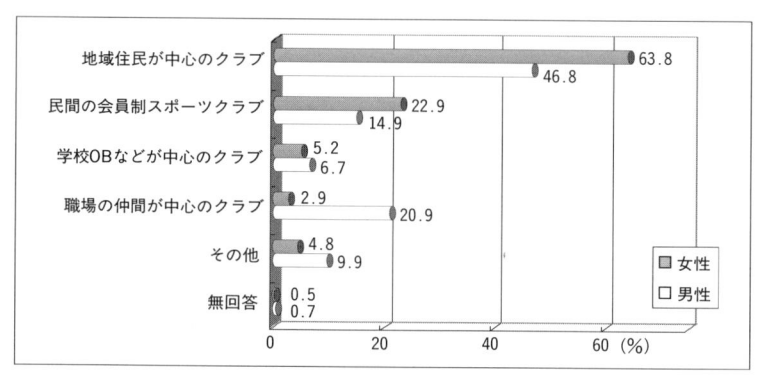

図3-6 スポーツクラブ・同好会の種類

SSF笹川スポーツ財団「スポーツライフに関する調査」(2000)より作成，工藤(2001)

■スポーツクラブ・同好会への所属希望

スポーツクラブ・同好会に加入していない成人女性は全体の81.5%であった。このうち、「条件が整えば加入したい」と思っている者は49.7%で男性(44.4%)を上回り、加入希望者には女性の多いことが理解できる（図3-7）。

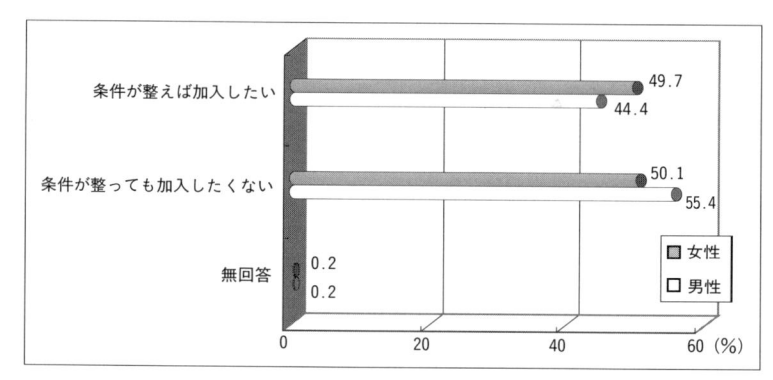

図3-7 スポーツクラブ・同好会への加入希望率

SSF笹川スポーツ財団「スポーツライフに関する調査」(2000)より作成，工藤(2001)

年代別でみると、男女ともに年代が高くなるにつれて希望率の減少する傾向がみられるが、男性は20歳代の希望率が最も高かったのに対し、女性では30歳代（63.6％）の希望率が最も高かった（図3-8）。

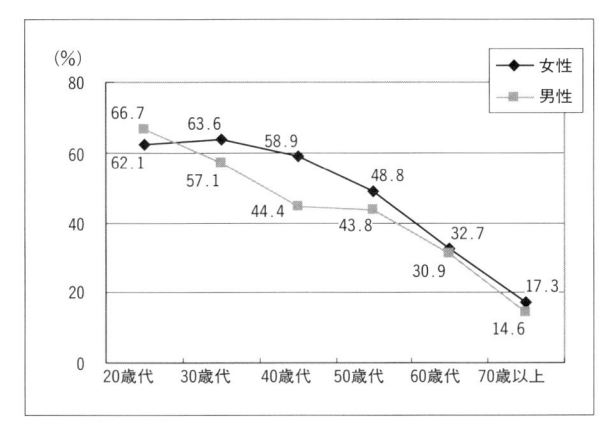

図3-8　スポーツクラブ・同好会への加入希望率（年代別）

SSF笹川スポーツ財団「スポーツライフに関する調査」（2000）より作成，工藤（2001）

　また、具体的にどのような条件が整えば加入を希望するのかをたずねたところ（表3-4）、上位4つまでの条件は、男女ともに「時間」「費用」「仲間」「近くのクラブ」などの同様の条件があげられていたが、5位に男性は「家族加入」、女性は「託児施設」を条件としているのが特徴的であった。

表3-4　スポーツクラブ・同好会への加入希望条件（上位5位）

順位	女性	(%)	男性	(%)
1	時間的に余裕ができれば	67.4	時間的に余裕ができれば	77.4
2	会費が安くなれば	46.3	会費が安くなれば	31.7
3	一緒に加入する仲間がいれば	36.7	一緒に加入する仲間がいれば	28.7
4	近くにスポーツクラブ等があれば	30.9	近くにスポーツクラブ等があれば	27.5
5	託児施設が利用できれば	16.1	家族で入れるクラブ等があれば	20.4

SSF笹川スポーツ財団「スポーツライフに関する調査」（2000）より作成，工藤（2001）

3-3 女性のスポーツ活動に対する取り組み方

■スポーツ実施の目的

　スポーツ活動の目的を調べた全国調査は以外と少なく、㈶余暇開発センター（現：日本自由時間デザイン協会）のスポーツライフ白書の結果を紹介する（図3-9）。男女ともに、「健康・体力の維持増進」、「ストレス解消」、「家族・友人とのふれあい」、「体を動かす楽しさ」が目的の上位を占め、次いで男性では「ゲームを楽しむ」、「会社・地域とのつきあい」が続くのに対し、女性では「美容・肥満解消」、「自分の生活の充実」と自身に直接関わる内容が続いた。

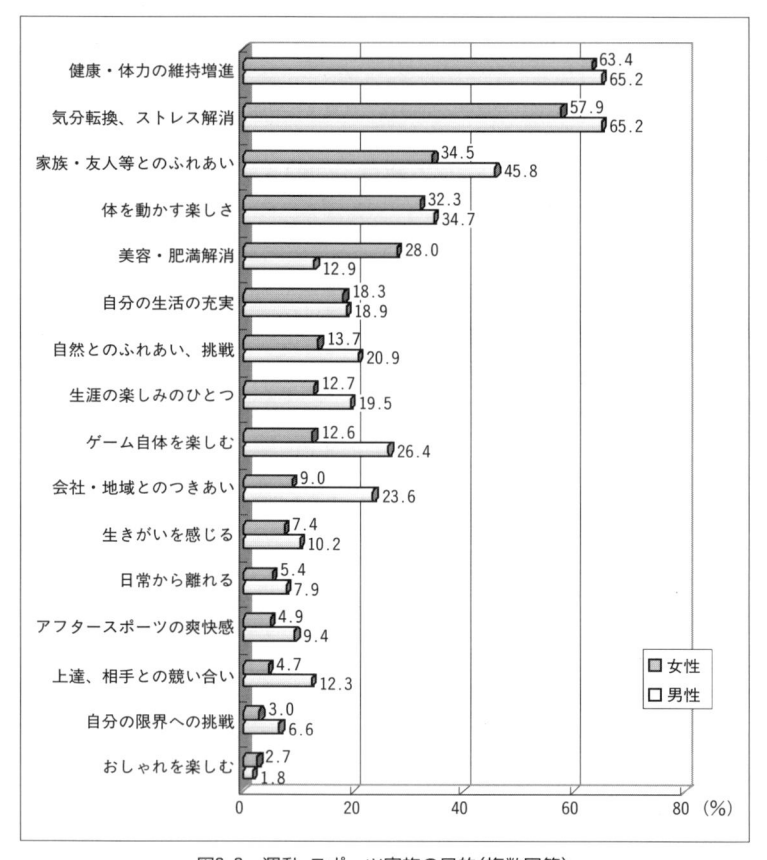

項目	女性	男性
健康・体力の維持増進	63.4	65.2
気分転換、ストレス解消	57.9	65.2
家族・友人等とのふれあい	34.5	45.8
体を動かす楽しさ	32.3	34.7
美容・肥満解消	28.0	12.9
自分の生活の充実	18.3	18.9
自然とのふれあい、挑戦	13.7	20.9
生涯の楽しみのひとつ	12.7	19.5
ゲーム自体を楽しむ	12.6	26.4
会社・地域とのつきあい	9.0	23.6
生きがいを感じる	7.4	10.2
日常から離れる	5.4	7.9
アフタースポーツの爽快感	4.9	9.4
上達、相手との競い合い	4.7	12.3
自分の限界への挑戦	3.0	6.6
おしゃれを楽しむ	2.7	1.8

図3-9　運動・スポーツ実施の目的(複数回答)

㈶余暇開発センター「スポーツ白書」(1998)より作成，工藤(2001)

■スポーツ活動に対する満足度

表3-5はスポーツ活動に対する取り組み方をたずねた結果である（SSF, 2000）。スポーツを実施していて現状に満足している者は、全体で17.6％。性別でみると男性の約2割は現状のスポーツ活動に満足しているものの、女性は15.2％と男性よりも低い割合となっている。また「運動・スポーツを行いたいと思うができない」と回答する者の割合が、女性の約半数を占めることも特徴といえる。

表3-5　運動・スポーツ活動に対する取り組み方
(%)

運動・スポーツ活動に対する取り組み方	女性	男性	全体
運動・スポーツを行っており、満足している	15.2	19.8	17.6
運動・スポーツを行っているが、もっと行ないたい	14.1	24.2	19.1
運動・スポーツを行いたいと思うができない	48.4	37.3	42.9
特に運動やスポーツに関心はない	22.2	18.6	20.4

SSF笹川スポーツ財団「スポーツライフに関する調査」(2000)より作成，工藤(2001)

■潜在的スポーツ人口と無関心層

図3-10は、運動・スポーツを実施していない「非実施者」に焦点をあて、「運動・スポーツを行いたいと思うができない」と回答した者をスポーツの潜在人口として捉えたものである。性別でみると、男性が37.2％、女性が48.5％と、男性よりも女性においてスポーツの潜在人口の割合が高くなっている。

年代別でみると、男性の70歳以上での割合が唯一女性の割合を上回っている他は、全ての年代において女性の潜在人口の割合が男性を上回る結果となった。また、女性においては、30歳代を筆頭に加齢とともに潜在人口の割合が減少する傾向がみられた。

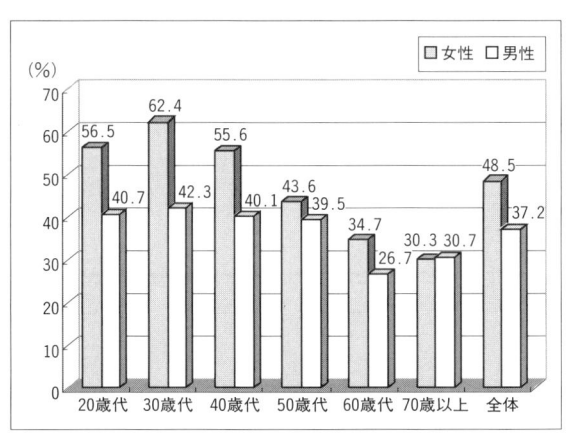

年代	女性	男性
20歳代	56.5	40.7
30歳代	62.4	42.3
40歳代	55.6	40.1
50歳代	43.6	39.5
60歳代	34.7	26.7
70歳以上	30.3	30.7
全体	48.5	37.2

図3-10　潜在的スポーツ人口(性別・年代別)

SSF笹川スポーツ財団「スポーツライフに関する調査」(2000)より作成，工藤(2001)

さらに、「特に運動やスポーツに関心はない」と回答するスポーツ無関心層についてみてみる(SSF，2000)。図3-11をみると、性別では男性が18.5%、女性が22.2%と女性の割合が多いものの、スポーツ無関心層についてはあまり大きな男女差はみられない。年代別でみても、男女ともほぼ同様の傾向であった。

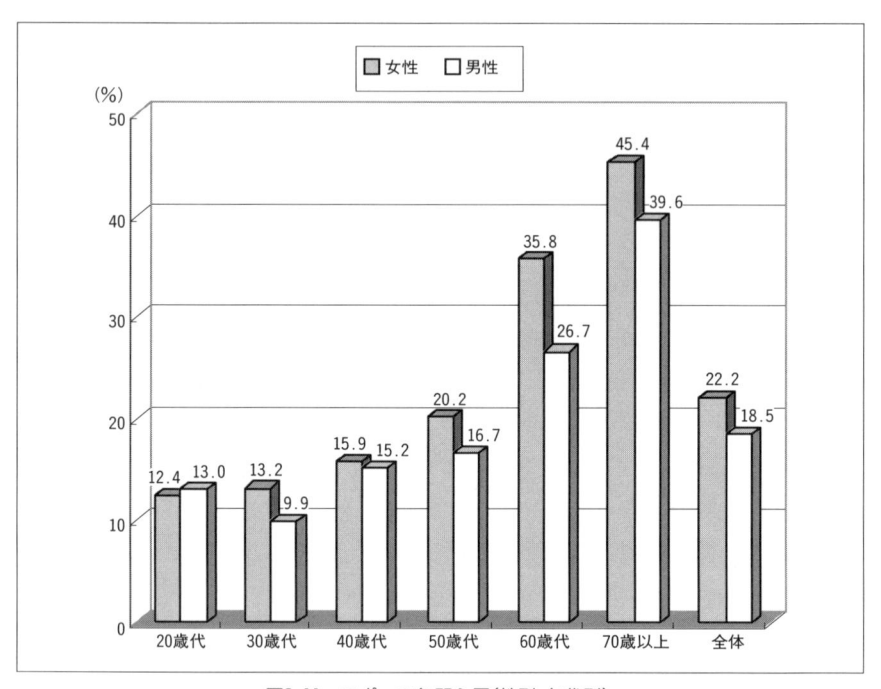

図3-11 スポーツ無関心層(性別・年代別)

SSF笹川スポーツ財団「スポーツライフに関する調査」(2000)より作成，工藤(2001)

■スポーツ活動の促進条件

　どのような条件が整えば、運動・スポーツをもっと行ったり、はじめることができるのかをみてみると(SSF，2000)、男性では「休暇が増えれば」「身近にスポーツ施設ができれば」「体力に自信が持てれば」といった時間的なゆとりや体力が条件としてあげられている。一方、女性は「体力に自信が持てれば」、「一緒に行う仲間がいれば」、「好みの運動・スポーツが見つかれば」、「身近にスポーツ施設ができれば」、「家事・育児が軽減されれば」など、男性にみられなかった「仲間」や「自分にあった種目の発見」、「家事・育児」といった条件整備を求めている。

表3-6　運動・スポーツ活動への促進条件

順位	女　性	％	男　性	％
1	体力的に自信がもてれば	30.6	休暇が増えれば	36.8
2	一緒に行なう仲間がいれば	29.0	身近にスポーツ施設ができれば	30.4
3	好みの運動・スポーツが見つかれば	28.8	体力的に自信がもてれば	26.9
4	身近にスポーツ施設ができれば	27.5	生活費に余裕ができれば	25.9
5	家事・育児が軽減されれば	26.5	勤務時間(就業時間)が短くなれば	22.3
6	生活費に余裕ができれば	23.7	好みの運動・スポーツが見つかれば	21.0
7	スポーツクラブの会費が安ければ	21.8	一緒に行なう仲間がいれば	20.3
8	気軽な教室やイベントがあれば	21.0	施設の利用料金が安ければ	18.1
9	休暇が増えれば	20.7	気軽な教室やイベントがあれば	14.0
10	施設の利用料金が安ければ	19.5	健康状態がよくなれば	13.2

SSF笹川スポーツ財団「スポーツライフに関する調査」(2000)より作成，工藤(2001)

3-4 女性の生涯スポーツイベントとプログラム

■家庭婦人の競技大会

日本において家庭婦人を対象にした競技大会の主なものは表3-7に示したとおりである。ただしその名称は家庭婦人にとどまらず、ママさん、レディースが使われており、既婚が条件となっているものと不問のものとが混在している状況である。主催者もバレーボールやバスケットボールについては独自の連盟を持つが、他種目については従来の協会や連盟が主催、もしくは共催で行っている。

表3-7　家庭婦人もしくはママさんの名称をもつ競技大会

大会名称	主催者	対象者
全国家庭婦人バレーボール大会	全国家庭婦人バレーボール連盟	既婚者
全国家庭婦人バドミントン大会	日本バドミントン協会	既婚者
全国家庭婦人剣道大会	全日本剣道連盟	既婚者
全日本家庭婦人ホッケー大会	日本ホッケー協会	不問
全国ママさんバスケットボール交歓大会	日本家庭婦人バスケットボール連盟	既婚者
全国ママさんサッカー大会	日本サッカー協会	不問
全国レディースソフトテニス大会	日本ソフトテニス連盟（共催）	既婚者

前田(1998)より改変，萩(2001)

■女性が中心に運営しているスポーツイベント

スポーツイベントはそのほとんどが男性によって行われているが、女性だけですべてを企画運営している全国的なスポーツイベントを2つ紹介する。

ウーマンズ・スイム・フェスティバルは女性スポーツの向上とその振興を目的として、1997年より行われている女性による女性のための水泳競技会である。図3-12は参加者数をまとめたものである。競技大会のほかに、アクアビクス、泳法研究会などのイベントも同時に開催されている。この大会の特徴は競技大会に出場するための記録制限が無く、記録や順位にこだわらないことを主旨にしている。開催は民間の企業(株式会社エッチ・オー・企画)が中心となり、大会委員長は木原光知子氏(元オリンピック選手)、実行委員も全員女性で組織して行われている。競技大会だけでなく、イベントとして有名選手の泳法研究会やアクアビクスチャレンジタイム、フレンドリーパーティーも行われている。

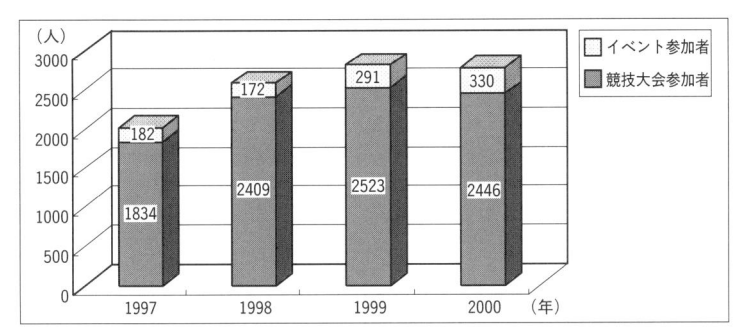

図3-12 ウーマンズ・スイム・フェスティバルの参加者推移
株式会社エッチ・オー・企画(2000)の資料より作成，萩(2001)

　次に体操リーダー連絡協議会（MGLA）が行う体操フェスティバルを紹介する。MGLAは1983年に地域に住む幼児から高齢者までの男女および何らかの障害を持つ人たちを対象として、体操を通して生き生きした生活が送れるように貢献している体操のリーダー達が組織したものである。体操のリーダーは全員が女性で、体操フェスティバルは日頃の成果発表の場、交流の場であり、国際交流の場にもなっている。1983年から毎年大阪で開催されているが、現在では国際大会として北欧、ヨーロッパ、中国や韓国、オーストラリアなど海外からもゲストを招いて盛大に行われている。参加者数の年次推移を図3-13に示した。参加者は毎年5,000名前後であるが10回大会の92年と15回大会の97年は10,000人を上回るものであった（97年の大会は開催時期が異なるために3つに分かれて参加者が集計されている）。全体として女性が多いが、高齢者グループには72.7％、子供のクラブには44.4％の男女混合のグループがあり、継続的な男性参加者も増えている。

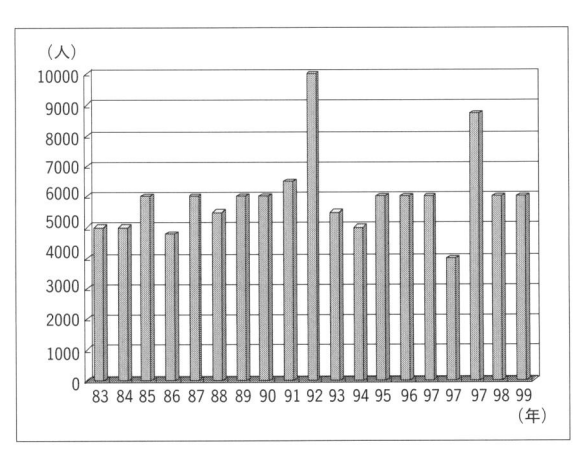

図3-13 体操フェスティバル参加者年次推移
体操フェスティバル'99 OSAKA国際大会報告書(1999)より作成，萩(2001)

■生涯スポーツイベント（スポレク祭・ねんりんピック）にみる男女差

　文部省が主催する生涯スポーツイベントとして全国スポーツ・レクリエーション祭(通称：スポレク祭)が1988年から開催されている。この大会は国民の生涯を通じたスポーツ・レクリエーション活動の振興に資することを目的としている。年に一度の開催で開催地は持ち回りで行われており、参加資格は各都道府県教育委員会から推薦された者であるため全県にわたっている。図3-14は参加者の年次推移を男女別に見たものである。

　全体の人数が減少した年もあるが、男女で見た場合すべての年度で男性が上回っている。これを男女の参加率で見たものが図3-15である。女性の参加率は40％前後で変化がみられない。

　表3-8は種目別に女性参加率を見たものである。98年から99年の平均をとったものであるがほとんど傾向の変わらない種目（→）と増加傾向にある種目（↑）増加傾向にあったものが減少した種目（↑↓）がある。変化の見られたターゲットバードゴルフ、年齢別軟式庭球、マスターズ陸上、ウォークラリーについてその年次変化を図3-16にまとめた。また、99年の種目別の参加率を図3-17に示した。

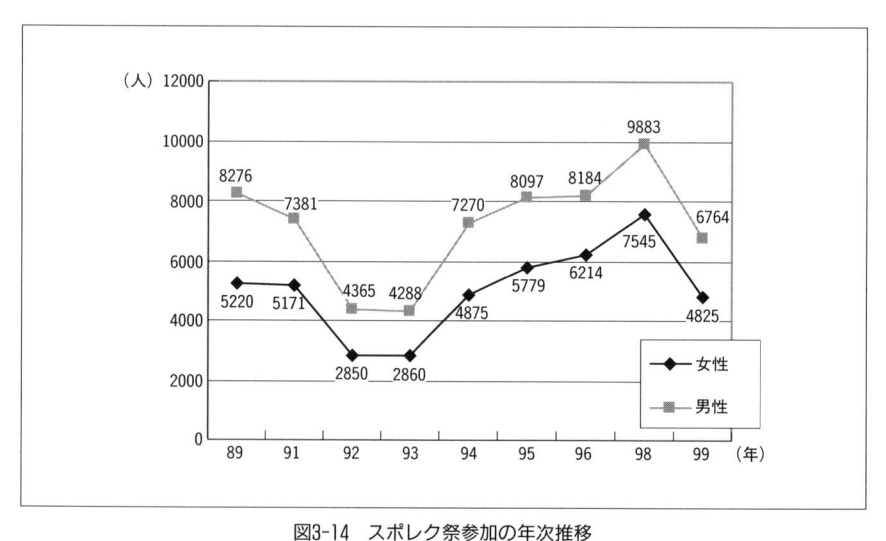

図3-14　スポレク祭参加の年次推移

注）'88、'90、'97は男女別の資料無し
大会プログラム（'88〜'99年）より作図，萩(2001)

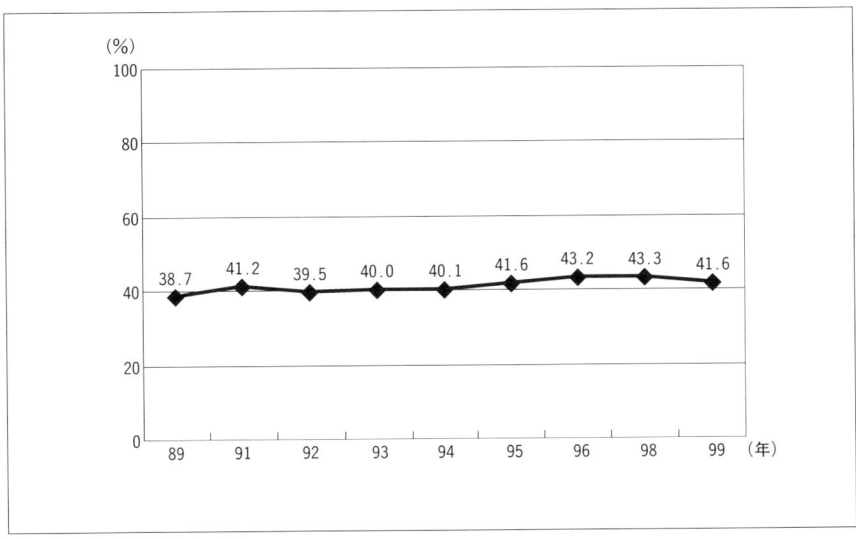

図3-15　スポレク祭女性の参加率年次推移

大会プログラム('88〜'99年)より作図，萩(2001)

表3-8　スポレク祭の種目別にみた女性参加率(平均)

種目	平均参加率(%)	傾向
グラウンド・ゴルフ	24.2	→
ゲートボール	25.8	→
壮年サッカー	0.0	→
ソフトバレーボール	47.8	→
女子ソフトボール	90.8	→
ラージボール卓球	42.2	→
ターゲット・バードゴルフ	18.2	↑
男女混合綱引き	44.5	→
年齢別テニス	48.5	→
年齢別軟式庭球	41.4	↑
バウンドテニス	47.7	→
年齢別バドミントン	48.4	→
壮年ボウリング	45.6	→
マスターズ陸上競技	25.0	↑
インディアカ	66.7	→
マラソン	29.1	→
ウォークラリー	52.9	↑↓

大会プログラム('88〜'99年)より作図，萩(2001)

女子ソフトボールは別として、50％に限りなく近い種目とまだまだほど遠い種目があることがわかる。親しみやすい種目でありながらも女性が取り組みやすいものと取り組みにくいものがあることが推察される。

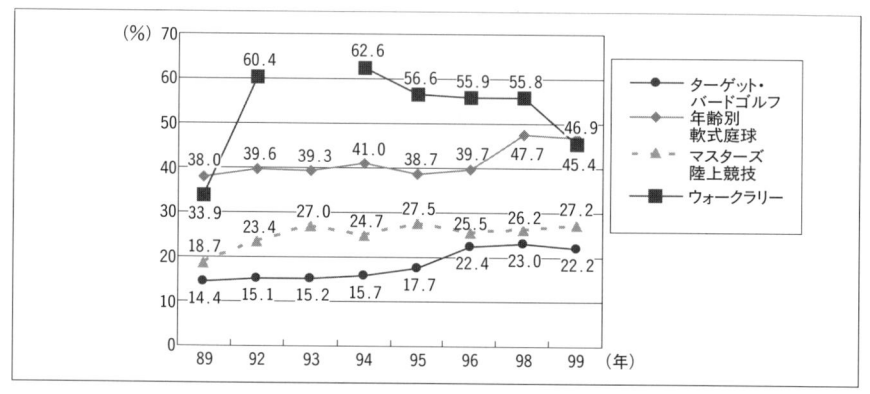

図3-16　スポレク祭の女性参加率に年次変化のみられた種目

大会プログラム（'88～'99年）より作図，萩(2001)

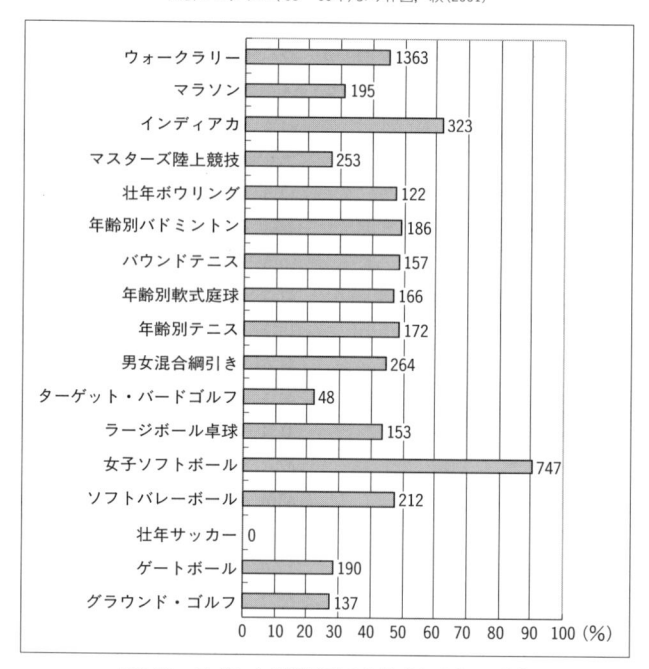

図3-17　スポレク祭種目別の女性参加率(1999年)

大会プログラム（'88～'99年）より作図，萩(2001)

全国の生涯スポーツイベントとして代表されるものに、厚生省主催の全国健康福祉祭（通称：ねんりんピック）がある。このイベントもスポレク祭同様に昭和63年から毎年開催されている。これは高齢者（60歳以上）を中心とするスポーツ、文化、健康と福祉の総合的な祭典で、イベントを通じて高齢者がいきいきと活躍できる豊かで活力ある長寿社会をめざして行われているものである。その中でスポーツに関連するスポーツ交流大会、ふれあいスポーツ交流大会について、女性の参加という視点に立って開催種目と参加条件をまとめてみた。表3-9はスポーツ交流会についてまとめたものであり、表3-10はふれあいスポーツ交流会についてまとめたものである。

表3-9　ねんりんピックの種目と参加規程（スポーツ交流大会）

種目	チーム編成		参加規程	
	監督	選手	女性参加者	年齢制限
ラージボール卓球		6名	3名	
テニス		6名	2名	1ダブルスは65歳以上男子、2ダブルスは60歳以上
ソフトテニス		6名	3名	混合ダブルス70歳以上男子と60歳以上女子
ソフトボール	監督含む	15名以内	0名	
ゲートボール	1名	5名	2名以上	
ペタンク		3名	1名以上	
ゴルフ		3名		
マラソン	個人競技	—	—	
弓道	1名	5名	1名以上	
剣道		5名	出場可	2名以上は65歳以上

http://www.pref.fukui.jp/nenrinpic/shumoku.htmより作成，萩（2001）

表3-10　ねんりんピックの種目と参加規程（ふれあいスポーツ交流大会）

種目	チーム編成		参加規程	
	監督	選手	女性参加者	年齢制限
グランドゴルフ	個人競技	—		
ウォークラリー		5名		60歳以上（ただし一般の部は制限なし）
なぎなた	1名	3名	すべて女子	
太極拳		6〜7名	問わない	
ソフトバレーボール		6名	2名以上	
マレットゴルフ		4名		
サッカー	1名	11名		
ボート（ナックルフォア）	1名	5名		
ボート（シングルスカル）	1名	1名		
水泳	個人競技	—	—	

http://www.pref.fukui.jp/nenrinpic/shumoku.htmより作成，萩（2001）

スポーツ交流会の方は個人種目を除いて、チームで行われるものについては、女性の参加を条件にしているものが多い。また剣道のように出場可という表現で、消極的ではあるが参加を認めているものがあった。実情を踏まえて、女性の参画を意識したものであると評価できる。

　ふれあいスポーツ交流大会においては、なぎなたはすべて女性という条件があり、ソフトバレーボールは2名以上ということであった。太極拳については男女を問わないという記載があったものの、他の種目については女性の参加について特別に規定されているものはなかった。

　ねんりんピックは基本的に60歳以上の高齢者を対象としていることから、現時点においてはサッカーやボートなどの女性選手がほとんどいないことを考えると女性の参加条件を考慮する必要性がないとも考えられる。しかし今後はニーズに応じた対応が求められるかもしれない。

コラム　AVON世界の女性の意識調査より

　化粧品メーカーのAVONが世界各国（43カ国）のエイボンネットワークを利用して30,375名の女性の意識調査を行った。日本女性はそのうち1,087名であり、世界の女性と比較した調査結果（複数回答）がまとめられた。
〈最も関心のあるものは？〉——日本が「健康（77%）」であるのに対して世界では「経済的安定／収入（57%）」「幸福な家庭（57%）」であった。この2項目は日本では第2位、第3位をしめているものの、「健康」への関心が極めて高いことが明らかとなった。また「魅力的であること／魅力的な外見の維持（41%）」や「自分の時間の確保（41%）」について日本では第3位で高い関心が持たれているが、世界は22%、17%とそれほど高くなく「良い仕事／キャリア（34%）」が第3位となっていた。しかし日本の女性をシングルと既婚者に分けて見てみるとシングルの第1位は「経済的安定／収入（70%）」で既婚は「健康（80%）」でありその傾向に違いが見られた。
〈周囲からどんな人に見られたい？〉——日本では「知的な（46%）」「健康な（37%）」「洗練された（35%）」であったが、世界は「自信のある（43%）」「自然な（38%）」「健康な（34%）」「幸せな（34%）」であった。さらに日本においては年齢の違いで見た場合、50歳未満では「知的な（48%）」が第1位であったが50歳以上では「健康な（50%）」であった。
〈自分自身が満足しているために重要な要素は？〉——日本は「健康（79%）」「人に好かれること（60%）」「経済的豊かさ（43%）」であるのに対して、世界は「自信（59%）」「尊敬されること（56%）」「健康（41%）」「人に好かれること（41%）」であった。日本の結果をさらにシングルと既婚で分けた場合、シングルの第1位は「人に好かれること（60%）」で既婚者は「健康（80%）」と違いが見られた。

　いずれの項目も日本においては「健康」に高い比重がある。世界一の長寿を誇る当然の結果とも取れるが、世界の結果には健康のための健康ではなくて、健康を前提として何をするかという考え方があるように思われる。また日本の女性といっても年齢、既婚、シングルいった属性によって結果に違いが見られたことは十分考慮に入れるべきだと思われる。（萩裕美子）

3-5 地域の女性スポーツ指導者

本章では、地域の女性スポーツ指導者として、体育指導委員と文部大臣認定の社会体育指導者についてみることにする。その他、スポーツ産業に関わる指導者については、第4章で取り上げているため参考にされたい。

■**体育指導委員の現状**

体育指導委員とは、スポーツ振興法第19条で規定され、市町村の非常勤公務員という立場で地域のスポーツ指導等に携わっており、現在、全国で約62,000人（2000年度）が委託されている。地域によって金額は異なるものの、活動に対する報酬を年平均43,511円、交通費等の費用弁償額を年平均18,005円受けている。活動内容は、体育指導委員の自主的活動（スポーツクラブ〔グループ〕の育成や、学校開放事業）での指導の他、教育委員会の企画事業の手伝いも行っており、地域におけるスポーツ・コーディネータとしての役割が期待される存在である。

体育指導委員の推移をみたものが表3-11である。2000年度では全国で61,880人、うち男性が45,244人、女性は16,636人、女性の占める割合は全体の26.9％と4人に1人が女性という状況である。1976年当時、女性の割合はわずか8％で、およそ20年間で女性の占める割合が3倍に増えてはいるものの、依然低い割合であることが確認できる。

ただ、体育指導委員を統括している「全国体育指導委員連合」に女性体指の資質向上と組織づくりを目的に、「女性対策委員会」が1989年に設置され、1991年には名称を「女性委員会」に変更して活動しており、それらの果たした役割も大きいものと思われる。

表3-11 体育指導委員数の推移(1976〜1999)

年度	女性体指数	男性体指数	体指総数	女性比率(%)
1976	3,697	42,234	45,948	8.0
—	—	—	—	—
1978	—	—	47,262	—
1979	—	—	48,237	—
1980	—	—	50,196	—
1981	—	—	51,292	—
1982	—	—	53,198	—
1983	6,491	47,674	54,165	12.0
1984	7,062	47,668	54,730	12.9
1985	7,623	47,947	55,570	13.7
1986	8,171	47,944	56,115	14.6
1987	8,564	47,880	56,444	15.2
1988	9,158	47,685	56,843	16.1
1989	9,608	47,556	57,164	16.8
1990	10,426	47,613	58,039	18.0
1991	11,166	47,535	58,701	19.0
1992	12,040	47,278	59,318	20.3
1993	13,062	47,020	60,082	21.7
1994	13,837	46,952	60,789	22.8
1995	14,282	46,653	60,935	23.4
1996	15,006	46,759	61,765	24.2
1997	15,423	46,637	62,060	24.8
1998	15,928	46,167	62,095	25.7
1999	16,228	45,870	62,098	26.1
2000	16,636	45,244	61,880	26.9

SSF笹川スポーツ財団「スポーツ白書」(1996)より改変,工藤(2001)

次に、都道府県別の体育指導委員数の男女比をみたものが図3-18である((社)全国体育指導委員連合,1999)。女性比率の低い自治体順に長崎(15.9%)、徳島(16.0%)、神奈川(18.2%)、茨城(19.6%)とつづく。一方、女性比率の高い自治体は、富山・石川の35.1%、以下京都(34.4%)、東京(33.0%)、宮崎(32.3%)と続く。

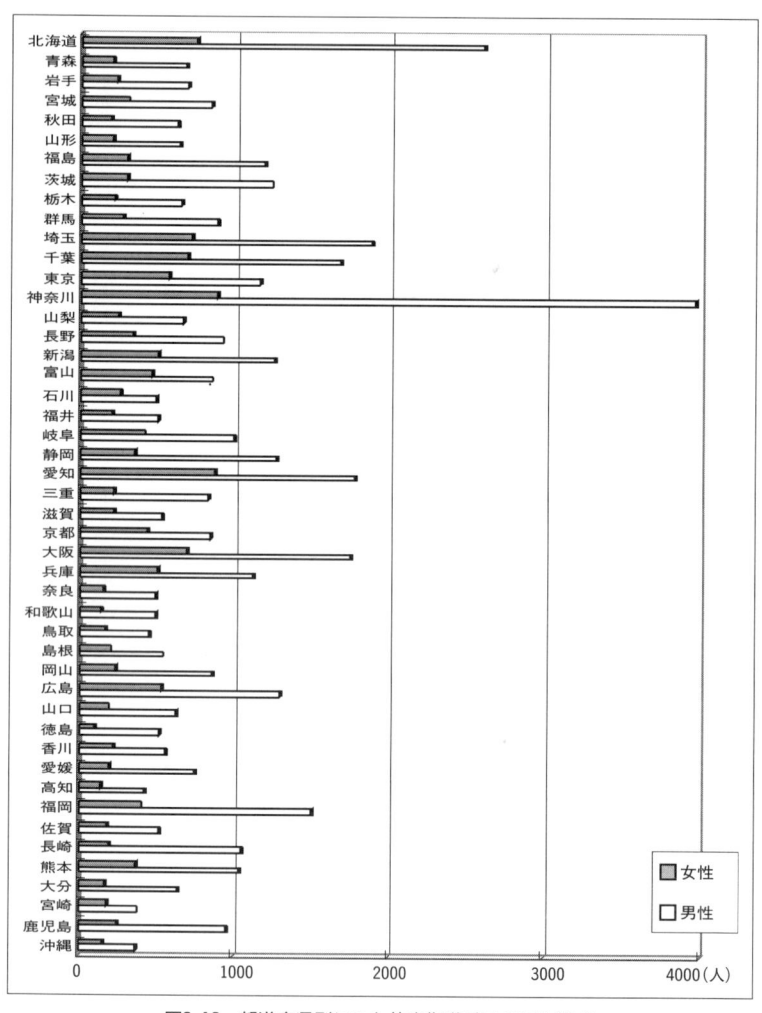

図3-18 都道府県別にみた体育指導委員の男女構成

(社)全国体育指導委員連合「平成10年度全国体育指導委員実態調査報告書」(1999)より作成,工藤(2001)

■文部科学大臣認定「スポーツ指導者」の現状

　本資格は、国が直接資格認定を行うものではなく、関係団体が実施するスポーツ指導者養成事業を文部科学大臣が認定・告示する形態をとって進められているものである。資格の種類は表3-12に示すとおり、生涯スポーツの果たす役割から大きく4つに分類されている。

表3-12　文部科学大臣認定「スポーツ指導者」の種類

資格名称・概要	登録者数 (2000年)
地域スポーツ指導者	
地域で活動しているクラブやスポーツ教室での指導、組織づくりを担当	67,596
競技力向上指導者	
競技別に選手強化の専門指導を担当	9,596
商業スポーツ施設における指導者	
商業スポーツ施設で競技別スポーツを職業として指導	4,637
スポーツプログラマー	
地域や商業スポーツ施設で体力づくりを主目的に相談・プログラム提供・指導を担当	4,144

(財)日本体育協会提供資料(2000)より作成，工藤(2001)

　スポーツ指導者の男女の割合をみると、図3-19に示した通り、女性の占める割合が最も高い資格の種類は「スポーツプログラマー」の34.2%、次いで「地域スポーツ指導者」「商業スポーツ施設での指導者」の順となる。いずれの資格においても、女性の占める割合は2～3割程度であることが理解できる。

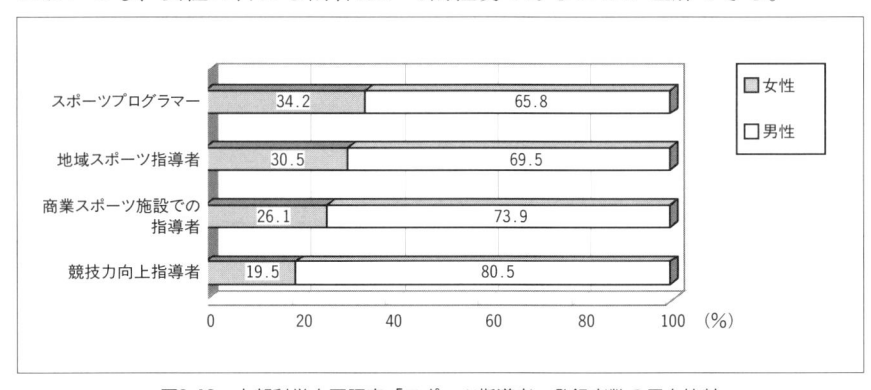

図3-19　文部科学大臣認定「スポーツ指導者」登録者数の男女比較

(財)日本体育協会提供資料(2000)より作成，工藤(2001)

「スポーツプログラマー」の内訳をみると、地域で活動する「スポーツプログラマー1種」に占める女性の割合は30.8％であったのに対し、商業スポーツ施設で活動する「スポーツプログラマー2種」は42.8％と、文部科学大臣認定のスポーツ指導者資格の中で最も女性の占める割合の高い資格であることがわかった（表3-13）。

また、その他の資格で女性の割合が3割を超えるものは「地域スポーツ指導者の初級」、「商業スポーツ施設指導者の初級」のみであった。全体的な傾向として、資格が初級、中級、上級へと移行するにしたがって、女性の占める割合は減少し、上級においてはいずれの資格も1割にも満たない状況であった。

表3-13　文部科学大臣認定「スポーツ指導者」の登録者数（性別・年代別）

資格名	性別	年代						合計（人）	男女比（％）
		20代	30代	40代	50代	60代	その他		
地域スポーツ指導者									
上級	男	4	267	1,488	1,465	804	238	4,266	92.2
	女	0	36	130	115	67	11	359	7.8
中級	男	16	1,210	4,212	4,176	1,981	451	12,046	79.8
	女	19	329	759	1,106	696	143	3,052	20.2
初級	男	2,661	7,115	9,667	6,871	3,112	1,263	30,689	64.1
	女	2,350	3,892	4,643	4,385	1,569	345	17,184	35.9
合計	男	2,681	8,592	15,367	12,512	5,897	1,952	47,001	69.5
	女	2,369	4,257	5,53	5,606	2,332	499	20,595	30.5
競技力向上指導者									
上級	男	0	13	161	350	183	22	729	91.8
	女	0	1	8	26	10	20	65	8.2
中級	男	12	241	686	712	332	76	2,059	96.7
	女	1	18	59	51	32	26	187	8.3
初級	男	283	1,727	1,688	848	313	75	4,934	75.3
	女	249	395	399	414	131	34	1,622	24.7
合計	男	295	1,981	2,535	1,910	828	173	7,722	80.5
	女	250	414	466	491	173	80	1,874	19.5
商業スポーツ施設における指導者									
上級	男	0	45	235	203	83	21	587	69.3
	女	0	3	11	7	2	0	23	3.7
中級	男	0	87	368	154	42	0	651	77.9
	女	0	19	55	77	30	4	185	22.1
初級	男	313	632	779	340	98	28	2,190	68.6
	女	160	322	249	220	46	4	1,001	31.4
合計	男	313	764	1,382	697	223	49	3,428	73.9
	女	160	344	315	304	78	8	1,209	26.1
スポーツプログラマー									
1種（地域）	男	597	597	492	230	99	23	2,038	69.2
	女	378	221	166	116	22	2	905	30.8
2種（商業）	男	586	56	28	10	1	6	687	57.2
	女	471	33	4	5	0	1	514	42.8
合計	男	1,183	653	520	240	100	29	2,725	65.8
	女	849	254	170	121	22	3	1,419	34.2

㈶日本体育協会提供資料（2000）より作成，工藤（2001）

■日本スポーツ少年団指導者の現状

　1962年に㈶日本体育協会が地域に創設した青少年のためのスポーツクラブで、現在では全国に3万を超えるスポーツ少年団が組織され、団員数は約90万人、登録指導者は約17万人になっている。

　団員数および登録指導者数の男女の割合をみると、女子の団員数は約3割を占めるのに対し、女性指導者は1割程度に留まっている。女子団員数の割合と同程度の女性指導者の確保が望まれる。

表3-14　「スポーツ少年団」の登録者数(指導者・団員)

	登録指導者数(%)	団員数(%)
女性	18,580(11.0)	248,781(27.5)
男性	151,043(89.0)	655,401(72.5)
全体	169,623(100.0)	904,182(100.0)

㈶日本体育協会提供資料(2000)より作成，工藤(2001)

　スポーツ少年団では登録指導者を対象に、独自の認定員や認定育成員という指導者を養成している。さらに、先述した文部科学大臣認定の「少年スポーツ指導者」の資格を取得する者もいる。表3-15に示したとおり「少年スポーツ指導者1級・2級」ともに女性の割合は男性を大きく下まわっている。ただ、興味深いことに、男女の登録指導者数に占める文部科学大臣認定の資格取得者の割合をみると、男性の1.6%に対し、女性は2.2%とわずかではあるが、女性のスポーツ少年団指導者の方が男性よりも文部科学大臣認定の資格取得率の高いことが理解できる。

表3-15　文部科学大臣認定「スポーツ少年団指導者」の登録者数(性別・年代別)

資格名	性別	年代						合計(人)	男女比(%)	登録指導者数に占める割合(%)
		20代	30代	40代	50代	60代	その他			
少年スポーツ指導者										
少年スポーツ指導者(1級)	男	1	9	53	117	118	44	342	96.1	
	女	0	0	0	7	5	2	14	3.9	
少年スポーツ指導者(2級)	男	426	190	511	556	288	95	2,066	83.8	
	女	230	31	51	54	26	8	400	16.2	
合計	男	427	199	564	673	406	139	2,408	85.3	1.6
	女	230	31	51	61	31	10	414	14.7	2.2

㈶日本体育協会提供資料(2000)より作成，工藤(2001)

コラム　厚生省（現・厚生労働省）「健康日本21」にみる女性の運動目標

　厚生省（現・厚生労働省）は「21世紀における国民健康づくり運動（健康日本21）」を策定し、平成12年4月から実施している。これは、国民の健康づくり対策として5つの生活習慣病（栄養・食生活、身体活動・運動、休養・心の健康、たばこ、アルコール）と、4つの疾病（歯の健康、糖尿病、循環器病、がん）を重要課題とし、具体的な目標や対策を打ち出したものである。

　「身体活動・運動」をみると、対象を成人、高齢者、児童・生徒に分け、2010年までの到達目標値をそれぞれ設定している。例えば、成人女性の運動習慣者（週2回以上、1回30分以上、1年以上継続実施）の割合を、現状の24.6％から35％（男性28.6％→39％）へ。成人女性の1日の歩数目標は現状の7,282歩から8,300歩（男性8,202歩→9,200歩）へ。さらに、70歳以上の高齢者の女性については、1日の歩数目標を現状の4,604歩から5,900歩（男性5,436歩→6,700歩）へと具体的な数値目標が提示されている。

　これらの目標値は、各種調査結果を基に現状の性差が考慮されている。あくまでも目安であるために、個々人全てに当てはまる値とは言えないが、関連省庁が現状の性差をあまり考慮せずに基本計画を策定する中、評価すべき施策といえる。2010年に、目標値がどの程度達成されているのか楽しみである。（工藤保子）

参考文献：財団法人健康・体力づくり事業財団「健康日本スポーツ21」2000.3

【参考文献】

- 株式会社エッチ・ツーオー企画(2000)ウーマンズ・スイム・フェスティバル2000開催資料, pp.2-4.
- ㈶余暇開発センター(1998)スポーツライフ白書．㈶余暇開発センター，pp.72-74．
- ㈶日本体育協会(2000)提供資料．㈶日本体育協会．
- 全国スポーツ・レクリエーション祭大会プログラム(第1回〜第12回)．
- 全国体育指導委員連合(1999)平成10年度全国体育指導委員実態調査報告書，p.12, p.27, pp.30-32．全国体育指導委員連合．
- 体操フェスティバル'99OSAKA国際大会実行委員会(1999)体操フェスティバル'99OSAKA国際大会実行委員会報告書．pp.1-13.
- 体操リーダー連絡協議会(MGLA)(1999)MGLA15周年記念誌．p.84．
- 前田博子(1998)中年期女性のスポーツ活動に関する研究―「家庭婦人」競技大会に着目して―．日本体育学会第49回大会体育社会学専門分科会発表論文集，pp.65-70．
- SSF笹川スポーツ財団(1998)スポーツライフ・データ1998―スポーツライフに関する調査報告書―．SSF笹川スポーツ財団，p.28．
- SSF笹川スポーツ財団(2000)スポーツライフ・データ2000―スポーツライフに関する調査報告書―．SSF笹川スポーツ財団，pp.20-21，pp.42-43，p.105，p.109，p.111，pp.113-115．
- SSF笹川スポーツ財団(1996)スポーツ白書―2001年のスポーツ・フォア・オールに向けて―．SSF笹川スポーツ財団，p.38，p.64．
- http://www.pref.fukui.jp/nenrinpic/shumoku.htm

第4章
スポーツ産業と女性

- 4-1 スポーツ産業の領域
- 4-2 スポーツ関連費用にみる女性の動向
  - ■スポーツ種目別の年間平均費用
  - ■スポーツ財(用具・衣服)の年間費用
  - ■スポーツサービス(入場料・受講料・会費)の年間費用
  - ■スポーツ財(用品・用具)の購入希望
- 4-3 フィットネス産業と女性
  - ■フィットネスクラブ数と会員及び会費の推移
  - ■フィットネスクラブ会員の男女比
  - ■フィットネスクラブにおけるクラス(プログラム)種類別実施数
  - ■フィットネスクラブにおける施設責任者の男女比
- 4-4 商業スポーツ施設に関連する指導者資格
  - ■厚生労働省が認可する指導者資格の男女比1：
    「健康運動指導士」
    「健康運動実践指導者」
  - ■厚生労働省が認可する指導者資格の男女比2：
    「運動指導専門研修(運動指導担当者)」
    「運動実践専門研修(運動実践担当者)」
  - ■文部科学省が認可する商業スポーツ施設における指導者資格の男女比：
    「スポーツプログラマー2種(フィットネストレーナー)」
    「C級教師(初級)・B級教師(中級)・A級教師(上級)」
- 4-5 プロスポーツ産業と女性
  - ■主なプロスポーツ団体の登録状況と男女比
  - ■主なプロスポーツ団体における役員の男女比
  - ■プロスポーツ選手の獲得賞金金額の男女差
  - ■女子プロスポーツ(ゴルフ)を支える
    主なスポンサー企業・団体

4-1　スポーツ産業の領域

　わが国のスポーツ産業は、明治期以後、(1)スポーツ用品産業、(2)スポーツサービス・情報産業、(3)スポーツ施設・空間産業の3つの大きな領域を中心に発展を見せてきた(図4-1)。第4章では、このスポーツ産業の各領域とその領域が互いに重なって出現した複合的な領域のなかで、特に女性との関わりが深い領域について焦点を当てていく。しかし、スポーツ用品産業をはじめ各領域では、女性の市場を正確に把握した資料が非常に少ないため、さまざまな視点から広義の意味でのスポーツ産業と女性の現状を探る。なお、スポーツ産業の領域でもあるスポーツサービス・情報産業の中のメディアについては、第5章の「メディアにみる女性とスポーツ」で詳しく触れることとする。

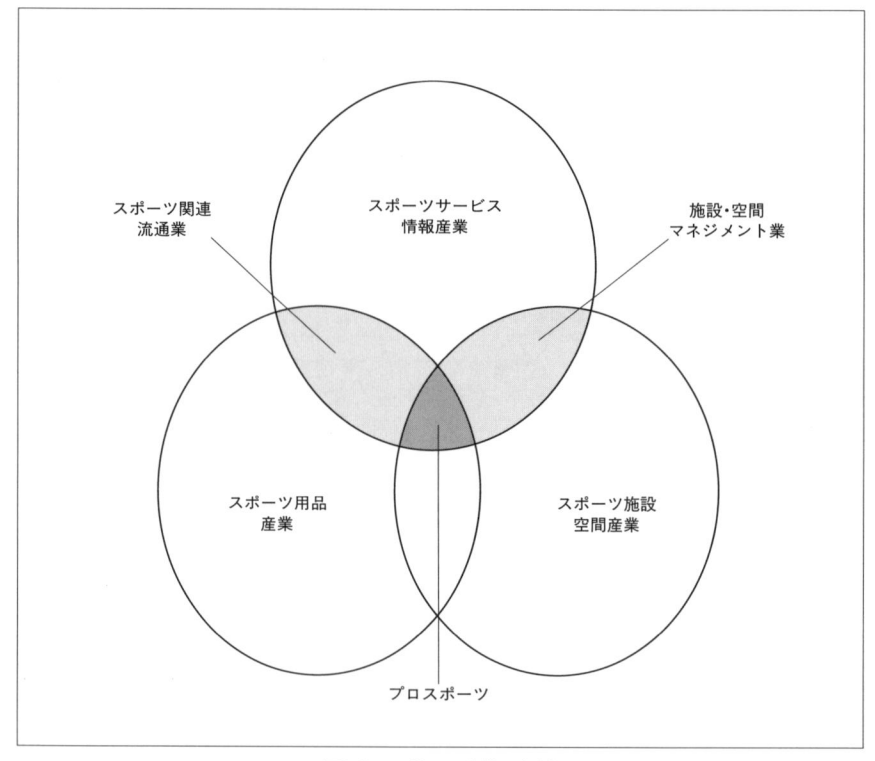

図4-1　スポーツ産業の領域
原田(1999)より作成，松永(2001)

4-2　スポーツ関連費用にみる女性の動向

■スポーツ種目別の年間平均費用

　表4-1（左部分）はスポーツ種目別にみた、1人当たりの年間平均費用の全体（スポーツ財とスポーツサービスの積算）を示したものである。スポーツ種目においては、女性の実施率が高いスポーツの上位20種目（SSF，2000）を中心に取り上げ、その年間平均費用（㈶余暇開発センター，2000）を比較した結果、第2位「体操（器具なし）」第4位「水泳（プールでの）」第12位「ジョギング・マラソン」第13位「トレーニング」第14位「卓球」第17位「バドミントン」の他、「テニス」「バレーボール」「エアロビクス・ジャズダンス」「おどり（日舞など）」の10種目においては、女性の方が高い費用を使って活動を行っていることが明らかになった。また、20位以内のスポーツ活動の中で最も高い費用を要する活動は、女性実施率第7位の「ゴルフ（コース）」で127,300円、次いで、第10位の「スキー」に66,100円、また最近中高年の間で増加傾向にある第16位の「登山」の35,500円であった。つまり、比較的高額を要する活動については、男性よりも平均費用は若干低いが、種目としては同じような活動を行っているという傾向を示した。また、「体操」「水泳」「トレーニング」など比較的身近な活動に関しては、男性よりも約5,000円前後の支出が増加する傾向が見られる。では、スポーツ財とスポーツサービスに分類し、もう少し詳細にみていくことにする。

■スポーツ財（用具・衣服）の年間費用

　表4-1（中央部分）は、スポーツ種目別の年間費用をさらにスポーツの用品・用具や衣服・ウエアに絞った「スポーツ財」の1人当たりの全体年間平均費用を示したものである。その結果、女性実施率では上位にランキングされていないものの、華やかな衣装やレオタード等を要する「おどり（日舞など）」「洋舞・社交ダンス」「エアロビクス・ジャズダンス」「水泳（プール）」など、おどり・ダンス系はすべて男性よりも高い支出を示した。また、実施率の上位にもランキングされている「ゴルフ（コース）」「スキー」においては、女性の中では高い金額を示していたが、男性と比較すると3分の1から半額程度の年間費用に支出が抑えられていることが分かる。

■スポーツサービス（入場料・受講料・会費）の年間費用

さらに表4-1（右部分）は、スポーツ種目別の年間費用をスポーツ活動に要する入場料・受講料・会費などに絞った「スポーツサービス」の1人当たりの年間平均費用を示したものである。ここでもやはり「ゴルフ（コース）」が98,800円、「スキー」が47,700円と上位を占めた。しかし、ここで特徴的なことは、「体操（器具なし）」「水泳（プールでの）」「トレーニング」「エアロビクス・ジャズダンス」「テニス」についてみると男性よりも高いスポーツサービス費用を支出しているという点である。つまり、女性はフィットネスクラブをはじめとする、商業スポーツ施設に費やす金額が男性の1.5倍〜2倍ほど高いということが明らかになり、女性の利用度の高さが示唆された。特にフィットネスクラブに関する内容については、さらに詳しく見てみることとする。

表4-1 スポーツ関連年間平均費用（スポーツ財・スポーツサービス）

順位	種目名	全体		財（用具・衣服）		サービス（入場料・受講料・会費）	
		女性	男性	女性	男性	女性	男性
2	体操（器具なし）	5,100	1,500	1,000	700	4,100	800
2	ボウリング	6,400	9,900	1,500	2,800	4,800	7,200
4	水泳（プールでの）	20,500	12,900	5,300	2,900	15,200	10,100
5	釣り	17,900	50,900	5,100	27,200	12,800	23,700
6	海水浴	17,600	22,100	3,500	4,100	14,100	18,000
7	ゴルフ（コース）	127,300	184,000	28,500	57,400	98,800	126,600
8	ゴルフ（練習場）	19,700	37,200	—	—	19,700	37,200
9	ピクニック・ハイキング	12,800	17,700	2,500	4,100	10,300	13,600
10	スキー	66,100	79,200	18,400	29,300	47,700	49,900
11	サイクリング・サイクルスポーツ	7,600	8,300	5,300	6,300	2,200	2,000
12	ジョギング・マラソン	5,800	4,900	1,900	2,200	3,900	2,700
13	トレーニング	19,600	12,300	2,000	4,900	17,600	7,400
14	卓球	3,600	3,000	1,700	1,200	1,900	1,800
15	キャッチボール・野球	7,000	9,200	6,400	6,700	500	2,400
16	登山	35,500	40,000	6,800	13,900	28,700	26,000
17	バドミントン	3,600	1,800	2,000	1,100	1,600	700
18	なわとび	—	—	—	—	—	—
19	キャンプ（オート）	33,100	45,300	10,000	16,100	23,100	29,200
20	ソフトボール	800	4,000	600	2,400	200	1,600
—	テニス	24,600	18,900	7,200	6,900	17,400	12,000
—	バレーボール	6,600	3,600	2,800	1,700	3,800	1,800
—	エアロビクス・ジャズダンス	31,900	9,600	8,400	2,400	23,500	7,300
—	おどり（日舞など）	83,100	2,500	44,900	0	38,300	2,500
—	洋舞・社交ダンス	83,300	99,800	34,600	20,800	48,700	79,000

注）スポーツ実施率第1位「ウォーキング・散歩」は、年間平均費用のデータがないため削除した
㈶余暇開発センター（2000）・SSF笹川スポーツ財団（2000）より作成、松永（2001）

■スポーツ財（用品・用具）の購入希望

　表4-2は、スポーツ用品・用具の今後の購入希望について男女別にランキングしたものである。女性の第1位には「トレーニングシューズ」で18.8％、第2位は「水着」で15.4％、第3位は「ウォーキングシューズ」で11.9％と、ウォーキングブームの影響もあってか比較的、身近なスポーツ活動の用品・用具を購入したいと希望していることが分かる。特に、最近では、アクアエクササイズなども中高年層の女性を中心に人気を集めているため、水着に対するニーズも高まりつつある。水着については、コラムでも少しふれるが、購入者は圧倒的に女性の方が多いことが特徴である。

表4-2　スポーツ用品・用具の購入希望男女比

順位	用品・用具名	女性(%)	用品・用具名	男性(%)
1	トレーニングシューズ	18.8	トレーニングシューズ	15.6
2	水着	15.4	ゴルフクラブ	13.2
3	ウォーキングシューズ	11.9	ゴルフ用品	12.4
4	テニスラケット	7.2	釣り具	9.8
5	テニスシューズ	6.1	ジョギングシューズ	8.2
6	ウェア	5.8	テニスラケット	6.1
7	トレーニングウェア	5.1	グローブ	6.1
8	ジョギングシューズ	5.1	ウェア	5.8
9	スキーウェア	4.8	スポーツウェア	4.7
10	スポーツウェア	4.1	トレーニングウェア	4.7
10	テニスウェア	4.1	ゴルフシューズ	4.5

SSF笹川スポーツ財団(2000)より作成，松永(2001)

コラム　中高年女性をターゲットとした新しい水着
「浮きうき水着」の躍進

　スポーツ用品・用具の中で、売上を伸ばしているフットマーク㈱の「浮きうき水着」は、1997年12月に発売されて以来、中高年女性はもちろんスイミング関連業界に大きなインパクトを与えた。この会社は、1946年に赤ちゃんのオムツカバー製造業として創業したが、少子化現象と紙オムツの普及が進む中、高齢者の介護用品への製造と転向していった。オムツカバーの吸水性や防水性の技術を持つ同社は、水に関連する水泳関連の事業として、日本で初めて水泳帽子（スイミングキャップ）を製作するなどの事業を展開してきた。そして、水に縁のない人たちの健康をサポートするための用具として「浮きうき水着」を開発したのである。この水着は、名前の通り、浮きやすい水着であると同時に、高齢者やハンディを持つ方でも着脱しやすいように、フロント部分中央にファスナーが付き、生地の内側には内ポケットが左右胸部のフロントと背中部分のバックの3カ所についており、その部分に厚さ5mmの浮力シート各5枚を調節して入れるという仕組みである。浮力シートが目立たないおしゃれなデザインで水に浮くというこの水着は、女性用・男性用共に、15,000円の価格で販売されている。浮きうき水着の購入者は約85％が女性で、1999年度には通信販売を開始し、売上枚数も初年度の約3倍の3,578枚、28,590,970円の売上をはじき出す水着へと成長している。フットマーク㈱アクアヘルス部では、今後も浮力材料の研究を進め、色や形などのデザインや見映えに加え、使い勝手の良さ、着脱のしやすさなど、商品改良に力を入れていく中で、今後も躍進を続けていくスポーツ用品として注目したい。（松永敬子）

4-3 フィットネス産業と女性

■フィットネスクラブ数と会員及び会費の推移

図4-2は、フィットネスクラブの年度別新規オープンの推移を表したものである。オープン数が増え始めるのは、1979年からで(78年度までのオープンクラブ数は20件以下)、1982年頃からは、従来のスイミングを中心とした経営だけでなく、エアロビクスブームに乗る形で、フィットネスクラブへとクラブ形態が変化したが、1989年のピークを機に減少傾向にあることが分かる。また、表4-3に示したように1999年度現在のフィットネスクラブ総施設数は、1772件で、クラブ数と同時に平均個人会員数も減少傾向にある。そのため、会員確保の戦略の一環として、入会金や月会費が年々安価になり、バブル時代の数万円の会費に比べると、比較的入会しやすい料金設定になってきている。

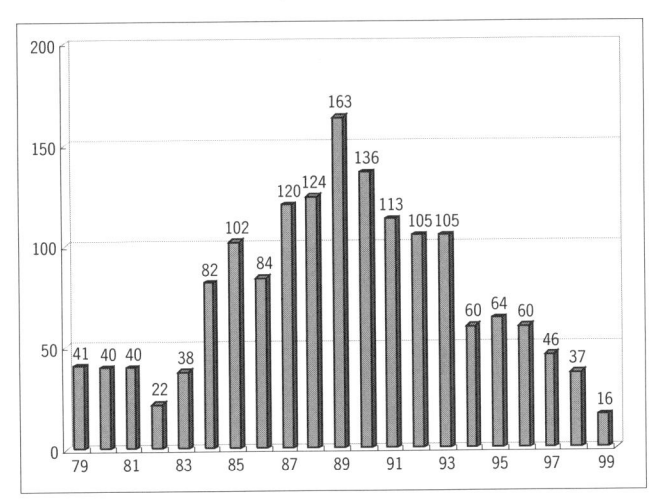

図4-2 年度別新規オープンフィットネスクラブ数

㈱ハートフィールド・アソシエイツ(1999)より作成,松永(2001)

表4-3 フィットネスクラブ総施設数・会員数・入会金・月会費推移

	総施設数	平均個人会員数	平均個人入会金	平均個人月会費
95年度	1,603ヶ所	1,833名	73,073円	8,684円
97年度	1,774ヶ所	1,739名	77,843円	8,583円
99年度	1,772ヶ所	1,680名	69,622円	8,432円

㈱ハートフィールド・アソシエイツ(1999)より作成,松永(2001)

■フィットネスクラブ会員の男女比

　図4-3は、フィットネスクラブ会員の男女構成比を示したものである。1995年度から1999年度の5年間の推移を見ると、女性の方が55％前後という数値を維持し、男性よりも若干多い傾向がみられる。また、この男女比だけの数値を見ると、過去5年間の会員構成にはあまり変化が見られないように見受けられるが、図4-4の年代別構成比の推移を見ると、構成に大きな変化が見られることが分かる。つまり、フィットネスクラブの女性会員は、20代が減少し、50～60代以上の層がこの5年間で約20％から30％に増加している。男性にも同様の傾向は見られるが、女性の方がその変化は著しい。現在のわが国の人口構造を考えると、性別を問わず今後もこの傾向は続くことが予想される。

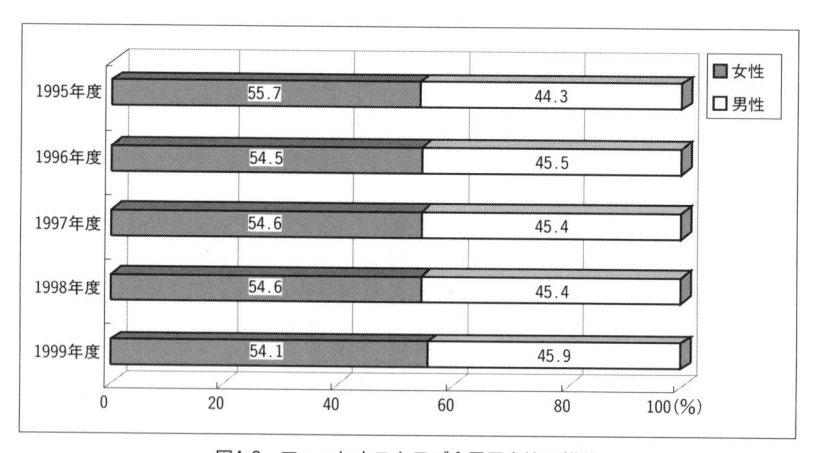

年度	女性	男性
1995年度	55.7	44.3
1996年度	54.5	45.5
1997年度	54.6	45.4
1998年度	54.6	45.4
1999年度	54.1	45.9

図4-3　フィットネスクラブ会員男女比の推移

綜合ユニコム㈱(1996～2000)より作成，松永(2001)

〈男性会員〉

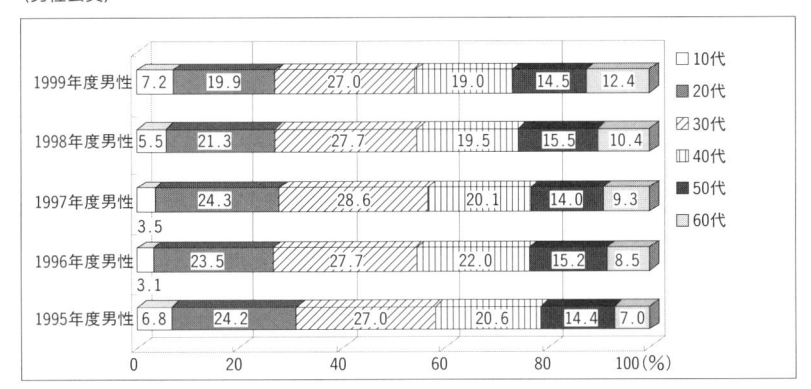

年度	10代	20代	30代	40代	50代	60代
1999年度男性	7.2	19.9	27.0	19.0	14.5	12.4
1998年度男性	5.5	21.3	27.7	19.5	15.5	10.4
1997年度男性	3.5	24.3	28.6	20.1	14.0	9.3
1996年度男性	3.1	23.5	27.7	22.0	15.2	8.5
1995年度男性	6.8	24.2	27.0	20.6	14.4	7.0

〈女性会員〉

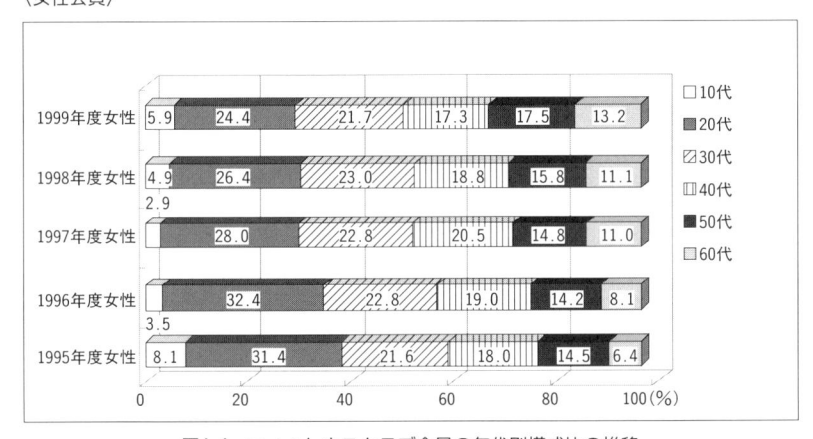

年度	10代	20代	30代	40代	50代	60代
1999年度女性	5.9	24.4	21.7	17.3	17.5	13.2
1998年度女性	4.9	26.4	23.0	18.8	15.8	11.1
1997年度女性	2.9	28.0	22.8	20.5	14.8	11.0
1996年度女性	3.5	32.4	22.8	19.0	14.2	8.1
1995年度女性	8.1	31.4	21.6	18.0	14.5	6.4

図4-4　フィットネスクラブ会員の年代別構成比の推移

綜合ユニコム㈱(1996〜2000)より作成，松永(2001)

■フィットネスクラブにおけるクラス（プログラム）種類別実施数

　表4-4と図4-5は、フィットネスクラブにおけるクラス（プログラム）の種類別実施数の傾向を示したものである。これまで見てきたように、会員の年齢構成が変化する中、プログラムも多様な変化を遂げてきた。最近の傾向として、最も多いクラスは、「アクア（水中運動全般）」で、全1,772施設のうち約過半数（910）の施設が実施し、特に、膝に負担がかからないというメリットもあり、中高年女性を中心に高い支持を得ている。次いで、「ステップ」「エアロ」「ファンク・ヒップホップ」はいずれもフロアで行うダンス系のクラスが上位を占めている。

　また表4-4はこの数年の間に増加傾向にあるクラス（プログラム）の種類別実施数を99年と97年で比較したものである。主な特徴としては、「アクア」「エアロ」「ファンク・ヒップホップ」「ヨガ」関連のクラス（プログラム）が非常に多いことが分かる。さらに、「太極拳」「スイム」「ストレッチ」「武道・格闘系」「肩凝り・腰痛解消」などのクラス（プログラム）の成長が著しいことが分かり、今後も多様化する会員のニーズに応えるべく、さまざまな志向を凝らしたクラス（プログラム）が展開されることが予測される。

表4-4　増加傾向にあるクラス（プログラム）の種類別実施数

	クラス（プログラム）	99年	97年		クラス（プログラム）	99年	97年
1	アクア	910	849	9	肩凝り・腰痛解消	102	72
2	エアロ	639	500	10	ジャザサイズ	97	88
3	ファンク・ヒップホップ	557	544	11	健美操	91	68
4	ヨガ	482	458	12	筋コンディショニング	89	63
5	太極拳	177	69	13	健康体操	39	14
6	スイム	173	71	14	サーキット	30	15
7	ストレッチ	138	92	15	バイクエクササイズ	29	6
8	武道・格闘系	103	49	16	リラクゼーション系	28	22

㈱ハートフィールド・アソシエイツ（1999）より作成，松永（2001）

プログラム	実施数
アクア	910
ステップ	737
エアロ	639
ファンク・ヒップホップ	557
ヨガ	482
シェイプアップ系	406
ジャズダンス系	398
中高年向け	391
ジュニア	263
太極拳	177
スイム	173
気功	169
ストレッチ	138
バイオメトリクス	113
バレエ	107
武道・格闘系	103
肩凝り・腰痛解消	102
ジャザサイズ	97
健美操	91
筋コンディショニング	89
マタニティ系	87
競技	73
スライド	47
健康体操	39
サーキット	30
バイクエクササイズ	29
リラクゼーション系	28

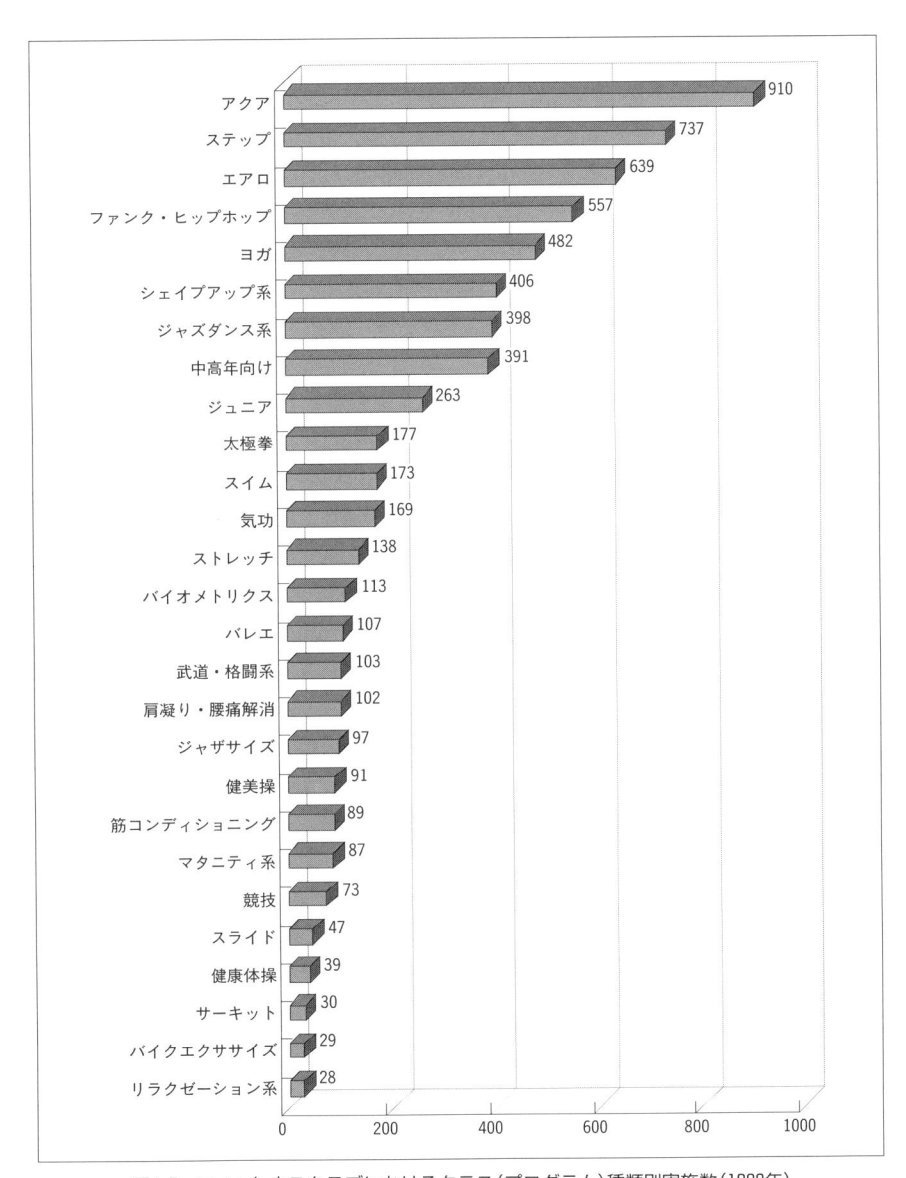

図4-5 フィットネスクラブにおけるクラス(プログラム)種類別実施数(1999年)

㈱ハートフィールド・アソシエイツ(1999)より作成，松永(2001)

■フィットネスクラブにおける施設責任者の男女比

　図4-6は、「全国フィットネス名鑑」(1999)の基礎データをもとに女性責任者をカウントし、フィットネスクラブにおける施設責任者の男女比を示したものである。全国のフィットネスクラブのなかで、女性が施設責任者の職に就いている施設は、全体の約10％で、175名の女性が各フィットネスクラブにおいて責任者として活躍していることが明らかになった。しかし、スタッフ全体に対して女性スタッフの割合の方が高いフィットネス業界であるだけに、この女性施設責任者の数値は非常に低いものであるといえる。しかし、ここで述べている施設責任者とは、その施設の統括的な責任者であるため、「支配人」、「マネージャー」などの呼称の違いは「施設責任者」で統一した。また一部、「代表取締役」や「オーナー」を含む場合もある。

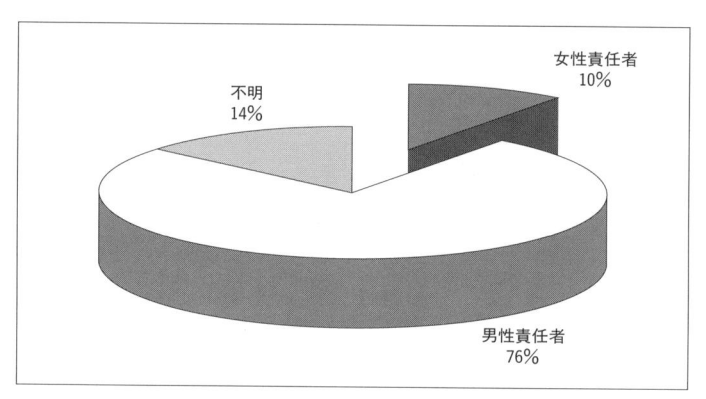

図4-6　フィットネスクラブにおける施設責任者
（支配人等）の男女比（N＝1772）

女性責任者　10％
不明　14％
男性責任者　76％

㈱ハートフィールド・アソシエイツ(1999)より作成，松永(2001)

4-4　商業スポーツ施設に関連する指導者資格

■厚生労働省が認可する指導者資格の男女比1：「健康運動指導士」「健康運動実践指導者」

　商業スポーツ施設の中でも特にフィットネスクラブをはじめとする健康増進施設の認定制度（適マーク）の要件にもなっているのが、厚生労働省が認可する「健康運動指導士」の存在である。健康運動指導士の資格認定制度は、民間スポーツクラブ、アスレ・ヘルスクラブ等において健康づくりのための運動指導に関わる専門的な人材を養成するという目的からスタートしているため、フィットネスクラブには欠かせない指導者資格となっている。

　図4-7は「健康運動指導士」資格制度開始からの初回登録者の推移を示したものである。男性の資格取得者が減少する中、女性はここ数年の間500名を越える数字を維持しており、男性の倍以上の初回登録者を数えている。さらに、健康運動指導士などが処方した運動について実践をする「健康運動実践指導者」においても、昨年度（平成11年度）には女性の初回登録者が1,628名と過去最高を数えるなど、増加傾向にあることが分かる（図4-8）。このように、商業スポーツ施設に関連する資格の中で、この「健康運動指導士」と「健康運動実践指導者」は、女性の割合が非常に高い指導者資格となっている。

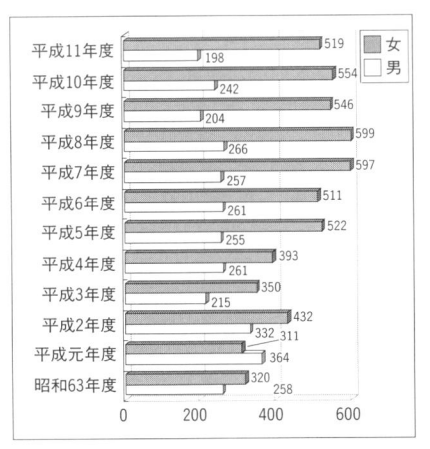

図4-7　厚生労働省が認可する「健康運動指導士」の年度別男女比（初回登録者）
(財)健康・体力づくり事業財団資料(2000)より作成，松永(2001)

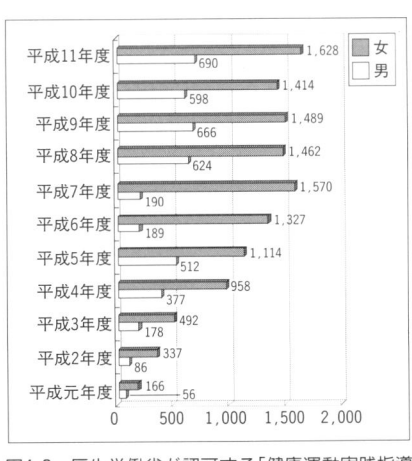

図4-8　厚生労働省が認可する「健康運動実践指導者」の年度別男女比（初回登録者）
(財)健康・体力づくり事業財団資料(2000)より作成，松永(2001)

■厚生労働省が認可する指導者資格の男女比2:「運動指導専門研修(運動指導担当者)」「運動実践専門研修(運動実践担当者)」

　厚生労働省が認可する指導者資格には、さらに「運動指導専門研修(運動指導担当者)」「運動実践専門研修(運動実践担当者)」の2つの資格がある。特に、「運動指導専門研修(運動指導担当者)」の資格取得者は、職場における健康増進を図ることを目的に、企業内のフィットネス施設や民間フィットネスクラブにおいて、運動プログラムの作成、指導、処方などを行う。図4-9をみるとこれまでの研修終了者は男性の方が500名ほど多いが、最近では若干女性の修了者が増加傾向にあるとのことであった。また、「運動実践専門研修(運動実践担当者)」の助言や指導を受けて実際に運動指導を行う「運動実践専門研修(運動実践担当者)」の修了者については、女性は男性の3分の1と少なくなっていることが分かる。(図4-10)

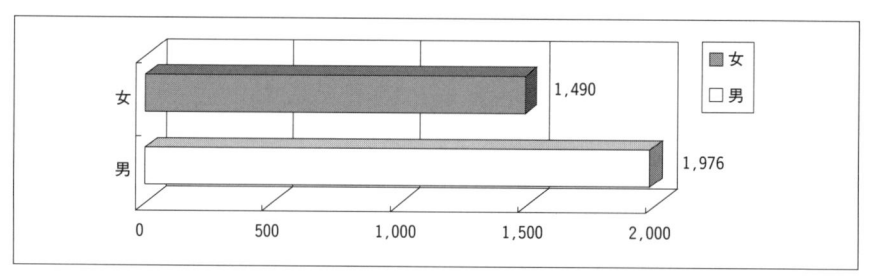

図4-9　厚生労働省が認可する「運動指導専門研修
(運動指導担当者)の男女比(修了者)

中央労働災害防止協会資料(2000)より作成，松永(2001)

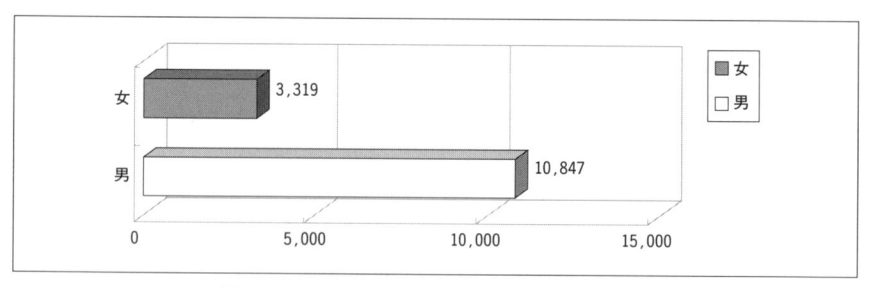

図4-10　厚生労働省が認可する「運動指導専門研修
(運動実践担当者)の男女比(修了者)

中央労働災害防止協会資料(2000)より作成，松永(2001)

■文部科学省が認可する商業スポーツ施設における指導者資格の男女比:「スポーツプログラマー2種(フィットネストレーナー)」「C級教師(初級)・B級教師(中級)・A級教師(上級)」

　文部科学省が認可する商業スポーツ施設における指導者資格には、「スポーツプログラマー2種(フィットネストレーナー)」と「C級教師(初級)・B級教師(中級)・A級教師(上級)」の2種類が挙げられる。まず、「スポーツプログラマー2種(フィットネストレーナー)」は、第3章の「生涯スポーツと女性」でも触れられているスポーツプログラマー1種とセットになっている資格である。1種の方では、主に地域においてのスポーツ指導をメインにしているが、商業スポーツ施設において、各種トレーニングの基本的指導などに職業としてあたるのが「スポーツプログラマー2種(フィットネストレーナー)」である。図4-11は、「スポーツプログラマー2種(フィットネストレーナー)」の現在の登録者を示したものであるが、女性の方が若干少ない傾向にある。

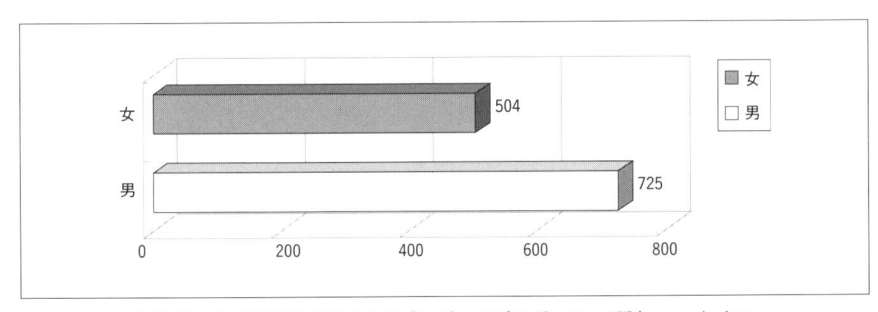

図4-11　文部科学省が認可する「スポーツプログラマー2種(フィットネストレーナー)」の男女比(現登録者)

㈶日本体育協会資料(2000)より作成、松永(2001)

また、文部科学省が認可するもうひとつの商業スポーツ施設における指導者資格は、「C級教師（初級）・B級教師（中級）・A級教師（上級）」である。まず、「C級教師（初級）」は、競技別スポーツ技術について専門的指導と各種事業の企画・運営に職業としてあたり、その後「B級教師（中級）」となり、個々の指導対象者の目的に応じたプログラムの企画・立案に当たる。さらに、「A級教師（上級）」は、施設の経営・管理、地域スポーツ組織との連携を図り、かつC級教師（初級）の育成・指導にあたるという段階的な活動を行っている。

　図4-12は、それぞれの男女比を示したものであるが、どの段階においても圧倒的に男性の方が多く、特に「A級教師（上級）」については、現在の女性登録者はわずか22名という数値になっており、競技別の専門指導ができ、かつ施設の経営・管理までを活動の範囲とする商業スポーツ施設の女性有資格者が非常に少ないことが明らかになった。これは、図4-6で触れた、フィットネスクラブにおける女性の施設責任者が1割しか存在しないという点と関連する数値であるかもしれない。

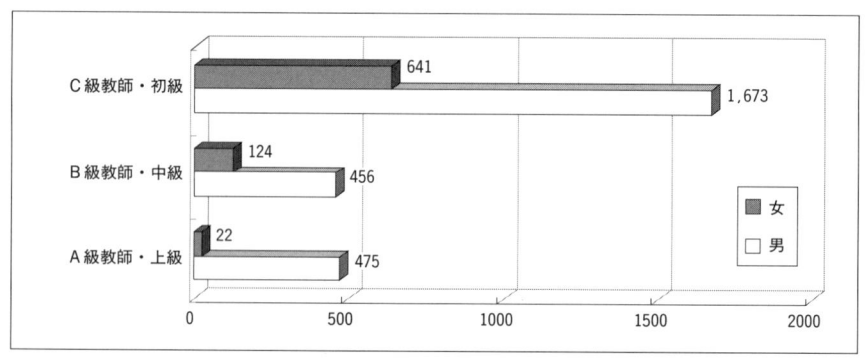

図4-12　文部科学省が認可する商業スポーツ施設における
　　　　 指導者（教師）資格の男女比（現登録者）

㈶日本体育協会資料（2000）より作成，松永（2001）

4-5 プロスポーツ産業と女性

■主なプロスポーツ団体の登録状況と男女比

　表4-4は、㈶日本プロスポーツ協会加盟団体15団体とその他の主なプロスポーツ団体（2000年プロスポーツ年鑑掲載分）8団体の女性の登録状況を示したものである。（表4-4の中で太枠で囲んだ15団体が㈶日本プロスポーツ協会加盟団体である。）

表4-4　㈶日本プロスポーツ協会所属団体及び
その他のプロスポーツ団体の女性登録状況

プロスポーツ団体名	女性	男性
㈶日本相撲協会		●
㈳日本野球機構		●
㈳日本プロゴルフ協会		●
㈳日本女子プロゴルフ協会	○	
㈳日本プロサッカーリーグ		●
全日本ボクシング協会		●
㈳日本プロボウリング協会	○	●
新日本プロレスリング㈱		●
全日本プロ・レスリング㈱		●
日本ダンス議会	○	●
日本中央競馬会		●
地方競馬全国協会	○	●
日本自転車振興会（競輪）		●
㈳全国モーターボート競走会連合会（競艇）	○	●
日本小型自動車振興会（オートレース）		●
日本ゴルフツアー機構		●
㈶日本テニス協会	○	●
㈳日本プロテニス協会	○	●
日本フィギュア・スケーティング・インストラクター協会	○	●
日本プロサーフィン連盟	○	●
日本プロウィンドサーフィン選手会	○	●
㈶日本卓球協会	○	●
プロ スノーボーダーズ アソシエイション アジア	○	●

㈶日本プロスポーツ協会（2000）と各団体への調査より作成，松永（2001）

今回掲載文の全23団体のうち、女性が登録されている団体は約半数の12団体である。女性が登録されていない団体は、「㈶日本相撲協会」「㈳日本野球機構」「㈳日本プロゴルフ協会」「㈳日本プロサッカーリーグ」「全日本ボクシング協会」「新日本プロレスリング㈱」「全日本プロ・レスリング㈱」「日本中央競馬会」「日本自転車振興会（競輪）」「日本小型自動車振興会（オートレース）」「日本ゴルフツアー機構」の11団体であった。

　その男女構成比の全体を示したものが図4-13である。この図からも分かるように、女子プロスポーツ選手は全体の17%のみである。さらに団体別に男女比を示したものが図4-14である。「㈳日本女子プロゴルフ協会」は当然のことながら女性のみのプロ選手を596名登録している。その他の団体で過半数を超えているのは、「日本ダンス議会」で50%（700名）の登録者、「日本フィギュア・スケーティングインストラクター協会」で79%（126名）であった。その他には、「㈶日本卓球協会」39%（12名）、「プロスノーボーダーズ アソシエイション アジア」30%（94名）、「㈳日本プロボウリング協会」26%（227名）、そしてプロテニスプレイヤーが試合の登録を行う「㈶日本テニス協会」では、女性が25%（55名）を占めている。このように、女性のプロスポーツ界への進出は、まだまだ発展途上の段階にあるといえる。

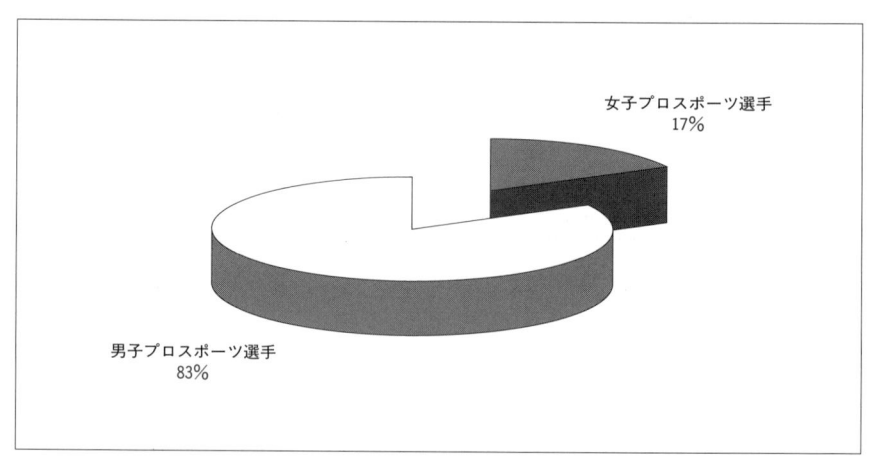

図4-13　プロスポーツ選手全体の男女比（23団体）
㈶日本プロスポーツ協会（2000）と各団体への調査より作成，松永（2001）

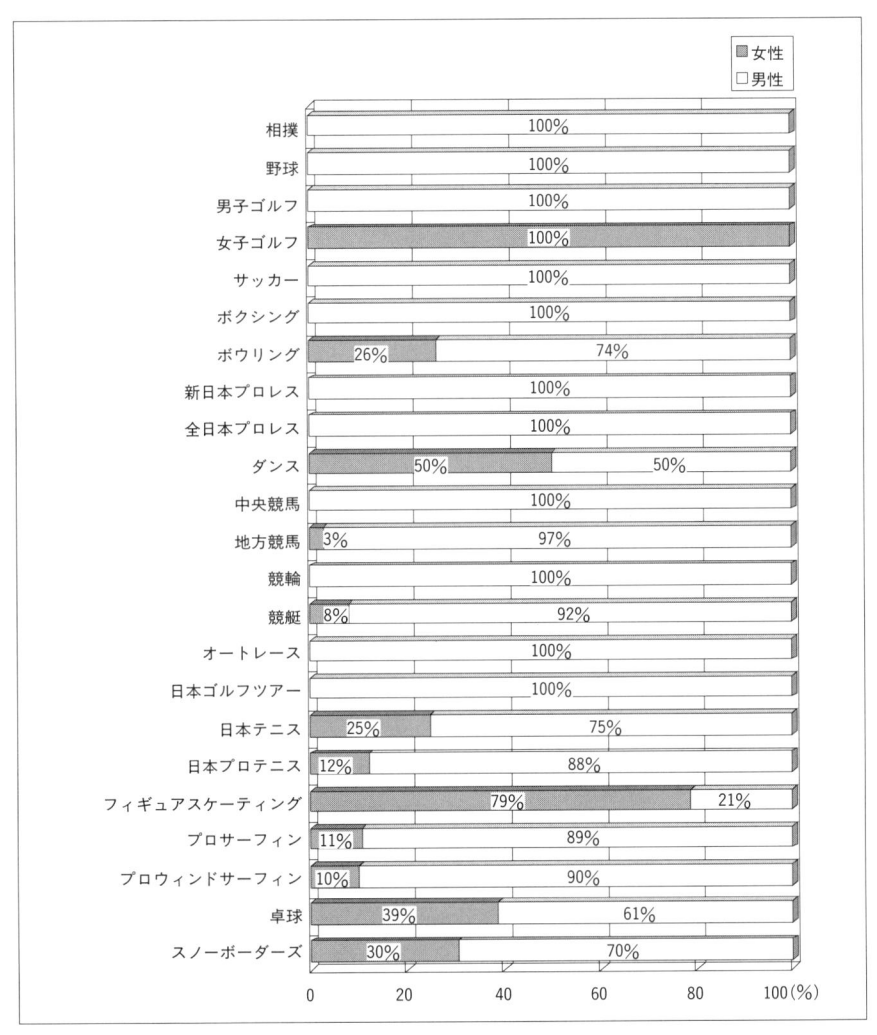

図4-14 プロスポーツ選手の男女比

㈶日本プロスポーツ協会(2000)と各団体への調査より作成，松永(2001)

■主なプロスポーツ団体における役員の男女比

図4-15は、プロスポーツ団体全体（㈶日本プロスポーツ協会を含む）における役員の男女構成比を示したものである。プロスポーツ団体における女性役員は全体のわずか9％と1割にも満たない数値であることが明らかになった。

さらに、図4-16は各プロスポーツ団体における役員の男女比を示したものである。全体的に女性登録選手の割合に比例している結果となり、約過半数の団体では、男性役員のみで構成されているという現状であった。最も女性役員が多い団体は「㈳日本女子プロゴルフ協会」で84％（16名）で、次いで、「プロスノーボーダーズ アソシエイション アジア」27％（3名）、「日本フィギュア・スケーティングインストラクター協会」で22％（8名）、「㈳日本プロボウリング協会」19％（21名）、という割合であった。

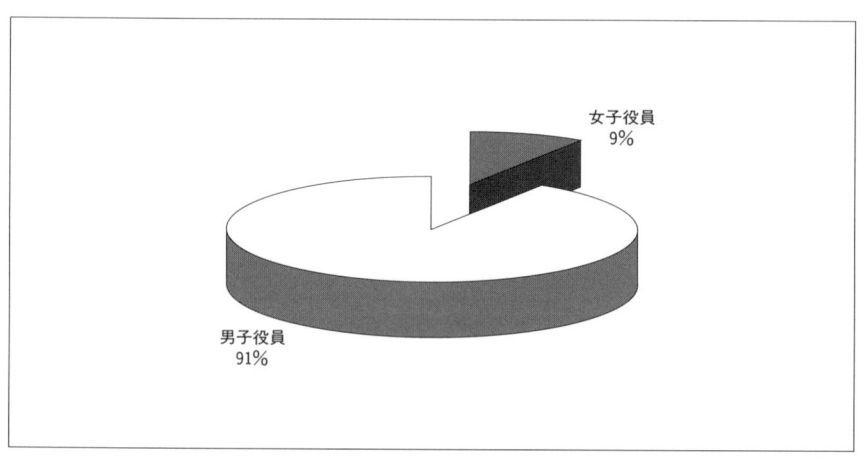

図4-15　プロスポーツ選手全体の男女比
（㈶日本プロスポーツ協会を含む24団体）

㈶日本プロスポーツ協会(2000)と各団体への調査より作成，松永(2001)

第4章 スポーツ産業と女性　139

団体	女性	男性
㈶日本プロスポーツ協会	3%	97%
㈶日本相撲協会		100%
㈳日本野球機構	12%	88%
㈳日本プロゴルフ協会		100%
㈳日本女子プロゴルフ協会	84%	16%
㈳日本プロサッカーリーグ	12%	88%
全日本ボクシング協会		100%
㈳日本プロボウリング協会	19%	81%
新日本プロレスリング㈱		100%
全日本プロ・レスリング㈱		100%
日本ダンス議会	7%	93%
日本中央競馬会		100%
地方競馬全国協会		100%
日本自転車振興会（競輪）		100%
㈳全国モーターボート競走会連合会（競艇）		100%
日本小型自動車振興会（オートレース）		100%
日本ゴルフツアー機構		100%
㈶日本テニス協会	4%	96%
㈳日本プロテニス協会	5%	95%
日本フィギュア・スケーティング・インストラクター協会	22%	78%
日本プロサーフィン連盟		100%
日本プロウィンドサーフィン選手会	9%	91%
㈶日本卓球協会	4%	96%
プロ スノーボーダーズ アソシエイション アジア	27%	73%

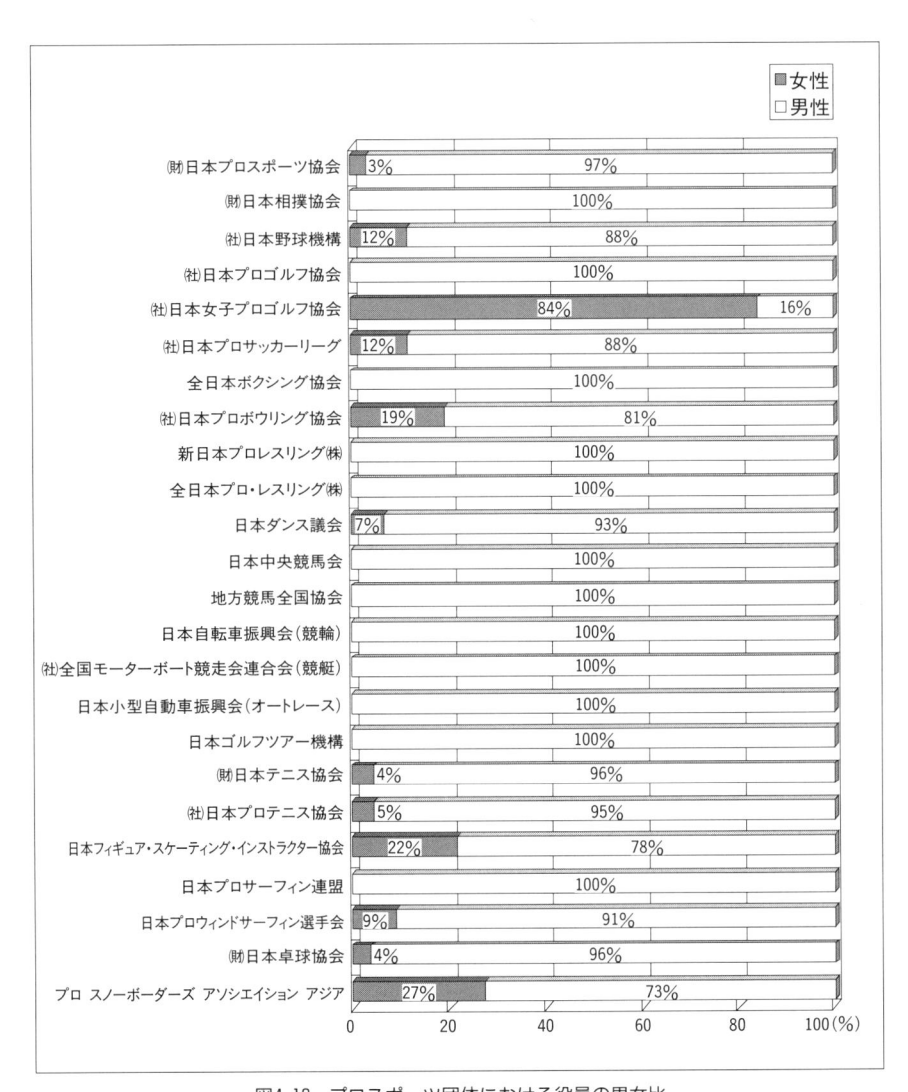

図4-16　プロスポーツ団体における役員の男女比

㈶日本プロスポーツ協会（2000）と各団体への調査より作成，松永（2001）

■プロスポーツ選手の獲得賞金金額の男女差

　表4-5は、1999年のゴルフと競艇の獲得賞金金額のトップ3とその金額を示したものである。まず、女子ゴルフと男子ゴルフの金額では、約2倍で6,000万円以上の開きがあることが分かる。もちろん、次に述べるスポンサーの関連によりツアーの数が異なり、優勝賞金なども大きく異なることが要因であると考えられる。また、公営競技である競艇においては、約1億円～2億円の開きがあることが明らかになり、プロスポーツ選手の獲得賞金ランキングを見る限りにおいては、プロスポーツ界においては、実力、人気共にまだまだ男女の開きはかなり大きいということを認めざるを得ないのが現状である。

表4-5　1999年獲得賞金金額トップ3(単位：円)

女子ゴルフ		男子ゴルフ	
村口史子	66,891,682	尾崎直道	137,641,796
具玉姫	66,358,370	細川和彦	129,058,283
肥後かおり	59,097,999	丸山秀樹	114,958,525

競艇（女子）		競艇（男子）	
山川美由紀	47,583,000	松井繁	253,817,640
大島聖子	40,967,000	今垣光太郎	213,120,640
寺田千恵	38,917,800	植木通彦	157,357,000

㈶日本プロスポーツ協会(2000)より作成，松永(2001)

■女子プロスポーツ（ゴルフ）を支える主なスポンサー企業・団体

女子プロスポーツを支えるスポンサー企業・団体の代表的事例として、1999年度の女子プロゴルフのスポンサー企業・団体一覧を示したものが、表4-6である。主なスポンサー企業・団体の数は61団体で、男子ゴルフとの開きは大きくはないが、1つの企業・団体の出資金額に大きな開きがあると考えられる。長引く不況の中、スポンサーの獲得にも困難を極めているのが現状ではあるが、女子プロスポーツ界の発展のためだけではなく、スポーツ界全体の活性化のためにも、より多くのスポンサー企業・団体の支援を期待したい。

表4-6　日本女子プロゴルフ協会の主なスポンサー企業・団体

ダイキン工業㈱	㈱道新スポーツ	ミズノ㈱
琉球放送㈱	㈱住友クレジットサービス	㈱毎日放送
㈱再春館製薬所	㈱太平洋クラブ	㈱伊藤園
㈱熊本県民テレビ	㈱東京放送	大王製紙㈱
㈱東急エージェンシー	㈱アルペン	明治乳業
那須八溝物産㈱	日本電気㈱	コカ・コーラボトラーズ
㈱加ト吉	新キャタピラー三菱㈱	松本浅間カントリークラブ㈱
日本テレビ放送網㈱	ヨネックス㈱	㈱テレビ信州
㈱ヤクルト本社	東海テレビ放送㈱	西日本放送㈱
中京テレビ放送㈱	雪印乳業㈱	ハリマ化成㈱
ブリヂストンスポーツ㈱	㈱宮城テレビ放送	㈱穴吹工務店
廣済堂開発㈱	阪奈カントリークラブ	㈱サンライズ
リゾートトラスト㈱	ホテル阪奈	TUOHY ASSOCIATES
㈱静岡朝日テレビ	スポーツヒルズ大阪	TDK㈱
サントリー㈱	テレビ大阪	㈱エムティシーアイ
㈱フジテレビジョン	宝酒造㈱	RKB毎日放送
関西テレビ放送㈱	富士通㈱	㈱ヴァーナル
ユニー㈱	㈱紀文食品	㈱デサント
㈱北海道新聞社	㈱ニチレイ	シスコシステムズ㈱
北海道文化放送㈱	㈱スポーツニッポン新聞東京本社	日清食品
大韓毎日新報社		

㈶日本プロスポーツ協会(2000)より作成，松永(2001)

【参考文献】

- 中央労働災害防止協会資料(2000)
- フットマーク株式会社資料(2000)
- 月刊フィットネスジャーナル編集部(編)(1999) 全国フィットネスクラブ名鑑99．株式会社ハートフィールド・アソシエイツ：東京．
- 原田宗彦(1999) スポーツ産業の構造的変化．原田宗彦(編)改訂スポーツ産業論入門．杏林書院：東京．pp.3-12.
- 松永敬子(1999) シルバービジネスとスポーツ．原田宗彦(編)改訂スポーツ産業論入門．杏林書院：東京．pp.332-347.
- 総合ユニコム株式会社(1996) 特集フィットネスクラブ主要運営企業アンケート調査集計．月刊レジャー産業資料6月号：東京．
- 総合ユニコム株式会社(1997) 特集フィットネスクラブ主要運営企業アンケート調査集計．月刊レジャー産業資料6月号：東京．
- 総合ユニコム株式会社(1998) 特集フィットネスクラブ主要運営企業の経営戦略．月刊レジャー産業資料5月号：東京．
- 総合ユニコム株式会社(1999) 特集フィットネスクラブ主要運営企業アンケート調査分析．月刊レジャー産業資料5月号：東京．
- 総合ユニコム株式会社(2000) 特集フィットネスクラブ主要運営企業アンケート調査分析．月刊レジャー産業資料6月号：東京．
- SSF笹川スポーツ財団(1998) スポーツライフ・データ1998―スポーツライフに関する調査報告書：東京．
- SSF笹川スポーツ財団(2000) スポーツライフ・データ2000―スポーツライフに関する調査報告書：東京．
- 財団法人健康・体力づくり事業財団資料(2000)
- 財団法人日本プロスポーツ協会(2000) 2000年プロスポーツ年鑑：東京．
- 財団法人日本体育協会資料(2000)
- 財団法人余暇開発センター(2000) 余暇開発センター調査研究報告書H11余暇基礎．余暇需要及び産業動向に関する基礎調査研究：東京．

第5章
メディアにみる女生とスポーツ

‥‥‥

5-1　スポーツへの関心
　　　■書籍・雑誌
　　　■テレビ・ラジオ
　　　■好きなスポーツとスポーツ選手
5-2　メディアの中の女性とスポーツ
　　　■テレビのスポーツ中継
　　　■新聞のスポーツ面の分析
　　　　（◎スポーツ写真　◎「月刊切り抜き体育・スポーツ」）
　　　■雑誌にみる女性とスポーツ
　　　■スポーツ新聞にみる女と男
5-3　スポーツ・メディアの受け手への影響
5-4　スポーツ・メディアの送り手

5-1　スポーツへの関心

■書籍・雑誌

　読書世論調査によると、読者が関心を示す書籍のジャンルは、女性は暮らし・料理・育児が第1位で、趣味・スポーツは第4位である。一方男性は、第1位が趣味・スポーツで、暮らし・料理・育児に関する書籍の順位は低い（図5-1）。情報誌（雑誌）においては、女・男とも第1位はタウン・旅行である。女性ではファッション、健康が2、3位と続き、スポーツが8位となっている。これに対し、男性のスポーツは2位である（図5-2）。書籍・雑誌にみられるスポーツへの関心は、女性では低く、男性では高いといえる。

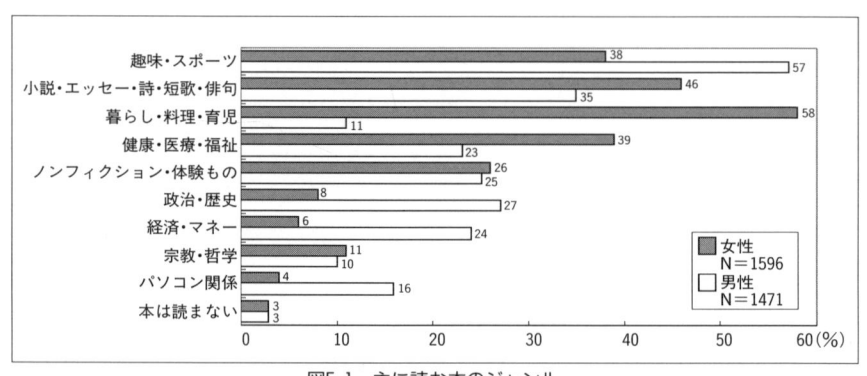

図5-1　主に読む本のジャンル
1998年9月第52回毎日新聞読者世論調査(1999.p.25)

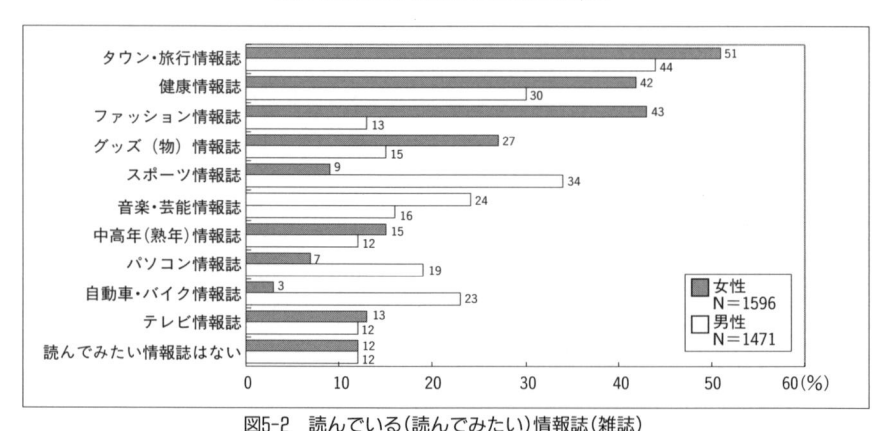

図5-2　読んでいる（読んでみたい）情報誌（雑誌）
1998年9月第52回毎日新聞社読者世論調査(1999.p.47)

■テレビ・ラジオ

　次に、スポーツ番組の視聴率と視聴希望率をみる（図5-3）。視聴率は高い値を示し、女性86.9％、男性95.2％である。これに対して、視聴希望率は、女性76.2％、男性89.6％で、ともに視聴率より下がっている。この理由として、調査を行った年が、オリンピック（夏季）・イヤーであったことが考えられる。性別にみると、視聴率で約8％、視聴希望率では約13％、女性は男性より低い。

　図5-4は、番組内容別の視聴率である。最もよく視聴されているのが、男性ではスポーツニュース、女性ではこの年に開催されたオリンピックである。スポーツニュース、高校野球、プロ野球では、女性の視聴率は男性よりも15％程度低いが、オリンピックの視聴率では女・男の差がなく、ともに高い数値を示す。女性のオリンピックの視聴率が高い理由として、高校野球やプロ野球が男性に限られたスポーツであるのに対し、オリンピックでは女性の競技種目があり、女性が活躍する場面が数多く報道されることが考えられる。

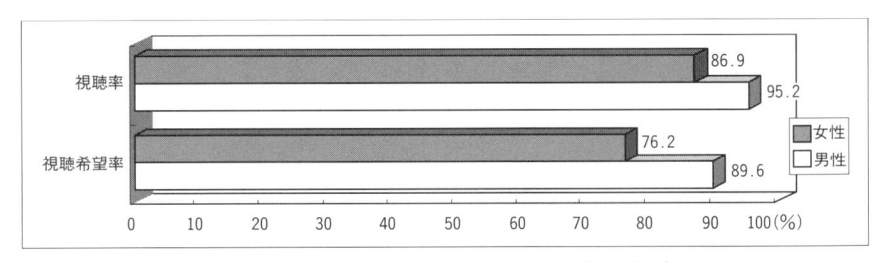

図5-3　スポーツ番組の視聴率と視聴希望率（N＝2424）

（㈶余暇開発センター編（1998．p.41）より作図，飯田（2001）

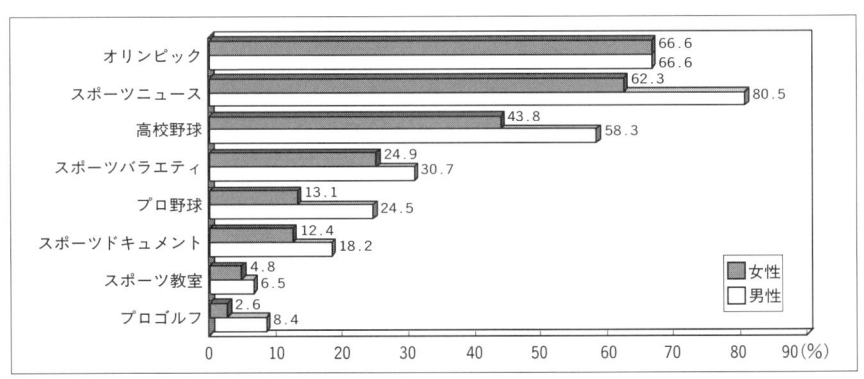

図5-4　スポーツ番組内容別の視聴率（N＝2424、上位8番組）

（㈶余暇開発センター編（1998．p.42）より作図，飯田（2001）

■好きなスポーツとスポーツ選手

　では、主としてテレビ中継をつうじ、女性がどのようなスポーツを好んで鑑賞しているのかをみてみよう。

　図5-5は、読売新聞世論調査より、見るのが好きなスポーツ・ベスト10を、女・男それぞれに抽出したものである。これによると、女性は、男性ほどスポーツに対する関心が高いとはいえないが、プロ野球、高校野球、大相撲、マラソン、駅伝は、女・男ともに上位である。女性が男性よりも高い比率を示すのは、バレーボール、テニス、体操、スケートで、早い時期から女性が参加してきたスポーツや、芸術性を競う種目である。

　一方、男性が女性と異なる好みを示すのは、ボクシング、プロレス等いわゆる男らしさを強調する格闘技である。なお、好きなスポーツがとくにないと回答した女性の比率が、男性の約4倍もあることは看過できない。以上、見るのが好きなスポーツを性別にみると、女・男ともにそれぞれが活躍している競技を好んで鑑賞し、全体的には、テレビ中継が多いスポーツが上位にあげられていることが窺える。

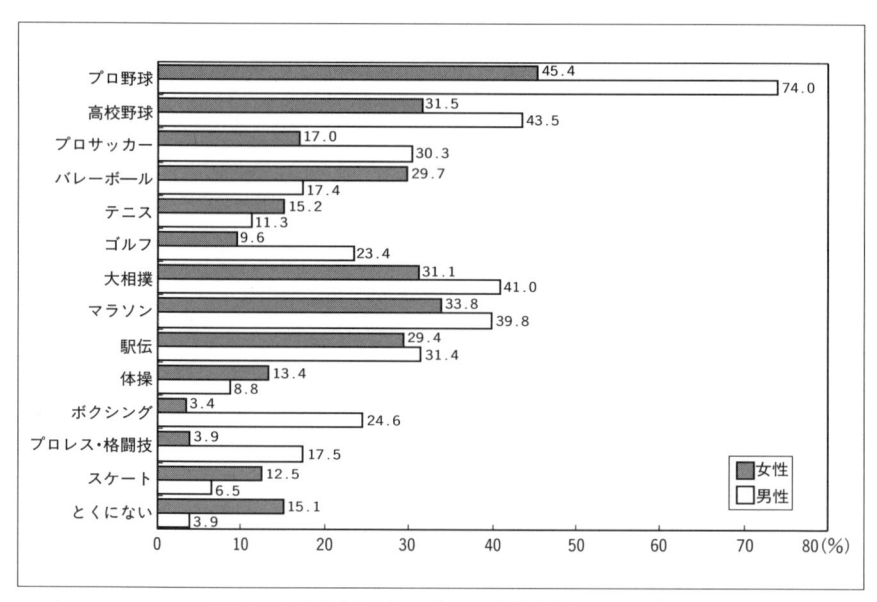

種目	女性	男性
プロ野球	45.4	74.0
高校野球	31.5	43.5
プロサッカー	17.0	30.3
バレーボール	29.7	17.4
テニス	15.2	11.3
ゴルフ	9.6	23.4
大相撲	31.1	41.0
マラソン	33.8	39.8
駅伝	29.4	31.4
体操	13.4	8.8
ボクシング	3.4	24.6
プロレス・格闘技	3.9	17.5
スケート	12.5	6.5
とくにない	15.1	3.9

図5-5　見るのが好きなスポーツ(有効回収数=1928名)

読売新聞(2000)提供資料より作図，飯田(2001)

表5-1は、好きなスポーツ選手・ベスト10と、40位以内に入っている女性選手の順位と競技を示している。これによると、ベスト10はすべて男性のプロ選手によって占められている。

選ばれた4名の女性選手は、ともに世界のトップクラスの選手であるが、知名度が低いためか順位が低い。

このことから、現在のテレビを中心とするマスメディアが、男性中心のスポーツ報道に偏重していることが推察される。次項では、その実態をみてみよう。

表5-1 好きなスポーツ選手（N＝954）

順位	選手名	競技
1	松坂大輔	プロ野球
2	松井秀喜	プロ野球
3	中田英寿	プロサッカー
4	イチロー	プロ野球
5	上原浩治	プロ野球
6	高橋由伸	プロ野球
7	丸山茂樹	プロゴルフ
8	野茂英雄	プロ野球
9	若乃花	相撲
10	貴乃花	相撲
11	田村亮子	柔道
22	有森裕子	マラソン
29	杉山　愛	テニス
33	高橋尚子	マラソン

読売新聞(2000)提供資料より抜粋，飯田(2001)

5-2 メディアの中の女性とスポーツ

■テレビのスポーツ中継

スポーツへの関心や好きなスポーツ選手の順位は、マスメディアで扱われるスポーツに多いに影響を受けているようだ。1週間のテレビのスポーツ中継番組一覧表を作成し（表5-2）、番組表からスポーツ中継の放映時間を算出した（図5-6）。放映時間にはコマーシャルタイムが含まれる。合計時間は72時間55分であり、そのうち男性スポーツは67時間45分で92.9％を占め、女性スポーツは3時間45分で5.1％にすぎない。

これらから、いかに平常のテレビスポーツが男性のスポーツに独占され、女性のスポーツが矮小化されているかがよくわかる。

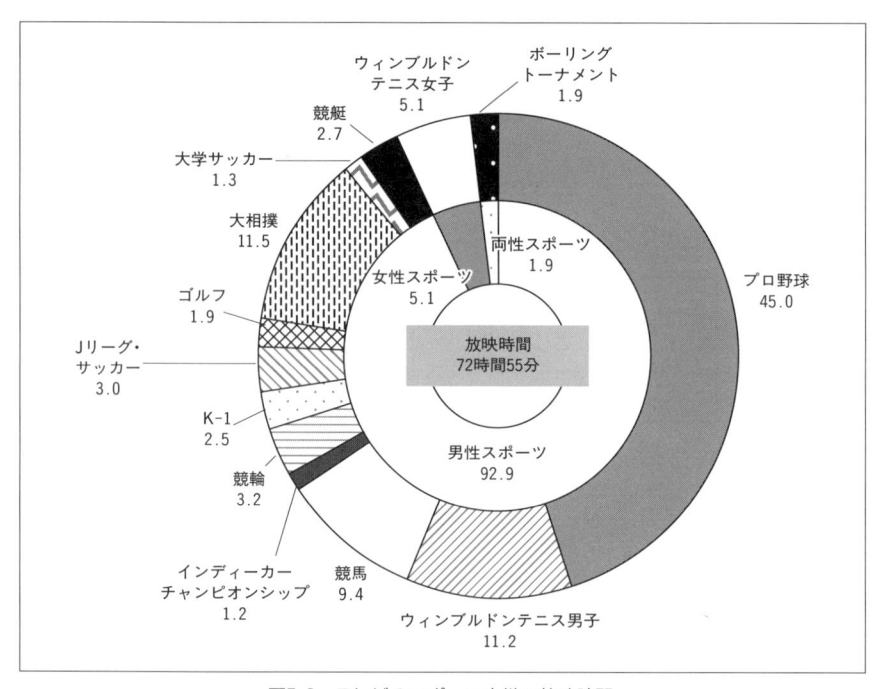

図5-6 テレビのスポーツ中継の放映時間

（2000.7.5〜7.11の1週間），飯田(2001)

表5-2　1週間のテレビのスポーツ中継番組一覧表

2000年 7月5日(水)	プロ野球(阪神×広島)2局
	プロ野球(ヤクルト×巨人)
	ウィンブルドンテニス(男子シングルス)
	競馬中継〜姫路「サマーカップ」
	インディーカーチャンピオンシップ「'99第11戦トロントGP」
7月6日(木)	プロ野球(阪神×広島)2局
	ウィンブルドンテニス(男子シングルス)
	ウィンブルドンテニス(女子シングルス準決勝)
	寛仁親王牌競輪中継
7月7日(金)	プロ野球(オリックス×近鉄)2局
	プロ野球(巨人×中日)
	K-1ジャパングランプリ「武蔵×柳沢龍志」
	ウィンブルドンテニス(男子シングルス準決勝)
	競艇中継〜住之江
	寛仁親王牌競輪中継
7月8日(土)	サッカーJ-1リーグ「鹿島アントラーズ×ジュビロ磐田」
	プロ野球(ヤクルト×阪神)
	プロ野球(オリックス×近鉄)
	ウィンブルドンテニス(男子シングルス準決勝)
	ウィンブルドンテニス(女子シングルス決勝)
	競馬中継〜阪神、東京、函館
7月9日(日)	住友産業オープン広島ゴルフトーナメント
	大相撲名古屋場所
	プロ野球(ヤクルト×阪神)
	プロ野球(巨人×中日)
	ウィンブルドンテニス(男子シングルス決勝)
	イーグルクラシックボーリングトーナメント
	総理大臣杯日本大学サッカー
	競馬中継〜阪神、東京、函館
	寛仁親王牌競輪中継
7月10日(月)	大相撲名古屋場所
7月11日(火)	大相撲名古屋場所
	プロ野球(巨人×広島)
	プロ野球(近鉄×ロッテ)

(局はNHK、NHK教育、毎日、ABC、関西、読売、大阪、サン)，飯田(2001)

■新聞のスポーツ面の分析
◎スポーツ写真（1998年、朝日新聞より）

　スポーツ面の分析は、まず写真からみてみよう。写真は、読者に強いインパクトを与えやすい。ここでは、写真のサイズやカラーは取りあげず、掲載数に着目する。女性のスポーツ写真は1年間で477、男性のスポーツ写真は2472で、女性は男性の19.3％にすぎない。競技種目の内訳およびベスト5を、図5-7、図5-8に性別に示している。これをみると、女性と男性では掲載される写真の競技種目が大きく異なり、女性ではフィギュア・スケート（スケート）やシンクロナイズド・スイミング（水泳）のように女らしさを競う種目、男性では野球、サッカー、相撲のように男性だけにプロスポーツがある種目が上位に食い込んでいる。スポーツの世界においても、性による棲み分けが歴然と存在していることがよく判る。各競技の比率では、女性は競技間の差があまりみられないのに対し、男性は野球とサッカーが圧倒的に多く、あわせて63％を占めている。（図5-7、図5-8）。

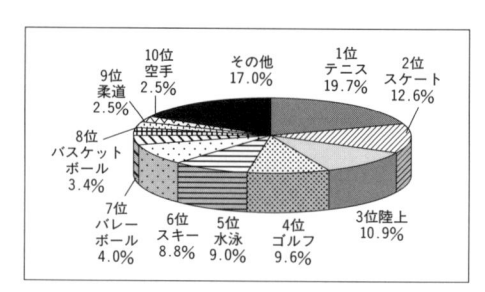

図5-7　新聞にみる女性のスポーツ写真（N＝477）
飯田・吉川(2000.p.83)，飯田(2001)

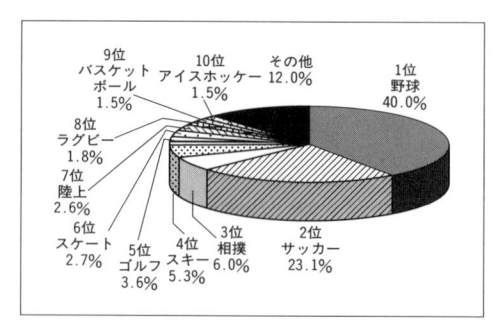

図5-8　新聞にみる男性のスポーツ写真（N＝477）
飯田・吉川(2000.p.83)，飯田(2001)

図5-9は、月別のスポーツ写真数と男性に対する女性の写真の割合を示している。女性の写真数は、月毎の変動が少ないが、その中で最も多い月は2月であり、男性は6月である。これは、冬季オリンピックが2月に、サッカー・ワールドカップが6月に開催されたことが影響していると考えられる。

　女性の割合が、先述の全体平均19.3％を上回っているのは11月〜3月で、この時期はプロ野球およびＪリーグのシーズン・オフにあたる。男性のスポーツ写真が最も少なく、女性の割合が高い12月は、プロ野球、Ｊリーグのシーズン・オフに加え大相撲もなく、水泳、スケート、マラソン、バスケット、バレーボール等、女性が出場する競技が開催されている。

　なお、テレビ中継、新聞のスポーツ面では、競技スポーツのみが扱われ、一般市民が参加する生涯スポーツには、ほとんど関心が払われていない。

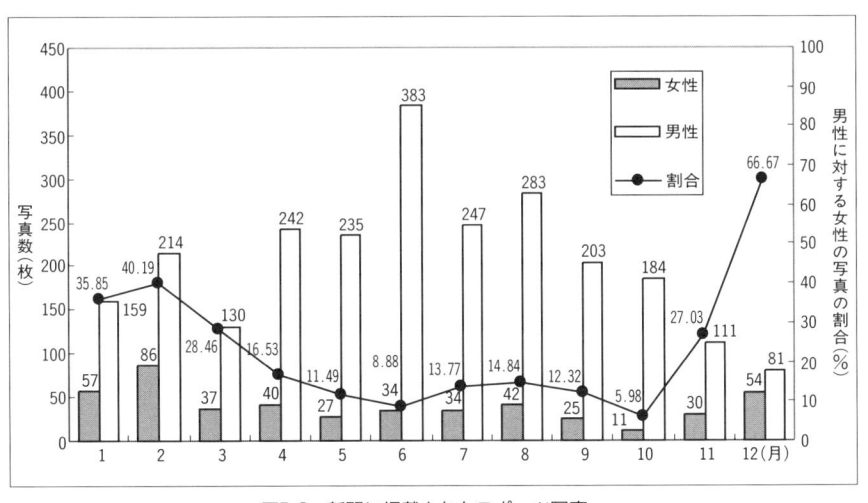

図5-9　新聞に掲載されたスポーツ写真
　　　　―月別の写真数とその女性割合―

飯田・吉川(2000.p.84)，飯田(2001)

◎「月刊切り抜き体育・スポーツ」(1990〜1999年)

「切り抜き」紙は、主要紙並びに地方紙から、プロスポーツの日常的な試合結果を除く、さまざまなスポーツ関連情報記事をピックアップしたものである。図5-10は、「切り抜き」紙の分類方法に従った編集項目別に、性別による記事の割合を示している。

学校体育、社会体育、体育・スポーツ概論は、両性を取り扱った記事や、性別に関連しない無性記事の割合が約85％を占めている。記事の性格から考えると性分割を前提としない記事がメインになるのは当然だが、それでも男性の記事は女性の2倍にあたる。スポーツ組織、トピックは両性・無性が約45％に減少し、その分男性記事が増加し、女性記事の4倍となる。スポーツ組織はハイレベルな競技の結果やトップ選手の動向、スポーツ統括組織の決定事項等を伝える記事であり、記事件数が最も多い。

トピックは、話題性のある選手の情報や訃報を含む。また、スポーツ事故・事件の記事では女性の5倍にあたる56％と、男性の登場が多い。1つには、スポーツ人口の差によると考えられるが、男性が行うスポーツが、事故や事件を引き起こす可能性が高いのなら、その在りようを俎上にのせなければならない。

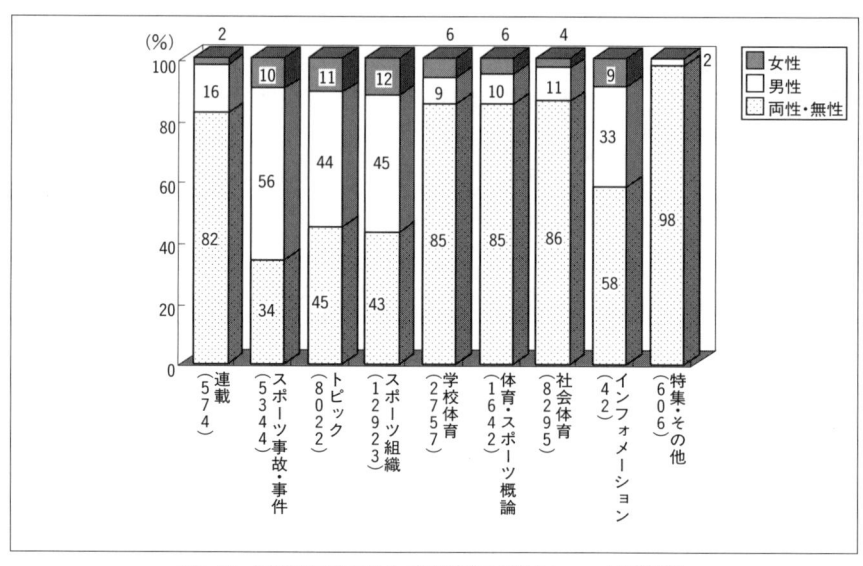

図5-10　編集項目別にみた性別記事の割合(カッコ内は総数)

熊安(2000.p.152)より改変, 飯田(2001)

では、記事内容、見出しから性別に分類した記事割合の経年的変化をみてみよう（図5-11）。近年の女性スポーツの隆盛から女性記事の増加が予想されるが、10年間、10％程度の横ばいで、逆に男性記事は両性・無性が減少した約10％分を吸収した形になっている。先述したとおり、これらの記事には毎日のように開催されているプロスポーツの結果が含まれていないため、それらの情報を含めると記事割合の男女格差はさらに拡大する。メディアが世の中の情勢を公平に反映する鏡ではなく、意図的に作られたものであることをあらためて問い直さねばならない。

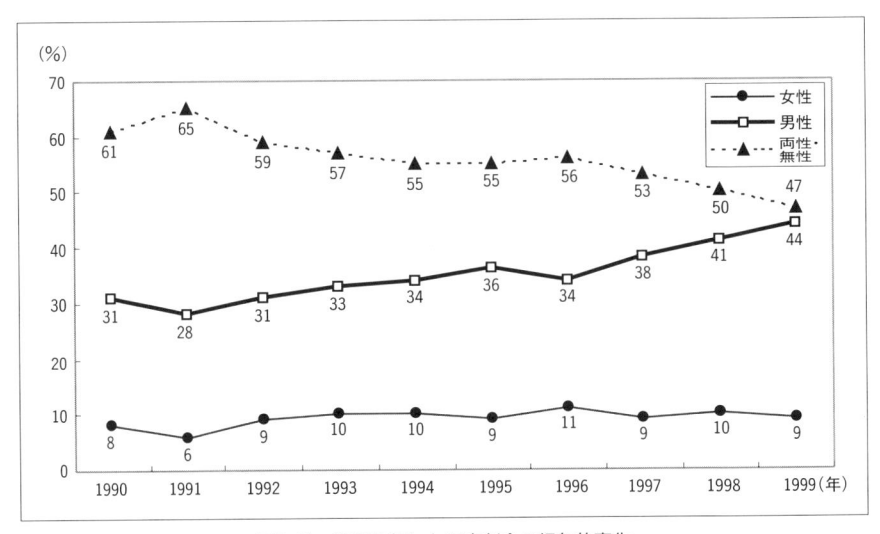

図5-11　性別分類した記事割合の経年的変化

熊安(2000.p.151)より改変，飯田(2001)

図5-12は、記事見出しから、女性関連ワード4000件を分類したものである。最も多いのが、③人物の固有名詞である。この中で「聖子」「みどり」のように、男性と異なり選手を名のみで表記する方法は、最近では姿を消しつつある。2番目に多いのが①女性冠詞（種目・競技会）で、「女子マラソン」「女子プロゴルフ」のようにスポーツ種目の前に「女子」の冠詞が付いているものである。これは、男性が標準、女性が特殊、亜流というイメージを与える。こうした問題は、「○○女子の部／男子の部」或いは「男子○○」と並記することによって、ジェンダーの不平等を克服できる。①に①と同様の問題を含む②女性冠詞（個人）および⑦役割・相関で規定される女性の呼称（主婦、ママ、ミセス等）と⑧ステレオタイプ表現（シンデレラ、大和撫子、マドンナ等）を加えた41%は、男性と対等なパートナーとしての女性を表記するにふさわしい表現とはいえない。（コラム「ジェンダー的公正報道の5原則」参照）

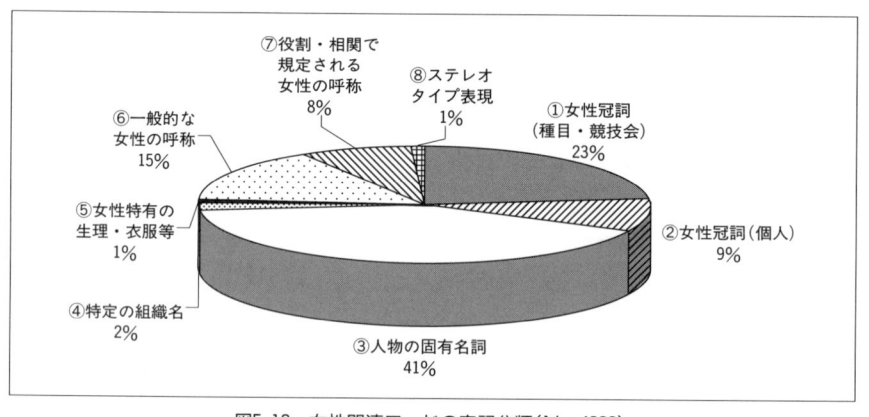

図5-12　女性関連ワードの表記分類（N＝4000）

熊安（2000．p.157）

コラム　ジェンダー的公正報道の5原則

　言葉は権力であり、生き物です。性差別表現は、性差別社会を反映しているだけでなく、その支配－非支配関係を維持し強化しています。まして、マス・メディアは公共的な言語の媒体です。「表現の自由」は、社会的弱者に不利益を被らせない前提で成立する権利です。以下に、日本の新聞報道に関して提案された最初の非性差別表現原則を紹介します。

〈ジェンダー的公正報道の五原則〉

1. 性別情報不問（ジェンダー・フリー）

　「男＝標準、女＝例外、下位、特殊」という社会規範が浸透している現状では必要がない限りジェンダー情報は含まない。例「女医」「女性宇宙飛行士」。

2. ジェンダー的公正（ジェンダー・フェアー）

　ジェンダーに関する情報が不可欠な場合には、表現方法、表記順、回数において公平・公正な取り扱いをする。例「合計〇名（内女性〇名）」でなく、「女男（男女）合わせて〇名」。また、ある人（女性）の紹介をもっぱら世帯主（男性）との関係で紹介したり、若さ、外見を不必要に強調する表現、女性を性的対象物とする表現は避けたい。

3. （両性の）対称な取り扱い（パラレル・トリートメント）

　両性の職業名、肩書き、敬称などは不均衡（差別）にならないようにする。例「氏」と「女史」、「聖子」と「萩原」。

4. 包括的な表現（インクルーシブネス）

　特定のグループや性を排除する言語や形式でなく、多様な集団を包括する言語や形式を使う。例「サラリーマン」「父兄」「主婦」。

5. 脱・固定観念（バイアス・フリー）

　性別役割分業観や、「男らしさ」「女らしさ」など、特性が性に固有なものとする伝統的な価値観は差別につながる。女性差別撤廃条約の趣旨を理解し、豊かな表現活動をつくっていきたい。例「女性ならではの気配り」「母は強し」。

上野千鶴子ほか（1996）より抜粋

■雑誌にみる女性とスポーツ（※大宅文庫雑誌件名目録、1945〜1988年より）

　項目［スポーツ］の記事見出しの総数は23655件で、女性を表現する語句が含まれているものは1726件、全記事の7.3％を占めるにすぎない。このうち、スポーツの行為者として登場するのが5.4％、スポーツの非行為者として登場するのが1.9％である（図5-13）。これらは、総理府による「体力・スポーツに関する世論調査」の結果などに示された、両性のスポーツ参加状況とは、かけはなれた数値を示している。

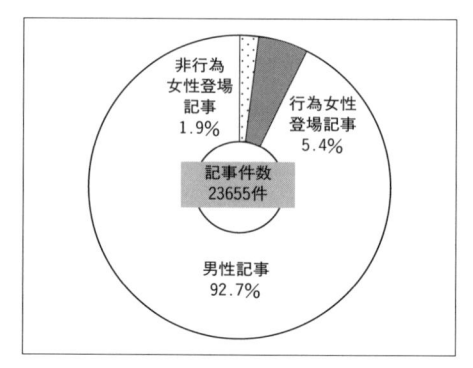

図5-13　女性が登場する記事件数の割合
田渕(1995.p.18)

　次に、上述した記事の見出しでは、女性がどのような語句で表現されているかをみてみよう。田渕は「スポーツ・ジャーナリズムと女性」の中で、女性を表現する語句を意味内容で6分類し、使用された割合を示している。

　図5-14はそれらの語句が行為者として登場する場合、図5-15は非行為者として登場する場合の割合を示している。非行為者と比べ、女性がスポーツの行為主体である場合に多い項目は、A：亜種としての女性およびD：低能力者としての女性又は過剰表現である。

　一方、非行為者に多い項目はB：客体としての女性、C：従属する存在としての女性、E：若さ（幼さ）に主眼をおいた女性であり、これらを合わせると76％にものぼる。

　以上の女性表現は、女性がスポーツを行うのは特殊であり、二流のスポーツ行為者にしかなり得ないこと、女性は男性に従属し、見られる性であることをメッセージとして伝達している。

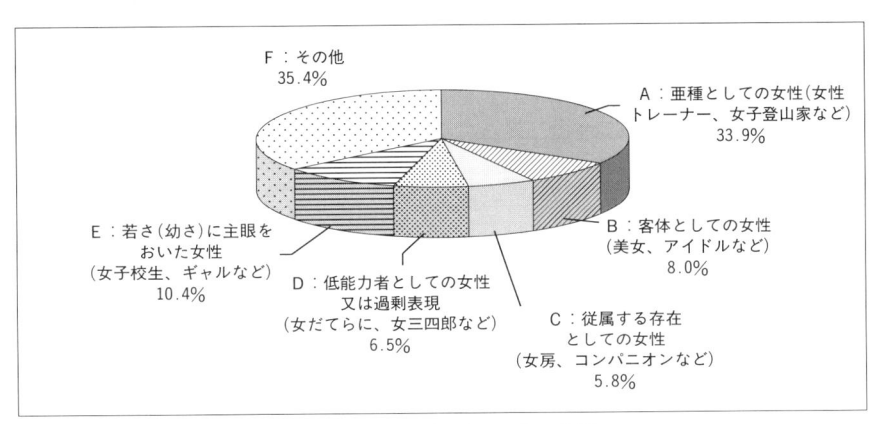

第5章 メディアにみる女性とスポーツ　157

図5-14　女性を表現する語句の分類
―行為者の場合―

田渕（1995．p.18）

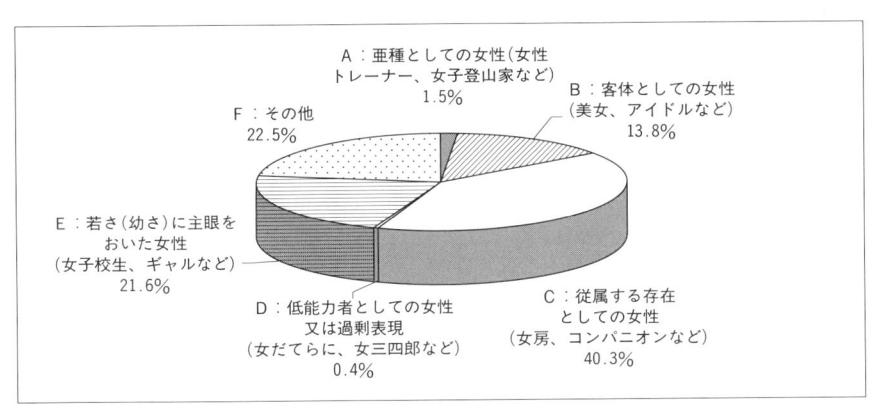

- F：その他　35.4%
- A：亜種としての女性（女性トレーナー、女子登山家など）33.9%
- B：客体としての女性（美女、アイドルなど）8.0%
- C：従属する存在としての女性（女房、コンパニオンなど）5.8%
- D：低能力者としての女性又は過剰表現（女だてらに、女三四郎など）6.5%
- E：若さ（幼さ）に主眼をおいた女性（女子校生、ギャルなど）10.4%

図5-15　女性を表現する語句の分類
―非行為者の場合―

田渕（1995．p.18）

- A：亜種としての女性（女性トレーナー、女子登山家など）1.5%
- B：客体としての女性（美女、アイドルなど）13.8%
- C：従属する存在としての女性（女房、コンパニオンなど）40.3%
- D：低能力者としての女性又は過剰表現（女だてらに、女三四郎など）0.4%
- E：若さ（幼さ）に主眼をおいた女性（女子校生、ギャルなど）21.6%
- F：その他　22.5%

■スポーツ新聞にみる女と男

2000年7月21日のスポーツ新聞5紙(サンケイスポーツ、スポーツニッポン、スポーツ報知、デイリースポーツ、ニッカンスポーツ)について、全紙面から広告および広告記事を除いたものを、女性、男性、両性・無性を扱った記事(以下では女性記事等に略して記す)に分け、各面積を算出し割合で示したものが図5-16である。これによると女性記事は男性記事の1/6である。

さらに女性記事を分析すると、女性がスポーツの行為者となり得ているのは、わずか9.8%にすぎず、約90%が性・風俗、芸能、社会面での非行為者として登場している。しかも、性・風俗は女性記事の1/3をも占めている(図5-17)。また図5-18に示すように、スポーツ新聞は、女性の性を商品にしていると思われるメディアのなかでも上位にあげられており、この評価は女性により顕著にみられる。

スポーツ新聞には、男性読者を獲得するために、「スポーツをする男性」と「女性のヌード」という相変わらずの構図がみられる。スポーツがジェンダーの強化およびセクシュアリティにおける強制的異性愛*にうまく利用され易いことを銘記せねばならない。(*レズビアンの視点を無視した異性愛の押しつけをさす。女性に対する男性支配を支える機構、概念。)

記　事	面積(cm²)
女性記事	15039
男性記事	101980
両性・無性記事	13133
合計	130156

記　事	面積(cm²)
スポーツ	1479
性・風俗	5514
芸能	4558
社会	3254
その他	234
合計	15039

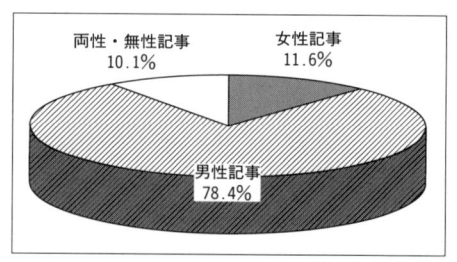

図5-16　スポーツ新聞における記事の性別割合
飯田(2001)

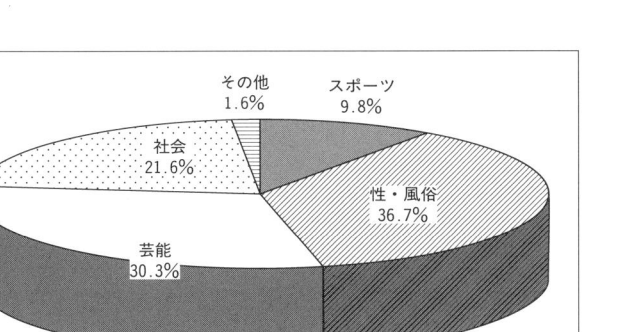

第5章 メディアにみる女性とスポーツ 159

図5-17 スポーツ新聞における女性記事

- スポーツ 9.8%
- 性・風俗 36.7%
- 芸能 30.3%
- 社会 21.6%
- その他 1.6%

飯田(2001)

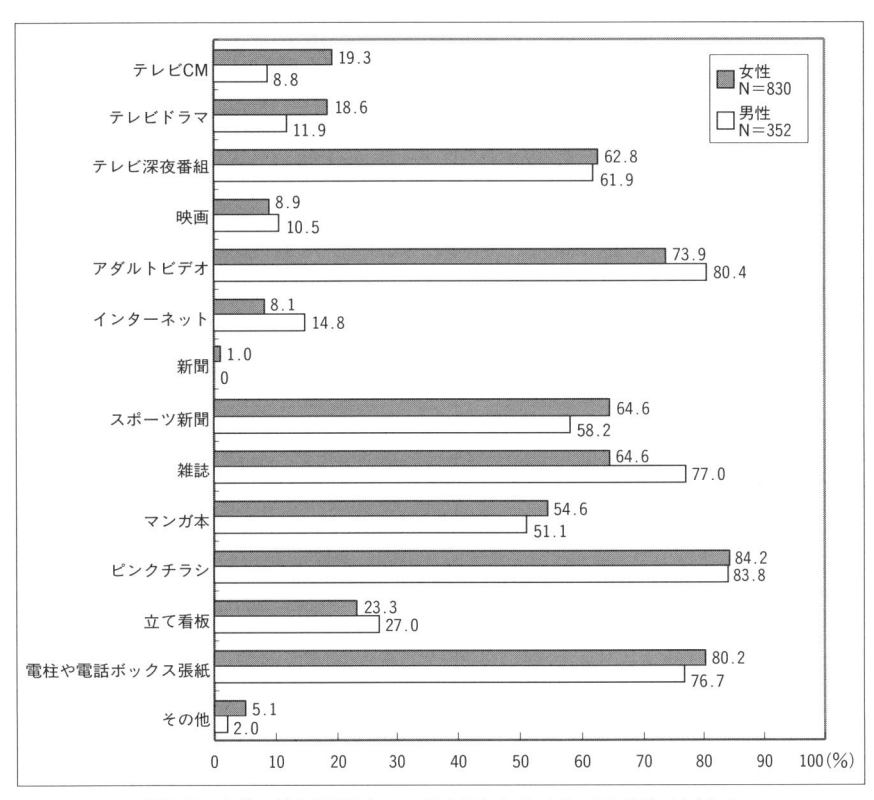

図5-18 女性の性を商品にしていると思われるメディアで目に付くもの

女性 N=830／男性 N=352

メディア	女性	男性
テレビCM	19.3	8.8
テレビドラマ	18.6	11.9
テレビ深夜番組	62.8	61.9
映画	8.9	10.5
アダルトビデオ	73.9	80.4
インターネット	8.1	14.8
新聞	1.0	0
スポーツ新聞	64.6	58.2
雑誌	64.6	77.0
マンガ本	54.6	51.1
ピンクチラシ	84.2	83.8
立て看板	23.3	27.0
電柱や電話ボックス張紙	80.2	76.7
その他	5.1	2.0

川崎の男女共同社会をすすめる会(1997)より作図，飯田(2001)

5-3 スポーツ・メディアの受け手への影響

ここでは、新聞の女性スポーツ報道が持つ性差別イデオロギーの伝達機能についてみる。用いられたデータは若干古いが、スポーツ・メディアの伝達機能についての研究はこの一件しかないこと、さらに研究結果が現在においても充分に通用すると判断したため掲載した。

表5-3は、1985年の主要三紙（朝日、読売、毎日）のスポーツ面に掲載された女性スポーツ記事すべての中から、性によるステレオタイプの行動や表現を表していると思われる記述を収集し、16のカテゴリーに分類したものと内容例である。

表5-3 新聞の女性スポーツ報道で用いられた表現のカテゴリー化と内容例

カテゴリー名	表現内容の例
1. 家庭志向	「家族のためならいつでもゴルフをやめます」
2. 弱々しさ	「腕も足も針金のようにか細い」「女の細腕」
3. 力強さ	「爆発的なキック力を生む強靱なふくらはぎ」
4. 卓越さ・優秀さ	「正確な球さばきと巧妙な配球にベテラン30才の円熟さを発揮し」「勝負所にスキなし」
5. 劣性	「男子ならどんなダブルス・ペアでも女子のチャンピオン・ペアに勝てる」
6. 情緒性・非論理性	「ワッと叫んで両手で顔を覆い、見る間に涙」
7. 論理性・理性	「頭脳的作戦でチャンスを持ったことが勝利につながった」
8. 従属性・受動性	「コーチがかばうとそっと涙をぬぐった」
9. 協調性・同情性	「（敗者の）背中をいたわるようにしてさすった」
10. 謙虚さ・非自己主張性	「あくまでも謙虚な口ぶり」
11. 積極性・能動性	「堂々と挑戦をつきつけた」
12. 攻撃性	「こぶしを突き上げて闘志をあらわした」「女の闘いはし烈」
13. しとやかさ	「しなやかで優雅」
14. 忍耐	「泣き言はひとことも言わなかった」
15. 明るさ	「手を振りはしゃいでみせた」
16. (性的)魅力	「豊かな曲線美」「妖艶なあやしいばかりの悩ましさ」

木村 (1991. p.181)

次に、被調査者がこれらの新聞表現に対して、性差別的であるか否かを判断する傾向についてみる。ここでは、被調査者の50％以上が女性差別につながらない・つながると判断したカテゴリーの項目について検討しているため、図5-19、5-20では、表5-3の「7.論理性・理性」と「11.積極性・能動性」は削除されている。

性差別表現に対し感受性が高いグループでは、特に「15.明るさ」や「6.情緒性・非論理性」に属する表現は性差別的でないと判断し（図5-19）、「13.しとやかさ」、「12.攻撃性」、「5.劣性」、「3.力強さ」、「1.家庭志向」は50％以上の記述を性差別につながると判断している（図5-20）。一方、性差別表現に対し感受性が低いグループでは、「5.劣性」を除く新聞表現の多くを性差別的でないと判断し（図5-19）、「5.劣性」の項目のみ50％の記述を性差別的表現だとみなしている（図5-20）。

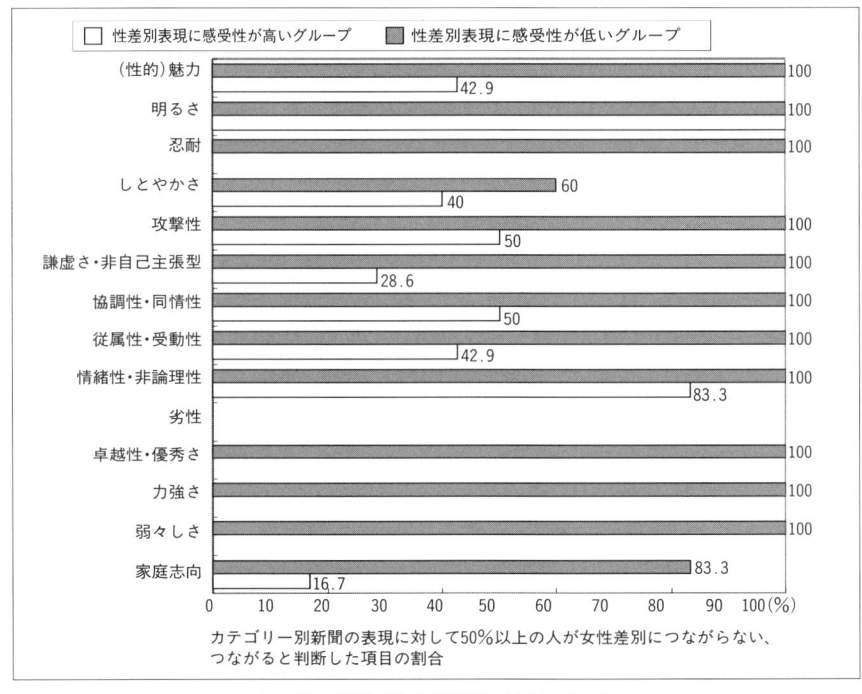

図5-19　新聞の性差別表現に対する感受性
―女性差別につながらない場合―

木村（1991,p.187）より改変，飯田（2001）

以上について、具体例をあげて説明するなら、家庭志向「家族のためならいつでもゴルフをやめます」を性差別的表現として判断しないということは、性差別イデオロギーを受容しているといえる。こうした報道は、女性を差別するイデオロギーを伝達する役割を果たしていることが示唆されている。

カテゴリー	性差別表現に感受性が高いグループ	性差別表現に感受性が低いグループ
(性的)魅力	14.3	
明るさ		
忍耐	60	
しとやかさ		
攻撃性	50	
謙虚さ・非自己主張型	28.6	
協調性・同情性	25	
従属性・受動性	28.6	
情緒性・非論理性	16.7	
劣性	100	50
卓越性・優秀さ		
力強さ	100	
弱々しさ		
家庭志向	50	

カテゴリー別新聞の表現に対して50％以上の人が女性差別につながらない、つながると判断した項目の割合

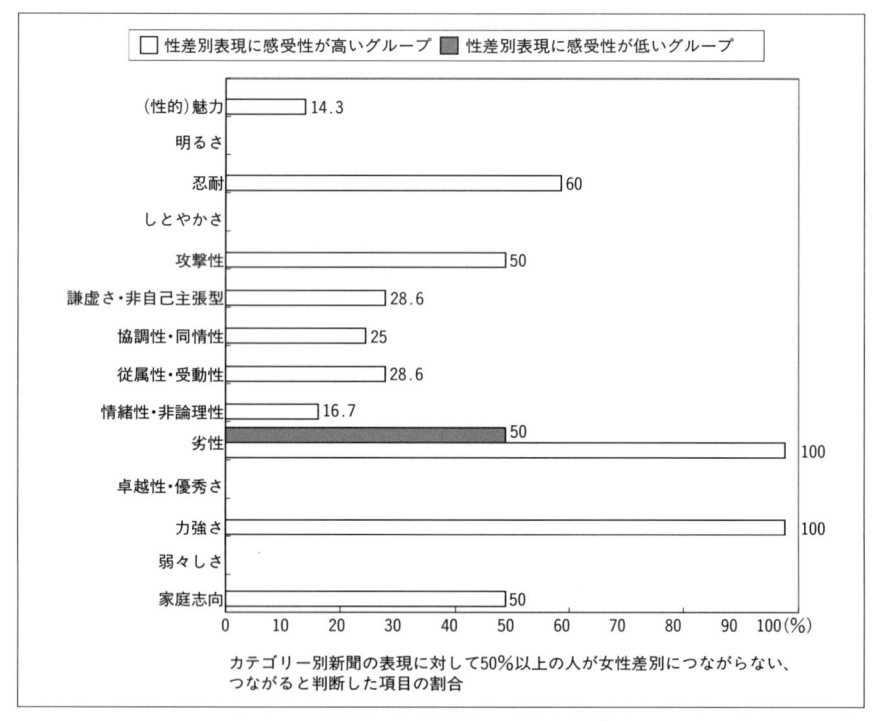

図5-20　新聞の性差別表現に対する感受性
—女性差別につながる場合—

木村(1991.p.187)より改変，飯田(2001)

コラム　変わった？変わらない？——スポーツ取材の現場から

　いま私は、第一線記者が書いてくる原稿をチェックする「デスク」をやっている。ある日、プロ野球原稿で、30代の男性記者が「亭主（投手）のミスをしっかりカバーする女房（捕手）」と書いてきた。いまどき、バッテリーを夫婦にたとえる記者がいるのか、と驚いた。書き換えを命じたら「どうしてダメなんですか」。ナイターだから、締切りまで時間がない。「そんなことは常識」とはねつけた。

　私がスポーツを担当する運動部に籍を置いて15年になる。この間、スポーツ取材と女性とのかかわり合いは、大きく変わった。法律で禁止されていたために担当できなかったプロ野球取材ができるようになり、ナイターの現場に女性記者が随分増えた。男女雇用均等法の施行で、女性記者も増えた。十分ではないが、なにしろ15年前はいない方が普通だった。「ゼロ」から「あり」への変化は、大変なことなのだ。一方でかつては女性記者が入っていた大相撲の支度部屋に、「力士が恥ずかしがるから」という理由で入れなくなった、という揺り戻し現象もある。

　最も大きく変わったのは、紙面での取り扱いだろう。これまでのオリンピックなら多くの新聞で紙面化されていた美人選手を集めた写真特集などは、今年のシドニー五輪ではみかけなかった。こんなケースもあった。豪州の五輪代表選手たちがヌード写真集を出したとき、毎日新聞ではカット写真として2枚の女子選手の写真を載せた。その後、連載企画でまたヌード写真を使うことになったとき、同僚のデスク（男性）が「前回、2枚とも女子選手の写真を使ったことを反省している。だから今度は男子にする」と主張し、男子水球選手の写真が紙面を飾った。

　外から見れば、遅々としているかもしれないが、意識は確実に変わっている。冒頭に挙げた例もあるが、それも過渡期現象だと思う。少なくとも締切り後、性別役割分担意識の固定化の弊害を説明したら、一応理解はしたようだから。（毎日新聞運動部・冨重圭以子）

5-4　スポーツ・メディアの送り手

　スポーツ・メディアの情報にジェンダー・バイアスがみられるなかで、メディアを発信する側に女性が少ないことも重要な問題だと捉えられる。図5-21は、一般紙とスポーツ紙を合わせた17新聞社における運動記者の性別割合である。記者数は、男性記者の980名に対し、女性記者は53名である。

　次に、放送局に従事する女性社員をみる。図5-22は、キー局、準キー局の女性社員の比率を部門別に示している。女性が最も多い部はアナウンスで38.1％、スポーツは技術についで低く、10.4％である。スポーツ部の女性管理職は2.0％である。ちなみに、各国の新聞社・放送局の女性比率は、1993年のデータで、アメリカ37.0％、39.9％、イギリス24.7％、39.8％、デンマーク28.9％、42.8％、マレーシア25.5％、27.7％等で、日本6.8％、9.0％は調査中最下位である。

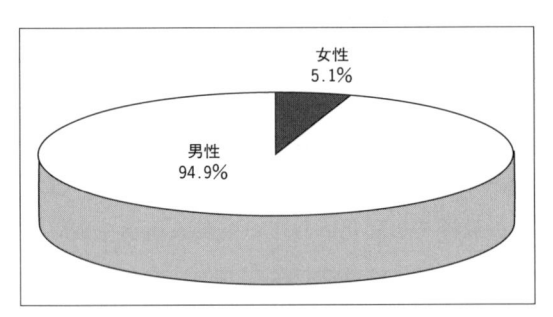

図5-21　新聞社の運動記者の性別割合（N＝1033）
（朝日・神奈川・共同通信・埼玉・産経・時事通信・千葉日報・日本経済・報知・北海道・毎日・読売・サンケイスポーツ・スポーツニッポン・デイリースポーツ・東京スポーツ・東京中日スポーツ・日刊スポーツ〈東京・大阪〉），飯田(2001)

女性とメディアは第4回世界女性会議／北京会議の行動綱領にも最優先課題の一つにあげられた。その後の各国の取り組みにより、女性2000年会議において、一定の成果が評価される一方、意志決定ポストにおける女性数の不足、紋切り型イメージの性別描写やポルノ、インターネットの開発やアクセスが男性の基準と西洋の文化に基づくものとなっている等の障害について協議された。日本のスポーツ・メディアが克服・改善すべき課題が山積みされている。

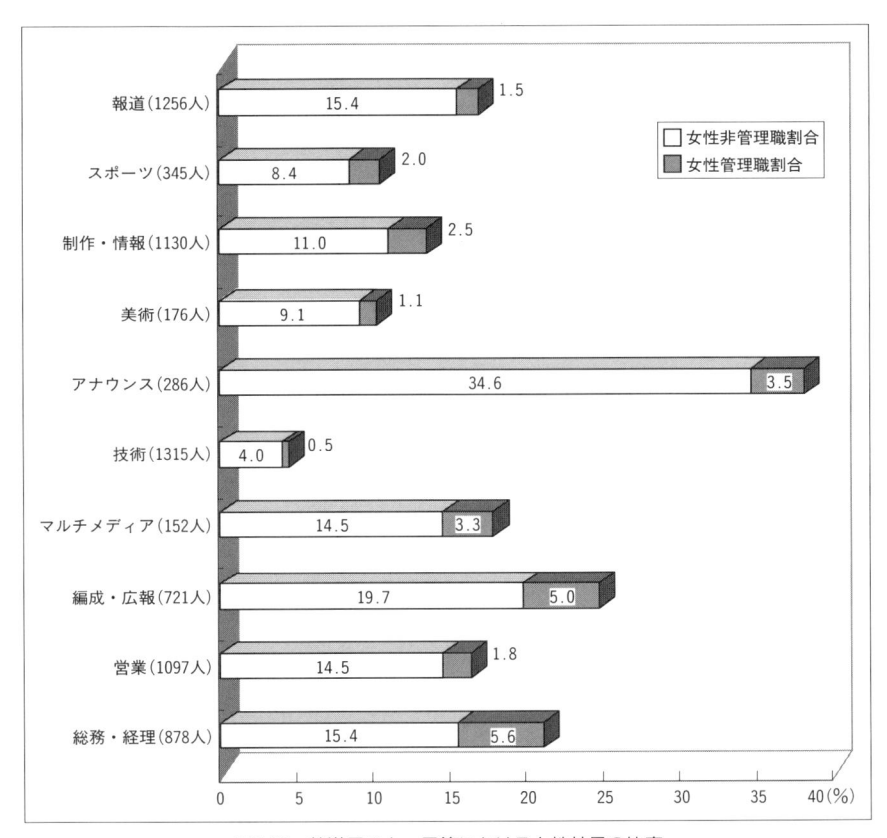

部署	女性非管理職割合	女性管理職割合
報道(1256人)	15.4	1.5
スポーツ(345人)	8.4	2.0
制作・情報(1130人)	11.0	2.5
美術(176人)	9.1	1.1
アナウンス(286人)	34.6	3.5
技術(1315人)	4.0	0.5
マルチメディア(152人)	14.5	3.3
編成・広報(721人)	19.7	5.0
営業(1097人)	14.5	1.8
総務・経理(878人)	15.4	5.6

図5-22 放送局のキー局等における女性社員の比率
(民放キー局5局、民放準キー局8局)
日本女性放送者懇談会(2000)より抜粋，飯田(2001)

【参考文献】

- 飯田貴子・吉川康夫(2000)スポーツと性暴力．帝塚山学院大学人間文化学部研究年報第2号：76-92．
- 川崎の男女共同社会をすすめる会(1997)「身近にある性情報をどうとらえますか？—マスメディアにおける性のとらえ方—」調査報告．
- 木村元子(1991)女性スポーツ報道における性差別に関する研究．体育・社会学研究10：175-194．
- 国際連合広報センター(2000)女性2000年会議．pp.95-96．
- 熊安貴美江(2000)新聞のスポーツ関連記事見出しとジェンダー 「月刊切り抜き 体育・スポーツ」(1990年〜1999年)より．大阪女子大学人間関係論集No.17：145-163．
- 毎日新聞社(1999)1999年版読書世論調査．毎日新聞東京本社広告局．p.25，p.47．
- 村松泰子・ヒラリア・ゴスマン編(1998)メディアがつくるジェンダー—日独の男女・家族像を読みとく—．新曜社．東京．pp.25-26．
- 日本女性放送社懇談会30周年「調査プロジェクト」(2000)放送ウーマン1999．日本女性放送社懇談会．p.3．
- 田渕祐果(1995)スポーツ・ジャーナリズムと女性 関西学院大学社会学部紀要第73号：145-163．
- 上野千鶴子・メディアの中の性差別を考える会編(1996)きっと変えられる性差別語．三省堂．東京．pp.6-9，pp.192-209．
- 読売新聞(2000)2000年2月度全国世論調査．
- 財団法人余暇開発センター編集(1998)スポーツライフ白書．ぎょうせい．東京．pp.41-42．

第6章
「女の子」と スポーツ

6-1 スポーツ実施の現状 ─遊び・運動・習い事─
　　■遊び経験
　　■遊びや運動の好き嫌い
　　■運動時間
　　■習い事
6-2 子どもの意識
　　■自己像と運動・スポーツ
　　■女性像・男性像
　　■将来の夢・憧れの職業
6-3 大人から子どもに送られるメッセージ

6-1　スポーツ実施の現状―遊び・運動・習い事―

■遊び経験

　乳幼児期の遊び経験は、運動能力の発達や体力・体格の向上、また、スポーツへの積極的な態度形成に少なからぬ影響を与えるだろう。はたして、子どもたちは、どのような遊びをしながら成長するのだろうか。遊び経験には、性別による違いがあるだろうか。

　まず、幼児がよく行う遊びについてみてみよう（図6-1）。図の上段には、実施者率において女子が男子を上回る遊びを配置し、下段にはその反対に、男子が女子を上回る遊びを配置している。最初に注目されるのは、女子と男子とでそれぞれ実施者率の最も高いお人形遊びなどのごっこ遊びと、ミニカーなどのおもちゃを使った遊びについては、男女差が非常に大きいということである。頻繁にお人形遊びやままごとを行う者は女子で8割を超しているのに対して、男子では2割程度であり、対照的に、ミニカー、プラモデルなどのおもちゃを使った遊びについては、男子では7割を超えているが、女子では約1割に過ぎない。さらにボール遊びについても、男子5割に対して、女子2割となっている。もちろん、ボール遊びの内容を示す括弧の中に幼稚園や保育園でしばしば実施されるドッジボールを加えるなど、ボール遊びのイメージをより膨らませた選択肢にすれば、この差は縮まるかもしれないが、少なくとも既に幼児期の段階でボール遊びの内容に偏りのあることは分かる。他方、すべりだい、ブランコなどを使った遊びやつみ木、どろんこ遊びなどは、男女ともに比較的実施者率が高く5割を超え、かつ、男女差が小さい。公園や幼稚園、保育園にある大型遊具・設備を用いての外遊びや、三輪車、自転車を使っての遊び、そして、つみ木、ジグソーパズルといった、いわゆる知育玩具を使用した遊びについては男女の実施者率にさほどの違いが認められない。乳幼児期段階での遊びでは、特に、お人形を用いたり、おもちゃを使用する場面において、男女で異なる傾向を示しているようである。

　次に、小学生を対象とした遊び経験の調査結果をみてみよう（図6-2）。この図でも、上段には回答者率において女子が男子を上回る遊びを配置し、下段にはその反対に、男子が女子を上回る遊びを配置している。女子と男子とで大きな差がみられるものの中では、おり紙やあやとり、お手玉など、どちらかとい

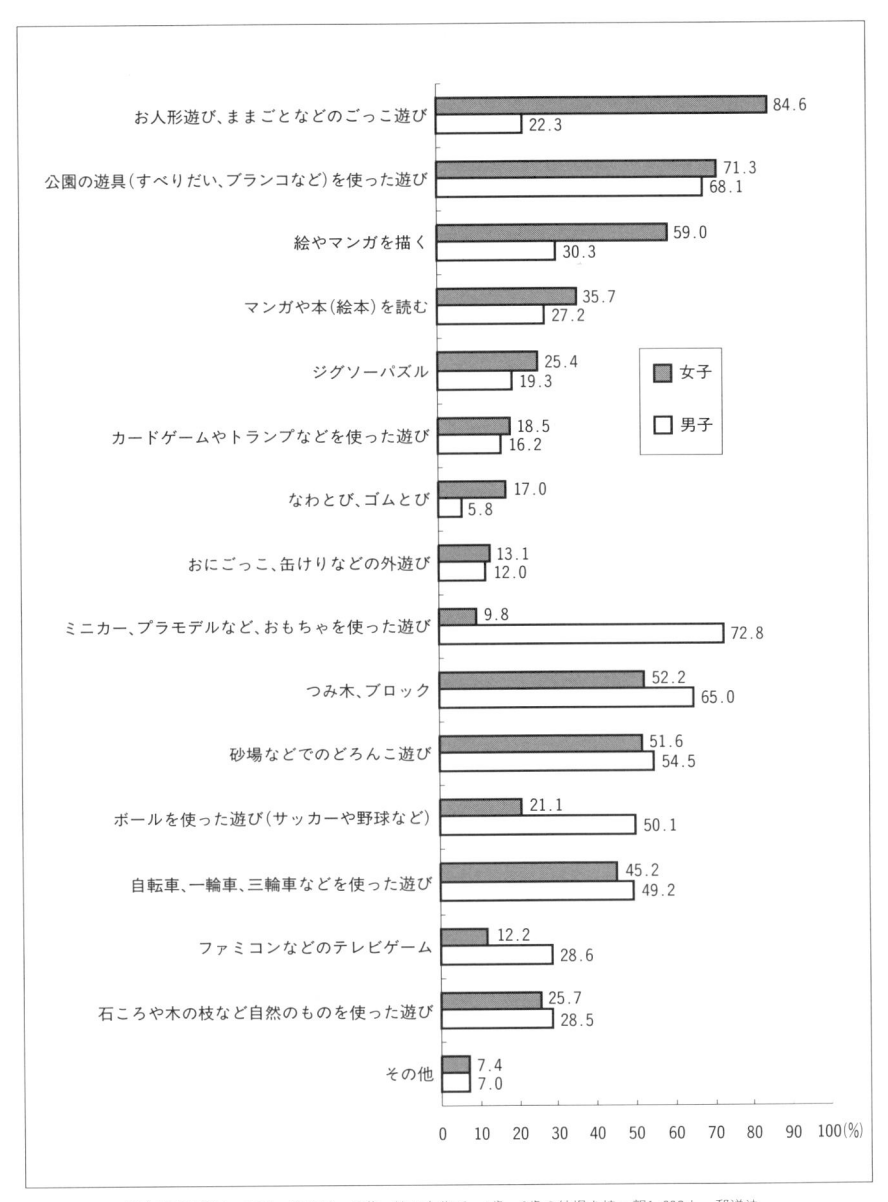

図6-1 幼児がよくする遊びの種類

遊び	女子	男子
お人形遊び、ままごとなどのごっこ遊び	84.6	22.3
公園の遊具（すべりだい、ブランコなど）を使った遊び	71.3	68.1
絵やマンガを描く	59.0	30.3
マンガや本（絵本）を読む	35.7	27.2
ジグソーパズル	25.4	19.3
カードゲームやトランプなどを使った遊び	18.5	16.2
なわとび、ゴムとび	17.0	5.8
おにごっこ、缶けりなどの外遊び	13.1	12.0
ミニカー、プラモデルなど、おもちゃを使った遊び	9.8	72.8
つみ木、ブロック	52.2	65.0
砂場などでのどろんこ遊び	51.6	54.5
ボールを使った遊び（サッカーや野球など）	21.1	50.1
自転車、一輪車、三輪車などを使った遊び	45.2	49.2
ファミコンなどのテレビゲーム	12.2	28.6
石ころや木の枝など自然のものを使った遊び	25.7	28.5
その他	7.4	7.0

(注)調査対象は、東京・神奈川・千葉・埼玉在住で、1歳〜6歳の幼児を持つ親1,692人。郵送法。

ベネッセ教育研究所（1996a）提供資料より作図，佐野（2001）

えば「室内でする」「狭い場所でできる」「あまり体を動かさない」遊びは女子に経験者率が高く、サッカーや野球、すもうなど、どちらかといえば「屋外でする」「広い場所が必要な」「たくさん体を動かす」遊びは男子に経験者率が高いといえよう。

また、学校の休み時間に「校庭でいつも元気に遊ぶ」と答える女子は3割に満たないが、男子では6割を超えている（図6-3）。

さらに、授業後によくする遊びをみても（表6-1）、「鬼ごっこ・かくれんぼ」は女子で1位にあがっているが、2位、3位にあがっている室内遊びとさほど実施者率はかわらず、2割程度である。

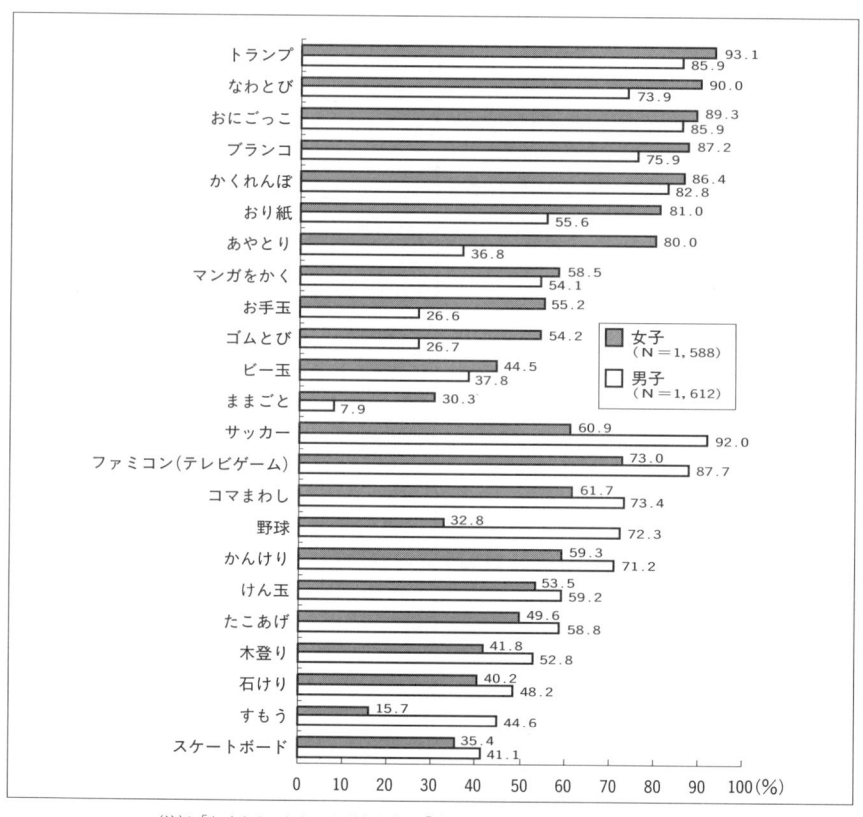

遊び	女子 (N=1,588)	男子 (N=1,612)
トランプ	93.1	85.9
なわとび	90.0	73.9
おにごっこ	89.3	85.9
ブランコ	87.2	75.9
かくれんぼ	86.4	82.8
おり紙	81.0	55.6
あやとり	80.0	36.8
マンガをかく	58.5	54.1
お手玉	55.2	26.6
ゴムとび	54.2	26.7
ビー玉	44.5	37.8
ままごと	30.3	7.9
サッカー	60.9	92.0
ファミコン(テレビゲーム)	73.0	87.7
コマまわし	61.7	73.4
野球	32.8	72.3
かんけり	59.3	71.2
けん玉	53.5	59.2
たこあげ	49.6	58.8
木登り	41.8	52.8
石けり	40.2	48.2
すもう	15.7	44.6
スケートボード	35.4	41.1

(注)1.「たくさん」したことがある者と「少し」したことがある者の合計である。
2.調査対象は、全国の小学5年生。学校通しによる質問調査。

図6-2　小学生の遊び経験

ベネッセ教育研究所(1996b, p.26)より改変，佐野(2001)

ここに示したものは、男女それぞれ上位10種類の遊びだが、男子に比べ女子では室内遊びが多く目にとまる。それに対して男子では、テレビゲームなどのコンピュータ・ゲームを頻繁に行う者の割合も4割を超えているが、それと同時にサッカーを半数以上があげており、野球やバスケットボールも上位にあがるなど、積極的に身体を動かして遊ぶ者の割合も高いといえる。学童期の遊びにおいて、大きく身体を動かす遊びを積極的に行う女子は、男子に比べればまだまだ少ないようである。

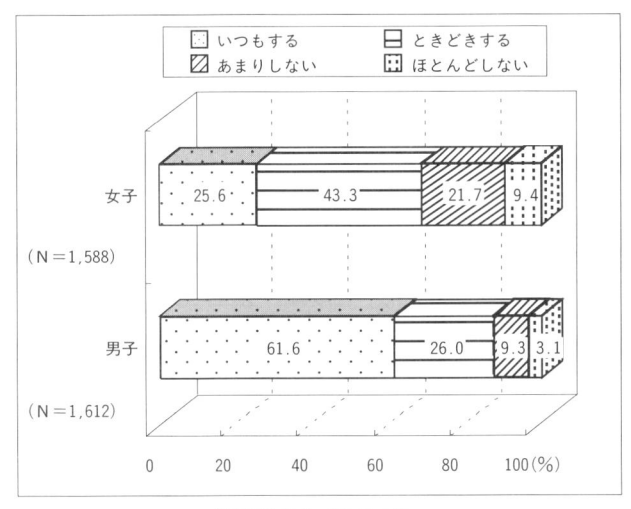

凡例：いつもする／ときどきする／あまりしない／ほとんどしない

女子（N=1,588）：25.6 / 43.3 / 21.7 / 9.4
男子（N=1,612）：61.6 / 26.0 / 9.3 / 3.1

(注)調査対象は、図6-2に同じ。

図6-3　休み時間中の活動的な遊びへの参加

ベネッセ教育研究所(1996b, p.20)より改変，佐野(2001)

表6-1　授業後によくする遊び（自由回答で3つまで記入）

女子 (N=498)		男子 (N=508)	
鬼ごっこ・かくれんぼ	23%	サッカー	59%
テレビ・ゲーム	18%	テレビ・ゲーム	42%
本・マンガを読む	17%	野球	25%
友達と話す	15%	バスケットボール	19%
ドッヂボール	13%	鬼ごっこ・かくれんぼ	15%
絵を描く	11%	ドッヂボール	15%
トランプ	10%	テレビを見る	8%
バスケットボール	10%	ボール遊び	7%
テレビを見る	8%	自転車	6%
ボール遊び	8%	本・マンガを読む	6%

(注)調査対象は、全国の小学4～6年生。個人面接法。
1994年「小学生の生活と文化」調査　NHK放送文化研究所「放送研究と調査」1995，1月号

■遊びや運動の好き嫌い

　子ども達は、どのような遊びを好むのだろうか。7項目あげられた遊びへの回答をみると（図6-4）、好き嫌いへの応答に男女で異なる傾向が認められる項目の中でも、「ラジコンやプラモデル、ミニ四駆で遊ぶ」「昆虫採集」「秘密基地作り」の3項目について、女子では「したことがない」と答える者の割合が極めて高いことに目が留まる。特にラジコンやプラモデル、ミニ四駆で遊んだことのない女子は半数に上っている。経験が無いのであれば、その遊びが自分に適したものかどうかを判断することは難しいだろう。

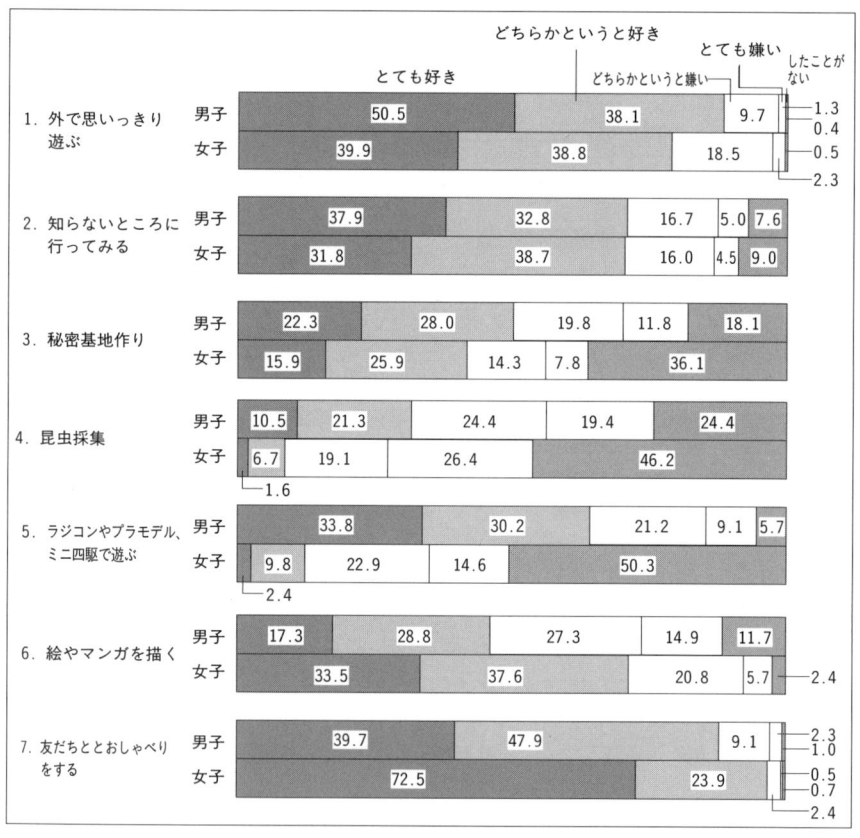

		とても好き	どちらかというと好き	どちらかというと嫌い	とても嫌い	したことがない
1. 外で思いっきり遊ぶ	男子	50.5	38.1	9.7	1.3	0.4
	女子	39.9	38.8	18.5	0.5	2.3
2. 知らないところに行ってみる	男子	37.9	32.8	16.7	5.0	7.6
	女子	31.8	38.7	16.0	4.5	9.0
3. 秘密基地作り	男子	22.3	28.0	19.8	11.8	18.1
	女子	15.9	25.9	14.3	7.8	36.1
4. 昆虫採集	男子	10.5	21.3	24.4	19.4	24.4
	女子	6.7	19.1	26.4	46.2	1.6
5. ラジコンやプラモデル、ミニ四駆で遊ぶ	男子	33.8	30.2	21.2	9.1	5.7
	女子	9.8	22.9	14.6	50.3	2.4
6. 絵やマンガを描く	男子	17.3	28.8	27.3	14.9	11.7
	女子	33.5	37.6	20.8	5.7	2.4
7. 友だちとおしゃべりをする	男子	39.7	47.9	9.1	2.3	1.0
	女子	72.5	23.9	0.5	0.7	2.4

（注）調査対象は、東京・神奈川・埼玉・千葉の小学校14校に通う5・6年生。学校通しによる質問紙調査。

図6-4　いろいろな遊びの好き嫌い（女子N＝1,229、男子N＝1,278）

ベネッセ教育研究所（1997b）より改変，佐野（2001）

女子では、「友人とおしゃべりをする」ことを「とても好き」と答える者が7割以上となっており男子との差が大きく、他方、外で思いっきり遊ぶことを好きと答える者は女子も約8割となっている。女子は外で遊ぶことを好きとする者も決して少なくはないのだが、それと同程度、あるいはそれ以上の割合で絵を描いたり、おしゃべりをして過ごすことを好む者がいるようである。

　次に、運動強度がどの程度の遊びを好むかについての調査結果からは（図6-5）、男女ともに、汗をかく動的な遊びを好む者の割合が、汗をかかない静的な遊びを好む者の割合を上回っており、男子で約8割、女子でも約6割となっていることが分かる。しかしながら、運動強度の非常に強い遊びについては、女子は男子の半分に満たない。

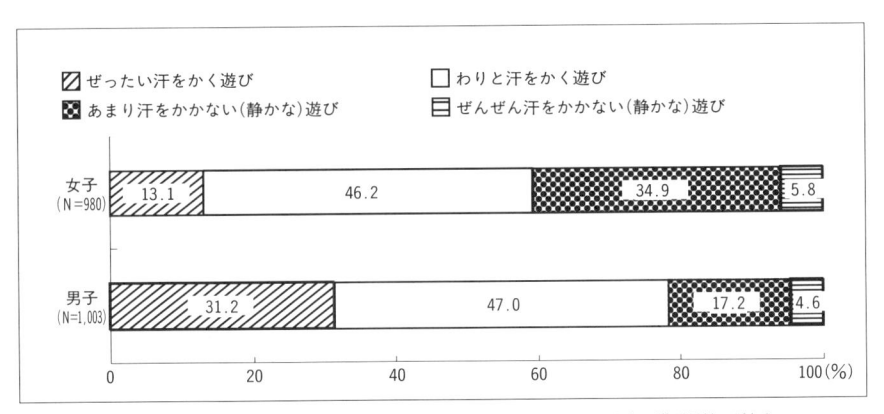

	ぜったい汗をかく遊び	わりと汗をかく遊び	あまり汗をかかない(静かな)遊び	ぜんぜん汗をかかない(静かな)遊び
女子 (N=980)	13.1	46.2	34.9	5.8
男子 (N=1,003)	31.2	47.0	17.2	4.6

(注)1.質問は、「走りまわったりして汗をかく遊びと、静かであまり汗をかかない遊びでは、どちらが好きですか。」
　　2.調査対象は、東京・千葉・神奈川の小学5・6年生。学校通しによる質問紙調査。

図6-5　動的な遊びと静的な遊びのどちらが好きか

ベネッセ教育研究所(2000, p.112)より作図、佐野(2001)

そして、運動の好き嫌いについてみれば（図6-6）、男子では4人に1人が「何でも大好き」と答えている。それに対して、女子では好きと答える者の割合も4割を超えており少なくはないものの、「好きでない」あるいは「嫌い」とする者が5人に1人となっている（男子では10人に1人）。子どもが「運動」という言葉から、どのような内容をイメージしたかについて、さらに掘り下げて検討する必要性は残されているが、身体を大きく動かす遊びや運動については、それらを好むとする女子の割合は男子に比べれば少ないといえる。

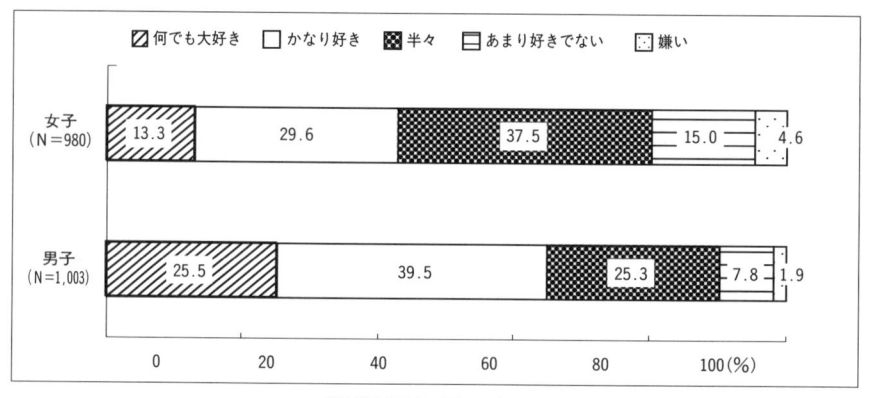

	何でも大好き	かなり好き	半々	あまり好きでない	嫌い
女子 (N=980)	13.3	29.6	37.5	15.0	4.6
男子 (N=1,003)	25.5	39.5	25.3	7.8	1.9

（注）調査対象は、図6-5に同じ。

図6-6　運動の好き嫌い

ベネッセ教育研究所(2000、p.13)

コラム　女の子向きのおもちゃ・男の子向きのおもちゃ

　幼い子どもとおもちゃで遊ぶ時、あなたは何を基準におもちゃを選びますか？性別の特定されない赤ちゃん「ベビーＸ」への対応をみる実験からは、生後間もない赤ちゃんにさえ、その子の性別をどのように判断したかにより、大人も子どもも異なる接し方をする傾向のあることが明らかになっています。スターン、カラカーによる「ベビーＸ」研究文献のレビューでは、おもちゃの選択をみた8件の文献のうち4件で、性別のラベリングによる影響が認められます。いわゆる「女の子おもちゃ」と「男の子おもちゃ」があるようです。

　しかし、豊かな身体活動経験の補償という観点からも、幼少時にいろいろなおもちゃを使ってさまざまな遊びを経験することは、性別に関係なくどの子にも必要ではないでしょうか。松村和子がイギリスの男女平等教育について論じている中で、公立幼稚園での教育の機会均等を目指した実践例が紹介されています。子ども達の遊びが偏らないようにと、おままごとにも、外遊びにも両性の興味・関心を引くようないくつもの工夫がみられます。例えば、おままごとでは、家の中という場面に限定せず、本物のレントゲンや受付道具などもそろえ、病院、旅行会社などのごっこ遊びもできるようになっています。また、砂を使った遊びでは、日によっておもちゃの恐竜や流木を入れたり、カップやお皿を入れたり、スコップを入れたりと、多様な興味を持つ子ども達を一人でも多く遊びに引き込むようにしています。大人の少しの配慮で子どもの遊び内容は大きく変わるようです。スポーツでの男女平等を実現するという意味からも、おもちゃも含め、ジェンダー・フリーな遊び環境の整備が望まれます。（佐野信子）

参考文献：Stern, M. & Karraker, K. H. (1989) Sex Stereotyping of Infants: A Review of Gender Labeling Studies. Sex Roles, 20:501-522.
　　　　松村和子（2000）「イギリスにおける幼児期の男女平等教育」亀田温子，舘かおる編著『学校をジェンダー・フリーに』明石書店：pp.237-261.

■運動時間

　ここでは、子どもたちの身体活動について、その量的な側面から捉えてみよう。運動時間量において男女で違いはみられるだろうか。図6-7には、部活動中やその他の自由時間に行われた運動時間の一週間合計が運動強度別に示されている。

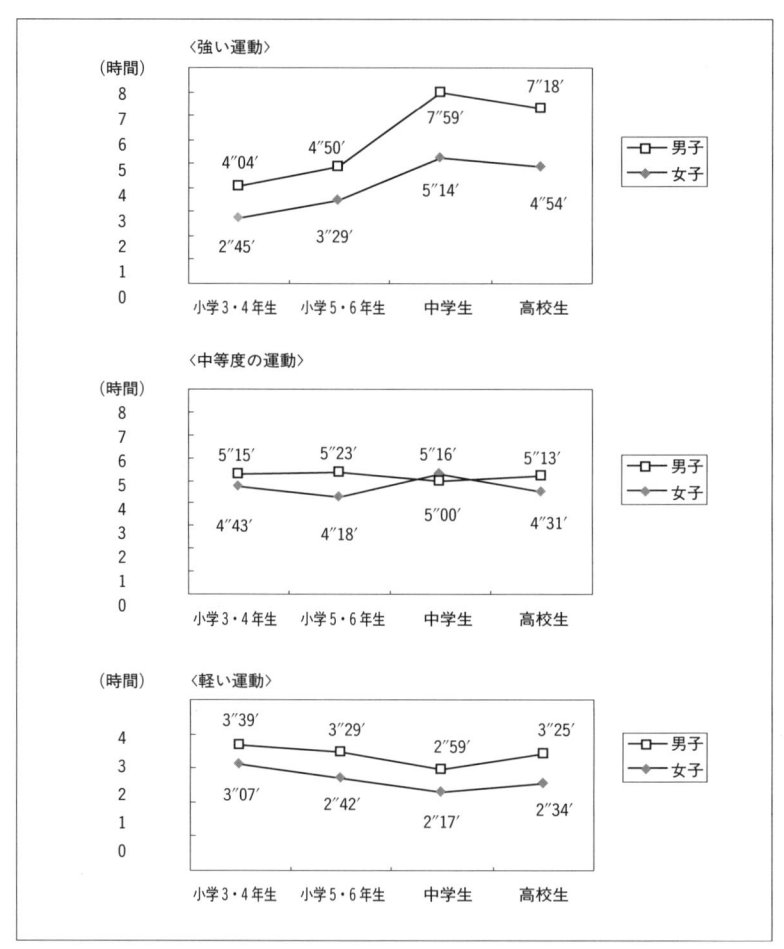

〈強い運動〉

男子: 小学3・4年生 4″04′、小学5・6年生 4″50′、中学生 7″59′、高校生 7″18′
女子: 小学3・4年生 2″45′、小学5・6年生 3″29′、中学生 5″14′、高校生 4″54′

〈中等度の運動〉

男子: 小学3・4年生 5″15′、小学5・6年生 5″23′、中学生 5″16′、高校生 5″13′
女子: 小学3・4年生 4″43′、小学5・6年生 4″18′、中学生 5″00′、高校生 4″31′

〈軽い運動〉

男子: 小学3・4年生 3″39′、小学5・6年生 3″29′、中学生 2″59′、高校生 3″25′
女子: 小学3・4年生 3″07′、小学5・6年生 2″42′、中学生 2″17′、高校生 2″34′

(注) 1. 調査対象は、全国10都県計45校の児童・生徒。
2. 「強い運動」とは、心臓がかなり速く打つような運動：例えば、ランニング、サッカー、バドミントン、水泳、なわとびなど。「中等度の運動」とは、疲れきらない程度の運動：例えば、自転車通学、野球、テニス、体操、外での運動遊びなど。「軽い運動」とは、あまり疲れない程度の運動：例えば、軽い体操、つり、ボーリング、散歩、軽い体を動かす遊びなど。

図6-7　自由時間に占める強度別運動時間の一週間合計（運動部活動時間を含む）

財団法人日本学校保健会(2000)より作成，佐野(2001)

全体的に男子よりも女子の運動時間量は少ないのだが、なかでも男女の差が大きいのは「強い運動」の時間量である。小学生に比べて、中学生、高校生においてその差は大きく、小学生で1時間20分前後、中学生では2時間45分、高校生では2時間24分の違いがみられる。表6-2は、小学校5・6年生の放課後の予定を曜日別にみたものである。スポーツの行われる曜日をみると、女子では平日も休日も1割弱であるが、一方の男子は、土曜日や日曜日にスポーツを行う者が2割を超えており、週末にまとまった時間を運動にあてていることが推測される。運動部活動や地域のスポーツ・チームへの参加は、一般に男子の方が高いことは知られている（表6-3参照）。強い強度の運動時間量において男女差が特に大きいという背景には、これらの活動への参加者率が影響しているのだろう。

表6-2　放課後の予定（曜日別）　　　　　　　　　　　　　　　　　（％）

	女子 (N=231)				男子 (N=261)			
	スポーツ	学習塾	文化・教養	なし	スポーツ	学習塾	文化・教養	なし
月曜日	3.5	33.3	17.7	45.5	3.4	29.1	5.7	61.8
火曜日	6.5	26.0	19.9	47.6	14.2	24.1	6.5	55.2
水曜日	9.1	27.7	16.9	46.3	11.1	25.7	8.4	54.8
木曜日	7.4	29.0	19.9	43.7	11.1	28.0	5.4	55.5
金曜日	7.8	31.2	11.7	49.3	7.3	26.1	5.4	61.2
学校のある土曜日	8.7	24.2	17.3	49.8	23.0	20.3	6.5	50.2
学校のない土曜日	9.1	24.2	18.6	48.1	27.2	21.1	6.5	45.2
日曜日	6.9	19.0	3.5	70.6	23.4	18.8	1.5	56.3

（注）調査対象は、首都圏および中部地方・四国地方の小学校6校に通う5・6年生。学校通しによる質問紙調査。

ベネッセ教育研究所(1999a)より改変，佐野(2001)

■習い事

　子どもがいろいろなスポーツを学び実践する場として、幼稚園・保育園や学校は大きな位置を占めている。しかし、スポーツを行う場は学校だけに限らない。習い事やお稽古事として、特定のスポーツ種目に早くから取り組む姿もよくみかける。ここでは、習い事やお稽古事についてみてみよう。表6-3は、子どもの塾や習い事経験について母親に調査した結果である。選択肢の中でスポーツに直接関連するものはさほど多くないにもかかわらず、男女ともに6割前後がスイミングスクールを経験しており、この調査の中で最も経験者率の高い習い事となっている。そして、スポーツクラブ・体操教室もさほど男女差が大きくないのに対して、地域のスポーツ・チームは男子に、バレエ・リトミックは女子にそれぞれ経験者率が高い。また女子では、楽器や音楽教室、習字の経験者率も男子に比べて高くなっている。学校の部活動で女子は文科系に集まりやすく、男子はスポーツ系に集まりやすいという傾向と同様である。

表6-3　塾や習い事の内容（塾や習い事をしたことがある子どもについて）　　（複数回答）

	今までにしたことがある		今現在している	
	女子(%)	男子(%)	女子(%)	男子(%)
スイミングスクール	59.6	67.3	9.9	11.7
スポーツクラブ・体操教室	20.0	29.2	4.9	6.0
地域のスポーツチーム（野球やサッカーなど）	7.3	38.3	2.9	16.5
バレエ・リトミック	16.9	2.1	4.7	0.0
楽器（ピアノやバイオリンなどの個人レッスン）	53.7	22.7	29.9	9.0
音楽教室	24.5	13.9	6.2	1.7
絵画教室や造形教室	11.5	10.6	2.3	1.8
習字	38.0	27.2	15.9	8.8
そろばん	13.0	12.8	4.2	3.9
自治体主催の教室・サークル	12.9	11.5	2.0	0.8
語学教室や個人レッスン	25.1	23.1	13.7	10.8
プリント教材教室	20.2	22.4	6.0	7.2
受験のための塾	25.9	29.0	18.1	20.7
補習塾	12.6	14.9	13.2	14.7
家庭教師	5.7	5.1	4.1	2.9
幼児教室やプレイルーム	7.6	9.6	0.1	0.0
通信教育	51.1	49.8	25.0	20.5
その他	5.3	5.6	4.5	3.9

（注）調査対象は、小学3〜6年生と中学1〜3年生をもつ首都圏在住の母親4,475人。
　　　学校通しによる質問紙調査。

ベネッセ教育研究所(1999b)より作表，佐野(2001)

さらに、小学4～6年生を対象とした別の調査から、スポーツ教室に通っている者についてみると（表6-4）、女子では水泳が35.3%と群を抜いて参加者率が高く、その他ではバスケットボール、テニス、ドッジボール、バレーボールが10%前後となっている。一方男子では、野球、水泳、サッカーに人気が集まっている。水泳を除けば、男子は野球教室やサッカー教室への参加が定番化し、女子ではそのような強い集約力をもつ種目のない分、種目の分散化がみられるのだろう。

表6-4　通っているスポーツ教室の内容

(自由回答)

	女子(%)	男子(%)
水泳	35.3	26.4
バスケットボール	10.7	7.1
テニス	9.7	3.6
ドッジボール	9.7	0.8
バレーボール	9.3	0.0
体操	6.2	1.3
クラシックバレエ	5.2	0.0
剣道	3.4	4.6
ジャズダンス	3.4	0.0
ソフトボール	1.7	0.0
バドミントン	1.4	0.0
野球	1.4	34.2
カラテ	1.0	2.9
バトントワリング	1.0	0.0
合気道	0.3	0.2
サッカー	0.3	16.1
弓道	0.0	0.2
ゴルフ	0.0	0.2
柔道	0.0	1.0
少林寺拳法	0.0	0.4
卓球	0.0	0.2
ボクシング	0.0	0.2
ラグビー	0.0	0.4
レスリング	0.0	0.2

(注)1.スポーツ教室に通っている者(女子では980名中38.3%、男子では1,003名中61.6%)の回答。
　　 2.調査対象は、図6-5に同じ。

ベネッセ教育研究所(2000, pp.110-111)より作表、佐野(2001)

6-2　子どもの意識

■自己像と運動・スポーツ

「あなたってどんな人？」と子どもが質問された時、性格や勉強の得意・不得意に関する言及とともに、身体の大きさや体力、そしてスポーツについて語ることはしばしばみられる。子どもたちの描く自己像において、スポーツと関連したものを取り上げてみよう。図6-8に示したように、男子の2人に1人が「野球やバレーボールなどスポーツが得意」としているのに対し、女子ではおよそ5人に1人の割合となっている。また、「スポーツのルールや選手についてよく知っている」とする者についても男女の差は大きい。

図6-9には友達に求める資質や性格があげられているが、友達を選ぶ基準としてスポーツが得意であることを望む者の割合は男子の方が高い。身体を大きく動かして遊ぶことは男子に多くみられるため、このような結果となるのだろう。幼児期・児童期には年齢が上がるにつれ、女の子同士・男の子同士で遊ぶ傾向がみられるが、日常的に交わされる会話の中でスポーツの話題が登場する頻度

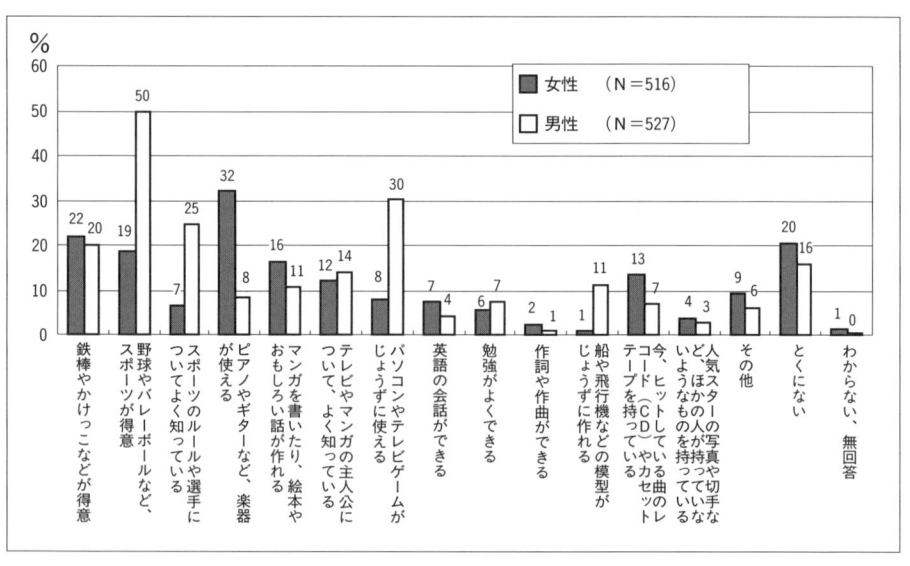

(注)調査対象は、表6-1に同じ。

図6-8　得意なこと・自慢できること（複数回答）

NHK放送文化研究所提供資料より作図，佐野(2001)

にも男女差があるのかもしれない。帰属するグループの中でスポーツの価値づけがどのようなものであるかにより、スポーツへの関わり方が異なってくることも考えられよう。

とはいえ図6-8において、鉄棒やかけっこなどを得意とする者の割合は男女とも約2割であまり差がない点には注目できる。回答の選択肢には、野球とバレーボールという球技がスポーツの例として挙げられているが、スポーツの内容を球技だけに限定せずもっと広く捉えれば異なる結果となるであろうか。

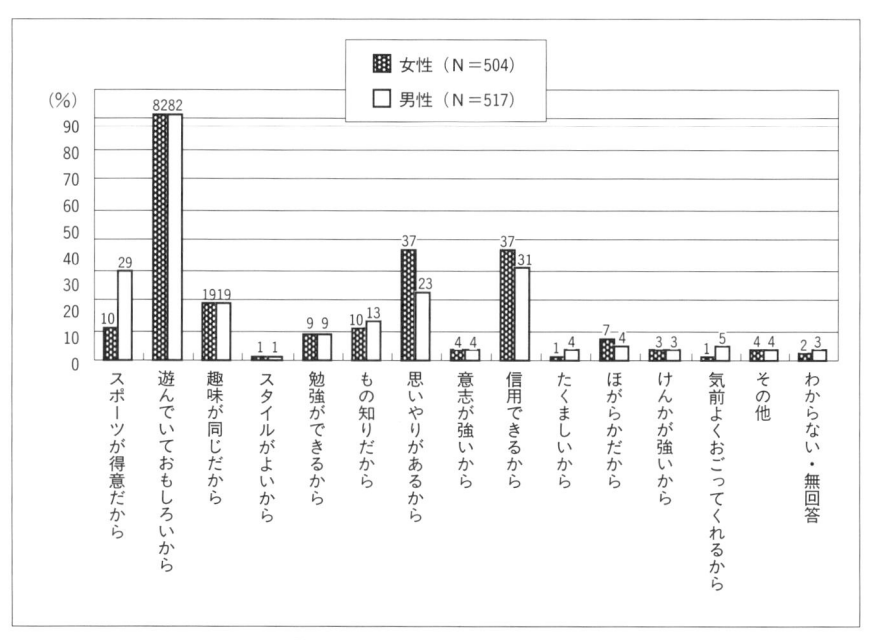

図6-9 友達に求める資質・性格（複数回答）

(注) 1. 質問は、「仲のよい友だちとつき合っているのは、どうしてですか。」
2. 調査対象は、表6-1に同じ。

NHK放送文化研究所提供資料より作図，佐野(2001)

そこで、運動の得意・不得意についてみると（図6-10）、得意とする女子の割合は男子に及ばないものの3割となっている。図6-11や表6-5にみられるように、女子でも自分自身については「運動が得意になりたい」「スポーツがじょうずになりたい」とする者もかなり多く存在している。両調査とも対象は一部の小学生に限定されているため、もちろん一般化はできないが、児童期において、運動・スポーツの上達に対する意欲の程度は男女ともに非常に高いようにみえる。

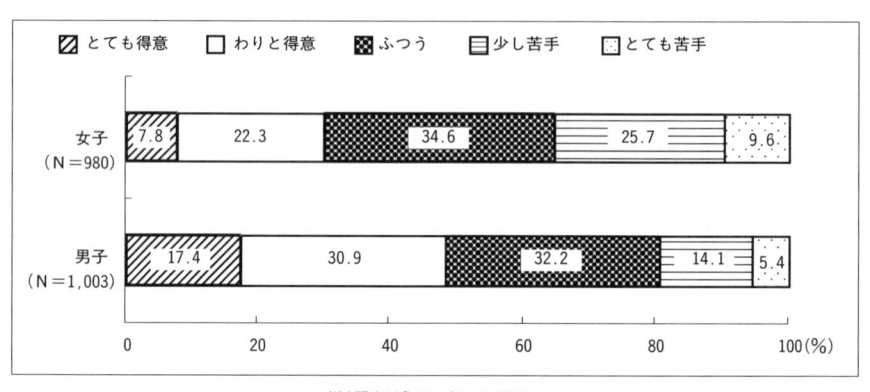

凡例：とても得意　わりと得意　ふつう　少し苦手　とても苦手

女子（N=980）： 7.8 / 22.3 / 34.6 / 25.7 / 9.6
男子（N=1,003）： 17.4 / 30.9 / 32.2 / 14.1 / 5.4

(注)調査対象は、表6-5に同じ。

図6-10　運動の得意・不得意

ベネッセ教育研究所(2000, p.14)より改変，佐野(2001)

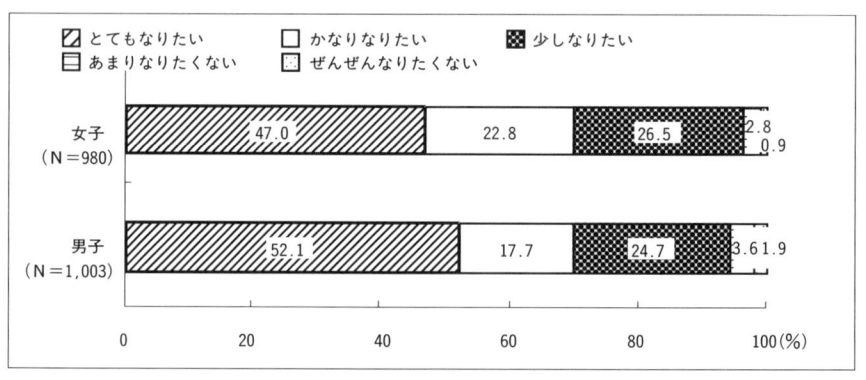

凡例：とてもなりたい　かなりなりたい　少しなりたい　あまりなりたくない　ぜんぜんなりたくない

女子（N=980）： 47.0 / 22.8 / 26.5 / 2.8 / 0.9
男子（N=1,003）： 52.1 / 17.7 / 24.7 / 3.6 / 1.9

(注)調査対象は、表6-5に同じ。

図6-11　運動が得意になりたいか

ベネッセ教育研究所(2000, p.109)より作図，佐野(2001)

表6-5　今、特にしたいことは何か　　　　　　　　　　　（複数回答）

	女子（%） （N＝516）	男子（%） （N＝527）
もっと勉強ができるようになりたい	42	29
スポーツがじょうずになりたい	41	49
おおぜいの友だちと仲良しになりたい	39	29
もっと遊びたい	31	43
本をたくさん読みたい	21	14
もっとゆっくり寝たい	20	20
マンガの雑誌やマンガの本を自由に読みたい	16	18
テレビを自由に見たい	13	18
男の子（女の子）に好かれたい	7	5
お父さんと、もっと話がしたい	5	6
お母さんと、もっと話がしたい	5	5
その他	1	3
とくにない	9	9
わからない、無回答	0.2	0.4

（注）調査対象は、表6-1に同じ。

NHK放送文化研究所提供資料より作成，佐野(2001)

■女性像・男性像

　子どもたちは、どのような女性像、男性像を抱いているだろうか。スポーツに関連したものを概観しよう。小学生を対象とした調査によれば（図6-12）、調査項目中、「体力」を除いた4項目へは、「女も男も同じ」とする者が男女ともにほぼ3～4割となっている。また、協調性や独創力は女（子）のステレオ・タイプとして捉えているものの割合が比較的多い。そして、人をまとめるというリーダーシップの発揮についても、女子の回答では女子がすぐれているとする者が少なくないという傾向もみられる。しかし、体力については男（子）と結びつけて捉える傾向は男女ともにかなり強固であることが分かる。さらに、中高生を対象とした調査では（図6-13）、男子の半数以上が「活発な行動」「スポーツに

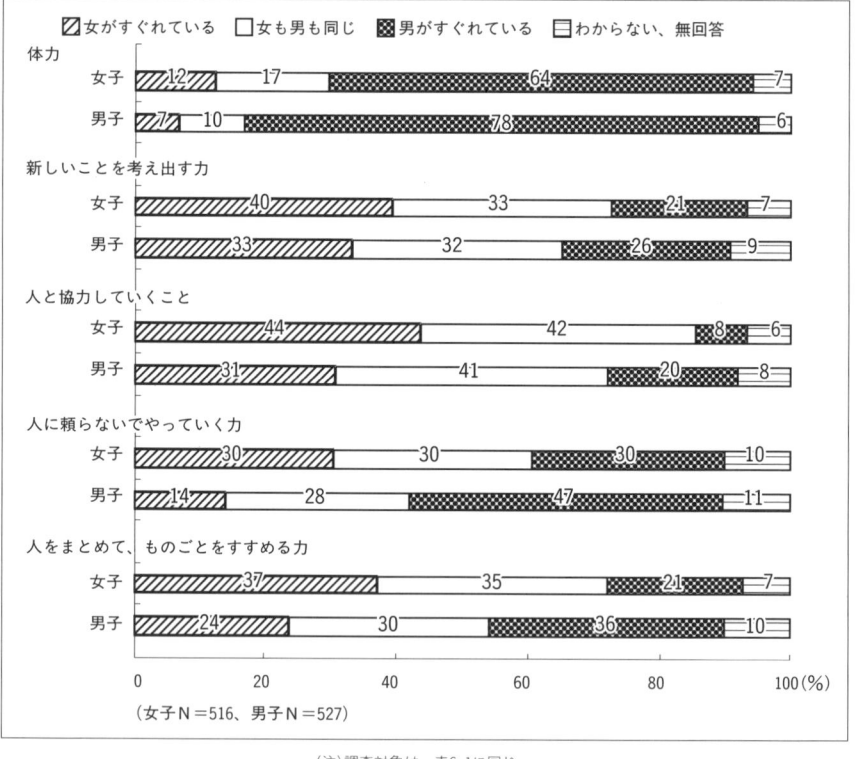

	女がすぐれている	女も男も同じ	男がすぐれている	わからない、無回答
体力				
女子	12	17	64	7
男子	7	10	78	6
新しいことを考え出す力				
女子	40	33	21	7
男子	33	32	26	9
人と協力していくこと				
女子	44	42	8	6
男子	31	41	20	8
人に頼らないでやっていく力				
女子	30	30	30	10
男子	14	28	47	11
人をまとめて、ものごとをすすめる力				
女子	37	35	21	7
男子	24	30	36	10

（女子N＝516、男子N＝527）

（注）調査対象は、表6-1に同じ。

図6-12　小学生にみるジェンダー・ステレオタイプ

NHK放送文化研究所提供資料より作成，佐野(2001)

熱中する」といった行動を男子向きであると答えている。女子では「半々」と答える者の割合が最も高いとはいえ、男子向きへの偏りも認められる。そして大学生（教育大学の学生608人）を対象とした調査でも（表6-6）、調査項目中「背筋力の強さ」を男性の特徴と考える者は男女ともに約9割と圧倒的である。

特に若い世代において性別役割分業意識は徐々に薄れる傾向がみられ、学校や家庭、職場などでの女性と男性の境界は緩みつつある現在でも、大学生を含め子どもの意識の中では、体格や体力・運動能力に直接関わるものについては「女性」と「男性」の区別が依然として根強いといえよう。ここで提示したデータからは、子どもたちがお互いにかかわりあう中でも、ジェンダー・ステレオタイプが再生産され、より強化されていることが考えられる。

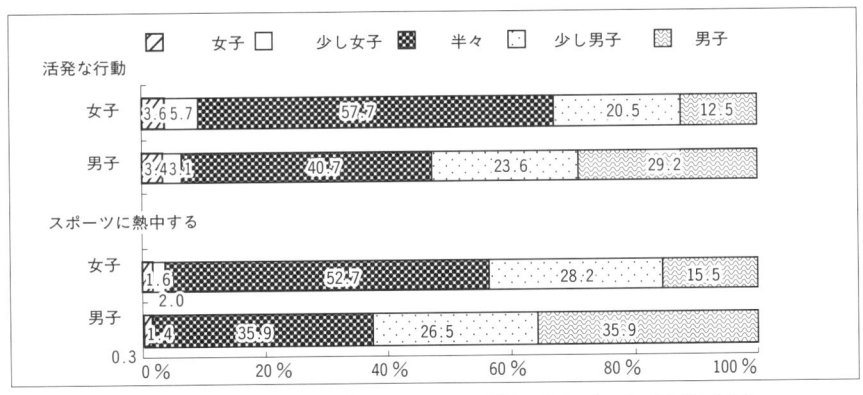

活発な行動
女子: 3.6 / 5.7 / 57.7 / 20.5 / 12.5
男子: 3.4 / 3.1 / 40.7 / 23.6 / 29.2

スポーツに熱中する
女子: 1.6 / 2.0 / 52.7 / 28.2 / 15.5
男子: 0.3 / 1.4 / 35.9 / 26.5 / 35.9

（注）質問は、中高生808人を対象に「次のことは、女子と男子のどちらに向いていると思いますか。」

図6-13　活発な行動やスポーツは男女どちらに向いているか
東京女性財団(1996, pp.57-58)より作成，佐野(2001)

表6-6　大学生にみるジェンダー・ステレオタイプ

	性別	絶対女性の特徴	どちらかと言えば女性の特徴	ほぼ同じ	どちらかと言えば男性の特徴	絶対男性の特徴
細かい心配り	女性	15.6	51.2	31.9	1.9	0.3
（ホスピタリティ）	男性	14.7	56.3	25.6	2.4	1.4
手先の器用さ	女性	11.1	45.8	41.0	2.4	0.5
	男性	13.0	39.5	37.4	6.7	3.4
情緒性	女性	8.6	42.9	45.6	2.7	0.3
	男性	18.1	34.2	48.9	5.1	1.7
背筋力の強さ	女性	0.5	0.8	10.0	41.8	46.9
	男性	0.0	0.0	8.4	28.6	63.0
ゲーム（戦うこと）への関心	女性	0.0	0.5	27.8	56.2	16.2
	男性	0.0	0.4	14.7	48.7	36.1
チャレンジ精神	女性	0.3	1.3	53.1	39.9	5.4
	男性	0.4	1.3	28.8	45.3	25.0

（注）質問は、「男性と女性の特徴の違いは、強いて言えば、どんなところにあると思われますか。」
東京女性財団(1995, pp.11-15)より作成，佐野(2001)

■将来の夢・憧れの職業

　サッカー、野球、バスケットボール、卓球、そしてスキーなど、日本から飛び出し、活躍の場を世界に広げる日本人選手の話題をよく見聞きするようになった。スポーツに関するニュースは、テレビやラジオ、新聞紙上で頻繁に取り上げられ、コマーシャルにスポーツ選手が起用されることも珍しくない。また、スポーツをテーマにしたマンガやアニメなど、さまざまな形で子どもがスポーツに触れる機会は多い。そのような中で、スポーツ選手に憧れ、自らがスポーツ選手になることをめざしてスポーツに熱中し、ひたむきに練習に打ち込む者もいるだろう。

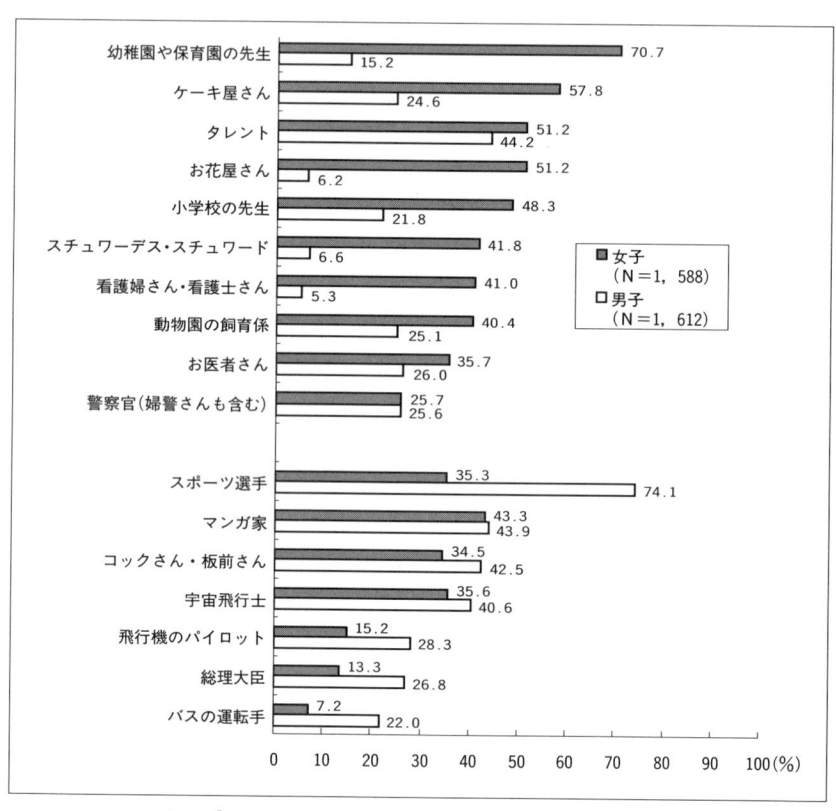

職業	女子（N=1,588）	男子（N=1,612）
幼稚園や保育園の先生	70.7	15.2
ケーキ屋さん	57.8	24.6
タレント	51.2	44.2
お花屋さん	51.2	6.2
小学校の先生	48.3	21.8
スチュワーデス・スチュワード	41.8	6.6
看護婦さん・看護士さん	41.0	5.3
動物園の飼育係	40.4	25.1
お医者さん	35.7	26.0
警察官（婦警さんも含む）	25.7	25.6
スポーツ選手	35.3	74.1
マンガ家	43.3	43.9
コックさん・板前さん	34.5	42.5
宇宙飛行士	35.6	40.6
飛行機のパイロット	15.2	28.3
総理大臣	13.3	26.8
バスの運転手	7.2	22.0

（注）1.「とても」やってみたい者と「少し」やってみたい者の合計である。
　　　2.調査対象は、図6-2に同じ。

図6-14　大人になったらやってみたい仕事

ベネッセ教育研究所(1996b, p.36より作図, 佐野(2001)

小学5年生を対象とした調査によれば（図6-14）、将来の夢としてスポーツ選手と答える者の割合には男女で大きな差がある。図の上段には、回答率において、女子が男子を上回る職業を配置し、下段にはその反対に、男子が女子を上回る職業を配置している。男子では程度の差こそあれ、7割以上が将来スポーツ選手をしてみたいと答えており、用意された選択肢の中で最も人気が高い。

他方、女子でスポーツ選手をあげる者は3人に1人といったところで、幼稚園や保育園の先生、ケーキ屋さんなどに人気が集まっている。そして、図6-15をみると、希望職種としてスポーツ選手をあげる者の割合は、特に男子の小学4～6年生層に高く、4人に1人となっている。男女で比較してみると、女子では同年齢層で3％と少ないためかなり差が大きいのだが、男子の年齢上昇による応答割合の減少が著しいことにより、年齢が上がるにつれその差は小さくなっている。しかし、基礎的な体力や運動能力を形成するのに非常に重要な児童期にその差が大きいことは、運動量も含め直接的、間接的にスポーツに接する時間量に影響を及ぼし、スポーツに関するさまざまな男女差を引き起こす一因となることはないだろうか。

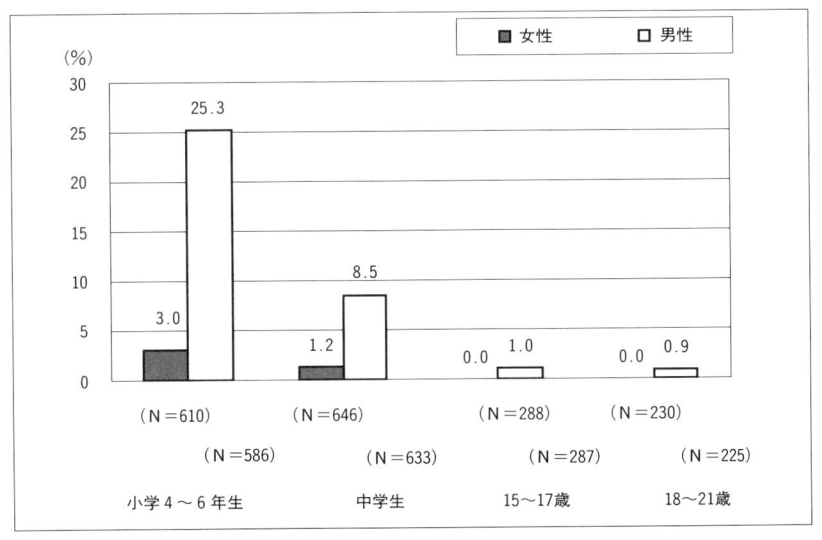

(注)調査対象は、全国の小学4年生～23歳。個別訪問面接調査。

図6-15　希望職種として「スポーツ選手」をあげる者の割合

総務庁青少年対策本部(1996)より改変

6-3 大人から子どもに送られるメッセージ

　子ども達は環境からさまざまな影響を受けながら成長する。親をはじめとした大人たち、友達、クラスメート、またマスメディアなどに囲まれた中で育っていく。ここでは特に、保護者と教師からの影響を捉えてみる。子どもたちはどのようなメッセージを受け取っているのだろうか。

　欧米諸国に比べて日本においては、「女の子は女の子らしく、男の子は男の子らしく育てた方が良い」とする者の割合は一般的に高い。この傾向は現在子育て中の者にも同様にみられる。

　図6-16は幼児および小学1年生の子どもをもつ母親の回答だが、男女で異なる育て方を肯定する者が半数を超えている。

　そして図6-17をみると、父親の方にこの育て方をより強く肯定する傾向が認められ、積極的に否定する者は1割に満たない。

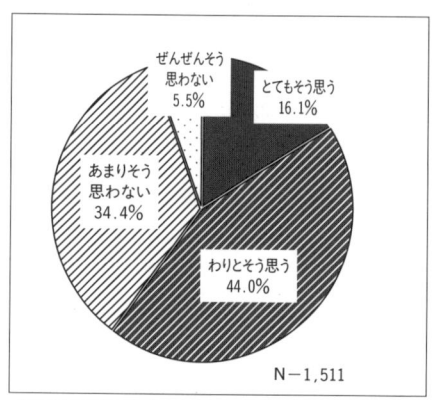

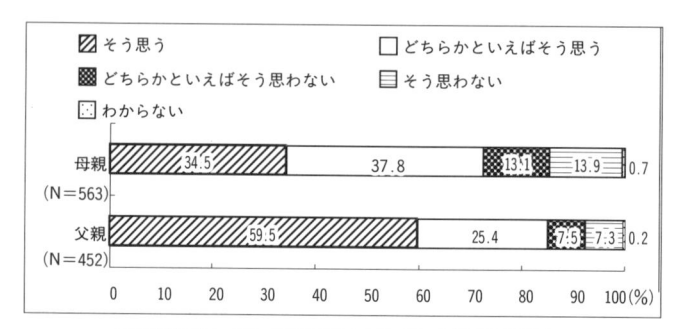

(注)調査対象は、東京・千葉・埼玉の幼稚園児・保育園児・小学1年生をもつ母親。学校・園通しによる質問紙調査。

図6-16 「男の子は男の子らしく、女の子は女の子らしく育てる」という考え方について

ベネッセ教育研究所(1997a)より作図，佐野(2001)

図6-17 母親と父親の子育て観
　　　　（「男の子は男の子らしく、女の子は女の子らしく育てるべきである」という考え方について）

総務庁青少年対策本部(1995)より改変，佐野(2001)

では、大人のこの意識を子どもはどのように感じ取っているのだろうか。図6-18にみられるように、保護者が男子に身体の丈夫さや力強さを求めているかについては、男女で受け止め方に大きな違いがある。それに対し、女子に行儀よさを求めているかについては、男女で大きな差がない点は興味深い。保護者が女子により強く行儀よさを求める姿勢は、この調査対象の男子過半数から同意されるように、かなり強固であるといえようか。

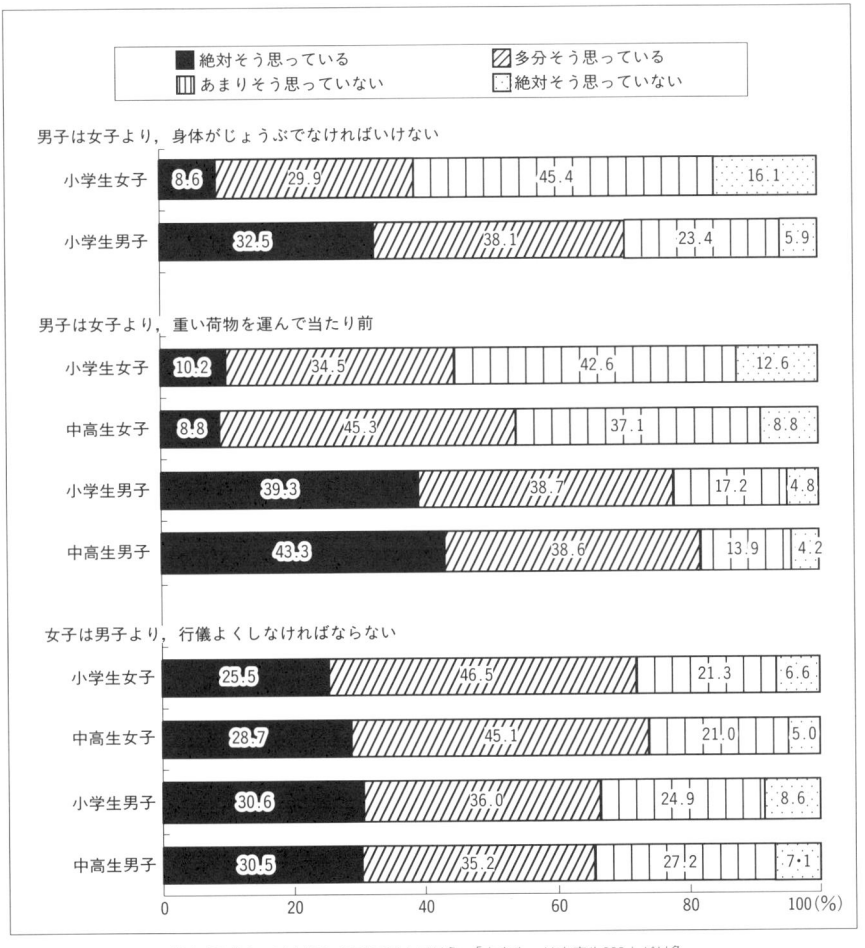

図6-18 子どもが感じる保護者の「女の子観」・「男の子観」

東京女性財団(1995, pp.55-56)、(1996, pp.59-60)より作成、佐野(2001)

男子は女子より、身体がじょうぶでなければいけない

	絶対そう思っている	多分そう思っている	あまりそう思っていない	絶対そう思っていない
小学生女子	8.6	29.9	45.4	16.1
小学生男子	32.5	38.1	23.4	5.9

男子は女子より、重い荷物を運んで当たり前

	絶対そう思っている	多分そう思っている	あまりそう思っていない	絶対そう思っていない
小学生女子	10.2	34.5	42.6	12.6
中高生女子	8.8	45.3	37.1	8.8
小学生男子	39.3	38.7	17.2	4.8
中高生男子	43.3	38.6	13.9	4.2

女子は男子より、行儀よくしなければならない

	絶対そう思っている	多分そう思っている	あまりそう思っていない	絶対そう思っていない
小学生女子	25.5	46.5	21.3	6.6
中高生女子	28.7	45.1	21.0	5.0
小学生男子	30.6	36.0	24.9	8.6
中高生男子	30.5	35.2	27.2	7.1

(注)「小学生」は小学5、6年生700人が対象、「中高生」は中高生808人が対象。

実際に毎日の生活場面で、少なからぬ女子児童・生徒が「女の子らしく、行儀よくしなさい」との言葉掛けを受けている（図6-19）。小学生、中高生共に学校よりも家庭でそのような言葉掛けを受ける機会が多いようだが、中高生では学校場面においても女の子らしさを求められる傾向が強く残っている。国際的にも男女平等が推進され、ジェンダーに配慮した教育が必要とされる現在、むしろ、性別による不合理な行動の制約を解消することにつながる発言こそがのぞまれるのではないだろうか。大人からの言葉掛けも含め、子どもたちが性別にとらわれずにのびのびと自己実現できる環境整備が求められよう。

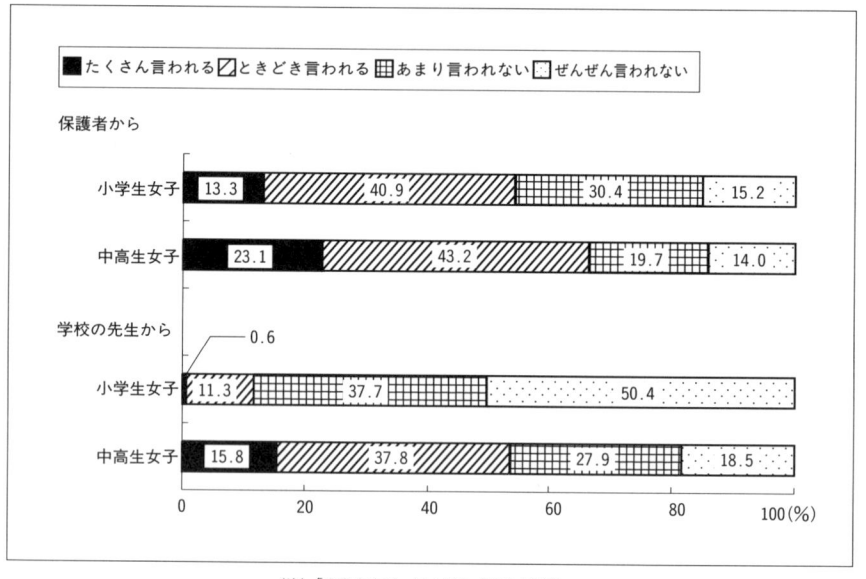

	たくさん言われる	ときどき言われる	あまり言われない	ぜんぜん言われない
保護者から				
小学生女子	13.3	40.9	30.4	15.2
中高生女子	23.1	43.2	19.7	14.0
学校の先生から				
小学生女子	0.6	11.3	37.7	50.4
中高生女子	15.8	37.8	27.9	18.5

（注）「小学生女子」は小学5、6年生が対象。

図6-19　保護者と教師が伝えるジェンダーバイアス
　　　　―「女の子らしく、行儀よくしなさい」と言われますか―

東京女性財団(1995, p.70)，(1996, p.53, p.62)より作成，佐野(2001)

コラム　ある女性の経験から

「私の（心臓の）病気が判明し、今後スポーツに制約が出てくると医者に告げられた。さらに医者はこう続けた。『女の子だったからよかったですよ。男の子でスポーツできないとかわいそうですからね。』私の母もうなずいていた。恐らく、私が男だったら少々無理をしてでも何らかの形でスポーツをやっていたと思う。しかし、女の子で、スポーツができなくても誰も何も言わないからスポーツには手を出さなかった。（略）もし、自分が男の子だったら、無理してでもスポーツをやっていたかもしれない、と正直思う。」（括弧内は執筆者）

これはある女性の児童期の経験です。ここまで直接的ではなくても、「女の子なんだからもう少しおとなしくしなさい」「女の子だからだめ」など、女であるという理由からなんとなく行動が制限されてしまう経験を、少なからぬ女性たちがもっています。

スポーツは身体と密接に結びついているものだけに、「女だから」「男だから」という区別がされやすい領域です。そして、その区別によって、ダンスなどの「女らしさ」と結びついた一部の種目を除けば、女の子のスポーツ参加は男の子に比べてあまり期待されてこなかったように思われます。

現在、学校においてみられる男女混合名簿の導入や体育や家庭科の男女共修・共習など、制度的な男女の区別は減りつつあります。しかし細かくみれば、マラソン大会での走行距離、スポーツテストの男女で異なる換算値など、まだまだ区別はいろいろなところでみられます。10kmを楽に走れる女の子もいれば、5kmがやっとの男の子だっているでしょう。子どもたちに「女の子は体力的に男の子より劣っているのだ」「男の子は女の子よりスポーツが上手でないといけないのだ」という意識を植え付けないためにも、今みられるスポーツ場面での男女区別のすべてが本当に必要かどうか、今一度見直す必要があるのではないでしょうか。（佐野信子）

【参考文献】

- ベネッセ教育研究所(1996a)第1回幼児の生活アンケート報告書．研究所報vol.8．
- ベネッセ教育研究所(1996b)ジェンダー・バイアス．モノグラフ・小学生ナウvol.16-1．
- ベネッセ教育研究所(1997a)母親は変わったか．モノグラフ・小学生ナウvol.17-1：p.57．
- ベネッセ教育研究所(1997b)子どもとメディア．モノグラフ・小学生ナウvol.17-2：p.28．
- ベネッセ教育研究所(1999a)子どもたちの遊び．モノグラフ・小学生ナウvol.19-1：p.28．
- ベネッセ教育研究所(1999b)子育て生活基本調査報告書II．研究所報vol.19：pp.138-140．
- ベネッセ教育研究所(2000)運動の苦手な子．モノグラフ・小学生ナウvol.20-1．
- NHK放送文化研究所(1995)放送研究と調査．1月号．
- 財団法人日本学校保健会(2000)児童生徒の健康状態サーベイランス事業報告書：p.77．
- 総務庁青少年対策本部(1995)子どもと家族に関する国際比較調査：p.301．
- 総務庁青少年対策本部(1996)日本の青少年の生活と意識－青少年の生活と意識に関する基本調査報告書：pp.72-73．
- 東京女性財団(1995)ジェンダー・フリーな教育のために．
- 東京女性財団(1996)ジェンダー・フリーな教育のためにII．

第7章
学校体育と女性

- 7-1 教育課程の変遷にみる男女差
- 7-2 戦前・戦中の教育課程における「女子の特性」のとらえ方
- 7-3 男女別の体育カリキュラム
- 7-4 体育授業とジェンダーバイアス
- 7-5 体育の好き嫌い・満足感
- 7-6 学校期におけるスポーツ経験の差
- 7-7 運動部活動にみる男女差
- 7-8 体育教員とジェンダー
- 7-9 体育・スポーツを専攻する生徒・学生
- 7-10 スポーツ指導と暴力／セクシュアル・ハラスメント

7-1　教育課程の変遷にみる男女差

　1970年以降、今まで男性中心に作られてきた社会構造に対し、男性と女性が共に手をたずさえ、それぞれの個性と能力を生かし、協力しあって社会づくりをしていこうという気運が高まった。

　教育の場にも、この影響は確実に現れてきている。1945年から約10年毎に改訂されている文部省（現・文部科学省）学習指導要領においても、その変化を読み取ることができる。表7-1に示したように、戦後50年近くにわたり、体育に関する記述には男女差が見られた。それは、「男女それぞれの特性とそれらにふさわしい学習内容」に関する記述や、単位数の男女差である。例えば、中・高校における武道（格技）が主として男子に、ダンスが主として女子にという表現や、高校での体育の標準単位数が7-9であるのに対して男子は11単位を下らないと規定されていることなどがあげられる。しかし、1989年の改訂からは、家庭科の男女共修の実施に伴い、これらの男女差は消失している。

表7-1　学習指導要領の性差に関する記述の変遷

年代	内容
1940	1945(S20)『学習体育指導要綱』 種目を提示した表内に男児のみ、女児のみの記号が付く 器械体操の技、野球型球技、蹴球型球技、ダンスなど
1950	1958(S33)　小学校：「女子の特性を考慮して指導」 「『すもう』は女子の場合欠くことができる」など
1960	1958/1960(S33/35) 中学校・高校：「男子のみ」「女子のみ」の指示ある種目 格技、サッカー、ダンスなど 1968(S43)　小学校：男女の記述なし
1970	1969/1970(S44/45) 中学校・高校：「男(子)」「女(子)」の指示ある種目 それぞれ主として男子と女子に対して指導するものとする説明あり。 格技、サッカー、ダンスなど
1980	1989(H1)　小学校・中学校・高校すべてに男女の記述なし 1989年の改訂に関しては、「男女差がなくなった」というだけではなく、「高校での家庭科の男女共修に伴い、体育の必修単位数、カリキュラムなどに男女差がなくなった」など、背景にも若干触れている
1990	

文部省学習指導要領より作成，北田(2001)

7-2 戦前・戦中の教育課程における「女子の特性」のとらえ方

　戦前の「体操科」では、当時の女子教育の目的に添った体育指導が求められた。即ち、「どこまでも女子らしい教材を女子らしく指導していく」ことにあった。したがって、「この運動は女子に可能であるから、実施させても差し支えない」という考え方は適当とされなかった。また、強い体を作ることをめざすよりは、姿態の美と動作の軽快さなどの養成に重点がおかれた（表7-2）。

　戦中の「体錬科」時代には、強い兵士を産み育てる母としての期待が女性に向けられ、「女子の根本的使命は母になることであり、子どもを産んで、之を国家の子どもとして養育することが女子の根本的使命であり、任務である」と考えられた。そのため、女子体育の目標は「健全なる母性をつくること」におかれた。「女性の特質をどこまでも発展させれば、健全な母性が養われる。女子はその一般組織、筋肉、骨格、外形、心理のすべてが男子と異なっている。この特質を無視しては、女子の体育は無意味である」と考えられた。

表7-2　戦前の「体操科」における女子の特性のとらえ方

女子ノ運動ニ関シテハ其ノ心身ノ特性ニ鑑ミ教授ノ方法ヲ適切ニシ且ツ其ノ容儀ニ留意スルヲ要ス

(1)　女子教育の本旨に適する様に指導す

　高等女學校令第一條後段に「特ニ國民道德ノ養成ニカメ婦德ノ涵養ニ留意スヘキモノトス」とあり。特に中學校令に示された以外に、婦德の養成と言ふ事項を加へ、婦人として恥からぬ品性を具へると言ふことを強調したのである。

　更に施行規則第十三條に於ては「容儀ヲ整ヘ」の言葉が特に入れられて居る。之等は何れも女子は強健なる體を作ると言ふだけでなく容儀の點を特に重要視して指導しなければならぬと言ふ事で此の運動が出來るから女子に實施さしても差支へないと言ふ考へ方は適當でない。不體裁に亘るような材料や粗暴に流れ易いような材料は之を避けてどこまでも女子らしい教材を女子らしく指導して行かなければならない。

　改正された要目に於ては特に此の點に留意し女子の教材は男子の教材に比し充分に此の精神に添う樣配當されて居るのである。

(2)　女子の體質體格に鑑みての指導

　女子は男子に比し筋力弱く、速度や持久力を要するものゝ教授には特に嚴密な注意をせねばならぬ卽ち高次の努力を要する運動を数少なく日數を減じて實施するよりは輕快なるものを多く練習する様にする。運動による強力雄大なる體を指標とするよりは、姿態の美と動作の輕快なるものを多く練習する様にする。運動による強力雄大なる體を指標とするよりは、姿態の美と動作の輕快さ等の養成の點に重點を置いて課すべきである。

「改正　学校体操教授要目の精神と其の実施上の注意」pp.119-120
第2編教授論　第1章学校体操教授上の注意　第7項：抜粋
（昭和11年10月15日発行），北田(2001)

この「女子の特質」とは、当時の社会通念と当時の科学的見地に基づいた内容で、男子との比較で示されている。現在では理由にならない理由による理論形成ではあるが、女子の体育はこうあるべきという理念が記述されている。即ち、当時は激しい運動や競技的な運動をすると女性は心身ともに男性化し、妊娠の能力を妨げると考えられていた。そのため、走、跳、投の運動自体の効果は認められていたが、原則として競技運動をするのは女子には不適当と考えられ、過度に競争心を刺激する競技大会に参加させるなどは原則としてよしとされず、せいぜい校内の競技程度におさえるべきだと考えられていた。また、男子に比し、距離や重量などを女子に適する様に工夫し、実施することが求められた。表7-3と表7-4にその一部を抜粋したように、女子の母性を保護し、女性らしく家庭の仕事に従事できるような能力を育て、男性化させないために教材の取り扱い方や指導上の留意点が示されていた。

表7-3 戦中「体練科」にみる女子の特性に適する運動

「國民學校體練科精義」にみる特徴的な表記・抜粋	内容の特徴
女子に適した運動は、習慣運動である。例へば、歩走の如きものがよいのである。歩走は習慣的に動作が繼續されるから、習慣運動といふのであるが、脳神経の負擔が輕い割に運動量が非常に多く、したがって新陳代謝を旺盛にするからよいのである。(p101-102)	・女子に適した運動は、歩走のような習慣運動である。
女子に適する運動はダンスである。ダンスはリズミカルな運動で、女子の筋肉に適し、又情操にも合って居り、一面に於ては習慣運動であるから、疲勞が少なく、而も新陳代謝が大であるからである。(p102)	・女子に適する運動はダンスである。
女子心理の特徴を、知、情、意の三方面から見ると次の様になる。知の方面では、1 感受性が強い 2 知覺力及び觀察力が鋭敏である 3 器械的記憶に優れている 4 想像力に富む 5 模倣的であって創作的でない 6 判斷力推理力が弱い。情の方面では男子よりも感情が豊である。從って1 優しい 2 愛情が深い 3 同情心が深く親切である 4 自然を愛する 5 しかし恐怖心や嫉妬心が強い 6 功名心または虚榮心が強い。意の面では、一般に男子より意志が弱い。しかし忍耐力に富んでる。即ち進んで強く當ることは出来ないが、退いて固く守るのが特徴である。以上の特徴からみて、母性の任務を遂げさせる爲に、體育上特に考慮すべきことは次の諸點である。1 優しさ、愛情、同情心、親切等の感情を益々發展させること 2 特に自然を愛する心を深くすること 3 虚榮心を矯め功名心を過度に起させないこと そこで一般的に云えば、女子の運動は、自然運動や、ダンス等が適して居って、(中略)何となれば自然運動やダンスは女子の感情の良い方面を益々豊かならしめる (p119-121)	・知・情・意から見た女子の心理の特徴。自然運動やダンスは女子の感情の良い面を益々豊かにするので、女子には適した運動である。
女子の身體外形を見て、特に目立つのは腰の大きいことである。即ち肩の幅が狭くて腰幅が廣い。(中略)次に目立つのは脚が短くて(特に膝から下が短い)胴が割合に長いことである。(中略)卽ち體の重心が男よりも低くて、平均を取り易く出来ている。(中略)一般に女が男より平均運動が上手であるのは其の爲である。(中略)かかる事實を體育上に考慮するならば、女子には平均運動をなるべく奨励して、その天賦の使命を遂げさせることが肝要となる。(p112-113)	・女は脚が短くて、胴が割合に長い。体の重心が男より低くて、平均を取り易く出来ている。ゆえに、女子に平均運動が適している。

「國民學校體練科精義」pp.96-133 第3章 男女の特性と指導
斉藤薫雄 教育科学社：抜粋(昭和15年刊行)，北田(2001)

これらの戦前・戦中の女子体育のあり方は、戦後、民主化された世の中になっても学習指導要領に大きく影響を残している。例えば、ダンス教材は女子のみであったり、男子は「長距離走」で女子は競争のない「持久走」、その走距離は男子のほぼ半分などと、同じ種目でも男子より軽く激しすぎないようにという配慮のもとに、カリキュラムが組み立てられてきたことになる。

表7-4　戦中「体練科」にみる女子の特性に適さない運動

「國民學校體練科精義」にみる特徴的な表記・抜粋	内容の特徴
女が男と同じ様に烈しい運動をすると、筋肉が次第に男性化して來る。即ち脂肪が減じて硬くなり、強力にはなるが、伸縮性を失つてくる。かうなると、男と同じ様に活社會に於ける生存競争には適して來るが、子供を産む能力を減退する。特に筋肉が男性化した場合にそれが甚だしい。(p104)	・激しい運動をすると筋肉が男性化する。すると子供を産む能力が減退する。特に筋肉が男性化した場合、著しい。
急に力を出す運動は屢々行つてはならない。例へば、競技に於ける走、跳、投の如きは、時々行へば効果が大であるが、餘り屢々行ふと、往々にして男性化する危険がある。(p105)	・急に力を出す運動は、あまり行うと男性化する危険がある。
繼續的な力運動は、筋肉を過度に發達させるから、女子には不適當である。例へば鐵棒の巧緻的懸垂運動の如きもので、餘り屢々行へば、臂、肩、胸部の筋肉を過度に發達させる。之は女子にとって何等必要のないことである。(p105)	・継続的な運動は、筋肉を過度に発達させるので、女子には不適当である。肘、肩、胸部の筋肉を過度に発達させることは、女子に必要ない。
競技は、過度に競争心を刺戟したり、レコードを高めんが為に過度の訓練をする如きは不可である。極めて氣樂に愉快に行はせるといふ着眼が必要である。従って、競技大會に屢々出場させるが如きは不可である。所謂選手を作る目的の取扱ひはいけない。氣樂にやつてゐる間に、自然に出來上がる程度の選手で満足すべきである。(中略)出來れば女子の競技大會は全廢しても差支へない。(p133)	・いわゆる選手養成として女子に過度の訓練をすることはよくない。女子の競技大会は全廃しても差支えない。
女性の競技運動は、其の報酬を運動の快感に置くべきである。若し、功名心、レコード、人気などにおくならば、鼻が高くなり、表面的になり、女らしい情操を失つてくる。そして、臺所の仕事よりも、毎朝の新聞の運動欄に暇を潰すやうになる。(p122) 一般的に云へば、女子の運動は、(中略)競技の如きは大體に於て不適當であるといふことが出来る。(中略)競技の如きは動もすると功榮心、虚榮心等を過度に高め、且つ女子にあまり必要でないところの攻撃心、征服心などを過度に刺戟する恐れがあるからである。(p121)	・女子に競技させることは女子の特質のよくないところを育てる
走ることは、女は男より天性遲いから、男と競走させてはならない。丁度男の百米に對して女は七十五米の能力しかない。即ち次の理由によつて女は走るのが遲いのである。1 脚が短い。したがって歩幅が狹い。2 X脚である。したがって體を横に振動することが大である。之が腰の大きいことゝ相俟って餘計な精力を費やし、且つ前進運動を妨げる。女の脚がX形であるのは、廣い骨盤の外側に大腿骨が附着してゐる關係からである。(p113)	・女が走るのが遅い理由は、1、脚が短い。そのため歩幅が狭い。2、X脚である。したがって体を横に振動することが大きく、腰が大きいこととあいまって余計な精力を費やし、前進運動を妨げる。

「國民學校體練科精義」pp.96-133　第3章　男女の特性と指導　斉藤薫雄
教育科学社：抜粋（昭和15年刊行），北田（2001）

7-3　男女別の体育カリキュラム

　1989年の改訂から10年あまり経た今も、中・高等学校では男女別のカリキュラムが大勢を占めているように思われる。全国的な調査が見あたらないため、ここでは、大阪府下の高等学校の体育カリキュラムを事例として見てみよう。表7-5は、一般的によく見られる男女別カリキュラムである。男子には武道、ラグビー、サッカー、女子にはダンス、テニスという差異が見られる。表7-6は比

表7-5　男女別カリキュラムの事例1

		4月	5月	6月	7月	9月	10月	11月	12月	1月	2月
男	1年	学校体操 集団行動		水泳	水泳	マット 柔道 鉄棒	ラグビー		持久走 ラグビー	
男	2年	柔道 バスケットボール		水泳	水泳	ラグビー 陸上			持久走 サッカー	
男	3年	陸上 鉄棒、平行棒 ハンドボール			水泳	バレーボール バドミントン サッカー			バスケットボール	
女	1年	学校体操 集団行動		水泳	水泳	マット 陸上砲丸、ハードル ソフトバレー			持久走 ハンドボール	
女	2年	ダンス テニス		水泳	水泳	バレーボール テニス			持久力 バスケットボール	
女	3年	バスケットボール バドミントン			水泳	陸上 ハンドボール バドミントン			バレーボール	

表7-6　男女別カリキュラムの事例2

		4月	5月	6月	7月	9月	10月	11月	12月	1月	2月
男	1年	陸上(走) 集団行動		水泳	水泳	バレーボール			持久走	
男		柔道またはダンス				柔道またはダンス			柔道またはダンス	
男	2年	バスケットボール		水泳	水泳	サッカー			持久走	
男		柔道またはダンス				マット運動				
男	3年	陸上(投)		ハンドボール		選択			選択	
女	1年	集団行動		水泳	水泳	バスケットボール			持久走	
女		柔道またはダンス				柔道またはダンス			柔道またはダンス	
女	2年	バレーボール		水泳	水泳	テニス			持久走	
女		柔道またはダンス				陸上(跳)				
女	3年	バスケットボール マット運動				選択			選択	

大阪府教育委員会提供資料(1999)より作成，北田(2001)

較的進歩的なカリキュラムであるが、男女という区別を外し、関心や目的に応じたカリキュラムに発展することが期待される。大阪府下156高等学校を対象とした調査結果によると、まだ選択制を導入していない143校の中で、今後性別に規定されない自由な選択制度を計画したいとする学校は27校、検討中という学校が22校、予定なしと答えたところが93校であり、学校格差が大きく、男女差のないカリキュラムにはまだまだ遠いことが推察できる。

　前述の調査では、男女にかかわらず「武道」または「ダンス」を選択させている学校は13校、8.3％にすぎないことが報告されている。その他の学校では、「男子は武道、女子はダンス」という固定的な男女別カリキュラムが実施されているか、武道・ダンスがカリキュラムから外されているのが実態である。その理由としては、図7-1のように「特に理由はない」という回答が多く、これまでの慣習的な考え方に支配されていることがわかる。

　一方、図7-2は、京都市内の中学校の状況であるが、選択制も男女共習授業も50-70％の割合で実施されている。ごく一部分の導入も含まれているので慎重な検討を要するが、前述の高等学校に比べて進歩的な状況が確認できる。

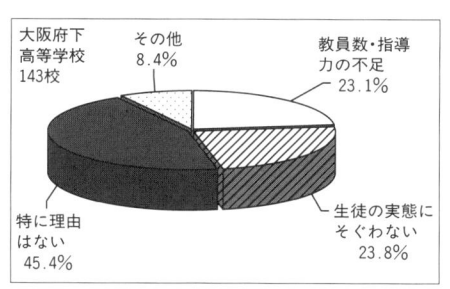

図7-1　武道・ダンスを男女の別なく選択制にしない理由

大阪府教育委員会提供資料(1999)より作成，井谷，北田(2001)

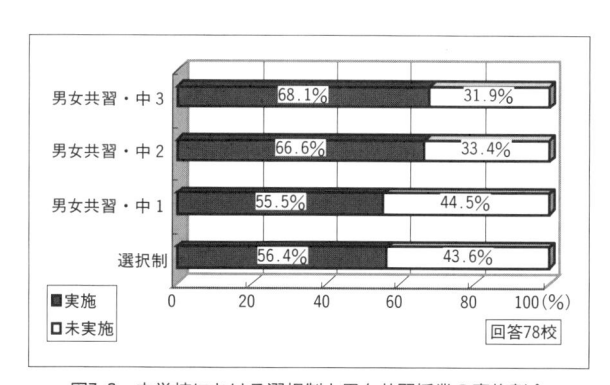

図7-2　中学校における選択制と男女共習授業の実施割合

京都市中学校教育研究会体育部会提供資料(1999)より作成，井谷(2001)

7-4 体育授業とジェンダーバイアス

　スポーツは「より速く、より強く」を目指しながら男性中心に発達してきた歴史的背景を持っている。これは、スポーツが男らしさというジェンダーと容易に結びつくことを示している。また、スポーツを主たる教育内容とする体育がこのようなジェンダーを再生産していることも推察できる。図7-3は、「体力」に対する意識の男女差を示している。女性は男性に比べて「体力がない」と感じること多く、体力に自信がもてないでいることが推察される。しかし、そこでイメージされている体力は、「健康に快適に生き抜く体力」よりも、むしろ「より速く、より強い」スポーツパフォーマンスを保証する体力であるように思われる。表7-7では、男女別での体育活動を支持する生徒がまだ多く、小学校5年生の段階では男女一緒の体育活動に対して女子が男子よりも積極的であることが読みとれる。

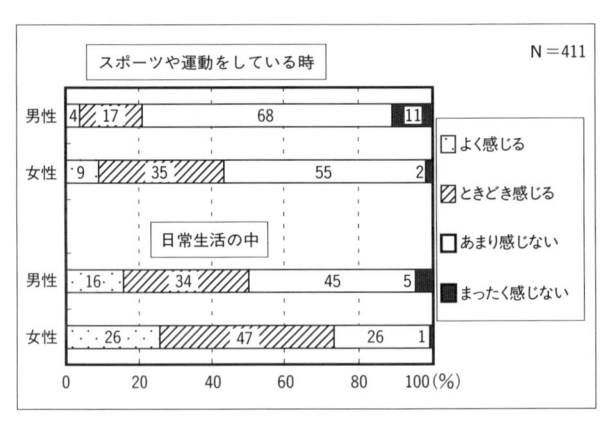

図7-3　体力に対する意識の男女差
　　　　「女性は男性に比べて『体力がない』と感じたことは？」
飯田(1999)より改変，井谷(2001)

表7-7　男女平等な活動に対する子どもの志向(数値：％，N＝3,200，小学校5年生)

		とてもやってみたい	少しやってみたい	あまりやりたくない	絶対やりたくない
男女一緒にサッカーや野球をする	女子	20.8	29.6	29.0	20.6
	男子	18.3	26.5	30.0	25.2
運動会で男女一緒に騎馬戦をする	女子	10.1	11.5	32.6	45.8
	男子	7.0	8.7	31.0	53.3
運動会の徒競走で男女一緒の組で走る	女子	11.2	16.3	30.6	41.9
	男子	12.3	18.0	30.8	38.9

ベネッセ教育研究所(1996)より改変，井谷(2001)

図7-4、表7-8は高等学校で使用されている保健体育教科書を検討したものである。図や写真に使用される人の性別は圧倒的に男性が多く、描かれるスポーツの内容にも男女差があることがわかる。保健体育教育では、教科書をはじめビデオなどメディアが利用されることも多いが、「男性にふさわしいスポーツ」「男性向きのスポーツ・女性向きのスポーツ」というジェンダーの刷り込みが懸念される。

5種類の保健体育教科書対象

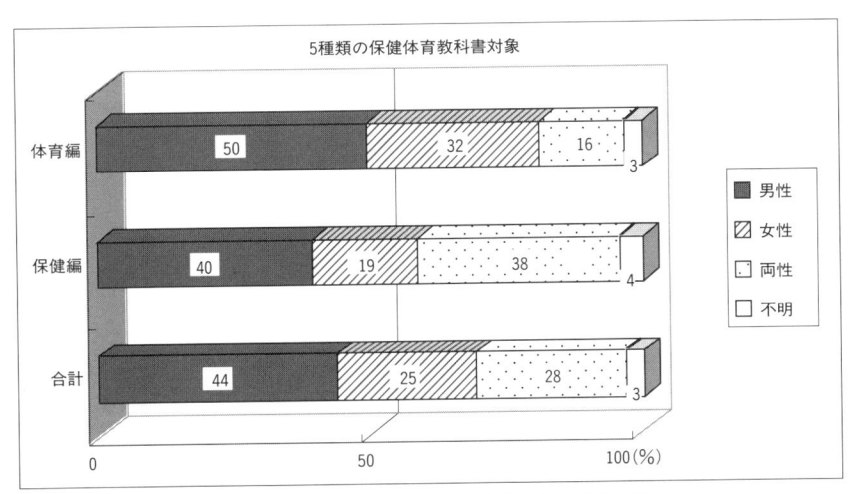

	男性	女性	両性	不明
体育編	50	32	16	3
保健編	40	19	38	4
合計	44	25	28	3

図7-4 保健体育の教科書に示された図にみる男女比

飯田(1996, p.138)より改変, 井谷(2001)

表7-8 保健体育教科書に示された図の男女別スポーツ種目

○男子のみ		女性	
種目	n	種目	n
短距離走	9	テニス	9
サッカー	8	バレーボール	9
バスケットボール	4	中長距離走	4
柔道	4	障害走	4
テニス	4	水泳	3
ウェイトトレーニング	4		
中長距離走	3		
ラグビー	3		
ランニング	3		

飯田(1996, p.139)より改変, 井谷(2001)

7-5 体育の好き嫌い・満足感

男女生徒は体育授業をどのように感じているのだろうか。表7-9をみると、高校生では、体育を得意ではないがそれほど苦手でもないととらえていることがわかる。また、好きな教科としても高く位置づけていることが分かる。しかし、「一番苦手な教科」と回答した女子生徒が9.0%に対して、男子では5.4%など、

表7-9 高校生の教科観(数値：%, N=1,718)

	一番得意な教科		一番苦手な教科		一番好きな教科		一番嫌いな教科	
	女	男	女	男	女	男	女	男
国語	20.5	11.4	10.1	22.4	10.5	5.2	10.5	20.5
地歴・公民	9.6	18.0	10.4	5.4	11.5	17.7	14.6	7.0
数学	14.1	23.3	37.9	25.7	10.9	21.3	29.1	19.1
理科	5.8	13.3	12.8	8.1	8.8	14.3	17.8	9.6
英語	22.4	14.2	17.2	24.7	20.2	10.0	10.4	20.5
芸術	13.2	5.2	1.8	4.6	16.7	5.9	3.6	9.9
体育	8.5	13.1	9.0	5.4	15.7	24.4	9.3	4.4
家庭科	5.9	1.5	0.8	3.7	5.7	1.2	4.7	9.0

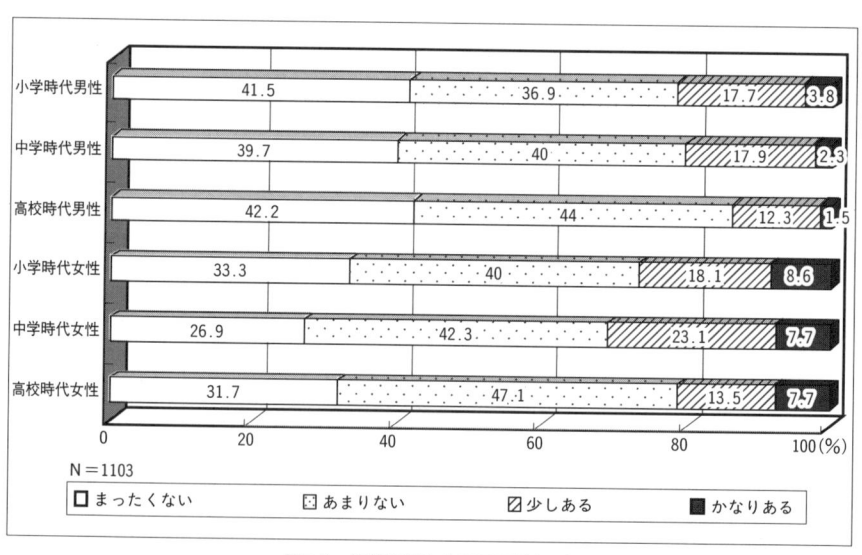

ベネッセ教育研究所(1998)より改変, 井谷(2001)

	まったくない	あまりない	少しある	かなりある
小学時代男性	41.5	36.9	17.7	3.8
中学時代男性	39.7	40	17.9	2.3
高校時代男性	42.2	44	12.3	1.5
小学時代女性	33.3	40	18.1	8.6
中学時代女性	26.9	42.3	23.1	7.7
高校時代女性	31.7	47.1	13.5	7.7

N=1103

図7-5 体育授業における不快経験

健康・体力づくり事業財団(1995, p.19)より改変, 井谷(2001)

男子に比べて体育に対する「苦手意識」や「体育嫌い」を感じている女子生徒の割合が高い。また、図7-5にみられるように、体育授業における不快経験が「まったくない」という回答の割合は、小・中・高校時代いずれにおいても、男子が女子に比べて10％前後高く、不快な経験の割合も女子に多いことが明らかになっている。

　一方、表7-10においても、スポーツの好き嫌いや得意・不得意感、価値観に明確な男女差があることがわかる。このような女子生徒がスポーツに対して持つ消極的な態度は、その後のスポーツ参加に少なからず影響を与えていると思われる。

表7-10　スポーツに対する態度（数値：％，N＝291）

		男子	女子	有意差
スポーツをするのが好きですか、嫌いですか	とても好き	50.7	18.9	**
	わりあい好き	43.2	58.0	
	わりあい嫌い	5.4	19.6	
	とても嫌い	0.7	3.5	
スポーツは得意ですか	とても得意	5.4	3.5	*
	わりあい得意	58.1	40.1	
	わりあい不得意	29.1	42.3	
	とても不得意	7.4	14.1	
人間にとって大切ですか	とても大切	50.0	32.9	*
	わりあい大切	46.6	60.1	
	あまり大切でない	3.4	7.0	
	まったく大切ではない	0.0	0.0	

伊藤ほか(1999)より改変，井谷(2001)

$**p<.001$　$*p<.05$

7-6 学校期におけるスポーツ経験の差

　部活動や地域のスポーツクラブなど、体育授業以外の運動・スポーツ活動は男女ともに活発である。

　図7-6をみると小学校では男女の半数あまりが週3日以上の活動を行い、中学校では男女ともにさらに増加している。しかし、高校では減少に転じ、特に女子の減少が目立っている。どの学校段階でも男子の身体活動の実施が女子を上回り、「しなかった」「年に数回」と答えた女子高校生は合わせて20%強にものぼり、男子の2倍以上の数値となっている。

　また、楽しさや満足感の経験は女子が男子に比べて乏しく、小、中、高校を通じて10%あまりが「まったく感じなかった」と答えている（図7-7）。特に、高校期では、楽しさや満足感を「非常に感じた」と答えた女子が男子の半分以下で、20%に満たない状況である。一方、不快経験が「かなりある」と答えた女子は、小・中・高を通じて6%前後にのぼる（図7-8）。学校期における楽しさや満足感の経験の乏しさは、その後のスポーツ実施に否定的な影響を及ぼすことが懸念される。

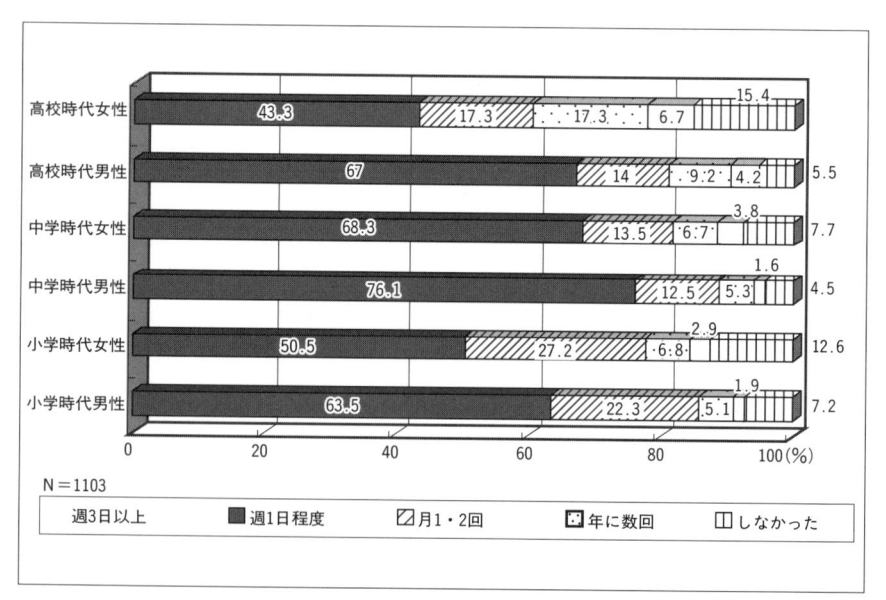

区分	週3日以上	週1日程度	月1・2回	年に数回	しなかった
高校時代女性	43.3	17.3	17.3	6.7	15.4
高校時代男性	67	14	9.2	4.2	5.5
中学時代女性	68.3	13.5	6.7	3.8	7.7
中学時代男性	76.1	12.5	5.3	1.6	4.5
小学時代女性	50.5	27.2	6.8	2.9	12.6
小学時代男性	63.5	22.3	5.1	1.9	7.2

N=1103

図7-6　学校期の運動・スポーツ参加（体育以外）

健康・体力づくり事業財団（1995, p.17）より改変，井谷（2001）

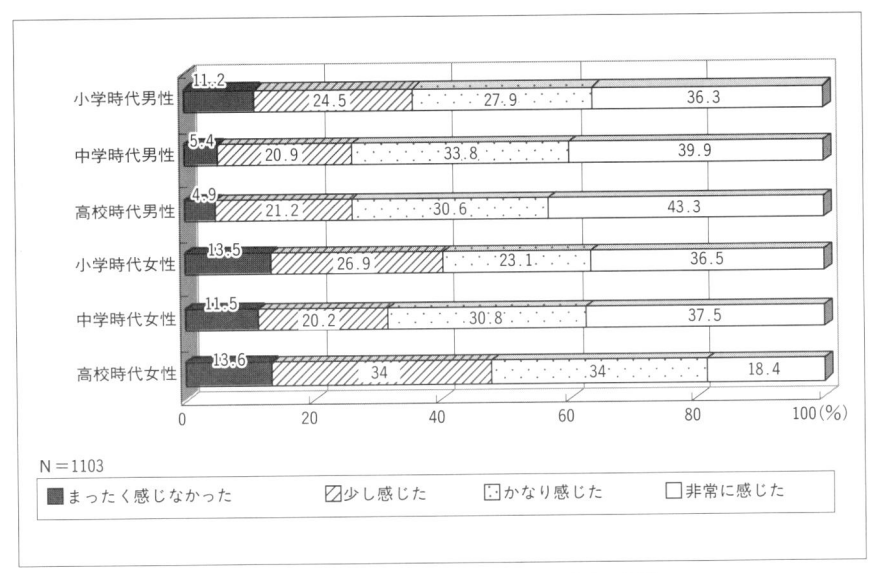

図7-7　過去のスポーツ参加での楽しさ・満足の経験

健康・体力づくり事業財団(1995, p.38)より改変，井谷(2001)

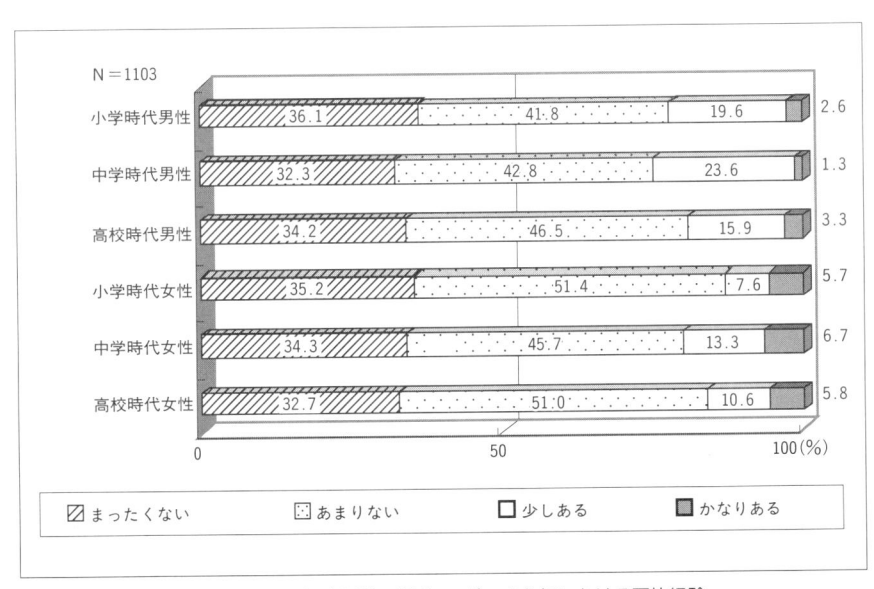

図7-8　体育の授業以外の運動・スポーツ参加における不快経験

健康・体力づくり事業財団(1995, p.38)より改変，井谷(2001)

7-7 運動部活動にみる男女差

　運動部活動は学校期の子ども達にとって重要なスポーツ経験の場となっている。まず、高等学校の運動部活動に視点を当ててみよう。高等学校の運動部は野球や規模の小さな種目以外は全国高等学校体育連盟に加盟している。図7-9は全国高等学校体育連盟に加盟する部員数の推移を表している。近年、少子化や部活動離れの影響を受けて、加盟部員数は減少の一途である。特に女子の加盟部員数は、男子の67-8％に留まる状況が続いている。

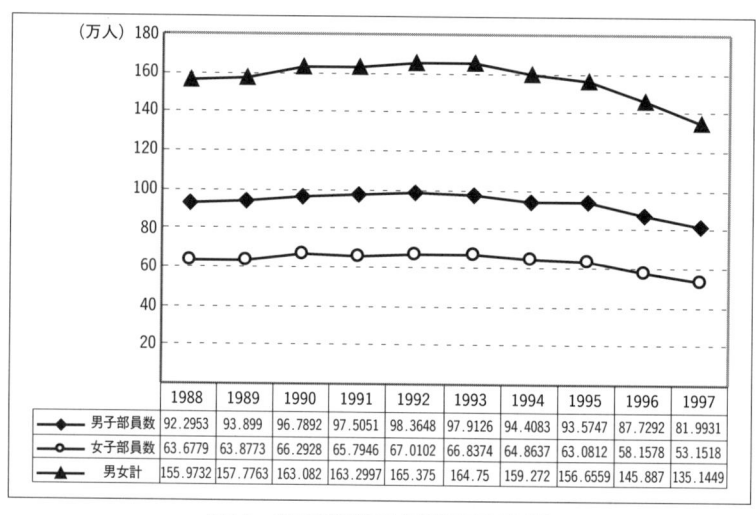

(万人)	1988	1989	1990	1991	1992	1993	1994	1995	1996	1997
男子部員数	92.2953	93.899	96.7892	97.5051	98.3648	97.9126	94.4083	93.5747	87.7292	81.9931
女子部員数	63.6779	63.8773	66.2928	65.7946	67.0102	66.8374	64.8637	63.0812	58.1578	53.1518
男女計	155.9732	157.7763	163.082	163.2997	165.375	164.75	159.272	156.6559	145.887	135.1449

図7-9　全国高等学校体育連盟加盟部員数

全国高等学校体育連盟(1988-1997)より作成，井谷(2001)

　参加種目にも男女差があり、女子の参加が男子に比べて多い種目は体操やバレーボールである。他方、柔道や陸上競技では男子が多く、男女差の余り見られない種目はテニスや水泳である(図7-10)。また、全国高等学校体育連盟には平成9年度で31の専門部(種目)が設置されているが、このうち、男子だけの加盟がサッカー他7種目あり、高野連に所属する野球を加えると8種目となる。女子だけの加盟がなぎなた1種目である(表7-11)。

　中学校の状況については部員数調査が見あたらないため、全国11,245の中学校数に対する各種目ごとの組織率から概観しよう。図7-11を見ると、全学校数に対する男女別の加盟率では、女子が男子をわずかに上回っている。

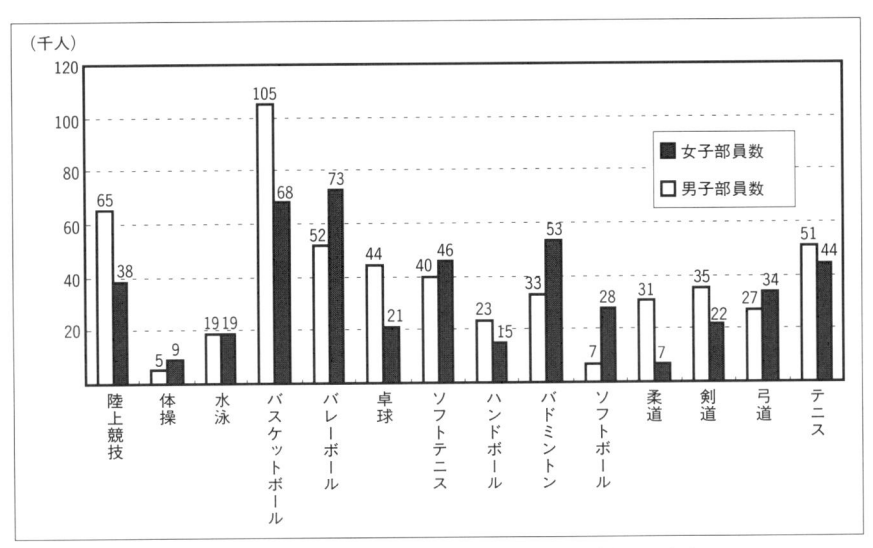

図7-10 全国高等学校体育連盟専門部男女別加盟人数1999年度

全国高等学校体育連盟(1999)より作成，井谷(2001)

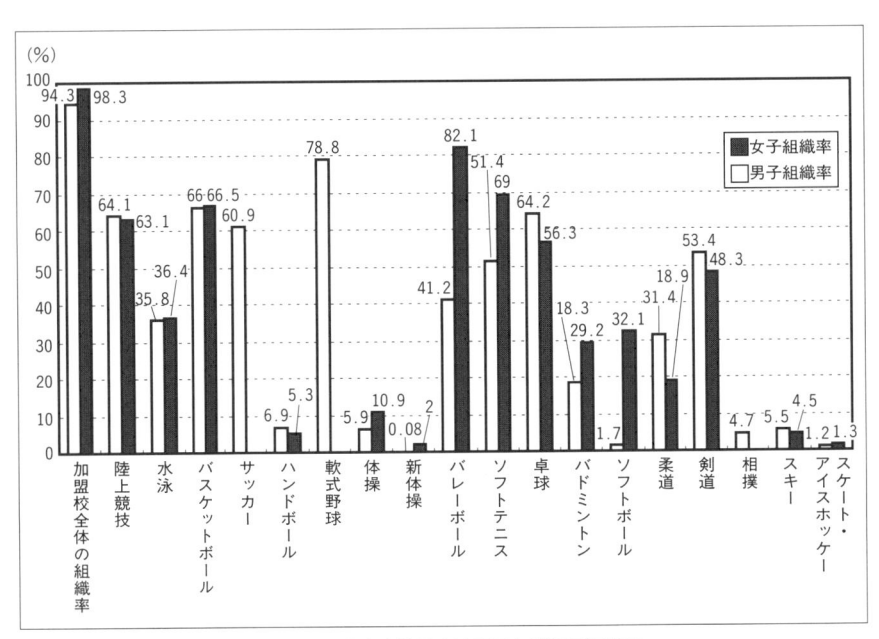

図7-11 日本中学校体育連盟男女別種目組織率

日本中学校連盟(1999)より作成，井谷(2001)

また、バレーボールやソフトボールでは女子が高く、サッカー、軟式野球などでは女子部が組織されていないことがわかる。組織率の低い参考種目（表7-12）では、男子だけの種目として、アメリカンフットボールやラグビー、女子ではラクロス、バトントワリングなどがみられる。

表7-11
全国高校体育連盟専門部

◎男女
○男子のみ
●女子のみ

陸上競技	◎
体操	◎
水泳	◎
バスケットボール	◎
バレーボール	◎
卓球	◎
ソフトテニス	◎
ハンドボール	◎
サッカー	○
ラグビー	○
バドミントン	◎
ソフトボール	◎
相撲	○
柔道	◎
スキー	◎
スケート	◎
ボート	◎
剣道	◎
レスリング	○
弓道	◎
テニス	◎
登山	◎
自転車競技	○
ボクシング	○
ホッケー	◎
ウェイトリフティング	○
ヨット	◎
フェンシング	◎
空手道	◎
アーチェリー	◎
なぎなた	●

全国高等学校体育連盟(1997)より作成，井谷(2001)

表7-12　日本中学校体育連盟参考種目の男女別一覧

参考種目	男子	女子
ホッケー	○	○
弓道	○	○
ラグビー	○	
なぎなた	○	○
硬式テニス	○	○
テニス	○	○
ボート	○	○
空手	○	○
レスリング	○	○
フェンシング	○	○
ダンス	○	○
アメフト	○	
駅伝	○	○
漕艇	○	○
ワンゲル	○	○
ヨット	○	
野外活動	○	○
カヌー	○	○
水球	○	○
アーチェリー	○	○
ウェイトリフティング	○	
アウトドア	○	○
馬術	○	
タッチラグビー	○	
ゲートボール	○	○
オリエンテーリング	○	○
硬式野球	○	
少林寺拳法	○	○
ゴルフ	○	○
サッカー	○	
軟式野球	○	
バトントワリング		○
ラクロス		○
ソフトバレー		○

日本中学校体育連盟(1999)より作成，井谷(2001)

運動部の女子マネージャーの存在がしばしば話題になるが、これについての広範で組織的な調査は見あたらない。畠山（2000）によると、神奈川県の高等学校を対象とした調査では、男子運動部の97％に女子マネージャーが存在しているという。このようなマネージャーに対する生徒達の意識の一端をコラムから読み取ることができる。

コラム　運動部の女子マネージャーについての高校生の意識
東葛支部教研（2000）

　体育部活動では、中学・高校・大学を問わず多くの女子マネージャーが活動している。掃除に洗濯、お茶のサービスなど、その活動内容がジェンダー化していることに対して問題提起がなされてきた。しかし、運動部のマネージャーは登録もされていないことが多く、その全般的な状況は把握しがたい。東京都の教職員組合による調査から、女子マネージャーに対する高校生の意識の一端が理解できる。「男子部の女子マネージャーが男子部員の洗濯などをすることをどう思うか」と言う質問に対し、女子16％、男子14％が「当然だと思う」と答えている。「変だと思う」という解答は女子14％、男子12％、「とくに何とも思わない」は女子65％、男子64％でいずれもほとんど男女差はない。「男子が女子の部のマネージャーをやることをどう思うか」という質問には、「とてもよいと思う」「そういうことがあってもよい」という回答の計が女子48％、男子47％でほとんど男女差がない。「変だと思う」は女子30％、男子18％、「とくに何とも思わない」は女子20％男子27ぱで多少の男女差がみられた。

　この調査から、男子部での女子マネージャーのあり方については生徒にあまり問題意識がないことが推測できる。しかし、一方では、男子マネージャーを受け入れるなど柔軟な態度も見せている。ジェンダー化された人間の存在や男女均等な社会のあり方についての教育が有効に思われる。
（井谷惠子）

7-8 体育教員とジェンダー

　表7-13に示されるように、近年、幼稚園から大学にいたるすべての学校段階において、本務教員に占める女性教員の割合が増加している。幼稚園や中学校に比べて低率であった中学校でも女性教員が40％余りに、高等学校でも、25％弱を占めるようになっている。しかし、図7-12にみられるように、保健体育を担当する女性教員の割合は増加しておらず、中学校では教員全体の3-4％、高等

表7-13　本務教員に占める女性教員の割合(%)

	1955	1965	1975	1985	1995	1998
幼稚園	91.6	92.8	94.2	93.8	93.9	94.1
小学校	46.5	48.4	54.8	56	61.2	62.2
中学校	22.9	25.3	29.4	33.9	39.2	40.5
高等学校	17.6	17.2	17	18.7	23.2	24.7
短期大学	30.4	38.1	37.4	38.8	39.8	41.7
大学	5.2	7.4	8.4	8.5	10.7	12.3

文部省(1955-1998)「学校基本調査報告書」より作成，井谷(2001)

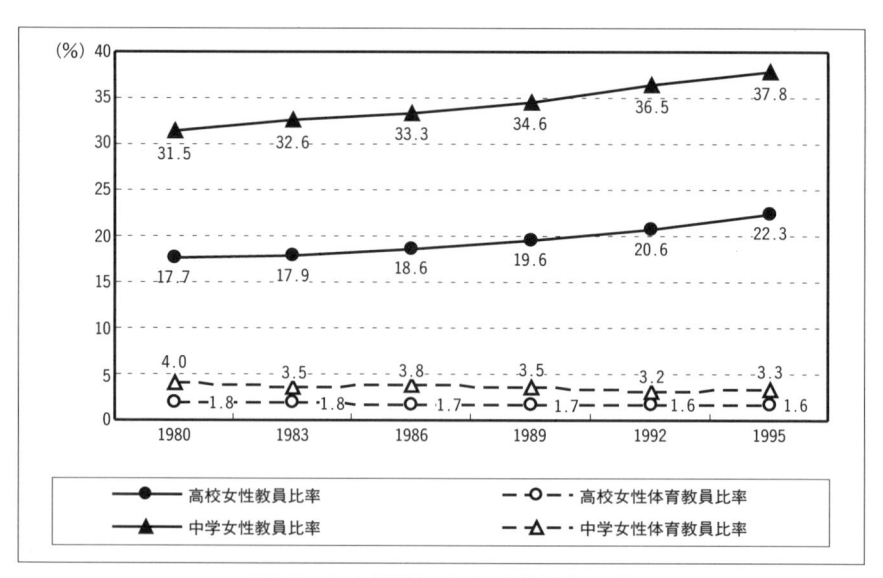

図7-12　中・高等学校における女性教員の割合

文部省(1980-1995)「学校教員統計調査報告書」より作成，井谷(2001)

学校では1-2%という比率にほとんど変化がない。

　短大・大学の教官数については、ともに組織が複雑になる傾向があり、実態を正確に把握することは難しい。図7-13は学校基本調査の学部別教員数から作成したもので、ここには教育学部に所属する教官は含まれていない。短大では教官数に男女差がほとんどないのに比べて、大学では圧倒的に男性教官が多いことがわかる。

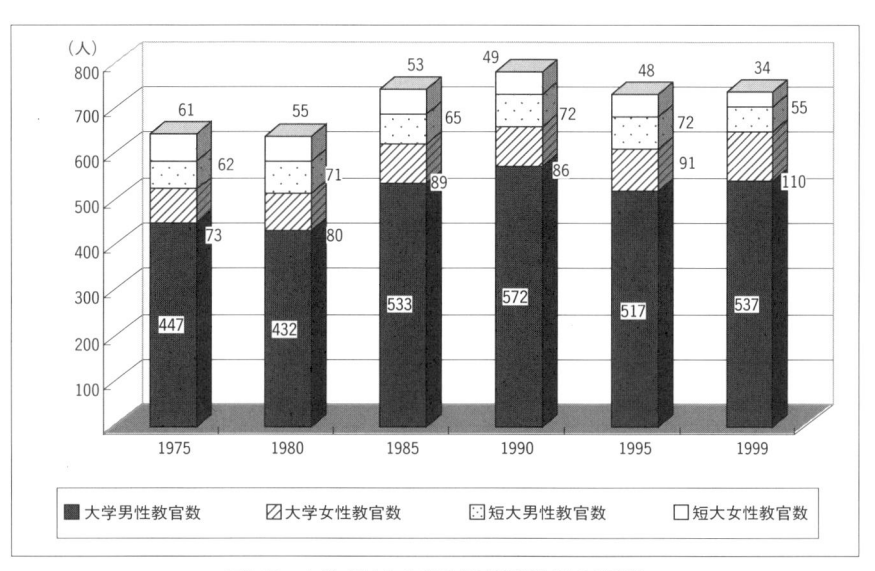

図7-13　大学・短大における体育関連分野の教官数

文部省(1975-1999)「学校基本調査，学部別教員数」より作成，井谷(2001)
(注)大学教官数は，体育学部，体育専門学部，スポーツ健康科学部に所属する教官の合計である。

図7-14は、公立学校教員全体の採用率を男女別、校種別に示したものであるが、小・中・高いずれも、男性の採用率が女性の採用率をはるかに上回っている。女性よりも男性の採用を優先しているという事実が推測できる。高等学校の保健体育教員の場合、このような男女較差が起こる理由として、図7-15からの示唆が有効である。これは、多くの高等学校では、女性体育教員数を各校1～2名程度に限定するという慣習が残されていることを示している。この調査では、女性教諭が4名以上勤務する学校は私立または養護学校に限られていることが指摘されている。さらに、図7-16では、A県における保健体育教員の男女別比率が示されており、専任の女性教員が1割程度にとどまるのに対し、本採用でない講師の場合、女性が3割を占めていることがわかる。これは、保健体育教員志望の女性が多いばかりでなく、ダンスなどの指導が女性の非常勤教員に託されている実態を推測させるものである。

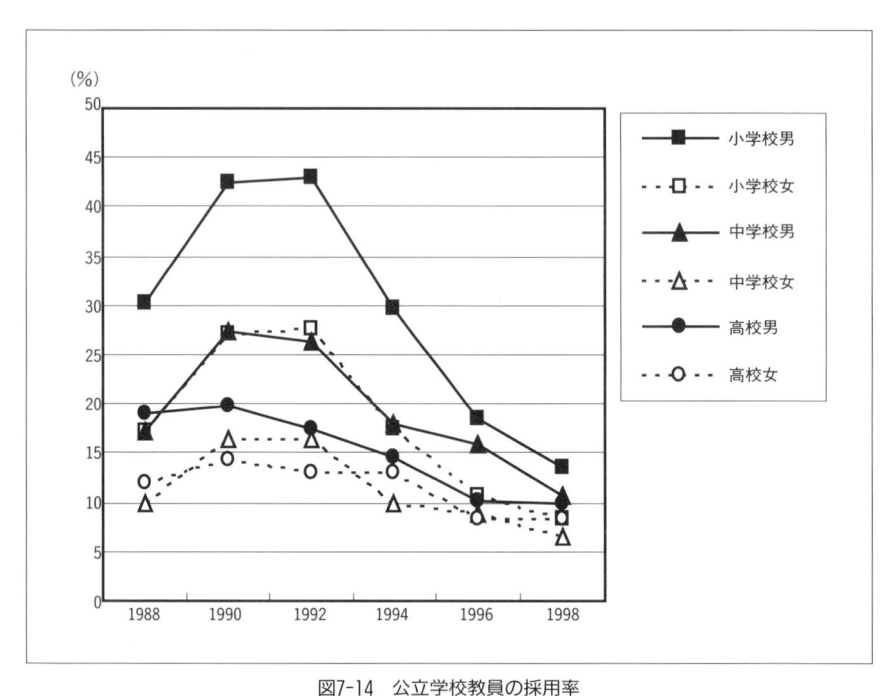

図7-14　公立学校教員の採用率

井上・江原編(1999, p131, 堀内作成)より改変、井谷(2001)

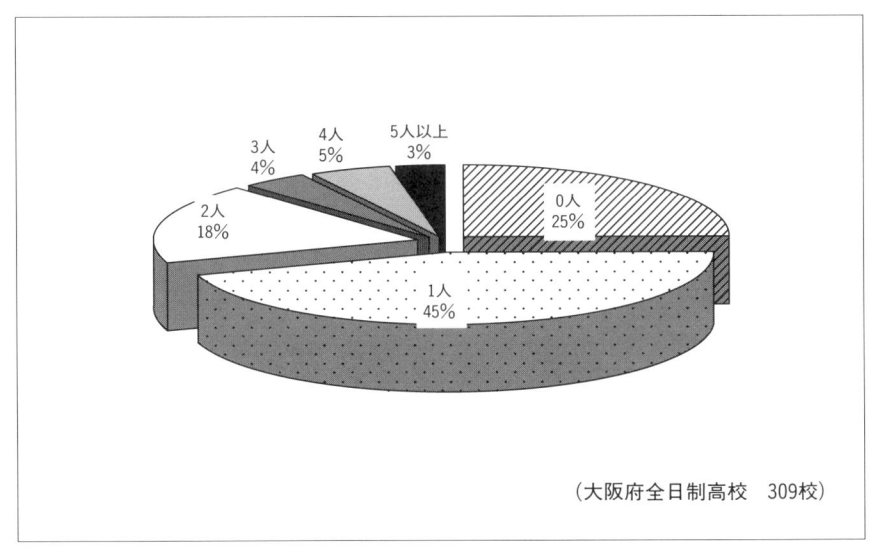

図7-15 高等学校一校あたりの女性体育教員数

3人 4%　4人 5%　5人以上 3%
2人 18%
0人 25%
1人 45%

（大阪府全日制高校　309校）

大阪府高等学校体育研究会(1999)より作成，井谷・北田(2001)

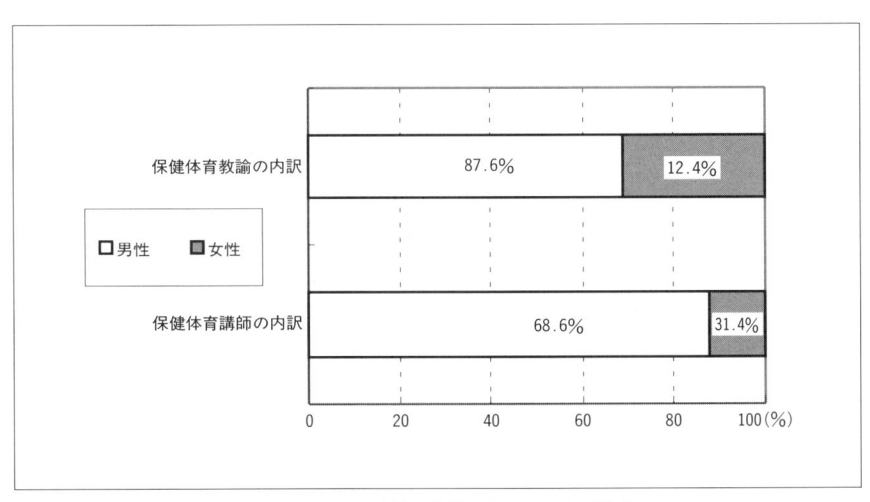

図7-16 A県の高校保健体育教員の男女別構成

保健体育教諭の内訳　男性 87.6%　女性 12.4%
保健体育講師の内訳　男性 68.6%　女性 31.4%

井谷(1997)より改変，井谷(2001)

7-9 体育・スポーツを専攻する生徒・学生

　体育学やスポーツ科学を学ぶ大学生は徐々に増加している。学部・大学院で体育を専攻する入学者数推移を見ると、女子学生は男子学生に比べて増加が急激で、ことに大学院レベルでの増加が顕著である。女性の占める割合も学部・大学院共に3分の1強となっている。他方、短大での専攻学生は女子に限られており数的にもほとんど変化がない。

表7-14　学部・大学院で体育を専攻する入学者数

	1970	1975	1980	1985	1990	1995	1999
短大女子入学生	1065	1354	1503	1335	1532	1601	1046
学部男子入学生	2973	4227	3759	4189	4212	3996	3635
学部女子入学生	972	1757	1404	1473	1958	2205	2281
大学院男子入学生	34	83	92	109	152	186	241
大学院女子入学生	7	13	22	18	38	79	86

文部省(1970-1999)「学校基本調査報告書」より作成、井谷(2001)
(注)短大では教育関係学科の体育専攻、学部では体育学、体育専門学群、スポーツ健康科学の合計、大学院では教育学科の体育専攻学生の数値である。

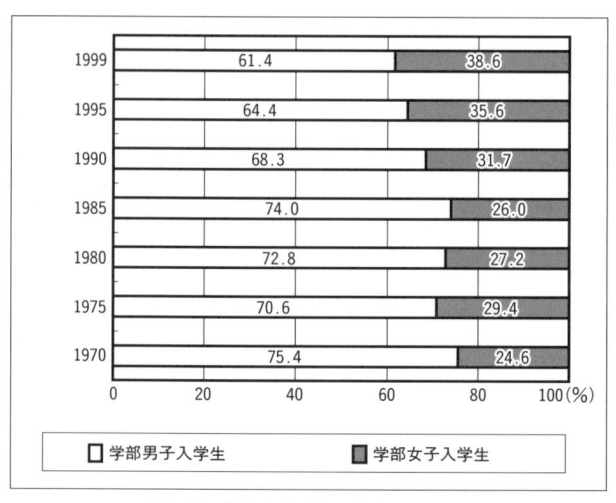

年	学部男子入学生	学部女子入学生
1999	61.4	38.6
1995	64.4	35.6
1990	68.3	31.7
1985	74.0	26.0
1980	72.8	27.2
1975	70.6	29.4
1970	75.4	24.6

図7-17　体育を専攻する学生の男女比

文部省(1970-1999)「学校基本調査報告書」より作成，井谷(2001)

一方、図7-18は高等学校に設置される体育学科における生徒数を示したものである。1980年以降急増しているが、女子は男子の半数に満たず、増加も緩やかである。

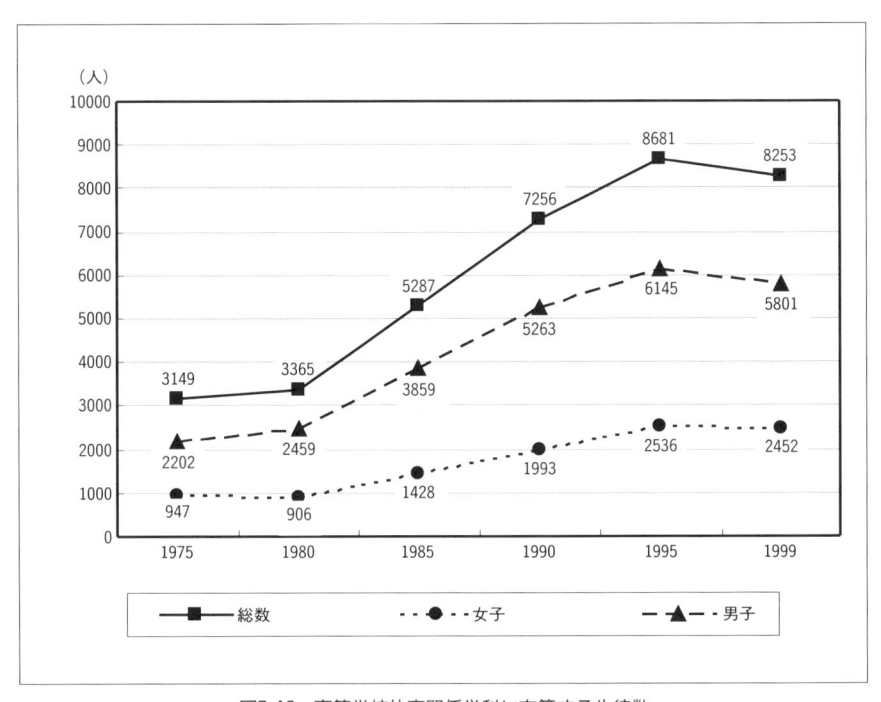

図7-18　高等学校体育関係学科に在籍する生徒数
文部省(1975-1999)「学校基本調査」より作成，井谷(2001)

7-10　スポーツ指導と暴力／セクシュアル・ハラスメント

　表7-15と図7-19は、女子体育大学において学校期に受けた暴力についての調査結果を示している。暴力を受けた体験者が40％弱にものぼり、そのうち中学校・高校両方での体験者が30％となっている。これは、体育やスポーツの場で暴力が常態化していることをうかがわせるものである。種目別にみると、女性の参加者の多いバレーボールに集中しており、次いでバスケットボールやハンドボールなど集団種目に多いことが分かる。一般的には、男女を問わず暴力行為の被害者になっていることが報告されているが、指導者の大半が男性であることを考えると、男性から女性への暴力という場面が多いことが推測できる。スポーツにおける体罰が深刻な問題であることは、コラムからも読みとることができ、特に勝利を志向する競技性の高い集団で多発しているように思われる。

　上記の暴力に関する問題には、セクシュアル・ハラスメントがある程度含まれることが予想できる。国内でスポーツ場面におけるセクシュアル・ハラスメントを調査したものは見あたらないが、体育大学におけるセクシュアル・ハラスメント調査（鹿屋体育大学）が参考になると思われる。「行為を受けたことがある」と答えた者の性別は、「女性がいる前で性的なジョークを言う」など圧倒的に女性が多く、サークルの活動中やコンパなど、スポーツに関わる場面が多いことが読みとれる。また、セクシュアル・ハラスメントの行為者の性別と立場では、男性が大半で、上級生・先輩、同級生についで、指導者的立場にあるものも多数含まれていることが報告されている。

表7-15　学校期における暴力の体験（数値％, N=596）

	いいえ	はい
殴られた経験がある	62.6	37.4

「はい」と答えた者の体験時期	
殴られた経験がある〈中学〉	58.0
殴られた経験がある〈高校〉	72.0
殴られた経験がある〈中・高どちらも〉	30.0
殴られた経験がある〈大学〉	8.0

阿江(2000, p.92)より作成, 井谷(2001)

第7章 学校体育と女性　217

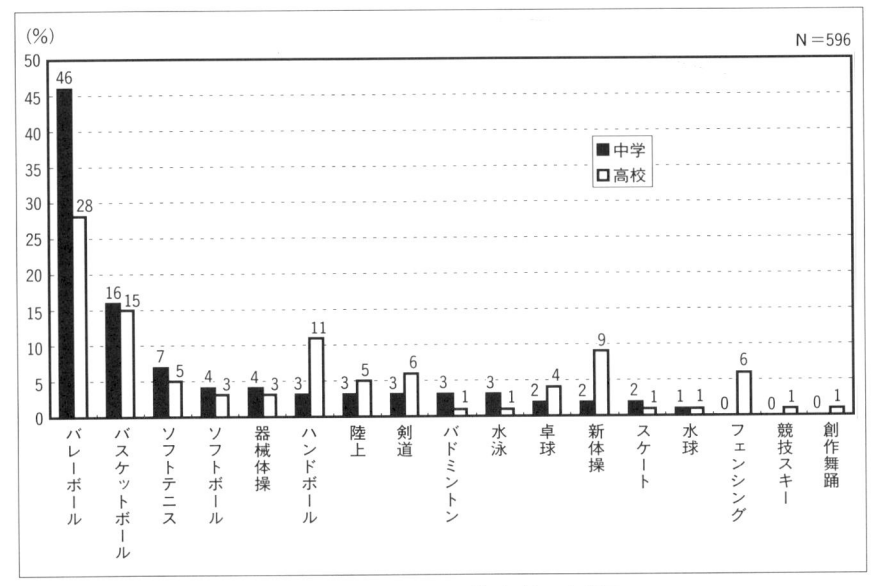

図7-19　学校期で暴力の体験があった種目

阿江(2000，p.92)より改変，井谷(2001)

コラム　スポーツ場面での体罰の典型的事件　坂本秀夫(1998)

　月刊『コーチング・クリニック』の特集「スポーツ指導と体罰」は、高等学校の体育部活で起こった体罰事件を典型的な事例として取り上げている。著者は教育法学者の立場から、この事件の概要と判決文の一部を示し、部活動が体罰の温床となる理由を示している。

　優秀なやり投げ選手であったＡ子の指導者は日常的に暴言暴力を繰り返す体罰教師の典型であった。Ａ子は「ばか」「やめろ」「顔も見たくない」などの言葉による侮辱に加え、土下座、竹刀による殴打を繰り返し受けたが、必死に教師についていこうとした。しかし、力つき果て、自殺という不幸な結末に至った。この事件の岐阜地裁判決では部活における体罰について以下のような見解を示している。

「部活の厳しさとは、生徒各人がそれぞれ自己の限界に挑むという汗まみれの努力を通して、より深い人間的つながりを形成しながら、それを基盤として助け合い、励まし合う中で、生徒が自己の限界に厳しく取り組み、それを自分の力で克服していくという意味の厳しさであって、決して、指導者の過剰な叱責やしごき、無計画に行われる猛練習や長時間の練習といったものを意味するのではない。多少のしごきや体罰近似の指導を事前に生徒が包括的に甘受するといった相互了解があると認めることは到底できず、また、そのような相互了解があってはならない」（井谷惠子）

【参考文献】

- 阿江美恵子(2000)運動部指導者の暴力的行動の影響：社会的影響過程の視点から．体育学研究　45(1)：89-103．
- ベネッセ教育研究所(1998)高校生の教科観——受験の学力・生活する学力．モノグラフ高校生　54：103．
- ベネッセ教育研究所(1996)ジェンダーバイアス．モノグラフ小学生ナウ16(1)：24．
- 畠山幸子(2000)クラブ活動における性別役割分業．亀田温子・舘かおる(2000)　学校をジェンダーフリーに．明石書店：東京．pp.81-97．
- 飯田貴子(1999)「文部省スポーツテスト」がつくる「体力の男女差」．平成11年度女性学・ジェンダー研究フォーラム発表資料．
- 飯田貴子(1996)保健体育の教科書にみるジェンダー．帝塚山学院短期大学研究年報　44：132-156．
- 井上輝子・江原由美子編(1999)女性のデータブック(第3版)．有斐閣：東京．p.131．
- 井谷惠子(1997)学校体育におけるジェンダー形成．女性教養　540：3-6．
- 伊藤三洋・石倉忠夫・杉江修治(1999)高校生の体育授業への態度　生涯学習につなぐ指導の基礎的検討．教育医学　44(4)：618-628．
- 鹿屋体育大学(2000)セクシュアル・ハラスメントに関する学生の意識等に関する調査結果報告書．
- 健康・体力づくり事業財団(1995)運動・スポーツの阻害要因に関する調査研究報告書．
- 北田和美(1999)男女共習体育授業の課題．大阪女子短期大学紀要　24：27-28．
- 京都市中学校教育研究部会体育部会(1999)平成10年度における保健体育科選択制授業実施状況調査報告書．
- 前田博子(1997)体育教員とジェンダー．学校体育50(2)：2．
- 文部省(1955-1998)学校基本調査報告書．
- 文部省(1980-1995)学校教員統計調査報告書．
- 成田十次郎ほか編(1998)改正學校體操教授要目の精神と其の實施上の注意(昭和11年10月15日發行　復刻版)．日本体育基本文献集第23巻．日本図書センター：東京．pp.119-120．
- 成田十次郎ほか編(1998)國民學校體錬科精義(昭和15年刊　復刻版)．日本体育基本文献集第24巻．日本図書センター：東京．pp.96-133．
- 日本中学校体育連盟(1999)加盟校・参加校調査集計．
- 大阪府高等学校体育研究会(1999)大阪府高等学校教職員名簿．
- 坂本秀夫(1998)体罰とは何か、体罰なき指導への提言．Coaching Clinic 12(11)：6-10．
- 東葛支部教研(2000)東葛支部女性部アンケート結果報告．
- 全国高等学校体育連盟(1988-1997)全国高等学校体育連盟加盟状況．

第8章

女性のからだ

- 8-1 文部省新体力テストでみる女性の体力・運動能力
    - (1) 全年齢共通テスト項目■握力■上体起こし■長座体前屈
    - (2) 6歳から64歳対象の項目■反復横とび
      ■20mシャトルラン（往復持久走）■立ち幅とび
    - (3) 6歳から19歳対象の項目■50m走
      ■ソフトボール（6歳〜11歳）・ハンドボール投げ（12歳〜19歳）
      ■持久走(男子1,500m、女子1,000m)
    - (4) 20歳から64歳対象の項目■急歩(男子1,500m、女子1,000m)
    - (5) 65歳から79歳対象の項目■開眼片足立ち■10m障害物歩行
      ■6分間歩行■ADL（日常生活活動テスト）
- 8-2 幼児の運動能力検査でみる女児の体力・運動能力
    - ■25m走■立ち幅とび■ソフトボール投げ■テニスボール投げ
    - ■両足連続とびこし■体支持時間■捕球■往復走
- 8-3 女性の体格
    - ■身長■体重■BMI■肥満とやせの傾向■体型の自己評価
    - ■体脂肪率
- 8-4 女性の性的発育
- 8-5 女性の骨塩量（骨密度）
- 8-6 競技者と月経
    - ■競技者の月経時の諸症状
    - ■競技種目別の月経異常発現率
    - ■初経初来年齢
- 8-7 女性の痩身願望

本章では、女性の身体能力や体格、さらに女性スポーツ選手が直面するからだの問題についてデータを紹介していきたい。

8-1 文部省新体力テストでみる女性の体力・運動能力

「平成12年度文部省体力・運動能力調査報告書（平成11年度テスト結果）」より日本人女性の体力状況をまとめた。平成11年4月から文部省(現・文部科学省)の「新体力テスト」が実施され、昭和39年から行われていた文部省スポーツテスト等に取って替わることになった。改訂により、種目数が8項目程度に精選され、表8-1のように16歳から79歳までを4段階にわけた組テスト（バッテリーテスト）が作成された。今回の改定の骨子は、1) 健康関連体力に関するテスト項目の導入、2) 高齢者を含めた全年齢共通の3項目の実施、3) 年齢段階の再編である。このテストは毎年全国規模で実施され、前年度のデータによる報告書が、10月の体育の日に文部省体育局（現・文部科学技術省スポーツ・青少年局生涯スポーツ課）から発表される。また、平成12年度より同省のホームページから基本的な統計資料にアクセスできるようになった。

表8-1 文部省新体力テスト　年齢別テスト項目

		表1　新体力テス年齢別新体力テスト項目			
	測定対象（歳）	6～11歳	12～19歳	20～64歳	65～79歳
	測定項目数	8項目	8項目	6項目	6項目と調査
全年齢共通項目	握力	○	○	○	○
	上体起こし	○	○	○	○
	長座体前屈	○	○	○	○
児童生徒学生と中高年	反復横とび	○	○	○	
	20mシャトルラン 持久走または急歩	○	○(持久走)	○(急歩)	
	立ち幅とび	○	○	○	
児童生徒のみ	50m走	○	○		
	ボール投げ	ソフトボール	ハンドボール		
高齢者のみ	開眼片足立ち				○
	10m障害物歩行				○
	6分間歩行				○
	日常生活動作調査(ADL)				○

文部省(2000, pp.185-245)より作図，太田(2001)

(1)全年齢共通テスト項目

6歳から79歳の全年齢を対象とした各年齢に共通するテスト3項目の測定値の推移と女子の値が男子の何％にあたるかをまとめると以下のようになる。

■握力（図8-1）

筋力（静的筋力）の指標とされる。握力計を握り、身体に触れないように握りしめる。右左の順で交互に2回握り、左右とも良い方の記録を加算して求めた平均値を個人の記録とする。筋力の指標である握力は、すべての年齢段階で男子が女子より高い値を示しているが、その差は11歳以降に顕著で、特に男子は17歳ごろまで急激な向上傾向を示す。その後は、男女とも20歳台でも緩やかな向上傾向を示し、男子では35〜39歳に、女子は40〜44歳でピークに達しており、体力の他の要素に比べピークに達する時期が遅い。ピーク時以後は緩やかな低下傾向を示し、ピーク時を100％とすると60〜64歳には、男女ともに約80％に、また75〜79歳では男女ともに約70％に低下する。

女子は、小学校低中学年は男子の90％以上の値を示し、小学校高学年になり思春期前期の発育促進期になると95％と最も差が小さくなる。その後、男女差は拡大し、青年期以降は高齢期まで男性の60％レベルにある。

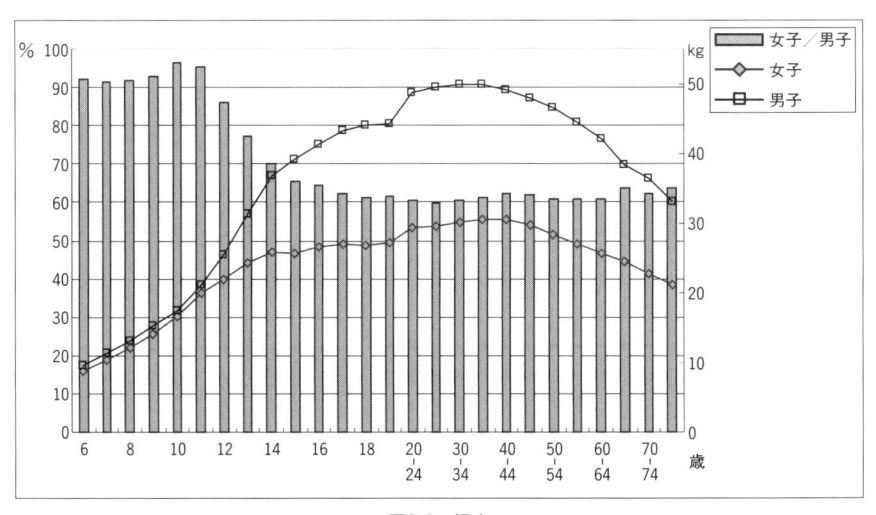

図8-1 握力

文部省(2000, pp.41-53)より作図, 太田(2001)

■ 上体起こし（図8-2）

　筋持久力の指標であり、腰痛と関係する健康関連体力の項目である。手を軽く握り、腕を胸の前で交差させて組み、膝を90度に曲げた仰向け姿勢をとる。動かないように補助者に膝を抱えてもらい、両肘が両腿につくまで起き上がった後、肩甲骨が床につくまで戻す動作を30秒間続け、正しくできた回数を記録とする。

　上体起こしは、すべての年齢段階で男子が女子より高い値を示しており、その性差はピーク時まで加齢に伴い拡大し、その後、その差をやや狭めながら低下していく。男子は、14歳ごろまで顕著な向上を示し、その後非常に緩やかな向上傾向を続け、17歳ごろにピークに達している。ピーク時以後は、急激な低下傾向を示し、60～64歳には、ピーク時の約45％にまで低下する。さらに75～79歳では、男子で約30％、女子で約20％にまで低下する。

　女子は小学校低中学年では男子の90％の値を示し、小学校高学年以降男女差が拡大し、思春期から中年期まで男性の70％レベルを維持し、50歳以降再び差が拡大して60％レベルに、60歳以降は50％になる。

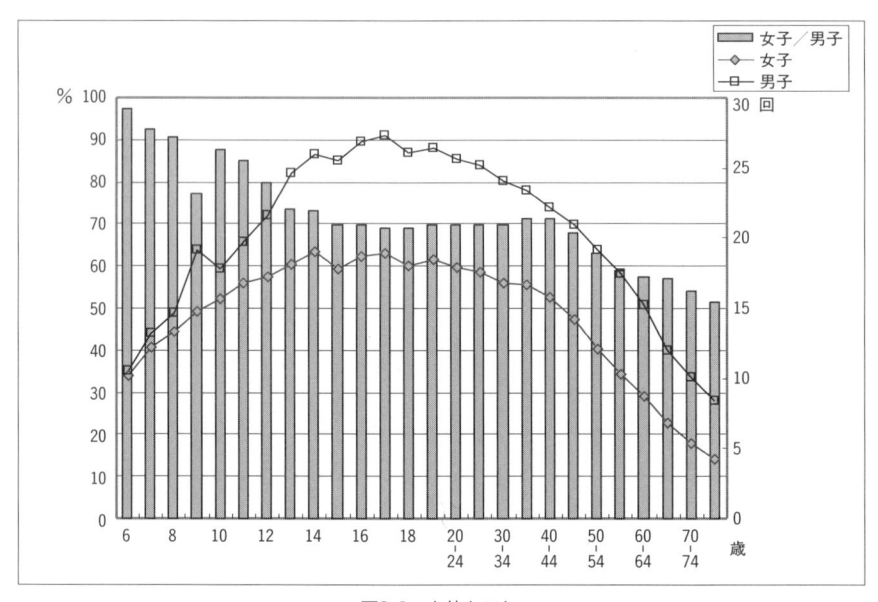

図8-2　上体おこし

文部省(2000, pp.41-53)より作図, 太田(2001)

■長座体前屈（図8-3）

　柔軟性の指標であり、腰痛と関係する健康関連体力の項目である。

　A4コピー用紙の箱2個を35～40cm離して厚紙等でつないだ測定用具を用いる。靴を脱いだ状態で箱の間に長座姿勢で座り、腰と背を壁につける。その姿勢から肩幅で前に伸ばした手のひらの中央が箱をつなぐ厚紙に触れる位置を0点として、身体を前屈して箱を静かに前に移動させた距離を測り、2回実施してよいほうを記録とする。

　長座体前屈は、ほぼすべての年齢段階で女子が男子よりも高い値を示している。6歳から女子が男子よりも高い値を示したまま、男女ともに13・14歳ごろまで直線的な向上傾向を示す。その後、女子ではその値を維持しながら、25～29歳ごろにピークに達するのに対して、男子では、17歳ごろまで緩やかな向上傾向が続く。男女ともピークに達した後は緩やかな低下傾向を示し、60～64歳には、男子でピーク時の約80％、女子で約90％に、さらに75～79歳では、男子で約70％、女子で約80％に低下する。

　男女差が最も小さく、10代後半を除いて、どの年齢をみても女性の値が男性を上まわっている。小学生時代は約110％の値を示し、思春期前期から青年期までは差は減少し、男女ともに似た値を示すが、中高年期に再び差が拡大して105％レベルを維持する。

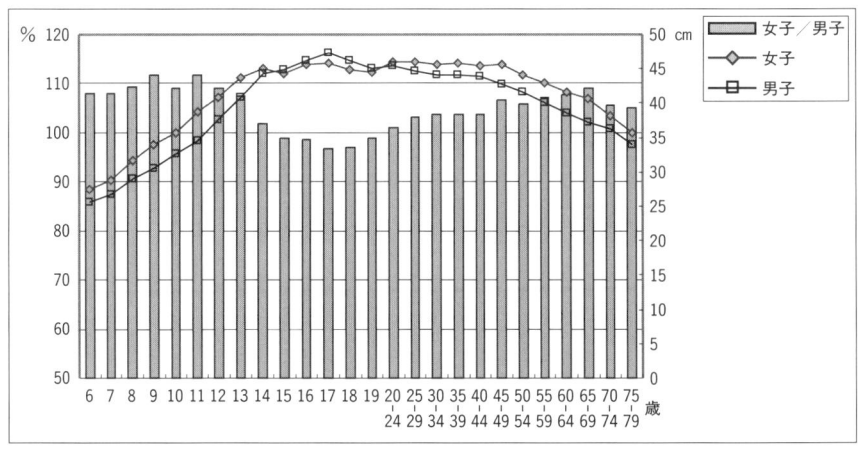

図8-3　長座体前屈

文部省(2000, pp.41-53)より作図, 太田(2001)

⑵ 6歳から64歳対象の項目

6歳から64歳を対象とした各年齢に共通するテスト3項目の測定値の推移と女子の値が男子の何％にあたるかをまとめると以下のようになる。

■反復横とび（図8-4）

敏捷性の指標である。100cm間隔の3本線の中央をまたいで立ち、横に両足とび（サイドステップ）で移動して、右側の線に触れるか越した後、中央線をまたぎ、左側の線に触れるか越すまで移動して、中央線をまたぐ。この動作を20秒間繰り返し、各線を移動するごとに1点として移動の回数を測定する。2回実施してよいほうを記録とする。

反復横とびは、すべての年齢段階で男子が女子より高い値を示しているが、男女とも14歳ごろまで急激な向上傾向を示し、数年間その値を保持するか、またはわずかな向上を続け、19歳ごろピークに達している。ピーク時以後は、男子は緩やかに、女子は30歳代までその値をほぼ保持した後に低下傾向を示し、60～64歳には、男女ともにピーク時の約70％に低下する。

女子は小学校では男子の90％以上のレベルにあるが、その後、差は拡大し、10代後半に最も差が拡大した後、差が縮小しながら85％レベルの値を示す。

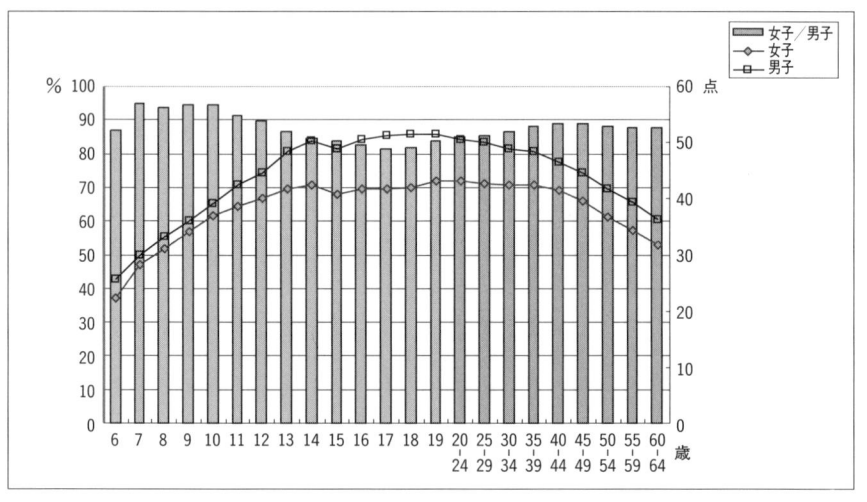

図8-4　反復横とび

文部省(2000, pp.41-53)より作図，太田(2001)

■20mシャトルラン（往復持久走）（図8-5）

全身持久力の指標であり、生活習慣病と関係する健康関連体力の項目である。

20m離れた線の間を、電子音のスタート合図(1分間ごとに合図の間隔が短くなる)にあわせて行き来し、スタート合図に間に合わなくなるまでくり返して、くり返しの回数を記録とする。

全身持久力の指標である20mシャトルラン（往復持久走）は、すべての年齢段階で男子が女子より高い値を示しているが、男女とも14歳前後で迎えるピークレベルまで急激な向上傾向を示す。その後数年間、男子は持続傾向、女子では緩やかに低下する傾向を示し、19歳以降は直線的で著しい低下を示す。60～64歳には、男女ともピーク時の約30％にまで低下する。

女子は、小学校では男子の約75％の値を示すが、10代後半で差は拡大し55％レベルになる。20歳以降は差がやや縮小して高齢期まで約60％の値を示す。

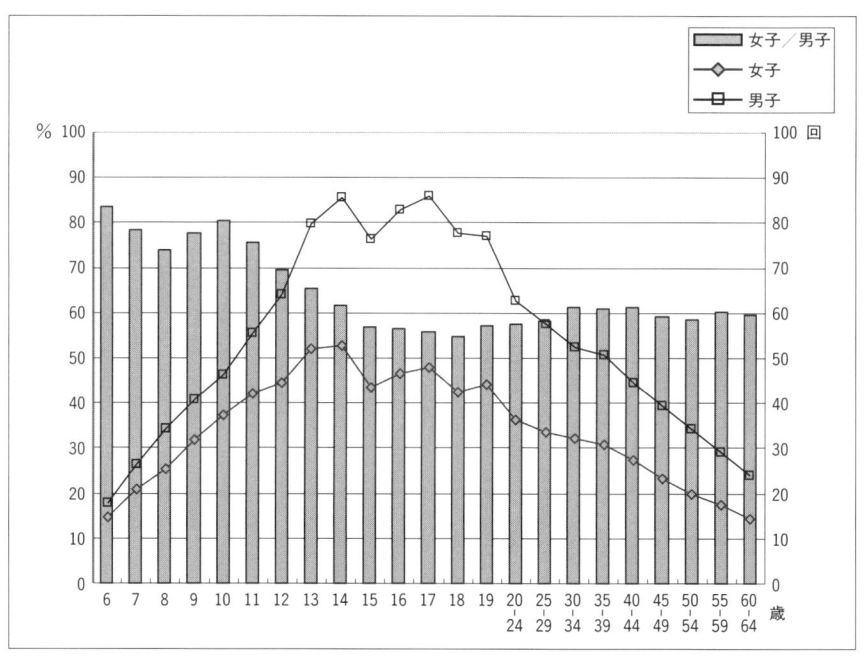

図8-5　20mシャトルラン

文部省(2000, pp.41-53)より作図, 太田(2001)

■立ち幅とび（図8-6）

　筋パワー(瞬発力)、跳躍能力の指標である。両足で前方に跳びその距離を測る。2回実施してよいほうを記録とする

　立ち幅跳びは、すべての年齢段階で男子が女子より高い値を示しており、全年齢にわたる変化の幅は女子が男子に比べて小さく、その性差はピーク時まで加齢に伴い徐々に増大していく。男子は、14歳ごろまで顕著な向上を示し、その後緩やかな向上傾向を続け、20～24歳頃にピークに達している。女子は、14歳頃ピークに達し、しばらくの間ほぼその値を維持した後に緩やかな低下傾向を示す。男女とも、60～64歳には、ピーク時の約75％に低下する。

　女子は、小学生期は男子の約90％の値を示すが、以後差は拡大し中学生期で80％となり、以降高齢期まで約75％レベルが続く。

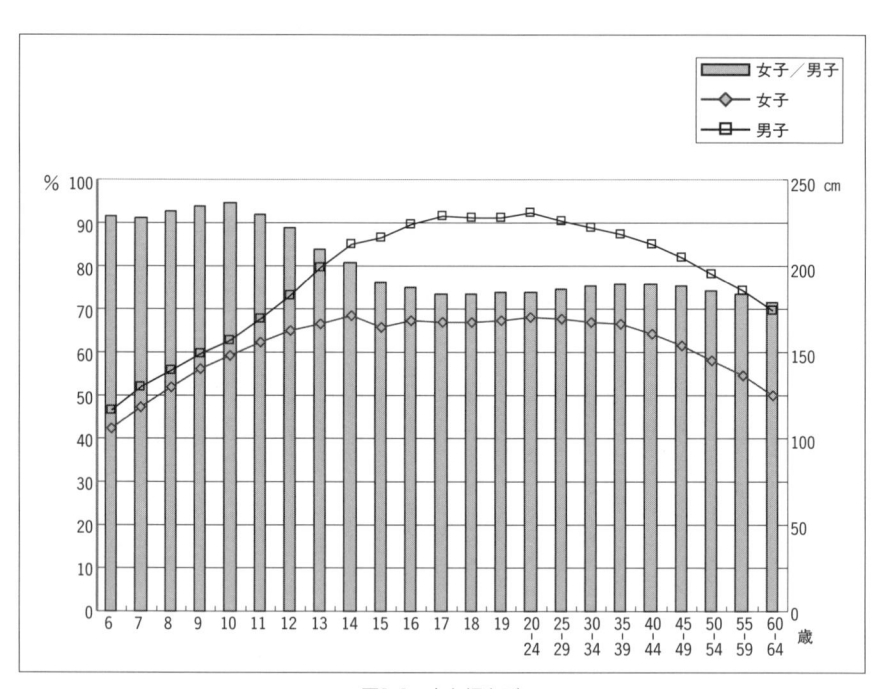

図8-6　立ち幅とび

文部省(2000, pp.41-53)より作図，太田(2001)

(3) 6歳から19歳対象の項目

6歳から19歳の児童・生徒・学生を対象とした各年齢に共通するテスト3項目の測定値の推移と女子の値が男子の何%にあたるかをまとめてみよう。

■50m走（図8-7）

スピードおよび走能力の指標である。50m走は、6歳から11歳までは、男子がわずかながら高い値を示したまま、男女ともに直線的な向上傾向を示す。しかし、その後、男子では17歳まで向上傾向が続くが、女子は以降向上傾向が鈍りはじめ、14歳でピークを迎える。性差は14歳以降拡大する傾向にある。

女子は、小学生期は男子のほぼ95%の値を示すが、中学生期に90%レベルを割り、大学生では約80%レベルの値を示す。

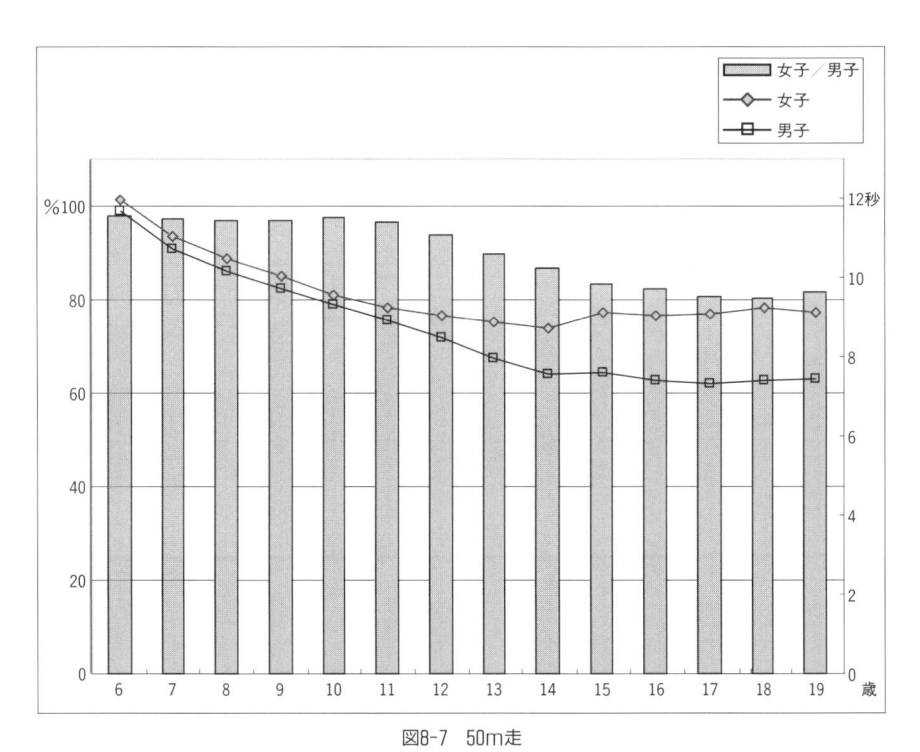

図8-7　50m走

文部省(2000, pp.41-53)より作図，太田(2001)

■ソフトボール（6歳〜11歳）・ハンドボール投げ（12歳〜19歳）（図8-8）

　投能力、筋パワー(瞬発力)、および巧緻性の指標である。ボール投げは、すべての年齢段階で男子が女子より優れている。6歳から11歳を対象としたソフトボール投げにおいて、男女ともに直線的で著しい発達傾向を示すが、6歳からすでに男子が女子よりも高い値を示しており、発育発達に伴ってその性差はさらに拡大する傾向にある。12歳から19歳を対象としたハンドボール投げにおいても、男女ともに17歳でピークを迎えるまで向上傾向は続くが、男子に比べ女子の向上傾向が比較的緩やかなため、その差はソフトボール投げに引き続き拡大する傾向にある。

　すべてのテスト項目の中でもっとも男女差が大きく、ソフトボール投げ、ハンドボール投げ双方とも女子は男子の約60％レベルの値を示し、大学生以降では約55％レベルとなる。

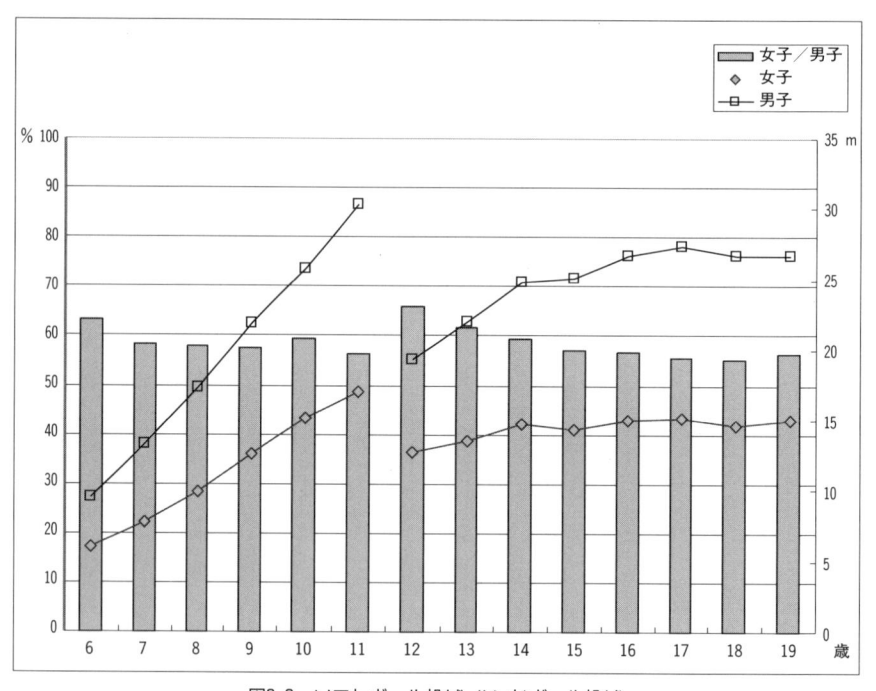

図8-8　ソフトボール投げ・ハンドボール投げ

文部省(2000, pp.41-53)より作図，太田(2001)

■持久走（男子1,500m、女子1,000m）（図8-9）

　全身持久力の指標で、20mシャトルランとの選択種目である。

　分速で換算してすべての年齢段階で男子が女子より優れている。男子は15歳、女子は13歳でピークに達し、その後値を維持するが、男子は18歳で著しく低下する。

　分速で比較すると12歳で女子は男子の95％の値を示し、以降男女差は拡大して17歳で約80％となるが、18歳以後差は縮小し85％レベルになる。

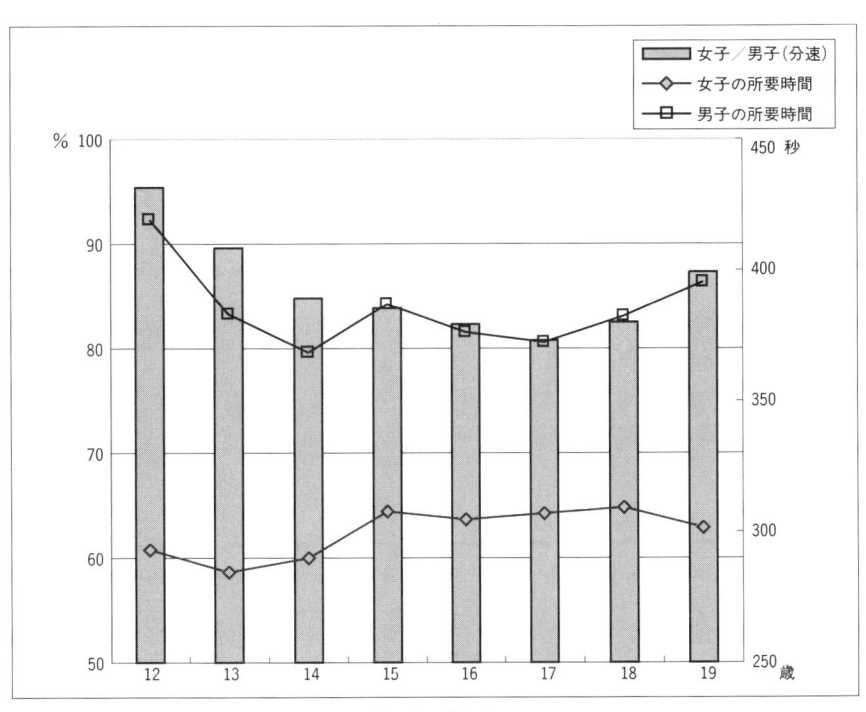

図8-9　持久走

文部省(2000, pp.41-53)より作図，太田(2001)

⑷20歳から64歳対象の項目

■急歩（男子1,500m、女子1,000m）（図8-10）

　全身持久力の指標で、20mシャトルランとの選択種目である。分速で換算するとすべての年齢段階で男子が女子より優れている。男女とも加齢に伴い値が低下する傾向がある。変化の幅は、女子は男子に比べて小さい。

　分速で比較すると男女差は加齢に伴ってあまり拡大せず、女子の値は全年齢でほぼ男子の90％近い値を示す。

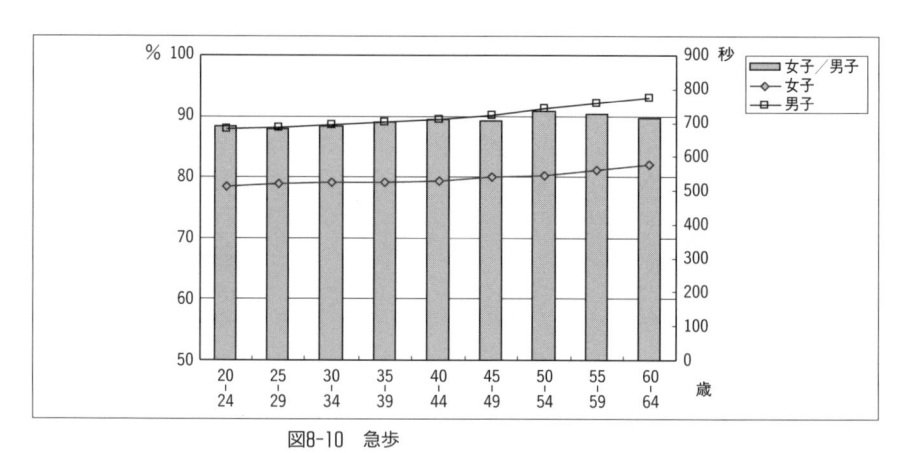

図8-10　急歩

文部省(2000, pp.41-53)より作図, 太田(2001)

⑸65歳から79歳対象の項目

　65歳から79歳の高齢者を対象としたテスト3項目の測定値の推移と女子の値が男子の何％にあたるかをまとめると以下のようになる。

■開眼片足立ち（図8-11）

　平衡性（バランス）の指標である。両手を腰に当て、左右どちらかの立ちやすい足を支持脚として、もう片方の足を床から5cm程度あげて片足立ちを続けられる時間を測定する。すべての年齢段階で男子が女子よりも高い値を示している。男女とも加齢に伴って値が直線的に低下し、低下傾向は女子よりも男子の方が緩やかである。女子は5年間当たりで約20％低下が認められる。

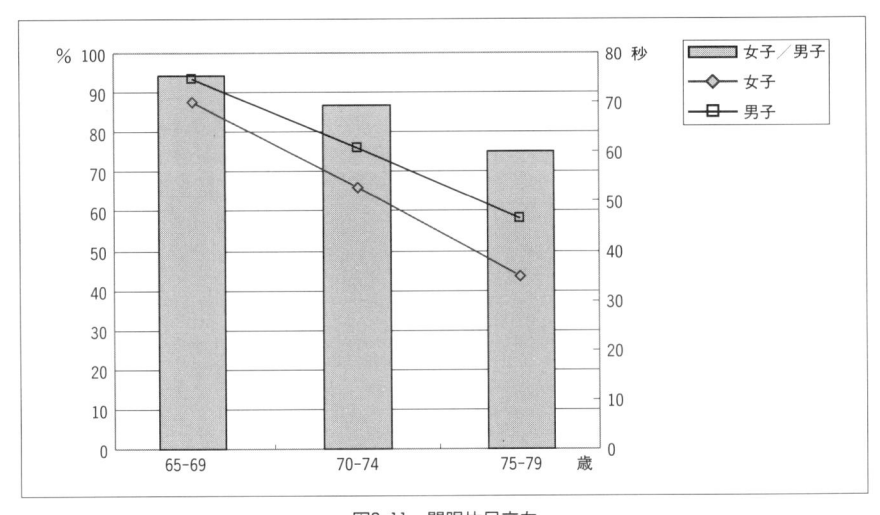

図8-11　開眼片足立ち
文部省(2000, pp.41-53)より作図，太田(2001)

　加齢に伴い男女差が拡大する。女子の値は65～69歳で男子の約95%の値を示すが、74歳以後は70%レベルの値を示す。

■10m障害物歩行（図8-12）
　歩行能力の指標である。スタートからゴールまでの10m間に、2m間隔で置かれた高さ20cm厚さ10cm長さ100cmのブロック6個をまたぎ越す。スタートしてゴールするまでの時間を測る。すべての年齢段階で男子が女子よりも高い値を示している。男女とも加齢に伴って直線的に値が低下する。低下傾向は女子よりも男子の方が緩やかである。5年間当たりで5～10%の低下が認められる。加齢に伴い男女差は徐々に拡大し、女子の値は男子の80～85%の値を示している。

■6分間歩行（図8-13）
　速歩能力の指標である。距離がわかるコースを用いて6分間の歩行距離を測定する。すべての年齢段階で男子が女子よりも優れている。男女とも加齢に伴って値が直線的に低下し、ともに5年間当たり約5%の低下が認められる。
　6分間歩行（速歩力）は加齢に伴う男女差の拡大はわずかで、男子の90%レベルの値を示している。

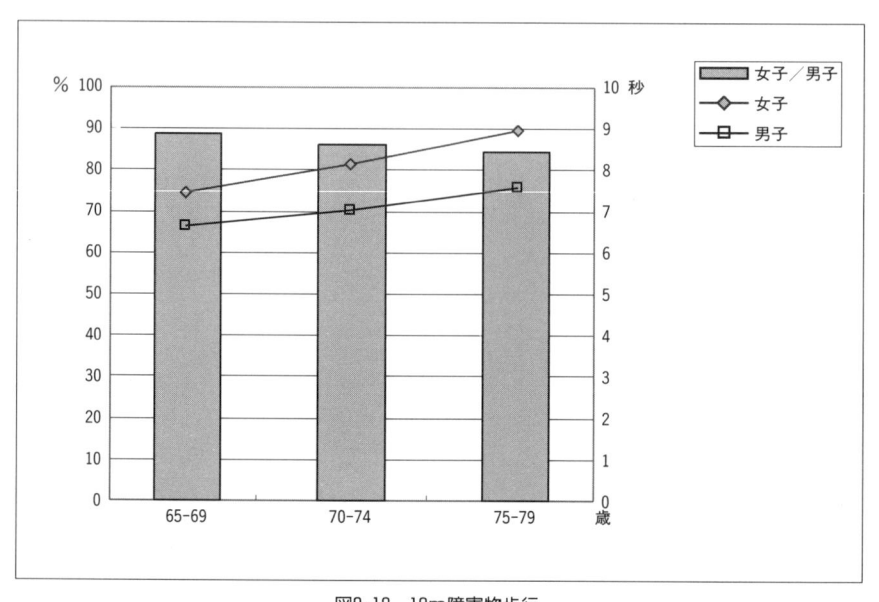

図8-12 10m障害物歩行
文部省(2000, pp.41-53)より作図, 太田(2001)

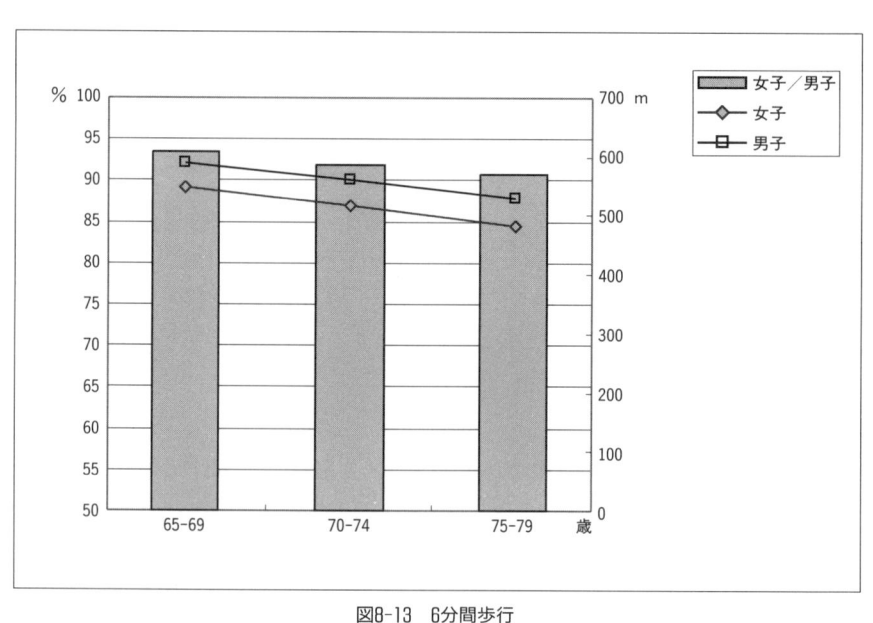

図8-13 6分間歩行
文部省(2000, pp.41-53)より作図, 太田(2001)

■ADL（日常生活活動テスト）（図8-14）

　日常生活の各種動作の出来具合を問うADLの12項目（表8-2）について、最も体力水準が高いとする『3』のレベルにあると答えた者の割合をまとめた。

表8-2　ADL調査項目一覧

番号	調査項目	体力あり（最高得点3点）の答え
1	"休まないで，どれくらい歩けますか。"	1時間以上
2	"休まないで，どれくらい走れますか。"	10分以上
3	"どれくらいの幅の溝だったら，とび越えられますか。"	50cm程度
4	階段をどのようにして昇りますか。	サッサと楽につかまらずに
5	"正座の姿勢からどのようにして，立ち上がれますか。"	手を使わずに
6	"目を開けて片足で，何秒くらい立っていられますか。"	30秒以上
7	"バスや電車に乗ったとき，立っていられますか。"	発車・停車時以外はつかまらずに
8	"立ったままで，ズボンやスカートがはけますか。"	つかまらずに
9	シャツの前ボタンを掛けたり外したりできますか。	片手でもできる
10	布団の上げ下ろしができますか。	重い布団でも楽に
11	"どれくらいの重さの荷物なら，10m運べますか。"	10kg程度
12	"仰向けに寝た姿勢から，手を使わないで，上体だけ起こせますか。"	3〜4回以上

文部省（2000，pp.233）より作図，太田（2001）

　女性の場合は、全体的な傾向では男性と大きな違いはみられないが、全般的に『3』と答えた割合は男性よりも20％程度低い。65〜69歳で『3』が60％を超えるのは、「立ったままでズボンやスカートがはける（問8）」と「布団の上げ下ろしができる（問10）」の他に「正座の姿勢から手を使わずに立ち上がれる（問5）」だけである。「1時間以上歩ける（問1）」、「シャツの前ボタンを掛けたり外したりできる（問9）」、「30秒以上片足で立てる（問6）」などの項目では50％を割り、特に「仰向けに寝た姿勢から、手を使わないで、上体だけを3〜4回以上起こせる（問12）」と「10分以上走れる（問2）」は30％を割っている。その後さらに高齢になると、男性と同様に、5年あたりで約10％程度ずつ減少する傾向を示し、75〜79歳で、「10分以上走れる」と答えた割合は10％程度になっている。

　男性の場合、65〜69歳で、80％以上が『3』と答えた項目は、「立ったままでズボンやスカートがはける（問8）」、「10kg程度の荷物を10m運べる（問11）」、「布団の上げ下ろしができる（問10）」、「50cm程度の溝をとび越えられる（問3）」であった。その他の問に対しては、「10分以上走れる（問2）」を除き、50％以上の回答が得られた。その後加齢に伴い、ほぼ5年あたりでいずれも10％程度ずつ減少する傾向を示している。

番号		女子			男子		
		女子65~69歳	女子70~74歳	女子75~79歳	男子65~69歳	男子70~74歳	男子75~79歳
8	立ったままで，ズボンやスカートがはけますか。	83.03	69.86	60.18	85.71	78.49	69.9
10	布団の上げ下ろしができますか。	70.76	57.24	45.12	83.79	76.35	64.82
5	正座の姿勢からどのようにして，立ち上がれますか。	60.48	51.77	37.89	70.24	63.18	52.21
3	どれくらいの幅の溝だったら，とび越えられますか。	55.43	43.76	33.64	80.59	73.96	60.05
4	階段をどのようにして昇りますか。	54.05	36.19	25.96	66.7	54.17	42.07
11	どれくらいの重さの荷物なら，10m運べますか。	52.85	38.29	31.27	84.1	76.7	69.99
1	休まないで，どれくらい歩けますか。	48.41	38.7	30.26	61.03	55.69	44.95
9	シャツの前ボタンを掛けたり外したりできますか。	47.44	35.92	29.83	51.83	44.76	40.3
6	目を開けて片足で，何秒くらい立っていられますか。	44.43	33.6	24.4	51.72	41.69	32.91
7	バスや電車に乗ったとき，立っていられますか。	39.7	27.59	20.37	56.08	49.72	37.88
12	仰向けに寝た姿勢から，手を使わないで，上体だけ起こせますか。	28.87	20.39	15.32	55.39	43.47	40.13
2	休まないで，どれくらい走れますか。	21.62	15.98	10.24	34.36	29.23	23.51

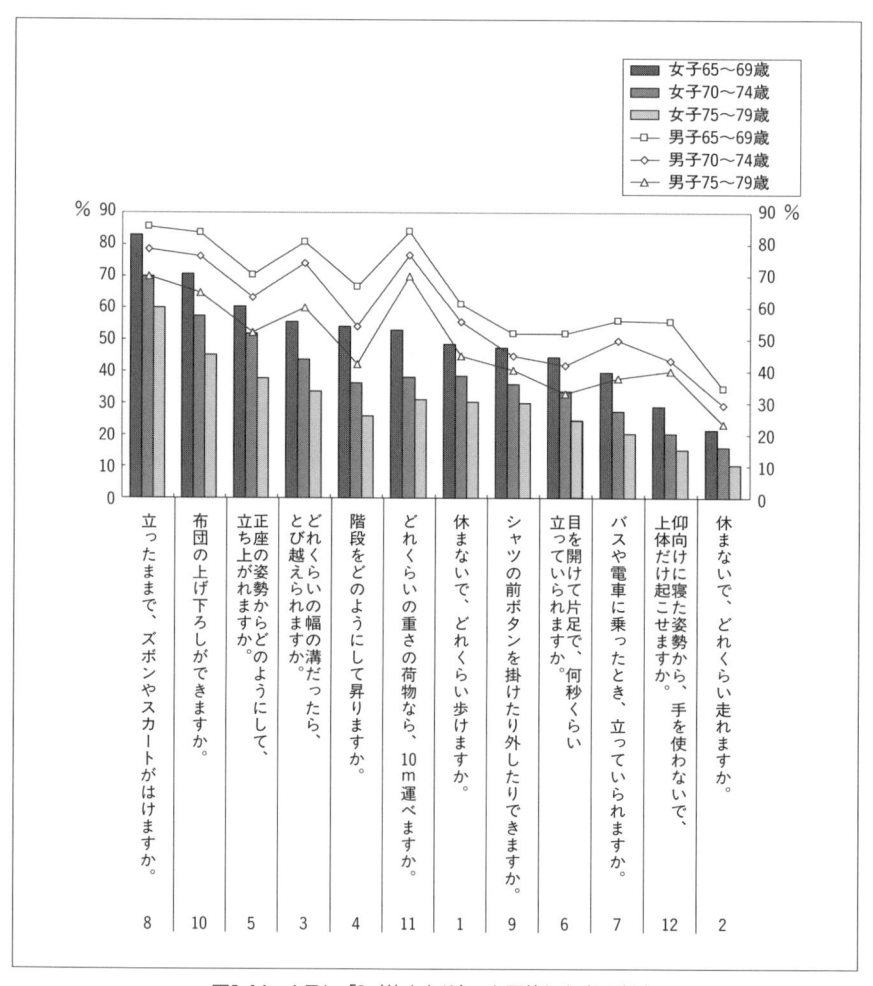

図8-14　ADL「3（体力あり）」と回答した者の割合

文部省(2000, pp.41-53)より作図，太田(2001)

8-2　幼児の運動能力検査でみる女児の体力・運動能力

　近藤らの「幼児の運動能力検査1997年」より、女児の体力状況をまとめた。この検査は東京教育大学心理学研究室作成の項目を中心に、1966年、73年、86年に全国的に実施されてきたものである。1997年度は以下の8項目のテストが行われた。

■25m走（図8-15）
　スピードおよび走能力のテスト項目である。男児、女児ともに直線的な発達傾向にある。どの年齢においても男児が優れ、女児の値は男児の97％レベルにある。

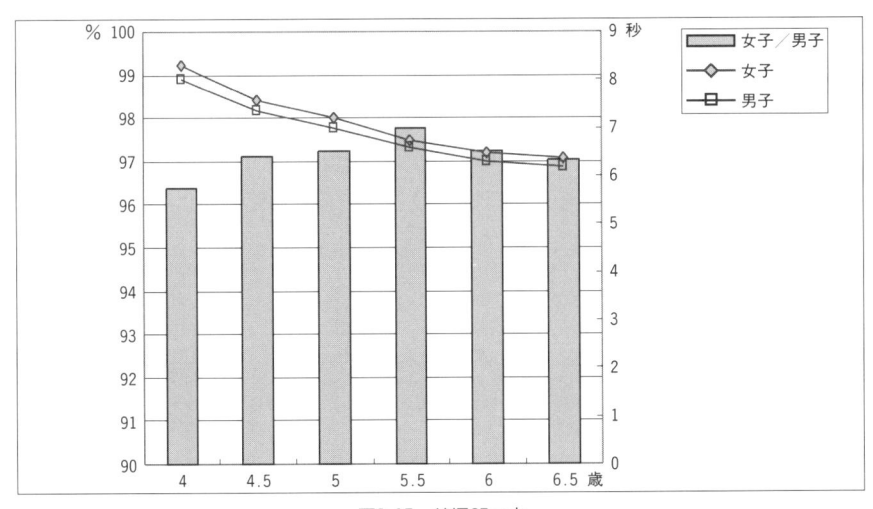

図8-15　幼児25m走
近藤ほか(1999, p.7)より作図，太田(2001)

■立ち幅とび（図8-16）
　瞬発力のテスト項目である。踏み切り線から両足をそろえて前に跳び、踏み切り線と着地点（踏み切り線に近い方のかかとの位置）との最短距離をはかる。
　男児、女児ともに直線的な発達傾向を示している。どの年齢においても男児が優れて、女児の値は男児の90％レベルにある。

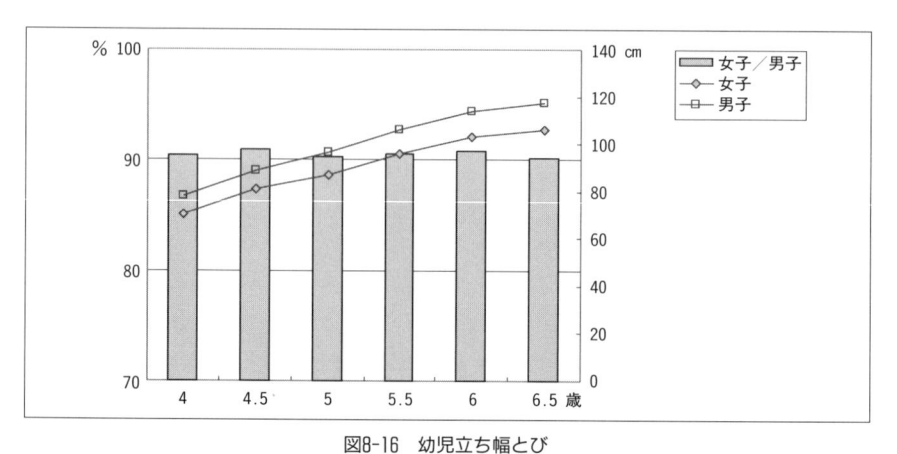

図8-16　幼児立ち幅とび

近藤ほか(1999, p.7)より作図，太田(2001)

■ソフトボール投げ（図8-17）

　投能力、筋パワー(瞬発力)、および巧緻性のテスト項目である。6m幅で1m間隔に引かれたラインに向かってソフトボールを投げる。男児、女児ともに直線的な発達傾向を示しており、男児の方が向上傾向が顕著である。どの年齢においても男児が優れ、年齢を追って性差は拡大する。女児の値は4歳児で男児の70％レベル、5歳以降低下し、6歳では65％レベルにある。

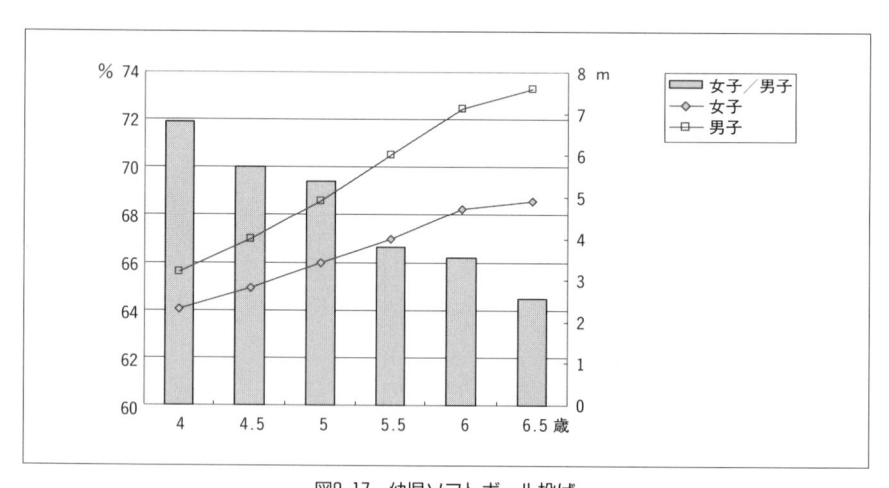

図8-17　幼児ソフトボール投げ

近藤ほか(1999, p.7)より作図，太田(2001)

■テニスボール投げ（図8-18）

ソフトボール投げと同じラインに向かってテニスボールを投げる。

男児、女児ともに直線的な発達傾向を示しており、男児の方が向上傾向が顕著である。どの年齢においても男児が優れ、年齢を追って性差は拡大する。女児の値は4歳児で男児の70％レベル、5歳以降低下し、6歳では65％にある。

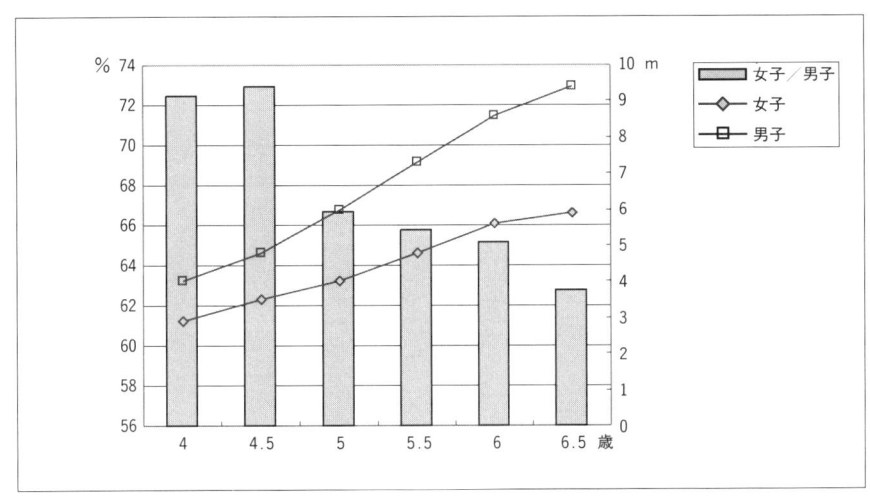

図8-18　幼児テニスボール投げ

近藤ほか（1999, p.7）より作図，太田（2001）

■両足連続とびこし（図8-19）

敏捷性のテスト項目である。スタートラインから50cm間隔に10個並べた積み木を両足とびで連続してとびこし終える時間をはかる。

男児、女児ともに直線的な発達傾向を示している。特に5歳までにその傾向が顕著である。男女差はどの年齢においてもみられない。

■体支持時間（図8-20）

筋持久力のテスト項目である。机と机の間に立ち、スタート合図で床から両足を離して、両腕で体重を支えていられる時間をはかる。

男児、女児ともに直線的な発達傾向を示し、男女差はどの年齢においてもほとんどみられない。

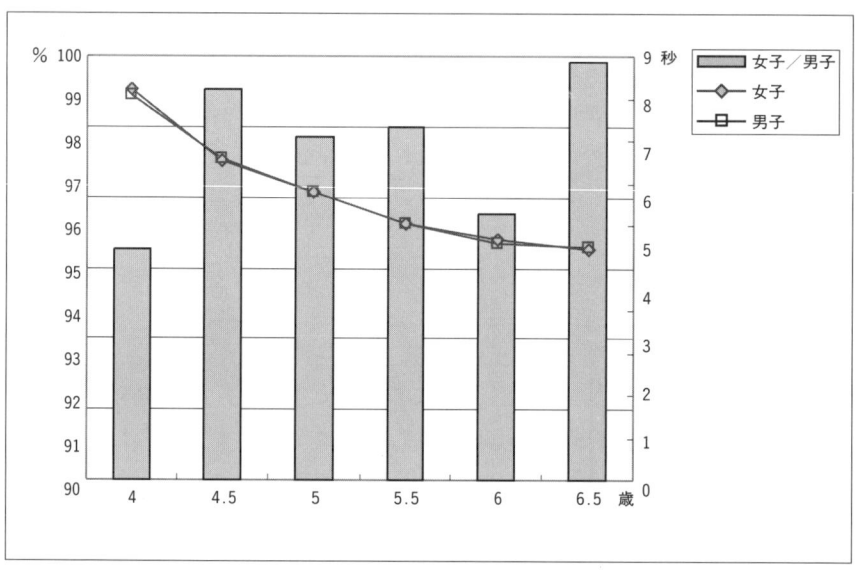

図8-19 幼児両足連続跳び越し

近藤ほか(1999, p.7)より作図, 太田(2001)

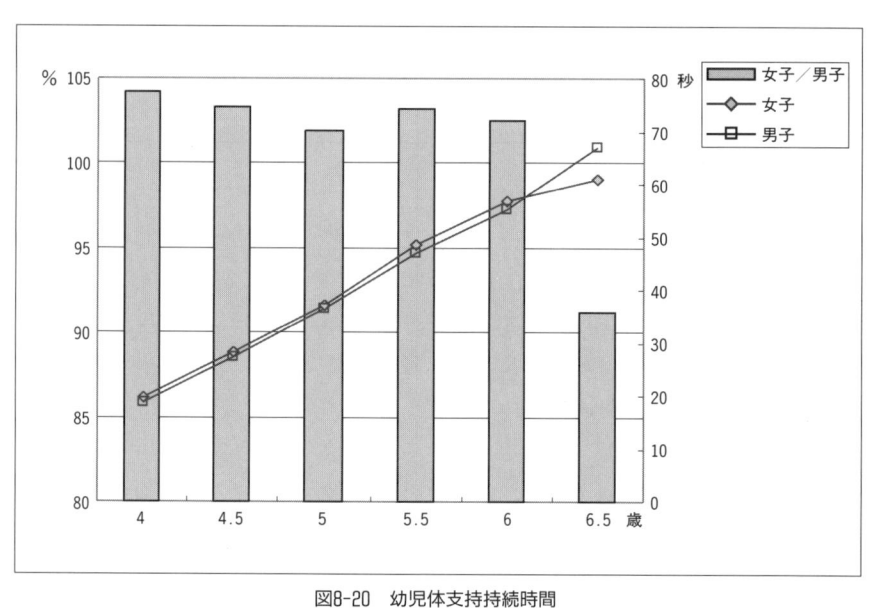

図8-20 幼児体支持持続時間

近藤ほか(1999, p.7)より作図, 太田(2001)

■捕球（図8-21）

　巧緻性のテスト項目である。測定者が3m離れた位置から中央にはった170cmの高さのロープを越えるように下手投げで投げたボールを幼児がキャッチする。10球中何回キャッチできたかをはかる。

　男児、女児ともに直線的な発達傾向を示している。どの年齢においても男児が優れ、女児の値は男児のほぼ90％レベルにある。

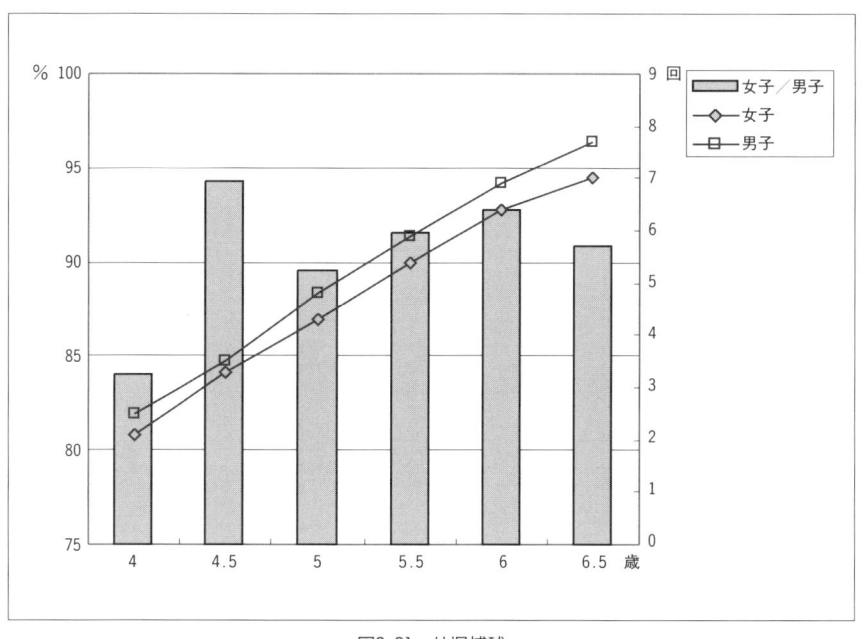

図8-21　幼児捕球

近藤ほか(1999, p.7)より作図，太田(2001)

■往復走（図8-22）

　スピードおよび走能力のテスト項目である。スタートラインから15m先にある旗（あるいはコーン）を回って戻り、復路10m地点（スタートライン5m手前）を通過するまでの時間をはかる。

　男児、女児ともに直線的な発達傾向を示している。どの年齢においても男児がわずかに優れているが、女児の値は男児のほぼ97％レベルにある。

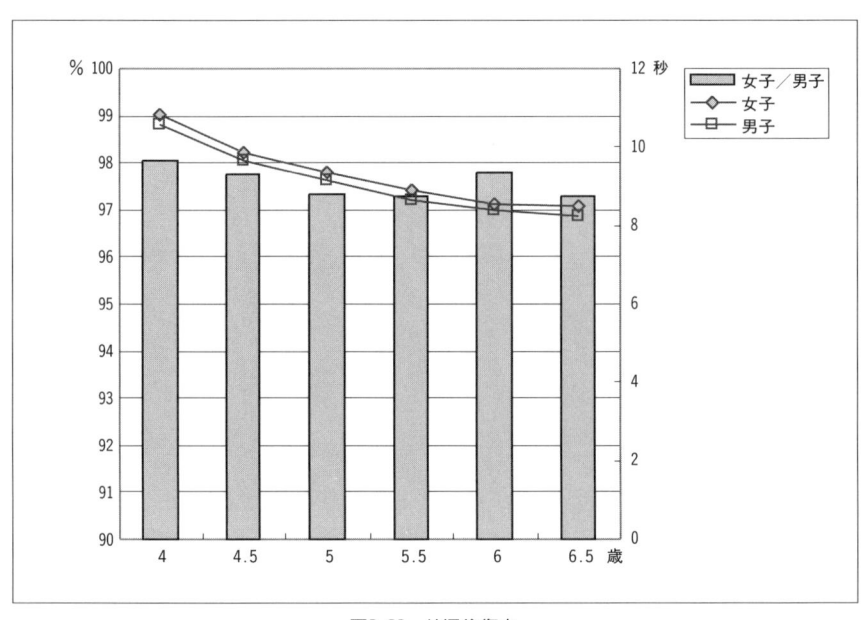

図8-22　幼児往復走

近藤ほか(1999, pp.7)より作図，太田(2001)

8-3 女性の体格

平成10年国民栄養調査（国民栄養の現状）のデータをもとに、近年の女性の形態測定値についてまとめた。

■身長（図8-23）

出生後1年で出生児の約1.5倍の急速な増加をみた後、3歳までは年間約7～8cm、幼児期・学齢期は年間約6cmの増加がある。10、11歳で女子の値が男子の値を上まわる発育交差現象がみられ、9歳からはじまる女子の発育のピークと重なる。男子の発育のピークは女子より遅れ、11～12歳の頃で年間約7cm増加する。発育急進後は増加量が減少し、20歳代の平均値は男性約171cm、女子158cmである。

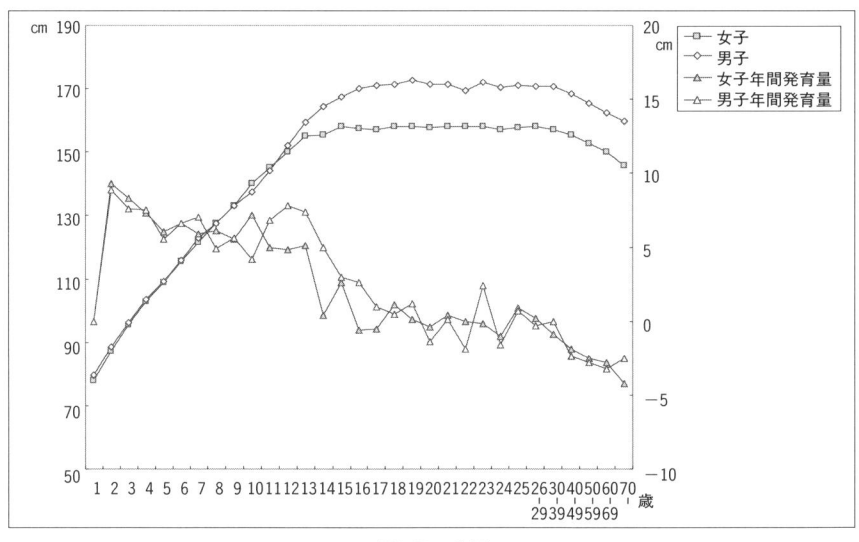

図8-23　身長

平成10年国民栄養調査結果（2000, pp.138-139）より作図, 太田（2001）

■体重（図8-24）

出生後1年で約3倍の急速な増加をみた後、3歳までは年間約1～2kg、幼児期・学齢期は年間約3～4kgの値の増加がある。8～11歳で女子の値が男子の値を上まわる発育交差現象がみられる。女子の発育のピークは身長より約1年遅れて10歳

〜12歳、男子の発育のピークは女子より遅れ12〜15歳の頃である。発育急進後は増加量が減少し、20歳代の平均値は男性約65kg、女性は約50kgである。加齢に伴い、男女ともに増加傾向を示し、60歳台で減少に転じる。

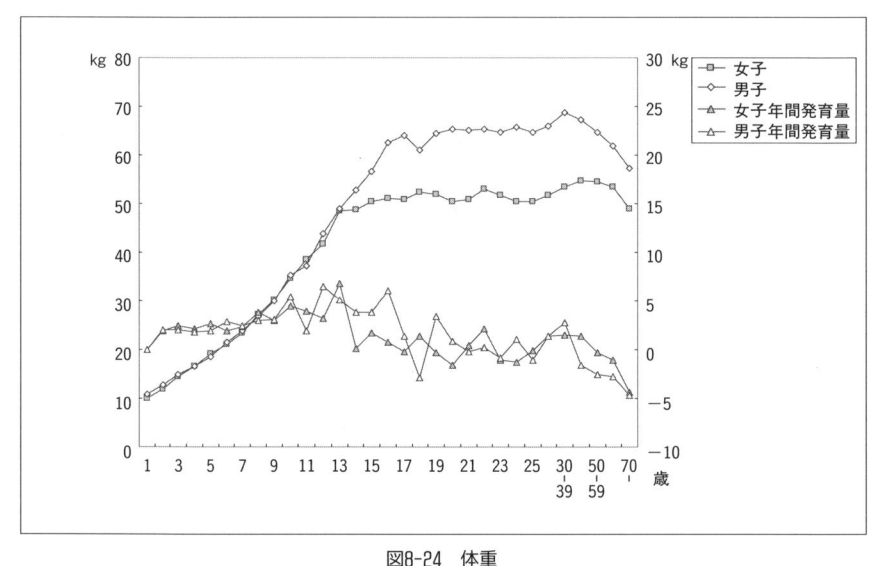

図8-24 体重

平成10年国民栄養調査結果(2000, pp.140−141)より作図，太田(2001)

■BMI（図8-25）

体重（kg）を身長（m表示）の2乗で割った値であり、体格の判定基準である。平成12年の日本肥満学会による判定基準は、25.0以上を「肥満」、18.5未満を「やせ」としている。幼児期は緩やかに値が減少するが、学齢期に増加する。発育の後期になり、男女とも一定の値を維持するが、女子は「やせ」に近い一定の値を示す。20歳代後半から緩やかに増加し、60歳以降では男性よりも女性の値の方が大きい。

■肥満とやせの傾向（図8-26）

BMIによる肥満とやせの傾向を見ると、20歳代女性は20％、つまり5人に1人が「やせ」と判定される。それに対して男性は20歳代では5人に1人（19％）、30〜60歳では3人に1人（30％）が「肥満」である。

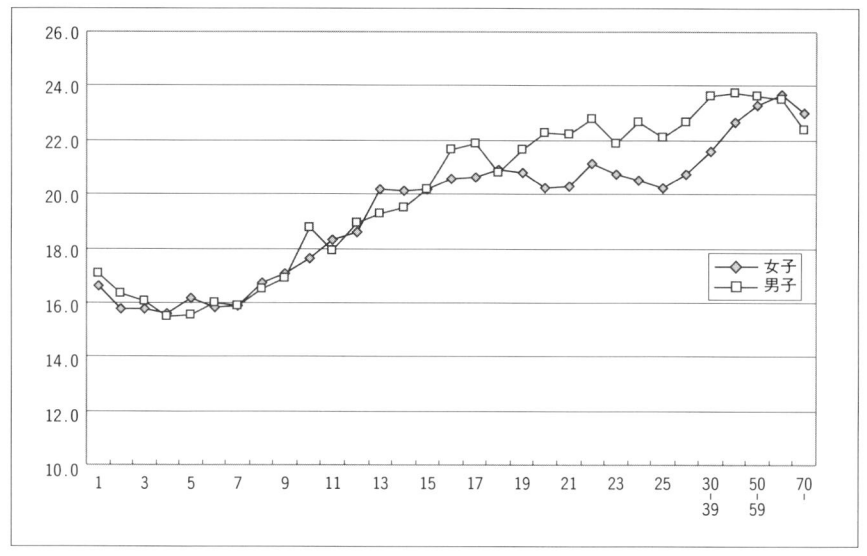

図8-25　BMIの年齢変化

平成10年国民栄養調査結果(2000, pp.138－141)より作図, 太田(2001)

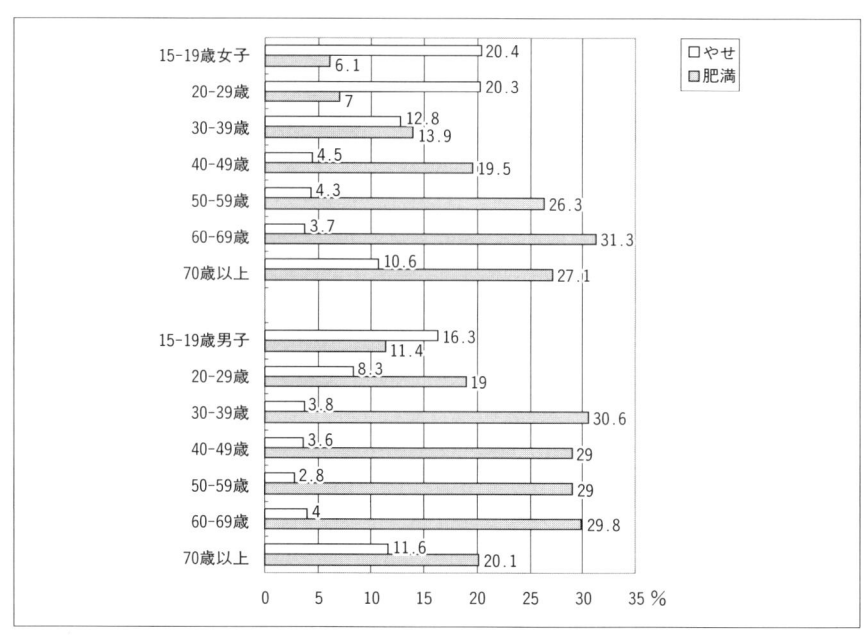

図8-26　肥満とやせの割合

平成10年国民栄養調査結果(2000, pp.45－46)より作図, 太田(2001)

■体型の自己評価（図8-27）

　体型の自己評価は、現実のBMIが「普通」であるにもかかわらず、女性は50歳代まで約半数の者が自分を「太っている」と評価する傾向にある。その傾向は特に10代で顕著である。これは男性がほぼ適正に評価するのとは異なった様相を呈している。

　理想とするBMIについての調査では男女とも現実より低くなっているが、特に若年女性は現実のBMIも低いが理想はさらに低い値となっており、10歳代で18.7、20歳代で19.1となっている（平成10年国民栄養調査結果, 2000）。

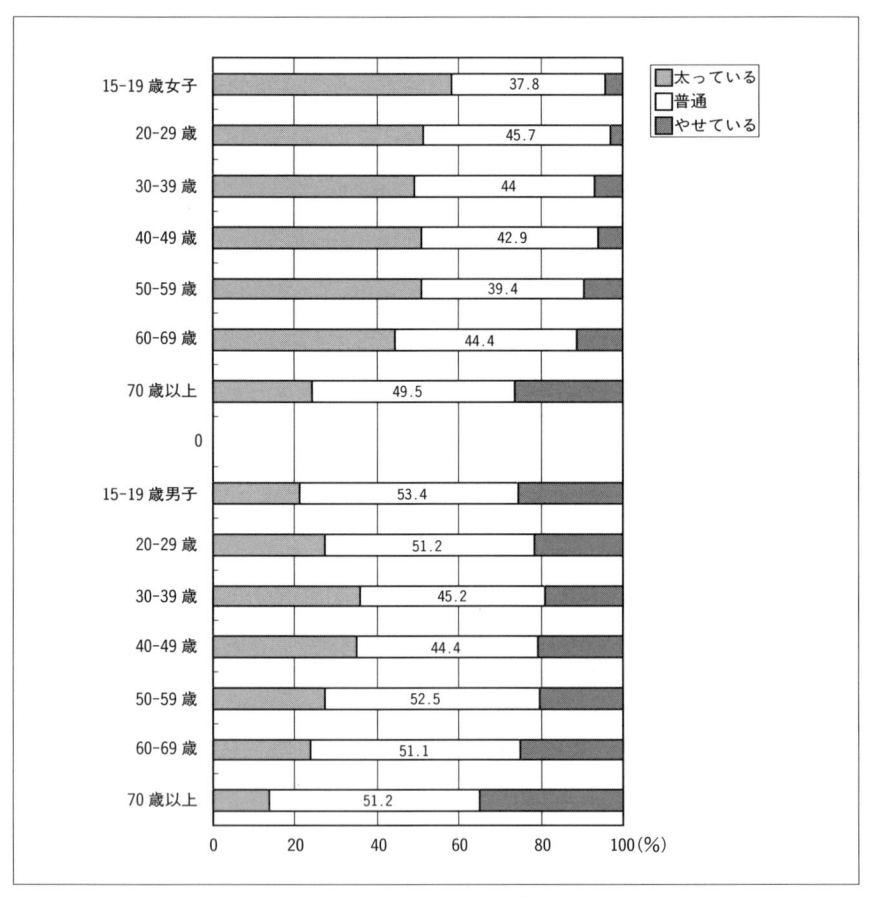

図8-27　体型の自己評価（現実が「普通」の者）

平成10年国民栄養調査結果(2000, pp.48)から作図, 太田(2001)

■体脂肪率（図8-28）

「日本人の体力標準値第4版」のデータをもとに体脂肪率についてまとめた。

上腕背部と肩甲骨下角の皮下脂肪厚を用いて算出した体脂肪率を図に示した。どの年齢でも女性の値が男性の値より大きい。男女とも発育期に増加し20歳代にかけて一旦減少し一定の値を維持する。その後は男女ともに緩やかに増加し、女子は30歳代後半から増加の傾向が顕著になる。60歳代以後は緩やかに減少する。

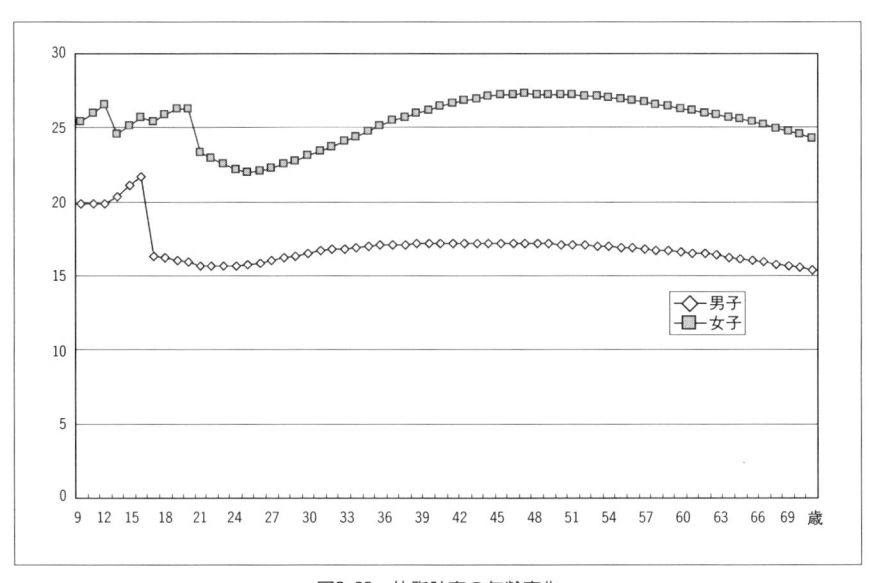

図8-28　体脂肪率の年齢変化

日本人の体力標準値第4版(1998, pp.58-61)より作図，太田(2001)

8-4 女性の性的発育

「1993年児童生徒の性」のデータを元に日本の子どもの性的発育状況をまとめた。中学3年生を対象に射精・月経開始年齢を調査した結果を図8-29に示した。女子は開始年齢が小学6年生（11歳）の割合が32％と最も高く、男子は女子より1年遅い中学校1年生が39％と最も多かった。

射精と月経の累積経験率を図8-30に示した。女子は小学校6年生までに約半数が月経を経験する。中学3年生までの累積経験率は93.3％に達する。男子は小学校6年生ごろから急激に増加し、中学校2年生までの上昇率が大きい。

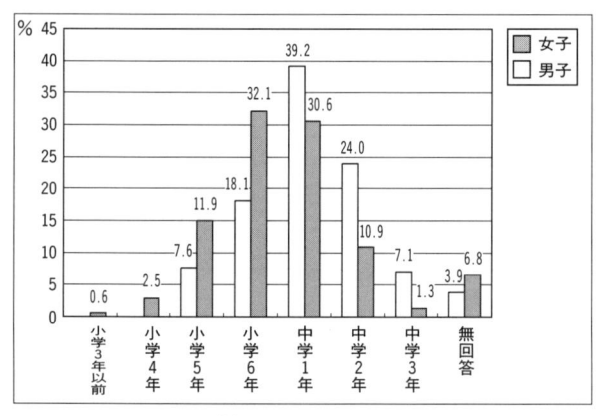

図8-29 射精と月経の初経験学年

児童・生徒の性（学校図書, 1993, pp.61, 63）より作図, 太田（2001）

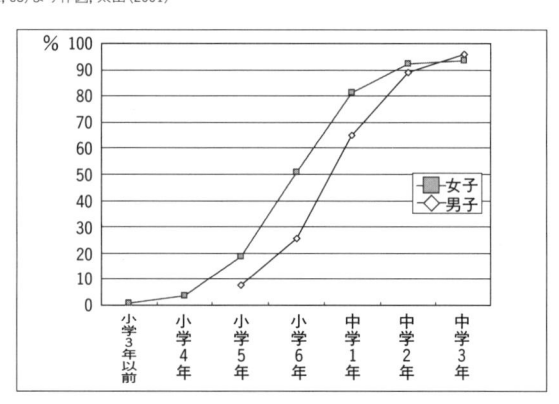

図8-30 射精と月経の累積経験率

児童・生徒の性（学校図書, 1993, pp.61, 63）より作図, 太田（2001）

8-5　女性の骨塩量（骨密度）

　高齢化社会の到来を迎え、加齢に伴う骨塩量の変動は、骨粗鬆症との関連から注目されている。骨塩量の測定は、医療の現場で使われるX線を利用したDXA法（Dual energy X-ray absorptiometry）で1平方センチあたりのミネラル量を測定する方法や、スクリーニングとして有効とされる超音波法などがある。機器や方法によって数値が異なるなど、一定の基準を設けにくい面があるが、日本骨代謝学会による1996年度改訂版の女性の踵骨骨密度基準（DXA法）を紹介したい（表8-3）。

表8-3　女性：踵骨骨密度基準値

年齢	n	BMD (h/cm²)
20-24	346	0.845±0.085
25-29	439	0.840±0.081
30-34	415	0.842±0.087
35-39	342	0.840±0.077
40-44	396	0.843±0.080
45-49	677	0.829±0.086
50-54	721	0.794±0.089
55-59	663	0.749±0.088
60-64	415	0.703±0.096
65-69	369	0.680±0.081
70-74	357	0.636±0.091
75-79	261	0.617±0.090
80-84	159	0.573±0.086
85-89	72	0.558±0.090
	5,632	

注：BMDは、平均値

折茂肇ほか（1997, pp.219-233）より作図, 太田（2001）

8-6　競技者と月経

　女子スポーツ選手と月経との関係について、重要なことにも関わらず、その実態の把握ができていないのが現状である。近年、女性競技者特有の障害として、月経障害、摂食障害、骨粗鬆症の互いの関連性が認識され、FAT (Female Athlete Triad) として注目されている。日本では、まだこの種の調査がなく、競技者、指導者双方に啓発を行っていく必要がある。

■競技者の月経時の諸症状

　女性競技者の月経随伴症状（月経時のみに起こる身体的・精神的に受ける痛みなどの症状）についてはこれまで調査が見あたらない。伊藤が大学女子競技者を対象に独自に行った資料によれば、身体的症状として、過食になる、体重増加、腰や下腹部の痛みを感じる、精神的症状として、疲労感、だるさ、イライラするなどの回答が多く、複数回答も多くみられた（図8-31、32）。

　また、スポーツに伴う月経周期の異常では、稀発月経、無月経が多くみられる（表8-4）。原因としては、過度のトレーニングによるストレス、体重の管理による栄養摂取状態、などが考えられる。

表8-4　激しいスポーツをするようになってからの月経の変化

	(n=211) 重複解答あり	
変化なし	89	42.2%
不順になった	96	45.5%
(a.月経周期の短縮	7	3.3%)
(b.月経周期の延長	27	12.8%)
(c.不規則	42	19.9%)
(d.無月経	18	8.5%)
(e.その他	2	0.9%)
月経痛の出現	26	12.3%
月経痛の消失	7	3.3%
経血量の増加	12	5.7%
経血量の減少	25	11.8%
その他	8	3.8%

蜂谷ほか(1986, p.156)より抜粋，伊藤(2001)

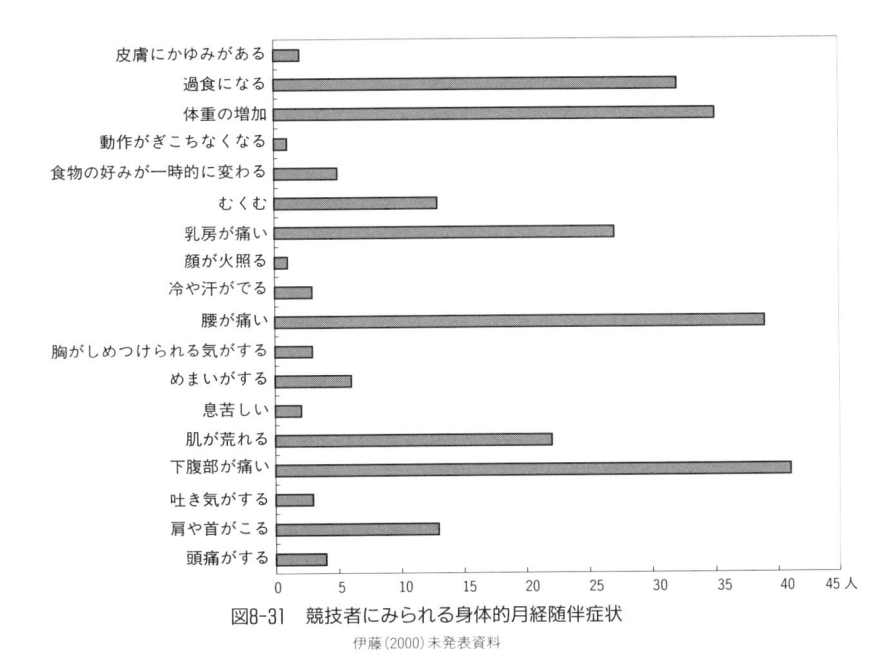

図8-31　競技者にみられる身体的月経随伴症状
伊藤(2000)未発表資料

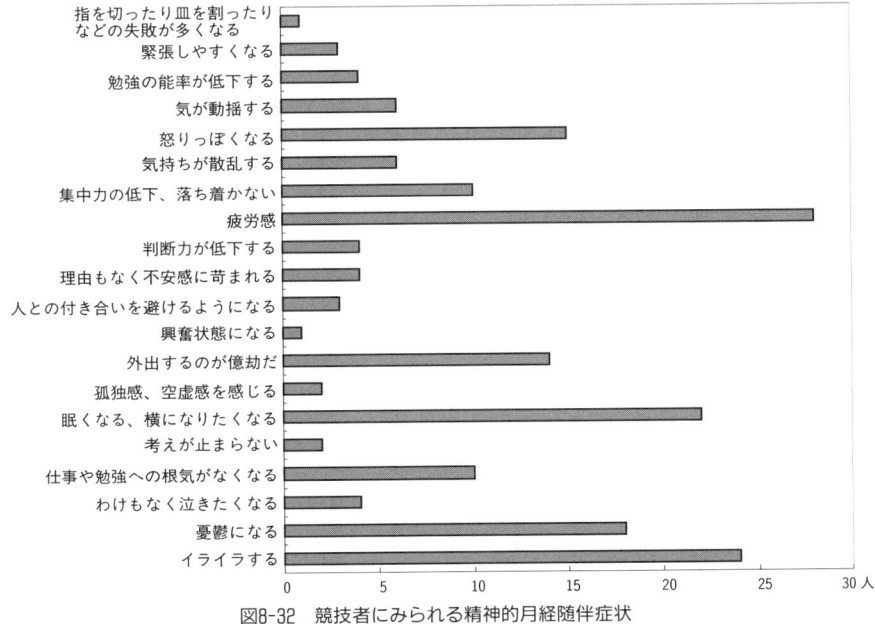

図8-32　競技者にみられる精神的月経随伴症状
伊藤(2000)未発表資料

■競技種目別の月経異常発現率

競技種目別に月経異常の発現率をみてみると、比較的体脂肪率の高い競技（ハンドボール・スケート）などでは、規則的な月経がみられるが、低い体脂肪率を求められる競技（器械体操・陸上競技）では月経異常発現率が高い。これは、月経異常の発現率と体脂肪率の関係が深く、体脂肪が極度に少なくなると周期的月経発来が難しくなるためと考えられる（図8-33）。

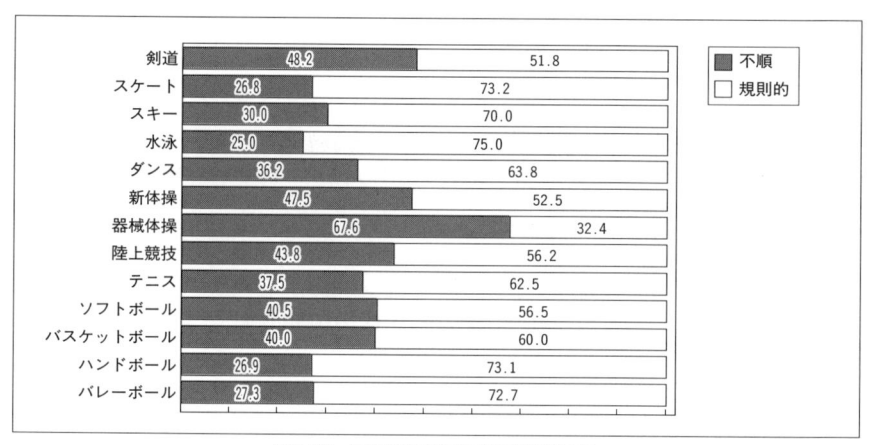

競技	不順	規則的
剣道	48.2	51.8
スケート	26.8	73.2
スキー	30.0	70.0
水泳	25.0	75.0
ダンス	36.2	63.8
新体操	47.5	52.5
器械体操	67.6	32.4
陸上競技	43.8	56.2
テニス	37.5	62.5
ソフトボール	40.5	56.5
バスケットボール	40.0	60.0
ハンドボール	26.9	73.1
バレーボール	27.3	72.7

図8-33　競技種目別の月経異常発現率
越野編(1996)より抜粋，伊藤(2001)

■初経発来年齢

青少年期に行う激しいスポーツが初経発来年齢に影響することが報告されている。特に、体脂肪の少ない体操や長距離選手は、発来が遅い傾向にあり、激しいスポーツを行っている者は軽度のスポーツに比べて遅く、スポーツを開始した時期が初経の前である場合は初経後に開始した場合に比べて遅くなることが報告されている（表8-5）。

表8-5　スポーツ開始年齢と初経発来年齢

(n=468)

	初経発来年齢(M±SD)	
軽いスポーツ群	11.88±1.07	(n=267)
激しいスポーツ群	12.16±1.23	(n=221)
（初経以前から激しい）	12.61±1.22*	(n=52)
（初経以前はしていない）	12.09±1.29	(n=169)

蜂谷ほか(1986, p.156)より抜粋，伊藤(2001)

8-7 女性の痩身願望

近年、女性の痩身願望が話題になっている。女性の理想体重についての調査によると、女子スポーツ選手と一般女子学生との間にはあまり差がみられなかった（表8-6）。痩身願望はスポーツ選手のみならず、女性全体にみられる傾向であると思われる。

しかし、BMIからみた肥満度では、女子スポーツ選手においては65％、一般女子学生においても半数近くが痩せぎみの値を示しており、多くの女性が必要以上の痩身願望を抱いていることがわかる（表8-7）。過度な痩身によって心身に様々な影響のあることが知られており、今後の課題として注目していく必要性があると思われる。

表8-6 現在の体重と理想体重の平均値の比較(kg)

	現在の体重(kg)	理想体重(kg)	差(kg)
女子スポーツ選手	49.2	45.9	3.3
一般女子学生	51.2	46.5	4.7

石田ほか(1997)より抜粋，伊藤(2001)

表8-7 BMIからみた肥満度の比較

	女子スポーツ選手	一般女子学生
やせぎみ(20以下)	65.3	49.7
正常(20～24)	34.7	46.1
やや肥満(24～26.5)	0	3.0
肥満(26.5以上)	0	1.2

石田ほか(1997)より抜粋，伊藤(2001)

コラム　FAT〜Female Athlete Triad〜

　1992年、American College of Sports Medicine（ACSM）の女性スポーツ医学的諸問題についてのワークショップにおいて、anorexia（運動性無月経）、eating disorders（摂食障害）、osteoporosis（骨粗鬆症）の関連性が指摘され、現在では、これをFAT（Female Athlete Triad）と呼ぶようになっている。特に減量を必要とする競技では慎重な配慮が必要とされ、WSIなど女性スポーツに関わる組織では防止のためのガイドラインも出されるようになっているが、わが国ではこの障害に対する認識も対策もまだ貧困である。シドニーオリンピックでは、女子マラソンで高橋尚子選手が金メダルを獲得し、日本中がその力走に沸きたった。このようなメダリストがFATに陥る危険性を伴いながら過酷な練習をしていることはほとんど知られておらず、メディアで報道されることも稀である。

　数少ない報道の一つに、シドニーオリンピック後に報道された「華やかさのウラに〜女子マラソンの危機〜」と題されたスポーツ報知新聞の連載記事（2000.10.4−6）がある。ここでは、日本の女子マラソンランナーは、世界で勝つために体力的な不足を軽量化でカバーし、心臓・肺・筋肉にかかる負担を少なくしながら、高地トレーニングなどで血液循環の効率を高めているが、体脂肪の減少により生理不順や骨粗鬆症などの障害を引き起こすリスクに直面していることが紹介された。スリムな体を維持するために、心理的なストレスから摂食障害に陥ったり、月経異常が骨量を減少させ、疲労骨折を起こすこともあり、さらに、このような状況が継続すると、生殖器の正常な機能が失われ妊娠出産が不可能になるという。

　このような問題を引き起こす原因の一つとして、女子選手の相談相手が男性監督であることが指摘されている。彼らがこのような障害について知識があっても、日常の練習には差し障りがないだけに、女性の性周期や将来起こりうる問題にまで配慮できないことが多い。また、勝利や記録の向上が優先され、このような障害予防が後回しにされることも強く影響していると述べられている。このような傾向は女子マラソンが注目され始めたこの10年ほどで顕著になっており、何らかの対策が急がれる。（伊藤紫乃）

【参考文献】

- 蜂谷祥一ほか(1986)女性選手と性機能．J.J.SPORTS SC I5-8：516-517．
- 石田良恵ほか(1997)女性スポーツ選手の摂食障害について．国士舘大学体育研究所報．16：13-23．
- 近藤充夫，杉原隆(1999)幼児の運動能力検査の標準化と年次推移に関する研究成果報告書．p.91．
- 越野立夫編(1996)女性のスポーツ医学．南光堂．p.56．
- 厚生省保健医療局地域保険・健康増進栄養課生活習慣病対策室監修(2000)国民栄養の現状―平成10年度国民栄養調査結果―．第一出版．p.145．
- 文部省体育局(2000)体力運動能力調査結果報告書．p.264．
- 折茂 肇ほか(1997)日本骨代謝学会骨粗鬆症診断基準．日骨代謝誌14：219-233．
- 東京都立大学体育学研究室編(1988)日本人の体力標準値(第四版)不昧堂．p.412．
- 東京都幼稚園・小・中・高当学校性教育研究会編(1993) 1993年調査児童・生徒の性．最新版．学校図書株式会社．p.178．

第9章
女性の生活とスポーツ参加

- 9-1 女性のスポーツ参加を促進する要因
- 9-2 変わりゆく女性のライフサイクル
  - ■女性のライフサイクルの変化
  - ■高齢者の暮らしと夫婦の意識
- 9-3 男女の生活時間
- 9-4 男女の役割分業意識
  - ■性別役割分業に対する意識
  - ■「家庭と仕事」についての意識
  - ■家事・育児・介護についての意識と実態
- 9-5 女性と労働
  - ■日本の女性労働の特徴
  - ■女性の離職理由
  - ■女性の管理職割合と男女の賃金格差
- 9-6 女性の身体活動
  - ■女性の健康・体力に関する意識
  - ■女性の身体活動
  - ■今後やってみたいスポーツ

女性のスポーツ参加は、どのような要因によって促進されたり、また制限されたりするのだろうか。その背景となる生活にスポットライトを当ててみよう。

9-1　女性のスポーツ参加を促進する要因

図9-1は、成人女性（20・30歳代）のスポーツ参加の満足度を、子供の有無によって比較したものである。「子供あり」で満足にスポーツを行っている人は10％に満たず、「子供なし」の人よりも運動やスポーツに関心を持ちながらも、「行いたいと思うができない」人が66.3％にのぼっている。

「子供なし」の女性も、ほぼ半数が「行いたいと思うができない」としているが、彼女らは「休暇」と「勤務時間短縮」と「仲間」ができればスポーツ参加をしたいと考えている（表9-1）。スポーツ参加を促進する条件としての「休暇」「勤務時間短縮」は、同年代の男性の1・2位と一致している。それに対して「子供あり」の女性は、8割近くが「家事・育児の軽減」をスポーツ参加の促進条件としており、子育て期においては職業の有無にかかわらず家事・育児の負担が女性にかかり、スポーツ参加を圧迫していることがわかる。

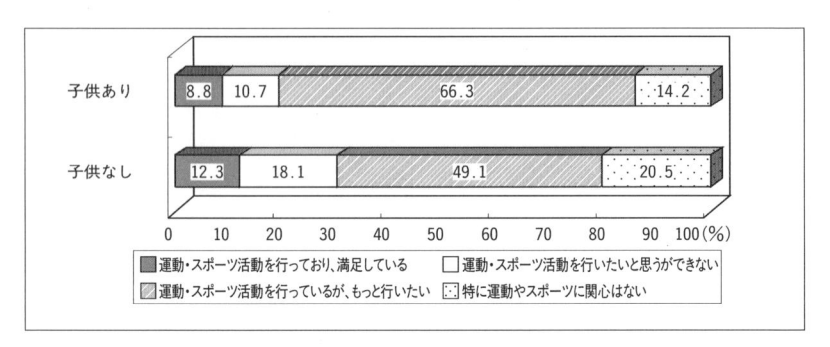

図9-1　成人女性（20・30歳代）の運動・スポーツ活動の満足度（％）（N＝432）

SSF笹川スポーツ財団（1998，p.52）より改変，熊安（2001）

表9-1　成人女性（20・30歳代）のスポーツ参加の促進条件（上位3位）（％）（N＝316）

	子供あり		子供なし	
1位	家事・育児が軽減できれば	78.1	休暇が増えれば	49.6
2位	生活費に余裕が出れば	43.8	通勤時間（就業時間）が短くなれば	41.7
3位	一緒に行く仲間ができれば	38.8	一緒に行く仲間ができれば	38.3

SSF笹川スポーツ財団（1998，p.53）より作成，熊安（2001）

コラム　託児所を併設しているスポーツ施設

　ちなみに、子供を預けながらスポーツを楽しめる施設は全国にどのくらい整備されているのだろうか。図9-2は、公共スポーツ施設における幼児体育室の設置数の経年的変化をみたものである。

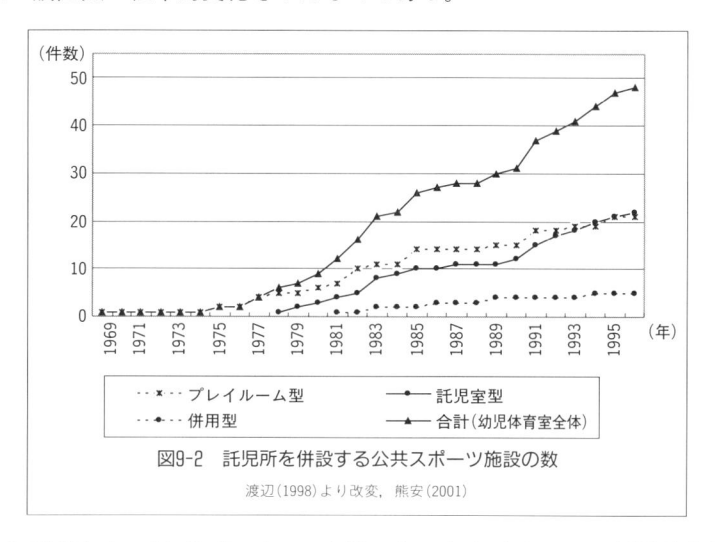

図9-2　託児所を併設する公共スポーツ施設の数
渡辺（1998）より改変，熊安（2001）

凡例：プレイルーム型／託児室型／併用型／合計（幼児体育室全体）

　先に登場したのは「プレイルーム型」といわれるもので、活動的な遊びを通して子供の健康・体力づくりを支援する目的で設置された。これに対して「託児室型」は、親のスポーツ活動の妨げにならないように幼児を一時的に預けられるよう、安全を確保する場として設けられたもので、徐々にこちらの設置率も増加している。近年は、幼児をただ預けるだけでなく遊ばせることもでき、かつ、親のスポーツ参加を保証してくれるようなスポーツ施設へのニーズが高まりつつあるという。ところが、㈶日本体育施設協会の平成8年8月1日の会員名簿によると、登録施設数12,952の内、幼児体育室を設置しているのはわずか91施設（0.7％）にすぎず、また民間のフィットネスクラブにおいても託児施設の設置状況は7％（1772施設中124施設）にすぎない（月刊フィットネスジャーナル編，1999）。子育て世代の親のスポーツ参加を確保するためのスポーツ施設は、公・民ともに圧倒的に少ないことがわかる。（熊安貴美江）

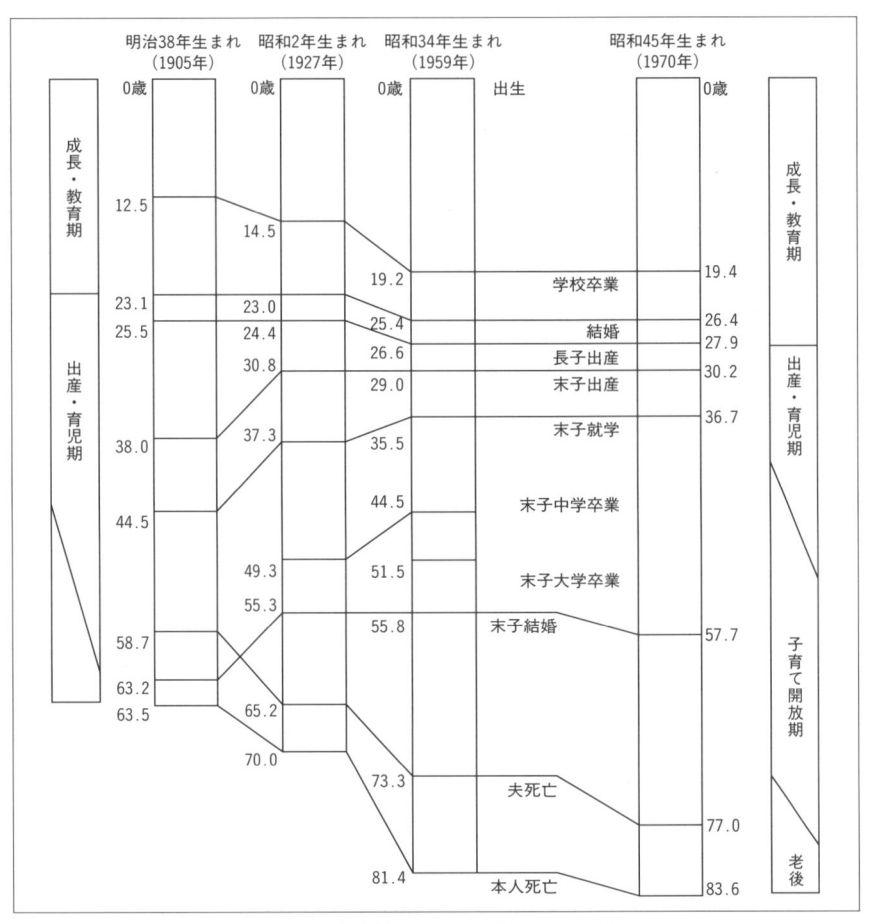

9-2 変わりゆく女性のライフサイクル

■女性のライフサイクルの変化

　女性のライフサイクルは、時代によってどのように変化してきただろうか。図9-3の既婚女性のライフサイクルモデルによると、明治期の女性は、成人期以

	明治38年生まれ (1905年)	昭和2年生まれ (1927年)	昭和34年生まれ (1959年)		昭和45年生まれ (1970年)	
	0歳	0歳	0歳	出生	0歳	
成長・教育期	12.5	14.5	19.2	学校卒業	19.4	成長・教育期
	23.1	23.0	25.4	結婚	26.4	
	25.5	24.4	26.6	長子出産	27.9	
出産・育児期		30.8	29.0	末子出産	30.2	出産・育児期
	38.0	37.3	35.5	末子就学	36.7	
	44.5		44.5	末子中学卒業		
		49.3	51.5	末子大学卒業		
		55.3	55.8	末子結婚	57.7	子育て開放期
	58.7					
	63.2	65.2				
	63.5	70.0			77.0	老後
			73.3	夫死亡		
			81.4	本人死亡	83.6	

図9-3　既婚女性のライフサイクルのモデル

井上輝子・江原由美子編『女性のデータブック』第3版, 有斐閣(1999, p.3, 善積京子作成)より改変, 佐藤(2001)

後の大部分を子育てに追われて過ごしていた。昭和を経て平成期に入ると、さまざまな分野の技術革新による家事の省力化や平均寿命の伸長、少子化による出産期間の短縮と子育て解放期（脱親期）の延長など、既婚女性のライフサイクルは大きく様変わりした。

子産み・子育てだけの人生から解放され、脱親期といういわば自分育ての時間を多く確保できるようになった反面、中高年期の女性にとって人生の後半期をいかに生きるかが、今日の重要なテーマになりつつある。

また、女性の地位の向上とともに有職女性も増加し、1997年の労働力調査では共働き世帯が47.9%となり、専業主婦世帯の36.7%を上回った。配偶者の有無、職業の有無、子供の有無はいまや選択可能なことがらとなり、女性の生き方はまさに多様化しているといえよう。

1950年当初の平均寿命は、男女とも60歳くらいであったが、その後着実に伸長し続けるとともに、男女格差も拡大している(1998年で、6.85歳)。合計特殊出生率（一人の女性が再生産年齢〈15～49歳〉を経過する間に産むと考えられる子供の数）は、1989年にいわゆる「1.57ショック」といわれる現象が起き、その後も年々減少し続けている（図9-4、図9-5）。

この出生率の低下と平均寿命の伸長により、2010年には65歳以上人口が総人口の22%と、世界のトップになることが予測されており、少子高齢化は重要な社会問題となりつつある。とりわけ、男性より平均寿命の長い女性にとって、高齢化による影響はより大きいと考えられる。

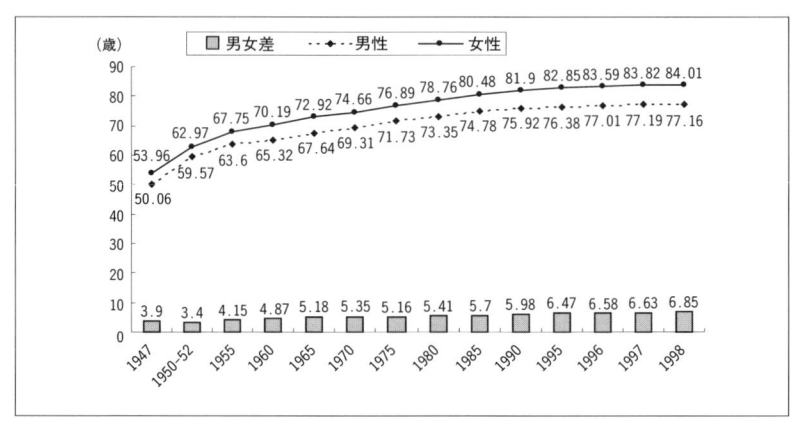

図9-4　日本人の平均寿命の推移と男女差

厚生省(1998)より作図，熊安(2001)

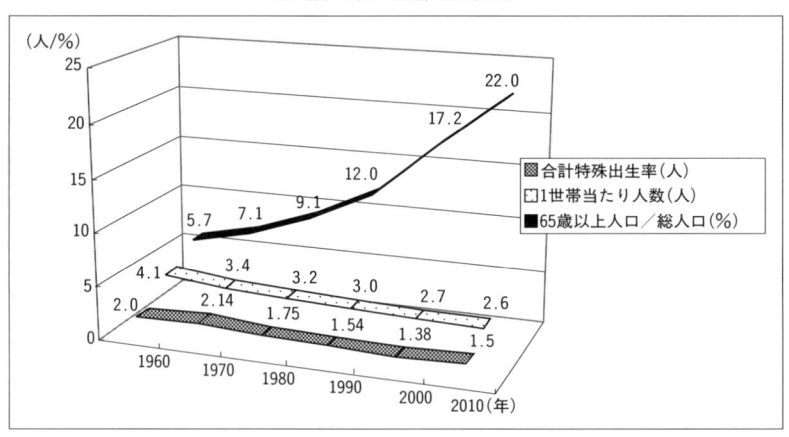

図9-5　進む少子高齢化

経済企画庁(1999)より作図，熊安(2001)

■高齢者の暮らしと夫婦の意識

　図9-6は、65歳以上の人がどのような家族と暮らしているかを示している。1980年には、「子供夫婦と同居」している人が半数を超えていたが、しだいに減少して1998年には31.2%になった。その代わりに、「一人暮らし」「夫婦のみ」で生活する高齢者が増加し、1998年には合わせて45%を越えた。また、「配偶者のいない子と同居」する人もわずかながら年々増加する傾向にある。

　一人暮らしをする65歳以上の人の男女比をみると、男性55.6万人に対し、女性192.2万人と、女性が男性の約3.5倍にものぼり、全体の78%を占めている(図

9-7)。一人暮らしの女性の有職率は17％で、一般に経済基盤の弱い女性の方が、「長く、しかもひとりで」人生を生きて行かねばならない現実が浮かび上がってくる。

　老後の所得／生活保障の充実や保健福祉サービスの整備、高齢者の社会参加の推進など、社会的な条件整備に加え、個人の課題としても健康で自立した生活を築いていけるような人生設計をもつことが必要と思われる。

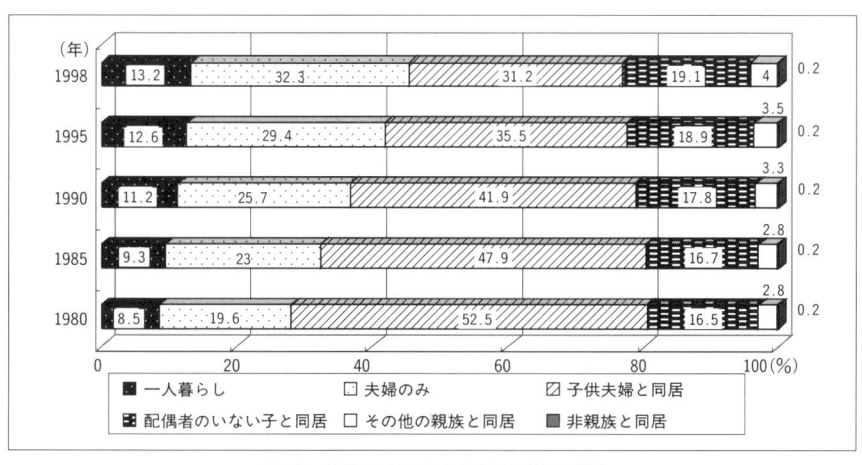

図9-6　65歳以上高齢者の家族形態の推移
総理府編(2000, p.83)より改変，熊安(2001)

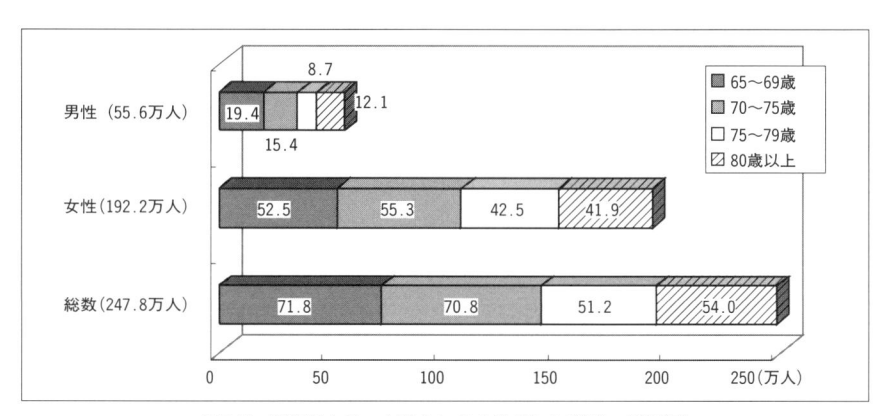

図9-7　65歳以上の一人暮らしの人数(性・年齢別、1997年)
井上・江原編(1999, p.25, 秋山作成)より作成，熊安(2001)

戦後、女性のライフスタイルは大きく変化しているが、夫婦生活のイメージに、男女で違いはあるのだろうか。

　図9-8は、「夫婦は一心同体」と考える人と「夫婦であっても自分は自分でありたい」と考える人を、性別・年齢別にグラフにしたものである。総じて、「自分は自分」派は男性より女性に多く、「一心同体」派は男性の方が多い。また男女とも、加齢とともに「自分は自分」派が減少し、「一心同体」派が増加する傾向にある。ところが、これから老後の人生が始まるという60歳代の女性をみると、「自分は自分」と考える人が「一心同体」派より14％も多く、すでに「一心同体」派の方が多数派となっている男性とは対照的である。第2の人生の入り口に立つ女性にとって、自分をセーブする必要の多い「一心同体」よりも、むしろ自分自身を取り戻す生活を求める気持ちが強く、男女の意識の違いが浮き彫りになっている。

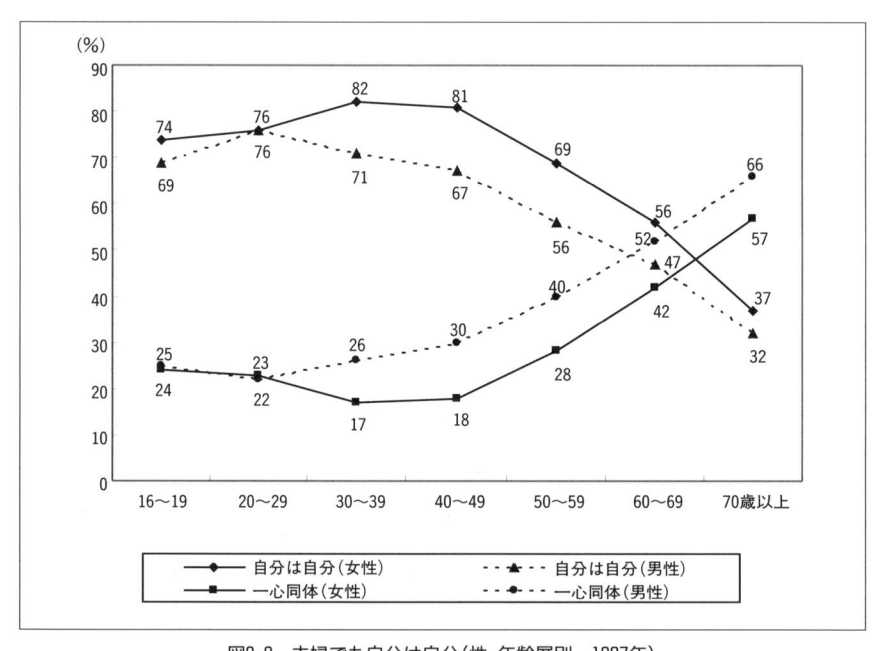

図9-8　夫婦でも自分は自分(性・年齢層別，1997年)

井上・江原編(1999, p.27, 秋山作成)より作成, 熊安(2001)

9-3 男女の生活時間

　1999年6月には男女共同参画社会基本法が成立し、女性の地位改善のための法的制度も進展しつつある。では、現実の生活実態はどのようなものだろうか。図9-9より、有職者の生活時間を男女で比較してみると、「仕事」「家事」「自由行動」で男女に大きな差がある。平日の「仕事関連」に費やす時間は男性が女性よりも2時間以上も長く、一方「家事」時間は、男性は平日も休日も30分弱から1時間強であるのに対し、女性は平日で3時間18分、休日はさらにこれより1時間近く長くなっている。睡眠時間は平日・休日とも女性の方が20～30分短い。

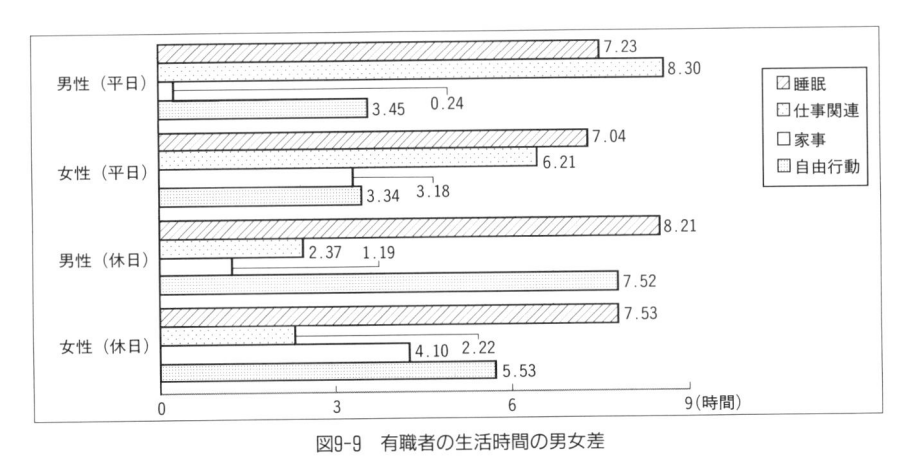

図9-9　有職者の生活時間の男女差

井上・江原編(1999, p.39, 秋山作成)より作成, 佐藤(2001)

　これをさらに、結婚している男女で比較したのが図9-10である。「一次活動」とは、睡眠・食事など、生理的に必要な活動を、「二次活動」とは、仕事・家事など社会生活を営む上で義務的な性格の強い活動を、「三次活動」とは、これら以外の各人が自由に使える時間の活動をさしている。夫は、共働きか否かで生活時間に大して差がないのに比べ、妻は、共働きか否かで生活時間に大きな差がある。共働きの妻は、義務的活動である二次活動に多くの時間をとられ、睡眠や食事などの一次活動に費やす時間が専業主婦に比べて2時間も短い。共働きの夫と比べても、共働きの妻は二次活動に費やす時間が1時間長く、共働きの妻の生活時間が最も圧迫されていることがわかる。

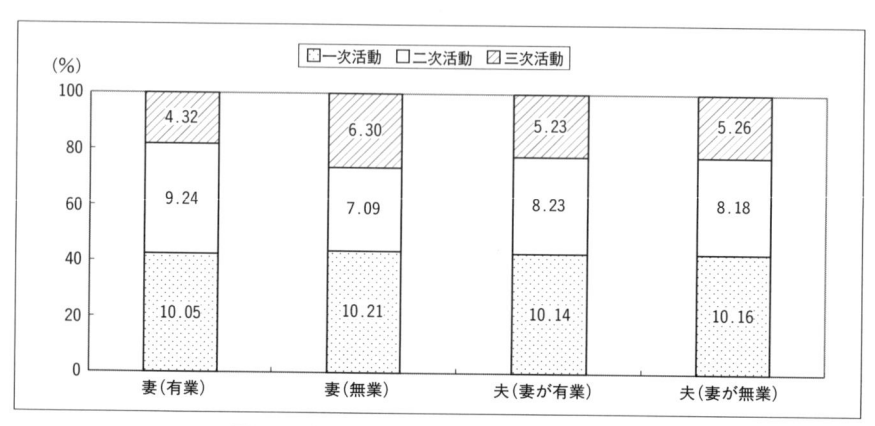

```
(%)                □一次活動 □二次活動 ▨三次活動
100 ┬──────────────────────────────────
    │  ▨4.32      ▨6.30      ▨5.23      ▨5.26
 80 ┤
    │   9.24       7.09       8.23       8.18
 60 ┤
 40 ┤
    │  10.05      10.21      10.14      10.16
 20 ┤
  0 ┴──────────────────────────────────
     妻(有業)    妻(無業)   夫(妻が有業) 夫(妻が無業)
```

図9-10　有配偶者の生活時間の男女差(時間・分)

総務庁統計局(1996)より作図，熊安(2001)

　これを家事時間のみで比較してみると(図9-11)、夫は共働きか否かにかかわらず10分未満しか家事をしておらず、共働きの夫婦の家事がほとんど妻の負担となっている。次の項でもみるように、「男は仕事、女は家庭」という「性別役割分業」観に反対する人は半数を超えているが、あらたに「女性は家事も仕事も」という「新・性別役割分業」が現実の生活に根を下ろしているといえそうだ。

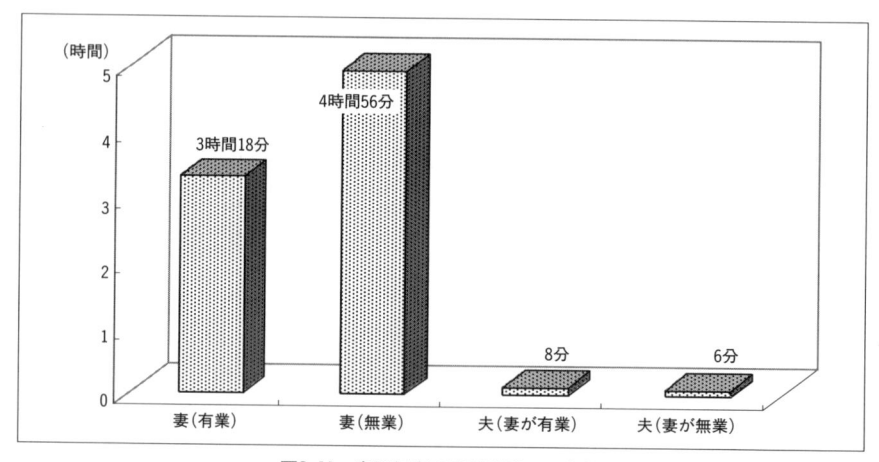

```
(時間)
 5 ┤           4時間56分
   │  3時間18分   ■
 4 ┤    ■        ■
   │    ■        ■
 3 ┤    ■        ■
   │    ■        ■
 2 ┤    ■        ■
   │    ■        ■
 1 ┤    ■        ■
   │    ■        ■      8分        6分
 0 ┴────────────────────────────────
     妻(有業)   妻(無業)  夫(妻が有業) 夫(妻が無業)
```

図9-11　有配偶者の家事時間の男女差

総務庁統計局(1996)より作図，熊安(2001)

9-4　男女の役割分業意識

■性別役割分業に対する意識

「男は仕事，女は家庭」という性別役割分業を肯定する人の率を国際比較すると、フィリピンがかなり高く、男女とも8割前後の人が伝統的な役割分業を支持している(図9-12)。欧米諸国では旧西ドイツの肯定率が男女とも高く、日本の男性はそれに次いで33%がこの考えを支持している。男女とも肯定率が低いのは旧東ドイツとスウェーデンで、日本の場合、男女の意識差が最も大きくなっているのが特徴である。

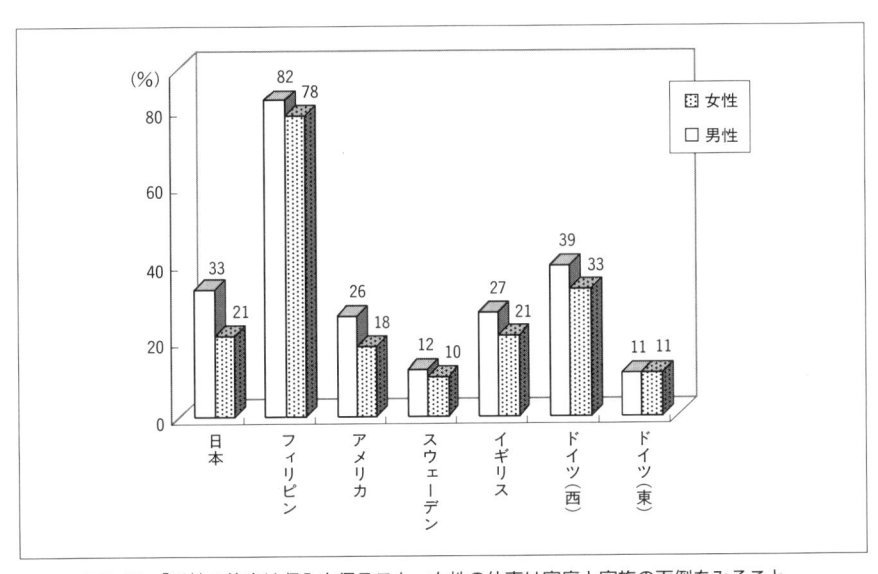

図9-12　「男性の仕事は収入を得ること、女性の仕事は家庭と家族の面倒をみること」を肯定する人の率(性別，国際比較，1994年)

井上・江原編(1999, p.37, 秋山作成)より改変，佐藤(2001)

■「家庭と仕事」についての意識

　女性の就業継続についての意識変化をみたところ、結婚して子供が産まれても、仕事を持ち続けるという「家庭と仕事両立」を支持する女性は、1998年には51%に達したのに対し、結婚したら家事・育児に専念するという「家庭専念」派は、急激に減少して10%になった。また、仕事は子供ができるまでという「育児優先」派も、この四半世紀の間に多数派の座から降りた（図9-13）。

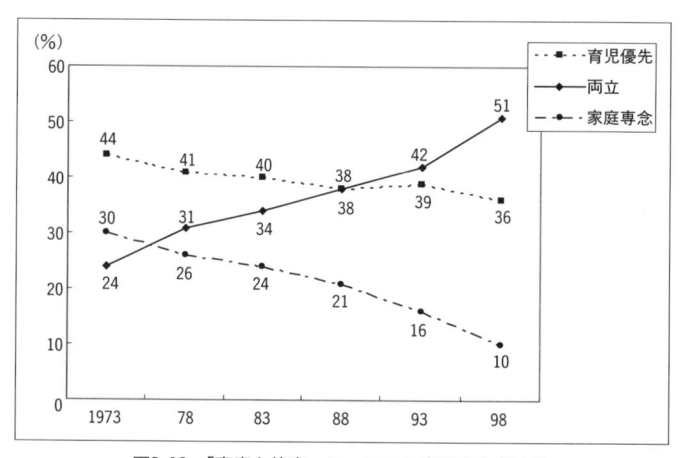

図9-13　「家庭と仕事」についての意識変化（女性）

井上・江原編(1999, p.41, 秋山作成)より作成, 佐藤(2001)

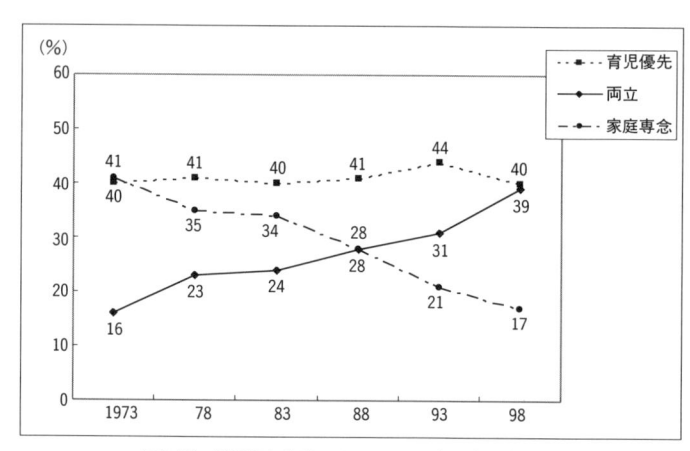

図9-14　「家庭と仕事」についての意識変化（男性）

井上・江原編(1999, p.41, 秋山作成)より作成, 佐藤(2001)

こうした女性の意識変化に対し男性の意識は、「家庭専念」派こそ17％まで減少したものの、「両立」支持派と「育児優先」支持派がともに約40％と拮抗しており、男女の意識差がうかがえる。ただ、男女とも「育児優先」派がいまだ40％近くを占めており、女性は仕事を持っても「育児」の主担者であるという意識が双方に根強いことがうかがえる（図9-14）。

　「家庭と仕事両立」を肯定する人の割合を、性・年齢層別にみると（図9-15）、女性の10歳代後半から20歳代前半、30歳代後半から40歳代にかけての世代では、この25年間で30〜40％も肯定率が上がっている。これを同世代の男性と比較すると、40歳代男性の肯定率は大きく上昇したものの、男女間の意識のギャップはまだかなり大きいといえる。

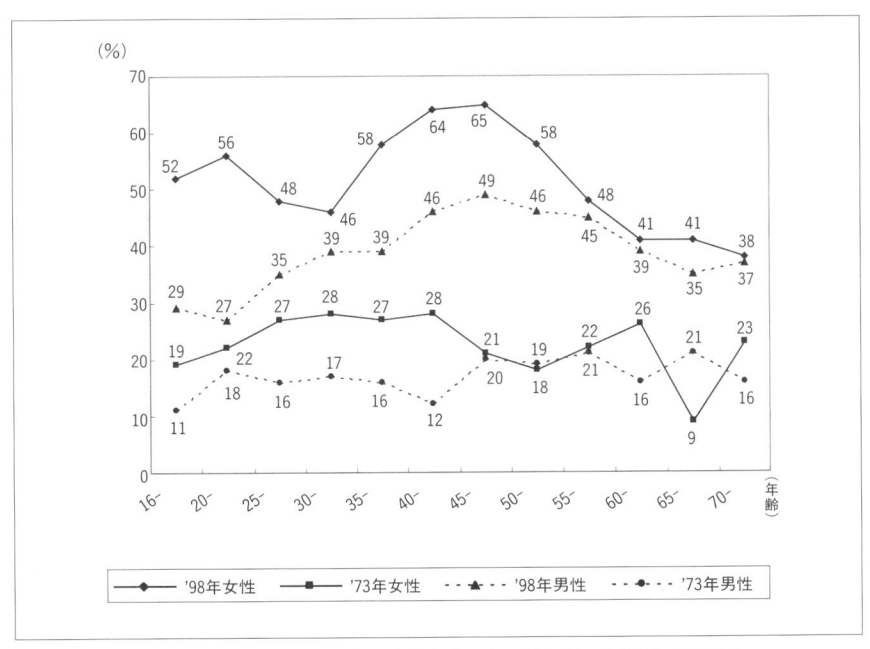

図9-15　「家庭と仕事の両立」を肯定する人の割合（性、年齢別、1998年）

井上・江原編（1999, p.41, 秋山作成）より作成, 佐藤（2001）

■家事・育児・介護についての意識と実態

　育児役割について、「子育ては生まれつき女性の方が適している」を肯定する人の率は、日本の男女で6割前後、韓国で7割を越しており（図9-16）、こうした性別役割分業意識が、女性の就業の仕方を規定する大きな要因となっていると思われる。

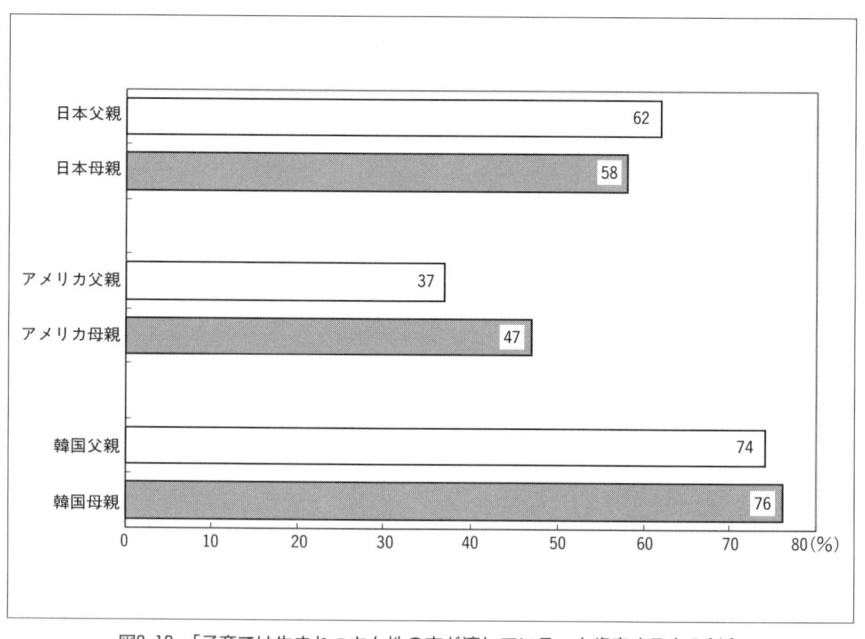

日本父親	62
日本母親	58
アメリカ父親	37
アメリカ母親	47
韓国父親	74
韓国母親	76

図9-16　「子育ては生まれつき女性の方が適している」を肯定する人の割合
井上・江原編(1999, p.41, 秋山作成)より改変, 佐藤(2001)

　日本の夫は、どのくらい家事に参加しているのだろうか。「洗濯」「自宅での簡単な修理」「病気の家族の世話（看病）」「食料や日用品の買い物」「夕食の献立の決定」の5項目について国際比較したところ、日本では「修理」を除くすべての項目について、「いつも」「だいたい」妻まかせであることがわかる（図9-17）。諸外国をみると、「洗濯」は妻への依存度が高く、「修理」は夫の役割といった傾向が共通してみられるが、「看病」「買い物」「献立決定」については、3～5割程度が夫婦協力し合って分担しており、日本の男性は妻に対する家事依存度が全般的に高いといえる（図9-18）。

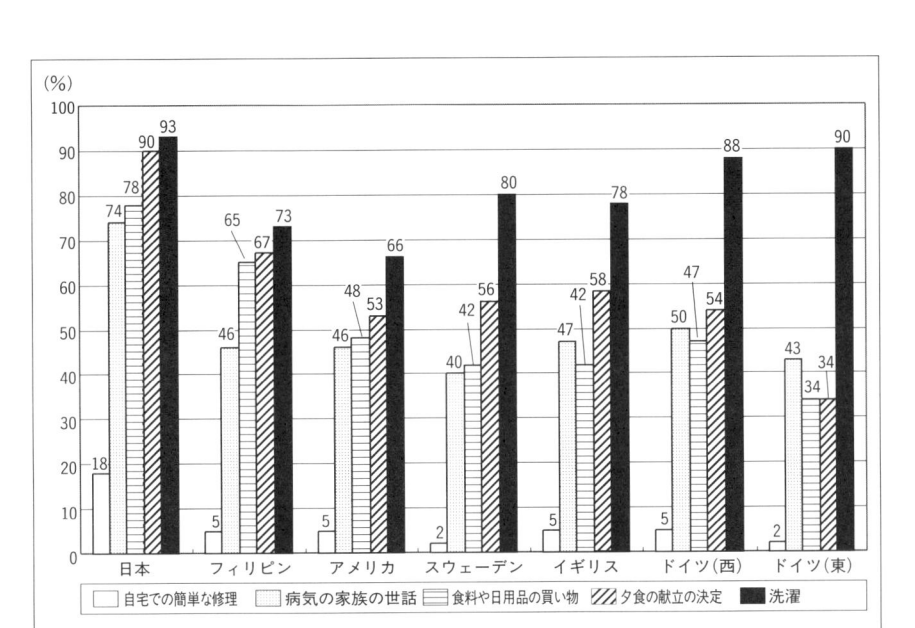

図9-17　夫の家事参加の国際比較　家事参加の割合〈「いつも妻」＋「だいたい妻」〉

井上・江原編(1999, p.45, 秋山作成)より作図, 熊安(2001)

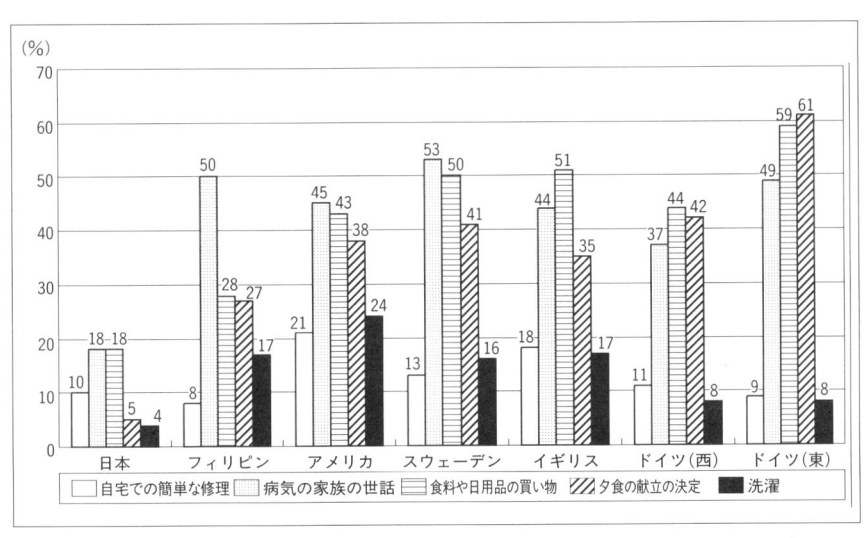

図9-18　夫の家事参加の国際比較・家事参加の割合〈二人が同じくらい、または共同で〉

井上・江原編(1999, p.45, 秋山作成)より作図, 熊安(2001)

高齢化社会の問題は、女性にとって将来自分が抱える不安であると同時に、まず現在の自分の肩にのしかかる介護問題として存在している。寝たきり高齢者を誰が介護しているかをみると(図9-19)、最も多いのは「子の配偶者(同居)」で34.2％、次に「配偶者（同居）」(27.0％)、「子（同居）」(20.2％) の順となっている。その性別は男性14.9％に対し、女性85.1％と圧倒的に女性が多い(図9-20)。家族内の介護の担い手だけでなく、家族外の介護者に関しても、ジェンダーの差は大きい。近年、看護士の職につく男性も現れつつあるが、「高齢者ケアは女性の役割」とする性役割観はまだまだ固定的であり、男女ともに男性よりも女性介護者を望む傾向が強い。「介護」は、「家事」「育児」とならんで、女性が主担者として期待される性役割のひとつとなっており、女性の人生に大きな影響を与えている。

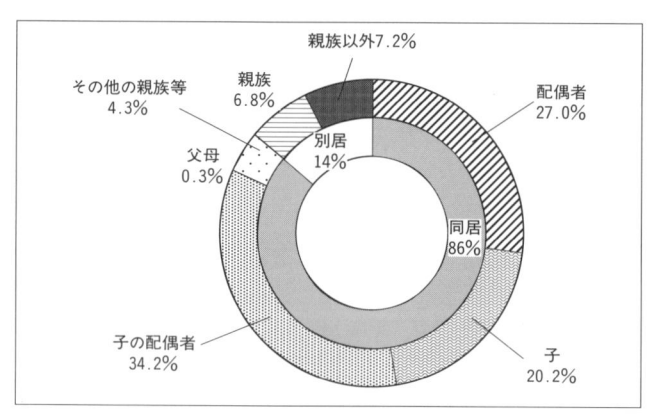

図9-19　寝たきり高齢者の介護者(続柄)

日本レクリエーション協会(1998)より改変，熊安(2001)

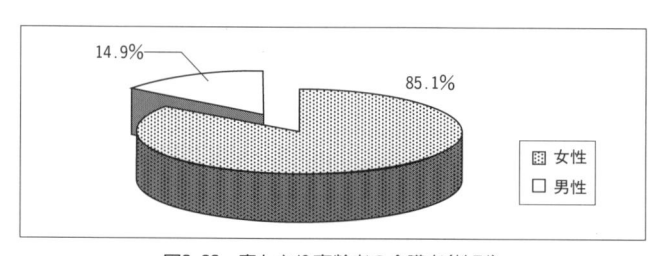

図9-20　寝たきり高齢者の介護者(性別)

日本レクリエーション協会(1998)より改変，熊安(2001)

9-5　女性と労働

■日本の女性労働の特徴

　女性雇用者数は年々増大し、1997年には雇用者全体の4割を占めるようになった（図9-21）。その中でも短時間雇用者（週間就業時間が35時間未満の就業者）の占める割合の高いことが、日本の女性労働のひとつの特徴となっている。労働形態の変化により、景気に合わせて雇用調整しやすい低コストのパート労働が企業サイドから求められるようになったことと、主婦の余暇時間の増大および家計補助的労働の需要とが、うまく結びついたことなどが、こうした傾向を生み出した原因と考えられる。とりわけ「家事、育児さらには介護」といった家庭内でのケア役割を期待される日本の女性にとって、職業選択の自由度は低く、現状ではこうした短時間労働に集中せざるをえない。

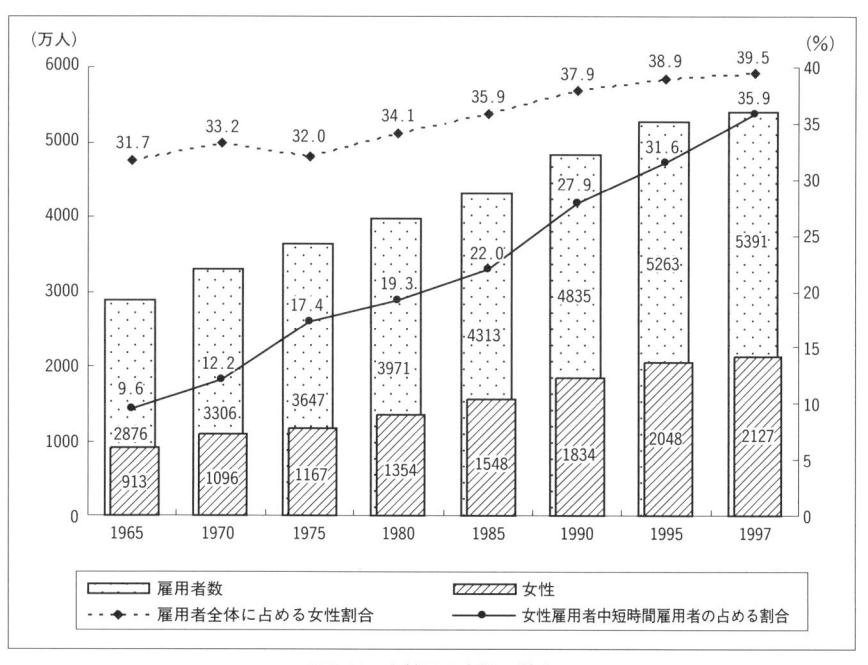

図9-21　女性雇用者数の増大

井上・江原編(1999, p.91, 服部作成)より改変, 佐藤(2001)

図9-22は、女性の年齢ごとの労働力人口の比率をあらわしている。これがM字型を示すのが日本の女性労働のいまひとつの特徴である。労働力率が低下するのは1975年で25〜29歳、1998年で30〜34歳であり、これはそれぞれ結婚と育児の時期に対応する。

　この四半世紀で、結婚後も職を持ち続ける女性が増えたため、M字型の底は上がったものの、依然としてはっきりしたM字型を維持している。こうしたM字型曲線は、欧米の労働力率にはみられないものである（図9-22、図9-23）。

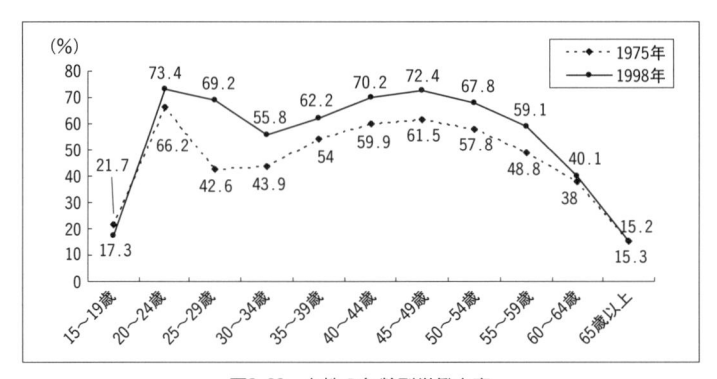

図9-22　女性の年齢別労働力率
日本婦人団体連合会編(1999)より作図，佐藤(2001)

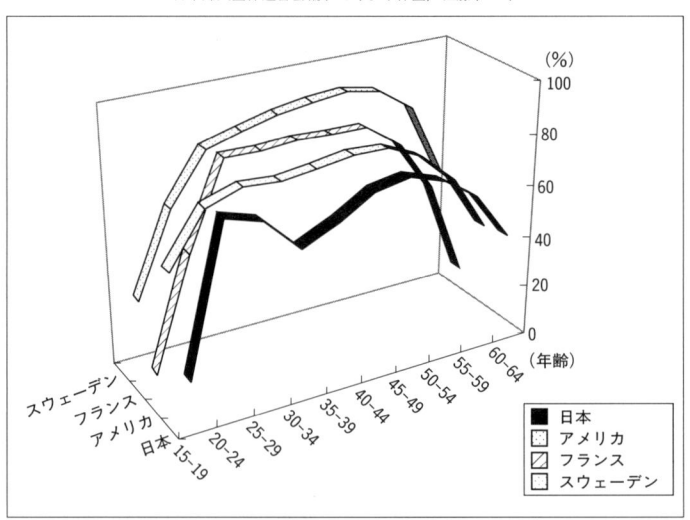

図9-23　労働力率の国際比較(1996年)
労働省女性局編(1999)より作図，佐藤(2001)

■女性の離職理由

図9-24の職業継続の障害,および図9-25の離職理由との関連でみると、30～34歳は「育児のため」離職する人が多く、「育児」負担が女性の職業継続の最大の障害になっていることがわかる。出産で退職し、そのまま育児に専念、やがて時間的な余裕ができたら再就職、というのが日本の女性労働のひとつの主流をなしていることがうかがえる。

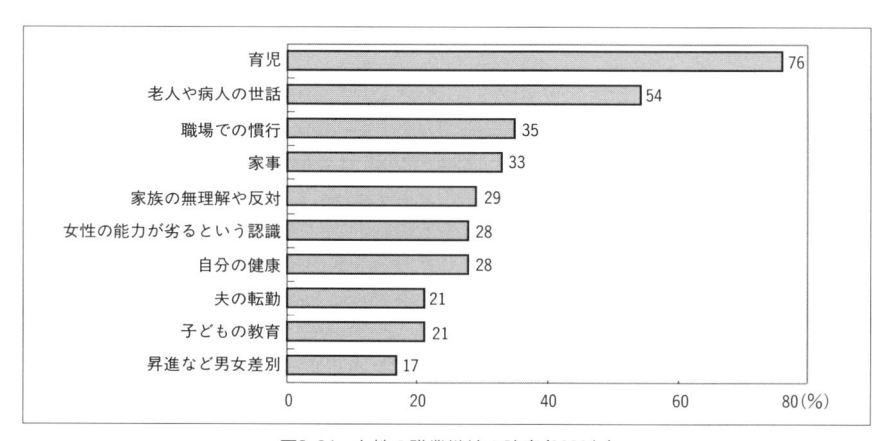

図9-24　女性の職業継続の障害（1996年）

井上・江原編(1999, p.41, 秋山作成)より作成, 佐藤(2001)

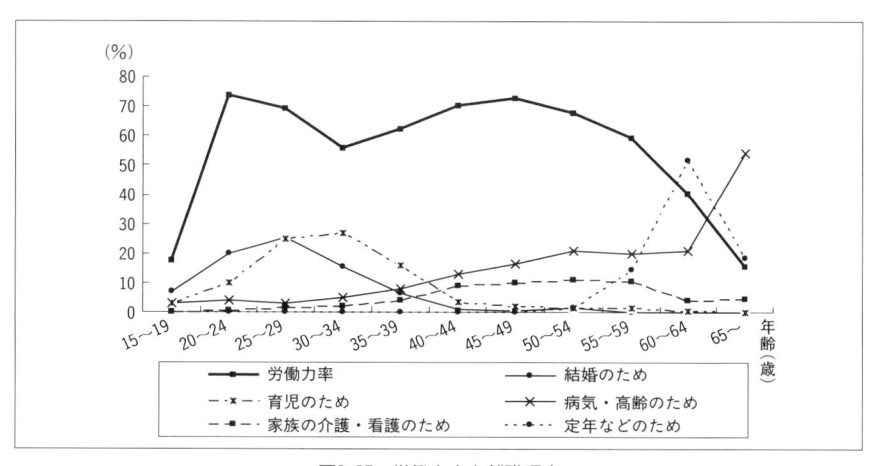

図9-25　労働力率と離職理由

総務庁統計局(1997)より作図, 熊安(2001)

■女性の管理職割合と男女の賃金格差

　管理職に占める女性の割合を、企業規模100人以上の企業について役職ごとにみると、年ごとに全体的な増加傾向はうかがえるものの、まだどの役職においても女性の率は10％にも満たない。また、役職が上がるほどその率は低くとどまる傾向にある（図9-26）。平成11年の帝国データバンク調べによると（総理府編、2000，p.53）、女性社長の経営する企業は、同社のデータベース収録企業約114万社のうち60,593社で、5.43％となっている。

　男女の賃金格差はどうであろうか。ヨーロッパ諸国および韓国との比較によると、女性の男性に対する給与の割合は韓国に次いで低く、60％にとどまっている（図9-27）。その理由として、女性の相対的な勤続年数の短さ、再就職による低賃金パート労働の増加、低賃金産業への雇用の偏り、年功賃金体系が適用される職種からの阻害といった、日本の女性に特徴的な労働形態があげられる。これらの特徴は、この章でみてきたような日本人の性役割観を反映して生じてきた社会構造であるといえよう。

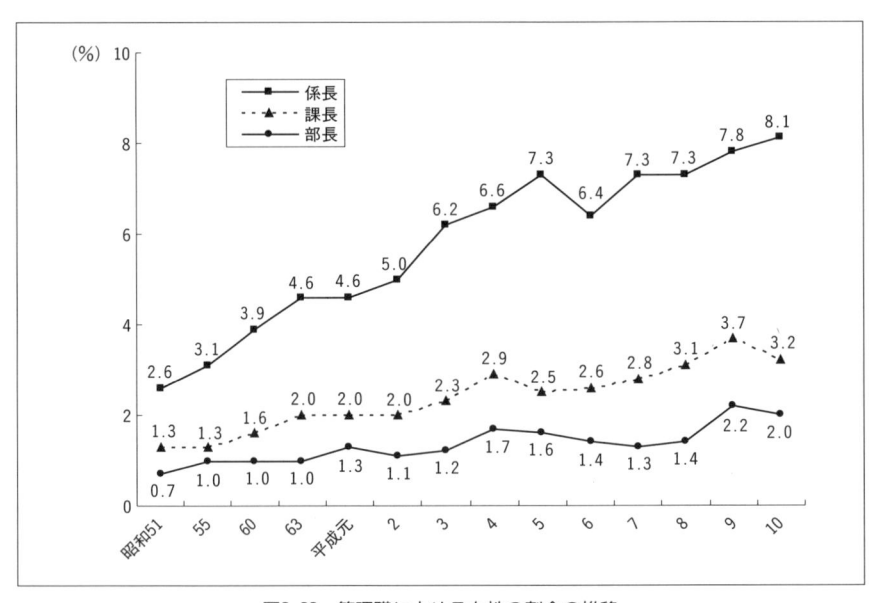

図9-26　管理職に占める女性の割合の推移
総理府編(2000, p.52)より改変，佐藤(2001)

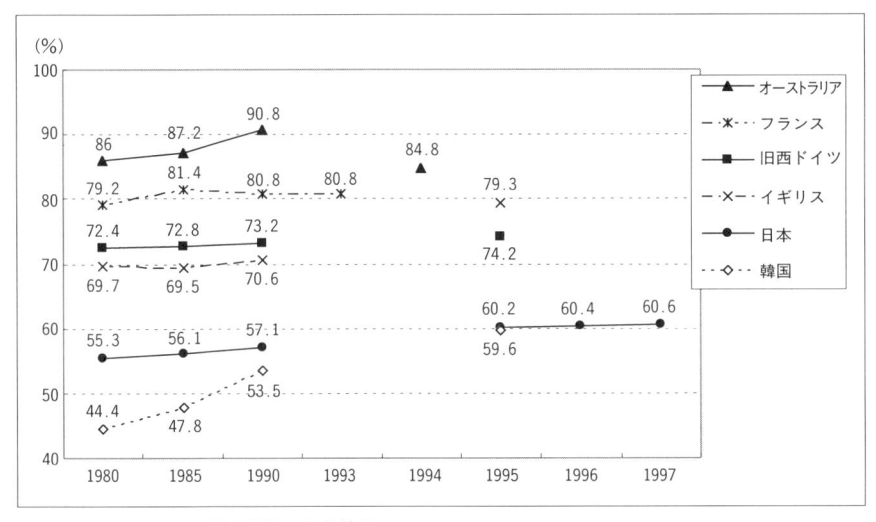

図9-27　各国の賃金の男女格差
〈非農林業部門、男性の現金給与を100とした場合の女性の現金給与〉

井上・江原編(1999, p.107, 服部作成)より作成, 熊安(2001)

9-6　女性の身体活動

■女性の健康・体力に関する意識

　女性は、自分の健康や体力をどのように把握しているだろうか。図9-28によると、どの世代においても、女性は男性より体力に不安を感じており、加齢とともに不安を持つ人は増加している。男女差が顕著なのは30代で、体力に不安を感じている男性がこの世代で最も少ないのに対し、女性はそれより12.3％も多くの人が体力に不安を感じている。また、図9-29をみると、50歳代を除く全世代で、女性の方が男性よりも運動不足を感じており、20～40歳代の意識の男女差が比較的大きい。特に20歳代の男女差は大きく、約20％も開いている。

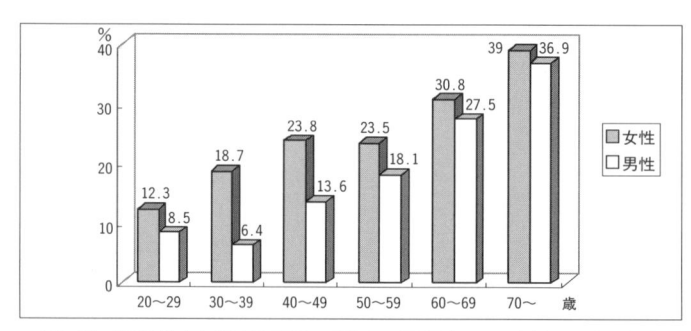

図9-28　健康・体力に関する意識：「体力に不安がある」と答えた人の割合

総理府編(2000, p.113)より改変，佐藤(2001)

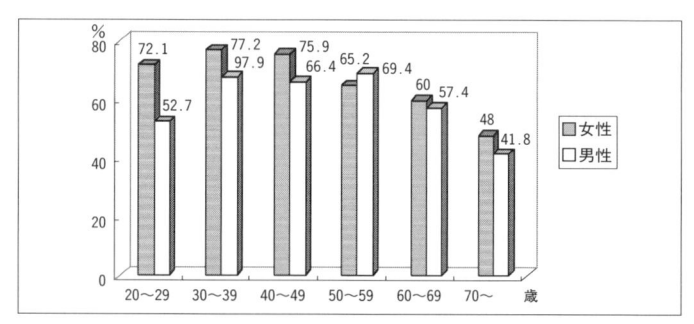

図9-29　健康・体力に関する意識：「運動不足を感じる」と答えた人の割合

総理府編(2000, p.113)より改変，佐藤(2001)

■女性の身体活動

性・年齢階級別一日の歩数をみると（図9-30）、これもやはりすべての世代において男性の数値の方が女性より上回っている。運動時間について欧米諸国との国際比較をしてみると(図9-31)、各国とも男性の方が女性よりも運動時間は長く、またスウェーデン、フィンランド、ノルウェーといった北欧諸国の人々の運動時間が相対的に長いことがわかる。

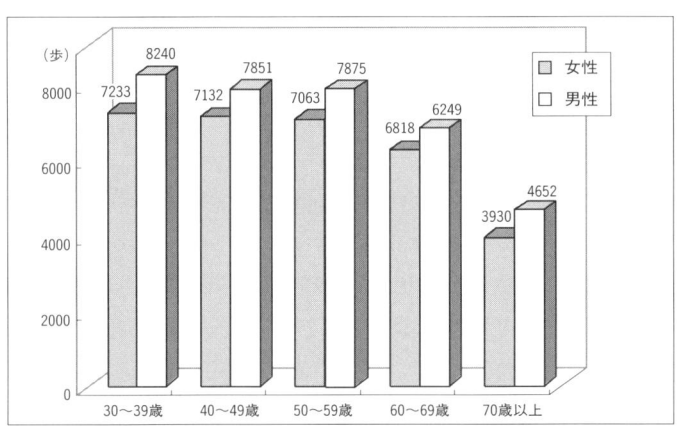

図9-30　性・年齢別一日の歩数
武藤・福島(1996)より改変，佐藤(2001)

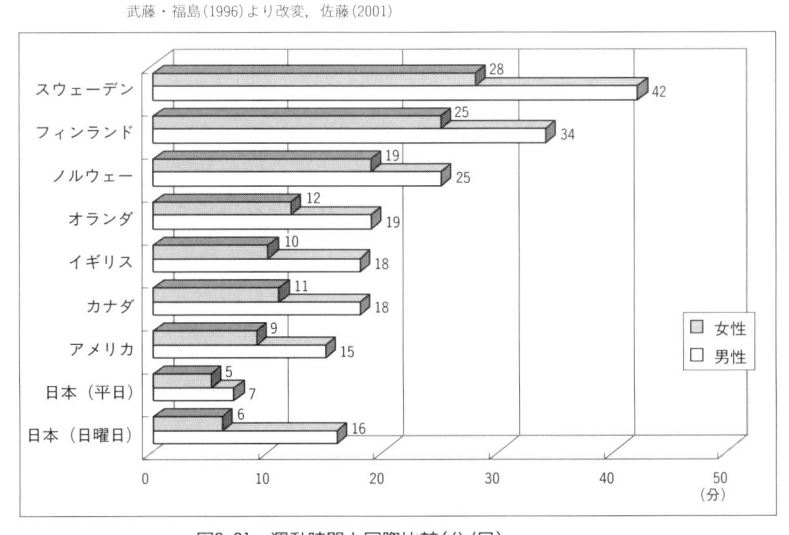

図9-31　運動時間と国際比較(分/日)
SSF笹川スポーツ財団(1996)より改変，佐藤(2001)

日本人については、男性が平日と休日とで運動時間に大きな差があるのに対し、女性は両者に大差がないのが特徴である。諸外国と比較すると、日本は相対的に男女ともかなり運動時間が少ないことがわかる。

女性が男性より、歩数や運動時間において実質的に少なく、その結果体力不安や運動不足をより多く感じていることが、これらのデータから明らかになった。人生の数十年を健康に生きていくのに必要な体力や、それを維持していくための運動機会が十分に得られず、さらにこのような男女差が生じているのはいったいなぜだろうか。私たちの生活をとりまく文化的背景に焦点を当て、その原因を読み解いていく必要があろう。

■今後やってみたいスポーツ

実際のところ、今後運動・スポーツをやりたいと思っている女性は多く、平成9年度の総理府調査では80.4％が前向きな希望を示している（図9-32）。

希望の内容は「軽い」ものに集中しており、「比較的軽い運動やスポーツのみ」と「比較的軽い運動やスポーツと野外スポーツ」を希望する人が合計で60％近くを占めている。希望の多い上位5種目でみると（表9-2）、1位が「ウォーキング（歩け歩け運動、散歩などを含む）」(34.5％)、2位が「軽い水泳」(26.0％)、3位が「体操（ラジオ体操、職場体操、美容体操、縄跳びを含む）」(16.6％)、4位「軽い球技（キャッチボール，円陣パス、ピンポン、ドッジボール、バドミントン、テニスなど）」(14.1％)、5位「スキー」(11.0％) となっている。スキーを除けば手軽にできるものが多いが、ウォーキングや体操以外は施設や用具を必要とするため、ごく身近にこれらの運動欲求を満たせる場が確保されることが望まれる。それとともに、社会におけるさまざまな立場の人間の生活実態に着目し、時には生活文化そのものを問い直していく視点も持ちながら、生涯スポーツの発展を考えていかねばならないだろう。

第9章 女性の生活とスポーツ参加　281

わからない 2.0%
今後行いたいものはない 17.7%
比較的軽い運動・野外・競技的の全部 7.5%
野外スポーツと競技的スポーツ 1.5%
比較的軽い運動やスポーツと競技スポーツ 4.8%
比較的軽い運動やスポーツと野外スポーツ 22.2%
競技スポーツのみ 2.2%
比較的広域にわたる野外スポーツのみ 5.4%
比較的軽い運動やスポーツのみ 36.7%
今後行ってみたい 80.3%

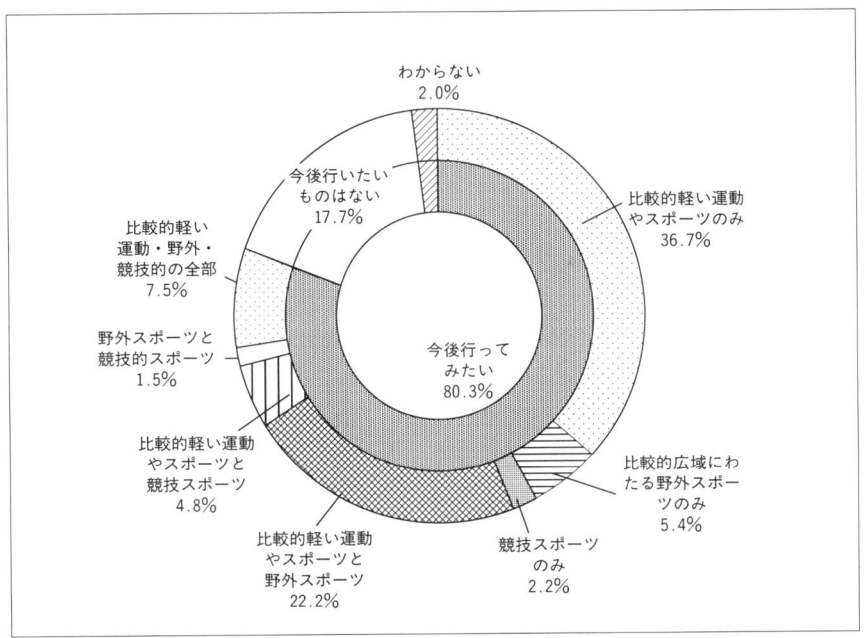

図9-32　女性が今後行ってみたい運動・スポーツの有無（N=1171）

総理府(1997, pp.43-44)より作図, 熊安(2001)

表9-2　女性が今後行ってみたい運動・スポーツの種目（上位5種目）

	種　　目	(%)
1位	ウォーキング	34.5%
2位	軽い水泳	26.0%
3位	体　操	16.6%
4位	軽い球技	14.1%
5位	ス　キ　ー	11.0%

総理府(1997, p.46)より作図, 熊安(2001)

【参考文献】

- 江原由美子・山田昌弘(2000)新訂 ジェンダーの社会学―女と男の視点からみる現代日本社会―(第3刷)．放送大学教育振興会：東京，p.123．
- 月刊フィットネスジャーナル編(1999)全国フィットネスクラブ名鑑'99．ハートフィールド・アソシエイツ：東京．
- 井上輝子・江原由美子編(1999)女性のデータブック第3版―性・からだから政治参加まで―．有斐閣：東京．
- 経済企画庁編(1999)国民生活白書(平成11年版)選職社会の実現．大蔵省印刷局：東京，p.5．
- 厚生省(1998)報道発表資料HP 日本人の平均余命 平成10年度簡易生命 表1 主な年齢の平均余命 表2 平均寿命の年次推移．
- 武藤芳照・福島美穂(1996)中高年者の骨塩量と運動．体育の科学46(2)：110
- 日本婦人団体連合会編(1999)婦人白書 1999―今，女性の人権は―女性差別撤廃条約20周年―ほるぷ出版：東京，p.261．
- 日本レクリエーション協会(1998)REC特別増刊26号 No.466 '98年版 余暇生活関連資料集(第2刷)．㈶日本レクリエーション協会：東京，p.270．
- 労働省女性局編(1999)女性労働白書(平成10年度)―働く女性の実情―㈶21世紀職業財団：東京，p.付128―付129．
- 総務庁統計局(1996)統計センターHP 平成8年 社会生活基本調査報告主要統計表 Ⅰ．生活時間編 Ⅰ―8．世帯の家族類型，共働きか否か，行動の種類別総平均時間(週全体)―夫・妻．
- 総務庁統計局(1997)統計センターHP 平成9年 就業構造基本調査 Ⅱ 主要統計表 第8表 男女，年齢，前職を辞めた理由別離職者数．
- 総理府(1997)体力・スポーツに関する世論調査．内閣総理大臣官房広報室：東京．
- 総理府編(2000)男女共同参画白書(平成12年版)．大蔵省印刷局：東京．
- SSF笹川スポーツ財団(1996)スポーツ白書―2001年のスポーツ・フォア・オールに向けて―．SSF笹川スポーツ財団：東京，p.35．
- SSF笹川スポーツ財団(1998)スポーツライフデータ 1998―スポーツライフに関する調査報告書Japan―．SSF笹川スポーツ財団：東京．
- 渡辺由紀子(1998)公共スポーツ施設における幼児体育室の役割．中京女子大学平成9年度卒業論文：53．

資料編

女性とスポーツ関連団体（海外編）
女性とスポーツ関連団体（国内編）
女性の地位向上に関わる代表的な声明・条約・法規
　■女性差別撤廃条約
　■第4回世界女性会議の概要及び行動綱領（1995年）
　■国連特別総会「女性2000年会議」概要（2000年）
　■男女共同参画社会基本法（1999年）
女性と体育・スポーツに関する世界的な宣言・アジェンダ・法規
　■ブライトン宣言（1994年）
　■ウィンドホーク行動要請（1998年）
　■各国政府の文部大臣の実行を要請する
　　ベルリンアジェンダ（1999年）
　■プンタ・デル・エステ宣言（1999年）
　■第1回IOC世界女性スポーツ会議決議文（1996年）
　■第2回IOC世界女性スポーツ会議決議文（2000年）
　■タイトルIX（教育修正法第9篇）
海外での体育・スポーツに関する男女共同参画ガイドライン
　■「体育・スポーツにおける男女共同参画手引き書」NAGWS
　　男女共同参画特別委員会（1995年）
海外のセクシュアル・ハラスメントガイドライン
　■スポーツ場面におけるセクシュアル・ハラスメントに関する
　　NASPEによる声明（2000年）
　■Women Sport Internationalによる「スポーツにおける
　　セクシュアル・ハラスメント／性的虐待」防止のための
　　啓発リーフレット（抜粋）
　■カナダのスポーツ界におけるハラスメント対策
FAT防止のための啓発リーフレット
　■WSIによるFAT防止のための啓発リーフレット（抜粋）

女性とスポーツ関連団体(海外編)

名称	所在地
国際女性スポーツワーキンググループ IWG International Working Group On Women and Sport	Departement of Canadian Heritage Secretariat IWG 8th Floor 15 Eddy Steet Hull, Quec CANADA
国際女子体育連盟 IAPESGW International Association of Physical Education and Sports for Girls and Women	Leeds Metropolitan University Beckett Park, Leeds LS6 3QS United Kingdom
カナダ女性スポーツ振興協会 CAAWS Canadian Association on for the Advancement	1600 James Naismith Drive Gloucester, ON, Canada, K18 5N4
イギリス女性スポーツ Women's Sports Foundation(UK)	305-315 Hither Green Lane Lewisham, London, SE13 6TJ
アメリカ女性スポーツ団体 Women's Sports Foundation(USA)	Eisenhower Park, East Meadow, NY 11554
ウィメンスポーツ・オーストラリア Womensport Australia	Level 10,114 Albert Rord South Melbourne Vie 3205
ヨーロッパ女性スポーツグループ EWS European Women and Sport group	Radiokatu 20, 7th floor, 00240 Helsinki FIN-00093 SLU
ウィメン・スポーツ・インターナショナル WSI Women Sport International	
全米女子スポーツ協会 NAGWS National Association for Girls and Women in Sport	1900 Association Drive Reston, VA 20191-1599
国際オリンピック委員会(IOC) 女性とスポーツワーキンググループ IOC Women and Sport Working Group	International Olympic Committee Chateau de Vidy 1007 Lausanne Switzerland
ユネスコ UNESCO United National Educational Scientific and Cultural Organization	7, place de Fontenoy 75352 PARIS 07 SP France
国際オリンピック委員会 IOC International Olympic Committee	Chateau de Vidy 1007 Lausanne Switzerland
国際ワールドゲームズ協会 IWGA International World Games Association	Ekeby House Luiksestraat 23、 2587 AL the Hague The Netherlands
カルガリーナショナルスポーツセンター NSCC National Sports Center Calgary	c/o Faculty of Kinesiology University of Calgaly,2500 University Drive NW Calgely, Alberta T2N 1N4

＊女性スポーツに関する国際的な組織、および影響力を持つ海外の団体を中心に掲載した。

(2001年3月現在)

TEL	FAX	設立年	ホームページアドレス
1-819-956-8036	1-819-956-8019	1994年	http://www.iwg-gti.org/
	44-113-283-7430	1949年	http://www.udel.edu/HESC/bkelly/iapesgw.html bkelly/iapesgw.html
1-613-748-5793	1-613-748-5775	1981年	http://www.caaws.ca/
44-020-8697-5370	44-020-8697-5370	1984年	http://www.wsf.org.uk/
1-516-542-4700	1-546-542-4716	1974年	http://www.womenssportsfoundation.org/
61-03-9696-2884	61-03-9696-5470	1991年	http://www.ausport.gov.au/wspahome.html
358-9-3481-2602	358-9-3481-2602	1994年	http://www.slu.fi/ews/
		1998年	http://www.de.psu.edu/wsi/
1-703-476-3450	1-703-476-4566	1988年	http://www.aahperd.org/nagws/nagws-main.html
41-21-621-6419	41-21-621-6354	1995年	http://www.olympic.org/ioc/e/org/
33-1-45-68-10-00	33-1-45-67-16-90	1945年	http://www.unesco.org/
41-21-621-61-11	41-21-621-62-16	1894年	http://www.olympic.org/
31-70-3512774	31-70-3509911	1980年	http://www.worldsport.com/worldsport/sport/world games/
1-403-220-4405	1-403-282-6972	1994年	http://www.nsccalgary.ab.ca/

(萩, 2001)

女性とスポーツ関連団体（国内編）

名称	郵便番号	所在地
（社）日本女子体育連盟 JAPEW Japan Association of Physical Education for Women	151-0052	東京都渋谷区代々木神園町3－1 国立オリンピック記念青少年総合センター内
NPO（特定非営利活動）法人ジュース JWS Japanese Association for Women in Sport	310-0853	茨城県水戸市平須町69-19
女性スポーツ財団　日本支部 Women's Sports Foundation(Japan)	151-0066	東京都渋谷区西原3-36-23-202
日本YMCA Young Women's Christian Association of Japan	102-0074	東京都千代田区九段南4-8-8
TOL Total Orympic Ladies	187-0013	東京都小平市回田町38-12
体操リーダー連絡協議会 MGLA Meeting of Gymnastics Leaders For All	531-0071	大阪市北区中津2-8-c-724 RGC内
日本家庭婦人バスケットボール連盟事務局 JLBBL Japan Ladies Basketball League	167-0035	杉並区今川1-9-14 榊原　みどり　気付
財団法人　日本オリンピック委員会 JOC Japanease Olympic Committee	150-8050	東京都渋谷区神南1-1-1岸記念体育館内
日本ワールドゲームズ協会 JWA JAPAN World Games Association	105-0001	東京都港区虎ノ門1-15-16 笹川スポーツ財団内
財団法人　日本体育協会 JASA Japan Amateur Sports Association	150-8050	東京都渋谷区神南1-1-1
笹川スポーツ財団 SSF Sasakawa Sports Foundation	105-0001	東京都港区虎ノ門1-15-16
財団法人　日本スポーツクラブ協会 JSCA Japan Sports Club Association	150-0031	東京都渋谷区桜丘町2番11号 萩野ビル5
社団法人スポーツ産業団体連合会 JSIF Japan Sports Industries Federation	101-0051	東京都千代田区神田神保町3丁目6番地 能楽書林ビル3階
財団法人　日本ウエルネス協会 JWF Japan Wellness Foundation	107-0052	東京都港区赤坂1丁目5番12号 第2虎ノ門ビル6階
社団法人　日本フィットネス産業協会 FIA Fitness Industry Association of Japan	102-0074	東京都千代田区九段南3-7-8 ゴンドラビル2F
日本体育・学校保健センター National Atadium and School Health Center of Japan	160-0013	東京都新宿区霞ヶ丘町10番地
財団法人　日本レクリエーション協会 NRAJ National Recreation Association of Japan	101-0061	千代田区三崎町2-20-7 水道橋西口会館6F
財団法人　日本健康スポーツ連盟 Japan Federation of Health and Sports	101-0063	東京都千代田区淡路町神田2-9-11
財団法人日本障害者スポーツ協会 JSAD Japan Sports Association for the Disabled	162-0051	東京都新宿区西早稲田2-2-8 全国心身障害児福祉財団ビル3F

＊女性スポーツに関連団体、および女性スポーツ振興に関係のある全国組織の団体を中心に掲載した。

(2001年3月現在)

TEL	FAX	設立年	ホームページアドレス
03-3469-7995	03-3469-8427	1954年	
029-305-1588	029-241-5525	1998年	http://www.jws.or.jp/jpn/about/
03-3467-4360	03-3467-5455	1980年	
03-3264-0661==	03-3264-0663	1905年	http://www.ywca.or.jp/
042-326-3936	042-326-3936	1985年	
06-6374-5274	06-6374-0373	1983年	
03-3390-0432	03-3390-0432	1997年	http://www2u.biglobe.ne.jp/%7ELADYBKT/jibbl.html
03-3481-2233	03-3481-0977	1911年	http://www.joc.or.jp/
03-3580-5854	03-3580-5968	1991年	http://www.ssf.or.jp/jwga/
03-3481-2460	03-3481-2284	1911年	http://www.japan-sports.or.jp
03-3580-5854	03-3580-5968	1991年	http://www.ssf.or.jp
03-3463-5456	03-3463-1168	1977年	http://www.netpro.ne.jp/~ｊｓｃａ/
03-5276-0141		1988年	http://www.jsif.or.jp/
03-5570-8043	03-5570-8041	1982年	http://www.wellness.or.jp
03-3237-5318	03-3237-7213	1987年	http://www.alles.or.jp/~fitness/
03-5410-9124	03-5410-9124	1985年	http://www.ntgk.go.jp/
03-3265-1241	03-3265-1253	1947年	http://www.recreation.or.jp/
03-5256-1861	03-5256-1865	1987年	
03-3204-3993	03-5273-2850	1965年	http://www.jsad.or.jp

(萩, 2001)

〈女性の地位向上に関わる代表的な声明・条約・法規〉

■女性差別撤廃条約

正式名称「女子に対するあらゆる形態の差別の撤廃に関する条約」
(Convention on the Elimination of all Forms of Discrimination against Women)
採　　択：1979年12月18日（国際連合総会第34回会期）
効力発生：1981年9月3日
日　本　国：1980年7月17日署名
　　　　　　1985年6月24日国会承認
　　　　　　1985年6月25日批准書採択
　　　　　　1985年7月1日公布（条約第7号）
　　　　　　1985年7月25日効力発生

以下、政府公訳より一部抜粋

第1部〔総論〕

第1条〔女子差別の定義〕この条約の適用上、「女子に対する差別」とは、性に基づく区別、排除または制限であって、政治的、経済的、社会的、文化的、市民的その他のいかなる分野においても、女子（婚姻をしているかいないかを問わない。）が男女の平等を基礎として人権及び基本的自由を認識し、享有し又は行使することを害し又は無効にする効果又は目的を有するものをいう。

第3部〔社会生活に関する権利〕

第10条〔教育における差別の撤廃〕締約国は、教育の分野において、女子に対して男子と平等の権利を確保することを目的として、特に、男女の平等を基礎として次のことを確保することを目的として、女子に対する差別を撤廃するためのすべての適当な措置をとる。

(g)スポーツ及び体育に積極的に参加する同一の機会

第13条〔経済的・社会的活動における差別の撤廃〕締約国は、男女の平等を基礎として同一の権利、特に次の権利を確保することを目的として、他の経済的及び社会的活動の分野における女子に対する差別を撤廃するためのすべての適当な措置をとる。

(c)レクリエーション、スポーツ及びあらゆる側面における文化的活動に参加する権利

■第4回世界女性会議の概要及び行動綱領(1995年)

第4回世界女性会議の概要

　1995年9月に北京で開かれた第4回世界女性会議には、190カ国を越える参加国と国連機関などの組織代表者、さらに2,000を超える非政府組織(NGO)が認証され参加した。
　一般的意見交換においては、(a)「婦人の地位向上のためのナイロビ将来戦略」の実施状況に関する第2回検討及び評価　(b)地域準備会議の主要結論及び勧告　(c)各国の優先分野及びコミットメントについて討議された。これらの討議を踏まえ、「北京宣言」及び「行動綱領」が採択された。
　「北京宣言」は38項目からなる基本的な理念が表明され、「行動綱領」は、次の12項目に関する戦略目標及び行動が記述されている。ここでは、体育・スポーツに関わりの深い項目の紹介にとどめた。
　　A.女性と貧困　B.女性の教育と訓練　C.女性と健康　D.女性に対する暴力　E.女性と武力闘争　F.女性と経済　G.権力及び意思決定における女性

H.女性の地位向上のための制度的な仕組み　I.女性の人件　J.女性とメディア　K.女性と環境　L.女児

戦略目標C.2.　女性の健康を促進する予防的プログラムを強化すること
107.適当な場合，非政府機関，マスメディア，民間部門及び国連機関を含む関連国際機関の協力を得て，政府により：
(f) 少女及びあらゆる年齢の女性が男性や少年と同じようにできるスポーツ，運動及びレクリエーションに参加する機会を作るため，教育制度，職場及び地域社会においてプログラムを案出し，支援すること。

戦略目標B.4.　非差別的な教育及び訓練を開発すること
83.政府、教育当局その他教育・学術訓練により：
(m)教育機関及びコミュニティ施設内に，利用しやすいスポーツ・レクリエーション施設を提供して少女及びあらゆる年齢の女性のためのジェンダーに配慮したプログラムを確立・強化し，コーチ，訓練及び管理を含む，また国内，地域及び国際レベルの参加者としての，スポーツ及び身体活動のすべての分野における女性の地位向上を支援すること。

(総理府仮訳：資料出所　内閣府男女共同参画局　ジェンダーインフォメーションサイト www8.CAO.go.jp/danjo/)

■国連特別総会「女性2000年会議」概要（2000年）

◇ 政 治 宣 言 ◇
(Political Declaration)

　「政治宣言」は、会議に参加した政府による「北京宣言」及び「行動綱領」並びに「婦人の地位向上のためのナイロビ将来戦略」の実施の決意を再確認する宣言です。先進諸国によるODAの国際目標の達成や女子差別撤廃条約の完全批准、男女平等の推進に向けた男性の関与と共同責任の強調、NGO及び女性団体の役割と貢献の再認識、2005年に行動綱領等の実施状況を評価する会合を必要に応じ開催することにも言及しています。

◇北京宣言及び行動綱領実施のための更なる行動とイニシアティブ◇
(いわゆる「成果文書」)
(Further actions and initiatives to implement the Beijing Declaration and the Platform for Action)

　この「北京宣言及び行動綱領実施のための更なる行動とイニシアティブに関する文書」（以下「成果文書」という。）は、行動綱領の実施状況を分析するとともに、北京会議以降に出現した新しい課題を踏まえ、行動綱領の更なる実施にむけて各国政府、国際機関、市民社会が行うべき行動とイニシアティブを提言した、各国の行動指針の参考となる文書です。単純に行動綱領の文字数と比較しますと、3割強程度にあたります。

　以下の4つの章、サブパラグラフまで入れて約250のパラグラフから構成されています。（7月11日現在）
第1章：前文
第2章：行動綱領12の重大問題領域実施に関する成果と障害
第3章：北京宣言及び行動綱領実施に際して直面する新たな課題
第4章：行動綱領の完全かつ更なる実施及び障害克服のための行動とイニシアティブ

第1章：前文
　行動綱領及び「国連婦人の地位委員会」で採択した合意結論及び勧告は21世紀における男女平等・開発・平和の達成に向けての更なる取組の基礎となる文書であること、行動綱領は全ての女性のエンパワーメントを目的としたものであること、全ての女性による人権と基本的自由の完全な享受が女性のエンパワーメントの基本条件であり、その遵守は国家の義務であること、行動綱領の目標達成に、政府は一義的な責任を有することを確認するとともに、男女平等の実現は女性と男性のパートナーシップが不可欠であること、様々な状況にある女性の多様性が尊重され、人権が確保されるべきことの確認が謳われています。

第2章：行動綱領12の重大問題領域実施に関する成果と障害
　行動綱領の実施状況についての各国政府からの報告や、各種国際機関・さまざまな国際会議の勧告等を踏まえて国連の事務局が分析を行ったものを基に、協議が行われました。
　この第2章ではそれぞれの問題領域別の分析が行われていますが、全体として各国の取組に一定の成果が見られたことが評価される一方、完全実施にはなお多くの課題が残されていることが指摘されました。

第3章：北京宣言及び行動綱領実施に際して直面する新たな課題
　北京会議以降に台頭した新たな課題として、グローバリゼーションの進展が女性に新たな可能性をもたらす一方で、一層の経済格差を生み「貧困の女性化」を更に加速させたこと、科学技術の進歩は雇用創出を生む一方で、世界の多くの女性は情報技術（IT）を始めとするこれらの新しい分野への参入の機会に恵まれないこと、高齢女性の問題及び思春期の女性に対する取組への関心が高まっていること、HIV／AIDSが深刻化し女性に多大な影響を与えていること、また男性と女性の関係及び役割についての問い直し、及びその関連で無償労働の評価の必要についての認識が高まってきたこと、等が指摘されています。

第4章：行動綱領の完全かつ更なる実施及び障害克服のための行動とイニシアティブ
　「国内レベルの行動」、「国際レベルの行動」、「国内及び国際レベルの行動」と

いう柱立てに沿って、今後取るべき様々な行動指針が提示されています。その点では、行動綱領が12の重大問題領域別に提言されているのとは異なった組立て方となっています。

　この第4章については、行動綱領の表現をさらに具体化・強化するような踏み込んだ提案を盛り込むことを目的として審議が行われましたが、結果的には12の重大問題領域の扱いに疎密があった面も否めません。しかしこのことは同時に、課題の争点がはっきりしてきたとも見ることができます。会議では行動綱領の実施状況を踏まえ、実行可能性を視野に入れた協議が展開されました。

　また新しい内容を盛り込もうとする場合やその表現を巡って協議が紛糾した場合には、行動綱領の表現をそのまま採用することとしましたが、表現に折り合いがつかないものについては、対象となったパラグラフそのものを削除することで決着を見ました。

　行動綱領に比べて、強調された点及び注目すべき点としては、例えば以下の事項が挙げられます。

　北京会議以降、女性に対する暴力は女性の人権の侵害であるという認識が高まったことから、女性に対する暴力に関する取組が多く提案されました。
　例えば、ドメスティックバイオレンスに関連する犯罪に対処する法律の整備や適切な仕組みの強化、トラフィッキング（人の密輸）への総合的対策、女性に対する暴力に関する啓発活動の実施などが提案されています。
　トラフィッキングについては、行動綱領では暴力の一形態として取り扱われる傾向にあり、トラフィッキングに特化した提案はあまりありませんでした。しかし、今回の「成果文書」では、例えば、トラフィッキングへの総合的な取組の強化等、トラフィッキングに焦点をあてた提案が多く盛り込まれています。
　また、新たにいわゆる「名誉犯罪」が女性に対する暴力の一形態として取り上げられました。「名誉犯罪」とは女性が家族にとって不名誉な行為をした場合に、家族がその女性に対し暴力をふるい、殺人等を起こしたとしても、罪に問われないというような慣行が一部の国では未だ残っており、このような慣行を指します。

また、女性に対する差別の撤廃を目的とし、可能であれば2005年までに、女性に差別的な条項の撤廃のための法律の見直しが提案されています。

　教育に関する取組としては、特に男性及び少年のための、固定的な性別役割分担意識に基づく行動の解消のための教育やプログラム、政策を推進することが挙げられました。行動綱領でも、固定的な性別役割分担意識の解消については提示されていますが、今回はとりわけ男性及び少年を対象とすることが強調されました。

　健康に関する取組としては、HIV／AIDSその他の疾病を含む健康上の問題へのジェンダーの視点に立った政策の実施、HIV／AIDSや性感染症の患者の差別からの保護・プライバシーの尊重、思春期女性に対する健康教育や情報提供・サービス等の必要性が強調されました。
　セクシャル・ライツ（性的権利）及びリプロダクティブ・ライツについての議論が紛糾しましたが、結局、行動綱領のリプロダクティブ・ヘルス／ライツに関する記載の部分をそのまま引用することで決着しました。
　また、タバコの健康影響に関する予防措置等に関し、WHOの「たばこ枠組条約」の支持が明記されました。

　農山漁村の女性については、農業生産に従事する女性の仕事が認識、評価されるような施策を採択し、また、彼女たちの経済的地位を高めるための対策を講じることが挙げられています。

　女性の地位向上のための制度的な仕組みとしては、必要に応じて、女性のエンパワーメントを強化し、また監視・評価に関する分析・方法論を開発するための予算配分を目的として、あらゆる予算編成の過程にジェンダーの視点を取込むことが挙げられました。

　影響調査のための対策としては、影響調査に関する研究開発の振興や、影響調査に必要なデータの整備のために、国の統計部局へ制度的及び財政的に支援するという、具体的な行動が提案されました。

これは特に途上国の女性を対象とした取組ですが、グローバリゼーションのもたらした影響に対応するため、国際経済の政策決定の過程に途上国の女性が参画できるよう保証することや、グローバリゼーションがもたらす利益を享受するために、女性に技術訓練を提供すること等が挙げられました。

　また、紛争の防止・解決、平和構築等の、開発活動や平和へのプロセスにおける政策決定や実施段階における女性の全面参加を確保・支援することが提案されており、平和構築におけるジェンダーの視点の導入の必要性が更に強調されました。

　北京会議以降に出現した問題への対応としては、情報技術（IT）への平等なアクセスを確保するために、女性に対する情報技術等、新しい技術教育への支援等が挙げられています。

◇「成果文書」の協議の際の議論◇

　「成果文書」の協議では、女性に対する暴力や教育への取組については、重要な課題として多くの国の意見が一致しました。
　一方、セクシャル・オリエンテーション（性的指向）及びセクシャル・ライツ（性的権利）や、一方的強制措置及び経済制裁が当該国の女性の状況を悪化させたとの分析の明記については、一部の諸国間で深い対立があり、「成果文書」全体の協議の進捗に影響を及ぼしました（前者については明記されず）。
　また、家族の概念についても、伝統的な家族の形態を重んじる国と多様な形態の家族を認める国との間で、最終段階まで協議が紛糾しました。
　なお、我が国は、我が国の経験や政策を踏まえて、女性に対する暴力に関する啓発活動、生涯学習、職業訓練、農山漁村における女性の働きに応じた収入の確保等について具体的提案を行い、「成果文書」に盛り込むことができました。

（資料出所：国際連合広報センター〈2000〉女性2000年会議）

■男女共同参画社会基本法 （1999年6月23日法律第78号）

目次
前文
第一章　総則（第一条―第十二条）

第二章　男女共同参画社会の形成の促進に関する基本的施策（第十三条―第二十条）

第三章　男女共同参画審議会（第二十一条―第二十六条）

附則

我が国においては、日本国憲法に個人の尊重と法の下の平等がうたわれ、男女平等の実現に向けた様々な取組が、国際社会における取組とも連動しつつ、着実に進められてきたが、なお一層の努力が必要とされている。

一方、少子高齢化の進展、国内経済活動の成熟化等我が国の社会経済情勢の急速な変化に対応していく上で、男女が、互いにその人権を尊重しつつ責任も分かち合い、性別にかかわりなく、その個性と能力を十分に発揮することができる男女共同参画社会の実現は、緊要な課題となっている。

このような状況にかんがみ、男女共同参画社会の実現を二十一世紀の我が国社会を決定する最重要課題と位置付け、社会のあらゆる分野において、男女共同参画社会の形成の促進に関する施策の推進を図っていくことが重要である。

ここに、男女共同参画社会の形成についての基本理念を明らかにしてその方向を示し、将来に向かって国、地方公共団体及び国民の男女共同参画社会の形成に関する取組を総合的かつ計画的に推進するため、この法律を制定する。

第一章　総則

（目的）

第一条　この法律は、男女の人権が尊重され、かつ、社会経済情勢の変化に対応できる豊かで活力ある社会を実現することの緊要性にかんがみ、男女共同参画社会の形成に関し、基本理念を定め、並びに国、地方公共団体及び国民の責務を明らかにするとともに、男女共同参画社会の形成の促進に関する施策の基本となる事項を定めることにより、男女共同参画社会の形成を総合的かつ計画的に推進することを目的とする。

（定義）

第二条　この法律において、次の各号に掲げる用語の意義は、当該各号に定めるところによる。
一　男女共同参画社会の形成　男女が、社会の対等な構成員として、自らの意思によって社会のあらゆる分野における活動に参画する機会が確保され、もって男女が均等に政治的、経済的、社会的及び文化的利益を享受することができ、かつ、共に責任を担うべき社会を形成することをいう。

二　積極的改善措置　前号に規定する機会に係る男女間の格差を改善するため必要な範囲内において、男女のいずれか一方に対し、当該機会を積極的に提供することをいう。

（男女の人権の尊重）

第三条　男女共同参画社会の形成は、男女の個人としての尊厳が重んぜられること、男女が性別による差別的取扱いを受けないこと、男女が個人として能力を発揮する機会が確保されることその他の男女の人権が尊重されることを旨として、行われなければならない。

（社会における制度又は慣行についての配慮）

第四条　男女共同参画社会の形成に当たっては、社会における制度又は慣行が、性別による固定的な役割分担等を反映して、男女の社会における活動の選択に対して中立でない影響を及ぼすことにより、男女共同参画社会の形成を阻害する要因となるおそれがあることにかんがみ、社会における制度又は慣行が男女の社会における活動の選択に対して及ぼす影響をできる限り中立なものとするように配慮されなければならない。

（政策等の立案及び決定への共同参画）

第五条　男女共同参画社会の形成は、男女が、社会の対等な構成員として、国若しくは地方公共団体における政策又は民間の団体における方針の立案及び決定に共同して参画する機会が確保されることを旨として、行われなければならない。

（家庭生活における活動と他の活動の両立）

第六条　男女共同参画社会の形成は、家族を構成する男女が、相互の協力と社会の支援の下に、子の養育、家族の介護その他の家庭生活における活動について家族の一員としての役割を円滑に果たし、かつ、当該活動以外の活動を行うことができるようにすることを旨として、行われなければならない。

（国際的協調）

第七条　男女共同参画社会の形成の促進が国際社会における取組と密接な関係を有していることにかんがみ、男女共同参画社会の形成は、国際的協調の下に行われなければならない。

（国の責務）

第八条　国は、第三条から前条までに定める男女共同参画社会の形成についての基本理念（以下「基本理念」という。）にのっとり、男女共同参画社会の形成の促進に関する施策（積極的改善措置を含む。以下同じ。）を総合的に策定し、及び実施する責務を有する。

(地方公共団体の責務)

第九条　地方公共団体は、基本理念にのっとり、男女共同参画社会の形成の促進に関し、国の施策に準じた施策及びその他のその地方公共団体の区域の特性に応じた施策を策定し、及び実施する責務を有する。

(国民の責務)

第十条　国民は、職域、学校、地域、家庭その他の社会のあらゆる分野において、基本理念にのっとり、男女共同参画社会の形成に寄与するように努めなければならない。

(法制上の措置等)

第十一条　政府は、男女共同参画社会の形成の促進に関する施策を実施するため必要な法制上又は財政上の措置その他の措置を講じなければならない。

(年次報告等)

第十二条　政府は、毎年、国会に、男女共同参画社会の形成の状況及び政府が講じた男女共同参画社会の形成の促進に関する施策についての報告を提出しなければならない。

2　政府は、毎年、前項の報告に係る男女共同参画社会の形成の状況を考慮して講じようとする男女共同参画社会の形成の促進に関する施策を明らかにした文書を作成し、これを国会に提出しなければならない。

第二章　男女共同参画社会の形成の促進に関する基本的施策

（男女共同参画基本計画）

第十三条　政府は、男女共同参画社会の形成の促進に関する施策の総合的かつ計画的な推進を図るため、男女共同参画社会の形成の促進に関する基本的な計画（以下「男女共同参画基本計画」という。）を定めなければならない。

2　男女共同参画基本計画は、次に掲げる事項について定めるものとする。
一　総合的かつ長期的に講ずべき男女共同参画社会の形成の促進に関する施策の大綱

二　前号に掲げるもののほか、男女共同参画社会の形成の促進に関する施策を総合的かつ計画的に推進するために必要な事項
3　内閣総理大臣は、男女共同参画審議会の意見を聴いて、男女共同参画基本計画の案を作成し、閣議の決定を求めなければならない。
4　内閣総理大臣は、前項の規定による閣議の決定があったときは、遅滞なく、男女共同参画基本計画を公表しなければならない。

5　前二項の規定は、男女共同参画基本計画の変更について準用する。

（都道府県男女共同参画計画等）

第十四条　都道府県は、男女共同参画基本計画を勘案して、当該都道府県の区域における男女共同参画社会の形成の促進に関する施策についての基本的な計画（以下「都道府県男女共同参画計画」という。）を定めなければならない。

2　都道府県男女共同参画計画は、次に掲げる事項について定めるものとする。
一　都道府県の区域において総合的かつ長期的に講ずべき男女共同参画社会の形成の促進に関する施策の大綱

二　前号に掲げるもののほか、都道府県の区域における男女共同参画社会の形成の促進に関する施策を総合的かつ計画的に推進するために必要な事項
3　市町村は、男女共同参画基本計画及び都道府県男女共同参画計画を勘案して、当該市町村の区域における男女共同参画社会の形成の促進に関する施策についての基本的な計画（以下「市町村男女共同参画計画」という。）を定めるように努めなければならない。
4　都道府県又は市町村は、都道府県男女共同参画計画又は市町村男女共同参画計画を定め、又は変更したときは、遅滞なく、これを公表しなければならない。

（施策の策定等に当たっての配慮）

第十五条　国及び地方公共団体は、男女共同参画社会の形成に影響を及ぼすと認められる施策を策定し、及び実施するに当たっては、男女共同参画社会の形成に配慮しなければならない。

（国民の理解を深めるための措置）

第十六条　国及び地方公共団体は、広報活動等を通じて、基本理念に関する国民の理解を深めるよう適切な措置を講じなければならない。

（苦情の処理等）

第十七条　国は、政府が実施する男女共同参画社会の形成の促進に関する施策又は男女共同参画社会の形成に影響を及ぼすと認められる施策についての苦情の処理のために必要な措置及び性別による差別的取扱いその他の男女共同参画社会の形成を阻害する要因によって人権が侵害された場合における被害者の救済を図るために必要な措置を講じなければならない。

（調査研究）

第十八条　国は、社会における制度又は慣行が男女共同参画社会の形成に及ぼ

す影響に関する調査研究その他の男女共同参画社会の形成の促進に関する施策の策定に必要な調査研究を推進するように努めるものとする。

(国際的協調のための措置)

第十九条　国は、男女共同参画社会の形成を国際的協調の下に促進するため、外国政府又は国際機関との情報の交換その他男女共同参画社会の形成に関する国際的な相互協力の円滑な推進を図るために必要な措置を講ずるように努めるものとする。

(地方公共団体及び民間の団体に対する支援)

第二十条　国は、地方公共団体が実施する男女共同参画社会の形成の促進に関する施策及び民間の団体が男女共同参画社会の形成の促進に関して行う活動を支援するため、情報の提供その他の必要な措置を講ずるように努めるものとする。

第三章　男女共同参画審議会

(男女共同参画審議会)

第二十一条　総理府に、男女共同参画審議会(以下「審議会」という。)を置く。

2　審議会は、次に掲げる事務をつかさどる。
一　男女共同参画基本計画に関し、第十三条第三項に規定する事項を処理すること。

二　前号に掲げるもののほか、内閣総理大臣又は関係各大臣の諮問に応じ、男女共同参画社会の形成の促進に関する基本的かつ総合的な政策及び重要事項を調査審議すること。

3　審議会は、前項に規定する事項に関し、内閣総理大臣又は関係各大臣に意見を述べることができる。

（組織）

第二十二条　審議会は、委員二十五人以内で組織する。

2　男女のいずれか一方の委員の数は、委員の総数の十分の四未満であってはならない。

（委員）

第二十三条　委員は、学識経験のある者のうちから、内閣総理大臣が任命する。

2　委員の任期は、二年とする。ただし、補欠の委員の任期は、前任者の残任期間とする。

3　委員は、再任されることができる。

4　委員は、非常勤とする。

（会長）

第二十四条　審議会に、会長を置き、委員の互選によってこれを定める。

2　会長は、会務を総理し、審議会を代表する。

3　会長に事故があるときは、あらかじめその指名する委員が、その職務を代理する。

（資料の提出その他の協力）

第二十五条　審議会は、その所掌事務を遂行するため必要があると認めるときは、関係行政機関の長に対して、資料の提出、意見の開陳、説明その他の必要な協力を求めることができる。

2　審議会は、その所掌事務を遂行するため特に必要があると認めるときは、前項に規定する者以外の者に対しても、必要な協力を依頼することができる。

（政令への委任）

第二十六条　この章に定めるもののほか、審議会に関し必要な事項は、政令で定める。

附　則

（施行期日）

第一条　この法律は、公布の日から施行する。

（男女共同参画審議会設置法の廃止）

第二条　男女共同参画審議会設置法（平成九年法律第七号）は、廃止する。

（経過措置）

第三条　前条の規定による廃止前の男女共同参画審議会設置法（以下「旧審議会設置法」という。）第一条の規定により置かれた男女共同参画審議会は、第二十一条第一項の規定により置かれた審議会となり、同一性をもって存続するものとする。

2　この法律の施行の際現に旧審議会設置法第四条第一項の規定により任命された男女共同参画審議会の委員である者は、この法律の施行の日に、第二十三条

第一項の規定により、審議会の委員として任命されたものとみなす。この場合において、その任命されたものとみなされる者の任期は、同条第二項の規定にかかわらず、同日における旧審議会設置法第四条第二項の規定により任命された男女共同参画審議会の委員としての任期の残任期間と同一の期間とする。

3　この法律の施行の際現に旧審議会設置法第五条第一項の規定により定められた男女共同参画審議会の会長である者又は同条第三項の規定により指名された委員である者は、それぞれ、この法律の施行の日に、第二十四条第一項の規定により審議会の会長として定められ、又は同条第三項の規定により審議会の会長の職務を代理する委員として指名されたものとみなす。

（総理府設置法の一部改正）

第四条　総理府設置法（昭和二十四年法律第百二十七号）の一部を次のように改正する。
第四条第四号の次に次の一号を加える。

四の二　男女共同参画社会基本法（平成十一年法律第七十八号）第十三条第三項の規定に基づき、同条第一項に規定する男女共同参画基本計画の案を作成すること。

〈女性と体育・スポーツに関する世界的な宣言・アジェンダ・法規〉

■ブライトン宣言 （第1回世界女性スポーツ会議　1994年）

The Brighton Declaration on Women and Sport
1st World Conference on Women and Sport, 1994

宣言の焦点と目的

　この宣言は、政府、省庁、団体、企業、教育・研究機関、女性団体、そして個人など、スポーツの実行・発展・振興に責任を持つ、または直接的・間接的に影響を与える人々、またはスポーツにおける女性の就職、教育、管理、トレーニング、発展に、どんな形であれ関心を寄せる人々、すべてにあてて出されたものである。この宣言は女性とスポーツに関係する、すべての地方、国家、さらに国際的なスポーツの宣言や法律、法典、規則や条例を補足するためのものである。

　この宣言の最たる目的は、スポーツのあらゆる面において、女性が最大限に関わることを可能にし、尊重するような、スポーツ文化を発展させることである。

　平等、発展、平和のために、この宣言の中で述べられている原則を適用することが、政府組織、NGO、そしてすべてのスポーツに関わる団体によって確約されている。それは、以下の事柄を含む妥当な政策、構造、そしてメカニズムを発達させることによってなされるものである。すなわち、

　すべての女性が、個人の権利や威厳を保護し敬意を表すような、安全で支援的な環境でスポーツに参加することのできる機会を保証すること。

　すべてのレベルにおいて、また、すべての職務や役割においてのスポーツへの女性の参加を増やすこと。

　スポーツの発展に寄与する女性の知識、経験、そして価値を重んじること。

　スポーツの本質的な価値と、スポーツの持つ個人の成長や健康的なライフスタイルに対する貢献への女性の認識度を高めること。

1.社会とスポーツにおける公正と平等

　スポーツに責任を持つ組織や団体が、国連憲章、世界人権宣言、そして女性

に対するすべての差別をなくす国連協定の定める平等条項に従うことを保証するために、政府と政治組織によって、あらゆる努力がなされるべきである。

　レジャーやレクリエーションの目的においても、健康の促進や高度なパフォーマンスの追求においても、スポーツに参加し、関わる平等の機会は、すべての女性の権利であり、人種や肌の色、言語、宗教、信条、性的志向、年齢、婚姻の状態、身体障害、政治的信念や政治団体への所属、国籍や社会的素性に関係するものではない。

　資源や力、そして責任は、公平に、性別に基づいた差別なしに分配されるべきであるが、「分配が」均衡を是正するのではなく、「分配において」は不公正な均衡が是正されるべきだと思われる。

2.施設・設備
　スポーツへの女性の参加は施設・設備の程度、種類、そして近づきやすさに影響される。これら施設・設備の計画、デザイン、管理は、妥当にそして公正に地域における女性の持つ特別なニーズに沿っているべきで、保育の提供と安全性に特に注意が払われることが必要である。

3.学校とジュニア・スポーツ
　女子と男子がスポーツに対して著しく異なる見方で近づくという研究発表がなされている。若者のスポーツや教育、レクリエーション活動や体育教育に携わる者は、女子の価値観、姿勢や目標を考慮した、公正な範囲の機会と学習経験が、若者の体力づくりや基本的スポーツ技術の習得のためのプログラムに組み込まれていることを保証しなければならない。

4.参加促進
　スポーツへの女性の参加は利用できる活動の範囲に影響される。スポーツをする機会やプログラムを提供する者は、女性の必要性や願望に即した活動を提供し、奨励すべきである。

5. スポーツの高度なパフォーマンス

　政府やスポーツ組織は女性に対して、パフォーマンスの向上につながるすべての活動とプログラムが女性選手の特別なニーズへの配慮を保証することによって、それぞれのスポーツ・パフォーマンスの潜在能力を引き出すための平等な機会を提供するよう努めなければならない。

　エリート選手と（または）プロ選手のサポートにあたっては、競技の機会、報酬（rewards）、奨励金（incentives）、評価、スポンサーシップ、プロモーションなどあらゆる形のサポートが女性と男性に対して、公平にそして公正に分け与えられていることを保証するべきである。

6. スポーツにおけるリーダーシップ

　すべてのスポーツとスポーツに関する組織のリーダーシップや意志決定の場において　女性は少数派である。これらの分野における責任者は、すべてのレベルにおいて、採用や能力の開発、そして人材の維持確保に特別な配慮をしながら、女性のコーチ、アドバイザー、意志決定者、役員、管理者、そしてスポーツ職員を増やす政策やプログラムを作り、またそのような機構をデザインしなければならない。

7. 教育、トレーニングと能力開発

　コーチとその他のスポーツ職員に対する教育、トレーニングと能力開発にあたっては、教育の過程と経験がジェンダー・エクイティーと女性選手のニーズに関する問題に関わるものであり、スポーツにおける女性の役割を公正に反映し、女性のリーダーシップの経験、価値、そして姿勢などに確かな責任を持たねばならない。

8. スポーツ情報と研究

　研究やスポーツに関する情報の提供にあたっては、女性とスポーツについての知識と理解を深めるための政策とプログラムを作り、研究の規範と基準が女性と男性に関する研究に基づいていることを保証しなければならない。

9. 資源

　資源の分配にあたっては、スポーツをする女性や女性のプログラム、そしてこの宣言の原則を広める特別な方策に対してのサポートが得られることを保証しなければならない。

10. 国内及び国際協力

　政府とNGOは、国内及び国際舞台において、男女公正についての問題への認識を広めることに努め、各組織がうまく連携している女性、スポーツ政策、プログラムの実践例を分かち合わねばならない。

URL http://www.iwg-gti.org/
（日本語訳　NPO法人ジュース）

■ウィンドホーク行動要請（第2回世界女性スポーツ会議　1998年）

The Windhoek Call for Action
2nd World Conference on Women and Sport, 1998

　74カ国、400人に及ぶ代表者が、1998年5月19日から22日までの間、ナミビアのウィンドホークで行われた第2回世界女性スポーツ会議に出席し、女性が広義な意味においてスポーツに参加する平等な機会を拡大するため、行動を起こすことを世界に呼びかけた。ここでの呼びかけは、女性問題に関して責任ある多くの政府機関や組織間のさらなる協力と共同活動を求めるという、代表者すべての強い希望を反映しており、さらに、スポーツが女性の今後の発展において果たすことのできる、または果たすべき、重要な役割について認識し、強調するものである。

　本会議は、女性の発展に直接的にも間接的にも影響を与える現存の国際的な手段、特に北京行動綱領や女性に対するすべての形の差別の廃絶についての国連会議、などが横のつながりを持つことの必要性を認めるものであった。

本会議は、1994年のブライトン宣言以降、女性により、そして女性のために、達成された数々の成功に祝意を表する。

この行動への呼びかけは、国内及び国際スポーツ組織、政府、公的機関、開発政府機関、学校、企業、教育・研究所、女性組織など、スポーツの運営、発展、奨励に責任を持つ、または直接的に影響を与える人々、またはどのような形であれ、スポーツにおける女性の就職、教育、マネジメント、訓練、発展または保護に関わる人々にあてて発表されたものである。

ブライトン宣言の原則を再確認することに加え、本会議の代表者は以下の領域についての行動を要請するものである。

1.ブライトン宣言の原則を実行に移すための行動計画を、目的、目標とともに作成し、その実行を見守り報告する。

2.現在のスポーツの領域を超え、世界的な女性の平等運動にも手を伸ばし、一方でスポーツと女性組織、もう一方で教育やユース組織、保健、人権、就職などの部門の代表者とのより緊密な連携をはかる。他の部門がスポーツという手段を通じて目標を達成でき、同時にスポーツの目標にも一歩近づけるような戦略を考案する。

3.女性のスポーツへの参加が生み出すことのできる建設的な貢献について、特に、社会、厚生、経済問題についての情報を収集し、他と分かち合う。

4.リーダーとして、また、決定権をもつ人間としての女性の能力をのばし、女性がどんなレベルのスポーツにおいても重要で目に見える役割を果たすことを保証する。若い女性が自身に関わる政策やプログラムの作成に対して発言できるよう保証する。

5.「世界体育教育危機」を回避するために、質の高い体育教育プログラムを作り、さらに強化し、若い女性にスポーツ技術を教えたり、スポーツを通じて得

られる他の利点を紹介する主要な手段とする。さらに、学校をはじめ、地域に根ざした活動を前進させる政策や仕組みを作る。

6.女性のスポーツへの関わりを、より広く、深く、質高く描き、きちんと報道するようにメディアに働きかける。

7.すべての形の嫌がらせや虐待、暴力や搾取、性別確認検査などを排除する段階を踏まえ、女性がどんなレベルにおいてもスポーツに参加できるような、安全で支援的な環境を整える。

8.政策やプログラムが、すべての女性のそれぞれの違いや多様性、例えば人種、能力、年齢、宗教、性的志向、民族、言語、文化、または固有の人間としての地位など、をきちんと認めた上で機会を提供することを保証する。

9.スポーツの発展に寄与する政府の重要性を認識し、スポーツのあらゆる面において男女平等が達成されているかどうか、ジェンダーの影響を分析的に行いながら、適当な法律および公共政策の立案、そして資金提供を政府に要請する。

10.ODA(政府開発援助)によるプログラムが、女性の発展のために平等な機会を提供していることを保証し、発展のための目標達成にスポーツの持つ可能性を認識する。

11.より多くの女性がスポーツの研究者となるよう、また、スポーツにおける女性に関する重要な問題についての研究がより多く成されるよう奨励する。

ウィンドホーク、ナミビアにて
1998年5月22日

URL http://www.iwg-gti.org/
(日本語訳　NPO法人ジュース)

■各国政府の文部大臣の実行を要請するベルリンアジェンダ（1999年）

The Berlin Agenda for Action for Government Ministers, 1999

　世界体育サミットは生涯学習として体育の重要性を強調する。世界子供の権利条約に明言されているように、体育はすべての子供にとって特に重要なものである。すべての子供は、(1) 高い健康状態　(2) 認識的・身体的発達を促す無償の義務教育　(3) 休息や自由時間　(4) 遊び　の権利を有するものである。

　ベルリンアジェンダは政府や大臣に対し、教育やスポーツに関する以下のような責任を果たすよう実行を要請する。

・体育がすべての子供の権利とされるような政策を実行する
・身体的健康や全人的発達、安全で支援的な地域づくりにおける体育固有の役割を認める
・質の高い体育は意識の高い指導者や充当されるカリキュラム時間に左右されるものであり、それらは用具のような他の資源（リソース）が不足しているところであっても供給可能であることを認める
・指導者の新任研修や現職教員研修を充実させる
・体育の供給・実施を誤れば、体育に必要な投資よりも健康への経費がかさむことを認識する
・体育の有効性や質を高めるような研究を支援する
・体育が教育の一部であることを保証するために、国際的な財政支援団体に働きかける

　なぜこのような実行が必要なのか？　質の高い体育とは、

・子供達の障害の有無や性、年齢、文化、民族・人種、宗教、社会的背景にかかわらず、すべての子供達に生涯にわたる身体活動やスポーツ参加のための技能や態度、価値観、知識・理解を提供する非常に効果的で優れた方法である

- 知性や身体、精神（知・徳・体）の統合的総合的な発達を促す
- 身体や、身体活動、身体発達や健康に主要な視点を持つ学校教育唯一の教科である
- 健康的な発達に不可欠であり、成人の健康的なライフスタイルの基礎となる身体活動のしかたや興味の発達を子供達に促す
- 子供達に自他ともに身体が大切であることを認識させる
- 健康を促進することに対する身体活動の役割を理解させる
- 子供達の自信や自尊心を高める
- 競争や勝敗、共同や協調の経験を通して子供達に社会性を身につけさせる
- スポーツや身体活動、レクリエーション、レジャー活動、さらにより多くの分野の職業に関係する将来の仕事の知識や技能を身につける

出典：体育サミット資料　THE BERLIN AGENDA FOR ACTION FOR GOVERNMENT MINISTERS（訳　井谷恵子）

背景：1999年11月にICSSPE（International Council of Sport Science and Physical Education）によって開かれた世界体育サミットにおいて合意されたアジェンダである。教育における体育の重要性を再確認し、IOCやUNESCO、WHOの支持のもとに、同年に開かれた体育・スポーツ担当大臣等国際会議（MINEPS）への提言という意味を持っている。

■プンタ・デル・エステ宣言（1999年）

Declaration of Punta Del Este, 1999

1　新たなミレニアムを目前とし、第3回体育・スポーツ担当大臣等国際会議（MINEPSIII）がプンタ・デル・エステ（ウルグアイ）において1999年11月30日から12月3日まで開催された。真の国際協力と相互理解の精神のもとに、参加者は、各国政府、政府間機関、非政府組織（NGO）及び世界中の人々の力を結集することを目指したこの宣言を採択した。

2　参加大臣は、体育・スポーツが生涯教育や人間的・社会的発達の過程における不可欠な要素であり必須の部分として重要であることを繰り返す。こうした活動はまた、移民があらゆる大陸で起こっている時代において、異なる民族的・文化的少数者の社会的団結、相互寛容及び統合に寄与することができる。彼らはまた、国際連合教育科学文化機関（ユネスコ）が、国連のシステムにおけるスポーツと体育の中心として重要であることを強調する。

3　このグローバリゼーションの時代において、参加大臣は、南北対話と協力への努力を再生することの必要性に言及し、また援助国や国際金融団体が、スポーツと体育が先進国と発展途上国の間の格差を減少させるという観点で強力かつ有力な開発の手段であることを認識すること。またこのために公的な開発援助計画を通じて資源を配分することを強く主張する。また、参加大臣は、国連開発計画（UNDP）によって、教育、健康及び環境と同じレベルで、体育・スポーツが人間開発指標に含まれるべきことの必要性に言及し、そのためのユネスコの協力を要請する。

4　参加大臣は、近年の競技スポーツ、生涯スポーツプログラムの拡大にも関わらず、子どもたちが体育に参加する機会が著しく削減されていることに深く関心を寄せ、言及する。（カリキュラムの）優先順位の変更のため、多くの国で、学校体育に必要な時間が重要視されておらず、また大幅に削減されていることが言及されている。体育プログラムの減少が、青少年の非行や暴力の著しい増

加あるいは医療費や社会的なコストの増加に影響していると言及されている。国際的レベルで行われた調査によれば、身体活動に村する＄1の投資は、医療コスト＄3.2の削減につながると報告している。この状況では、参加大臣は、1999年世界体育サミットで採択されたベルリン行動アジェンダを支持し、また、参加国が、スポーツと体育が学校プログラムの一部として包含されること、または最低限、学校教育課程における体育プログラムについては、法的に要件を満たすことを保証するよう促す。

5 参加大臣は、世界的な著しい発展にも関わらず、スポーツの分野では、選手、コーチ、役員、又は決定権者としての女性の代表は未だ少ないことに言及する。参加大臣は、1979年の「女子に対するあらゆる形態の差別の撤廃に関する国連条約」や1994年の「女性とスポーツに関するブライトン宣言」を参照条文として引用し、加盟国・地域やスポーツ団体が、地域的、国家的あるいは地方レベルにおいて、最大限、少女や女性の体育・スポーツへの関与を引き上げるための行動をとるべきことを強く主張する。

6 参加大臣は、生涯スポーツの振興と、スポーツや身体活動のプログラムが高齢者や障害者にとっても利用できるようにすることの重要性を強調する。

7 参加大臣はスポーツの倫理的な価値を強調し、先進国及び発展途上国の全ての国が、スポーツ・ドーピングを含む非倫理的な行動に対して共に闘うべきことを強調する。参加大臣は、世界アンチドーピング機関 (WADA) の設立に際しての国際オリンピック委員会 (IOC) のイニシアチブを評価し、WADA及びスポーツ・ドーピングの排除における、全ての政府の重要な役割を強調する。出席大臣は更に、この機関がスポーツ・ドーピングと闘おうとする途上国を援助することを促す。この分野におけるユネスコの役割は、特に情報と教育に集中すべきである。

8 参加大臣は、『伝統的ゲームやスポーツの世界リスト』を含む、地域や国の文化的遺産に基づく伝統的かつ固有のスポーツを、保存し、高めるための政策や、地域的、世界的なフェスティバルの開催を促す政策を支持する。

9　参加大臣は、体育やスポーツが全ての国の社会経済の発展に意義ある役割を果たすことができるという事実に基づいて、来るべきミレニアムにおいて、ユネスコが、地球的規模の協力を強化するための媒介機関としての指導的な役割を果たすべきであることに言及する。参加大臣は、ユネスコが他の国連専門機関やIOCと連携して、途上国に対し財政的、技術的援助ための包括的な計画を準備するよう強く主張する。

10　参加大臣は、ユネスコ事務局長が、体育やスポーツの分野に充分な財政的、人的な資源を配分すること、ユネスコ事務局内部の組織を強化することを強く主張する。

11　参加大臣は、ユネスコ事務局長が体育・スポーツ政府間委員会（CIGEPS）の主催により、加盟国の上級政府職員や専門家による、定期的な地域的会合を開催するよう促す。

12　進歩を確実なものとするため、参加大臣は、MINEPS Ⅲのフォローアップの中間レビューのために、ユネスコ総会の第31セッションにおいて、スポーツ・体育担当大臣の円卓会議を開催することを勧告する。

13　参加大臣は、社会のつながりや民主主義を達成するための手段としての体育・スポーツの振興において、非政府組織（NGO）が果たす重要な役割を認識し、スポーツや体育に関するプログラムや政策の展開に際して、加盟国とNGOとの協調関係を強化することを促す。

14　参加大臣は、国家やその国民の幸福のために、スポーツや体育が極めて重要な社会的、経済的な貢献をしていることの社会の認識を形成するに際して、メディアが果たすことが出来る重要な役割を強調する。

15　参加大臣は、スポーツのおかげで平和の文化を振興することに、(加盟国で)一致し、かつ専念して取り組むこと、彼らの努力に対して最高の政治レベルからの支援を得ることが出来るよう努力することについての誓約を再び確約する。

参加大臣は、国連結合第54セッションによるオリンピック休戦決議の満場一致の採択を歓迎し、オリンピック大会の期間を超えて平和、対話そして和解を推進する決議を再び確約する。

16　参加大臣は、ユネスコ事務局長に対して、「国際平和文化年」(2000年)の枠組みや、「世界こども非暴力及び平和文化国際10年」(2001-2010年)のプログラムに、プンタ・デル・エステ宣言が考慮に入れられるよう、この宣言を国連事務総長に伝えることを要靖する。

出典：スポーツと健康・文部研究会監修（2000）第3回ユネスコ体育・スポーツ担当大臣等 国際会議について．スポーツと健康 32（3）：64-66．

背景：1999年11月30日から12月3日にかけて、南米ウルグアイにおいて、第3回ユネスコ体育・スポーツ担当大臣等国際会議（MINEPSⅢ）が開催された。この会議では、各国における体育・スポーツに関する現状や取り組みを踏まえながら今後の課題を協議し、上記の16条からなる勧告「プンタ・デル・エステ宣言」（DECLARATION OF PUNTA DEL ESTE）を採択した。

■第1回IOC世界女性スポーツ会議決議文（1996年）

RESOLUTION OF 1st IOC WORLD CONFERENCE ON WOMEN AND SPORT

本会議は、

多くの国、非政府組織、政府間組織の代表が参加して行われた、世界女性スポーツ会議の開催を積極的に進めた国際オリンピック委員会（IOC）の努力を祝福する。

女性とスポーツのワーキンググループを組織したIOCのリーダーシップを歓迎し、今後も継続的に、積極的な意見を聞くことを期待する。

また、女性スポーツ振興における、各スポーツ関連団体や政府の国内および国際レベルでの協力の成果を歓迎する。

女性のより一層の発展を目指すために、定期的に同様なイベントを行うことを期待する。

オリンピック・ムーブメントの目的は、スポーツおよびオリンピックのメダルを通じて、あらゆる差別のない平和でよりよい世界を築くことであるということを再認する。

オリンピック・ムーブメントにおいて、性差別撤廃が行われなければ、オリンピックの理想の完全実現はないということを認識する。

1.国際オリンピック委員会、国際スポーツ競技団体、各国オリンピック委員会に対して、各団体の政策やプログラムやその実行過程において、男女平等の問題を盛り込み、女性が思う存分スポーツに参加することができるように、女性特有の要求を認識することを喚起する。

2. スポーツに関わるすべての女性―選手、指導者、運営者あらゆる立場の―に対して、専門的かつ個人の向上のために平等な機会を与えること、そして、国際スポーツ競技団体や各国オリンピック委員会は、構成員が最低10％は女性で組織される、女性スポーツ振興の活動プランを計画・実施する特別委員会もしくはワーキンググループを創設することを推奨する。

3. 女子スポーツに関わる問題を専門に扱う、各国および国際レベルの機関の創設を要求する。

4. 女性リーダー育成のための、女性を含めた選手の組織を各国オリンピック委員会が設立することを推奨する。

5. IOCに対して、女性のオリンピックプログラムのイベント数を、男性と同数にするという目標の達成のために、継続的に努力していくことを奨励する。

6. オリンピック・ソリダリティー（連帯）において、主に発展途上国におけるすべてのレベルの女性スポーツの振興、および女性の運営者、オフィシャル、指導者育成に対する、特別基金を設定することを提案する。

7. 5大陸において、毎年、コーチング、技術的活動（審判等）、運営、メディア・ジャーナリズムの項目のいずれかの分野の養成コースを、女性のために毎年設けることをIOCに対して、要求する。

8. 女性スポーツの要求にどの程度答えているかを、オリンピック候補地選定の一つの評価基準とすることを提案する。

9. 女性スポーツに関連する研究や統計データが増加することを評価・奨励し、女子スポーツの発展に伴う成功物語などを含んだ、研究の結果をスポーツ界におけるあらゆる団体に広めることを奨励する。

10. IOCに対して、オリンピック大会中の現在の性別確認検査を廃止することを

強く主張する。

11. 国内および国際スポーツ競技団体に対して、障害を持つ女性はスポーツの世界において二つの壁に直面していることを念頭に入れ、それらの女性のためのスポーツを促進・普及することを喚起する。

12．IOCに対して、特に女性に関わる非政府および政府間国際組織との関係の中で、健康および生活の質の向上促進のための、学校および地域における体育教育の世界水準のプログラムの創設を目標とするように協力していくことを奨励する。

13. IOCが各国政府に対して、発展途上国への専門的援助を行うよう助言することを推奨する。

14. IOCが、その女性スポーツ・ワーキング・グループに対して、スポーツにおける女性および子供に特有な問題を検討し、若い女子選手を育成する上で、家族の支えが重要であることに配慮するよう指示することを要求する。

15. IOC女性スポーツ・ワーキング・グループがIOC機関の中で、重要な地位を与えられることを推奨する。

16. IOCに対して、女性スポーツの機会拡大のための援助となる教材の作成を継続することを奨励する。

17. IOCに対して、1996年から2000年までの4年間のテーマを「女子オリンピア紀」とすることを推奨する。

発信元：国際オリンピック委員会

URL：http://www.olympic.org/ioc/e/news/pressreleases/
翻訳：NPO法人ジュース

■第2回IOC世界女性スポーツ会議決議文 (2000年)

SECOND IOC WORLD CONFERENCE ON WOMEN AND
SPORT RESOLUTION *Paris, 8 March 2000*

　第2回IOC世界女性スポーツ会議は、2000年3月6-8日パリにおいて開催され、本日、下記の決議文の採択をもって閉会する。

　オリンピック・ムーブメントの目的が、スポーツならびに、いかなる差別をも伴わないオリンピックの理想を通じて、平和で、より良い世界を築くことにあることを再認するものである。

　本会議は、女性とスポーツの関わりを促進するために、国際オリンピック委員会（IOC）、国際競技連盟（IF）、各国オリンピック委員会（NOC）により主導されるものである。

　本会議は、1996年スイス・ローザンヌで開催された第1回IOC世界女性スポーツ会議以降に得られた成果を考慮するものである。

　本会議は、ウィンドホーク行動要綱、体育に関わるベルリン・アジェンダ、ユネスコにおけるプンタ・デル・エステ宣言を再認するものである。

　本会議は、地域、国家、大陸、世界規模のスポーツ活動において、機会の均等を保証するために、より一層の努力が為されなければならないことを認識するものである。

1. IOC会長がIF、NOC、国内競技団体およびその他のスポーツ組織に対し、次のことを呼びかけるよう、強く要請する。2000年12月31日までに、意志決定権のある地位に少なくとも10％の女性を置くという目標に到達すること。この目標は1996年IOC総会の決議に従うものであり、目標に達しない場合には、その理由の綿密な検討を行い、目標達成に向けた実行計画を作成すること。必要に応じて、期限を2001年6月まで延長するとともに、2005年には20％という目標は維

持し、達成を確実なものとすること。

2. IOC、IF、各国NOCに対し、統括機関における女性の割合について、この先2020年までの目標値を独自に定めることを要求する。

3. IOCに対し、世界あるいは地域規模の組織あるいはその他のスポーツ組織において、各国代表団が少なくとも1名の女性代表者を含むよう奨励することを要求する。

4. IOCに対し、次のことを要求する。女性の指導者、選手、コーチ、その他の役員のための奨学金制度ならびに養成講習会を増やすこと。特に、オリンピック・ソリダリティ・プログラムを通じて、発展途上国の女性には特別配慮し、スポーツにおけるジェンダー・エクイティ（性の公平性）に関する学習用マニュアルを含む教材を提供する。また、情報提供セミナーの開催を継続し、国内および大陸規模での研究推進を援助すること。

5. 各国政府に対し、女性の地位向上に関する委員会等の担当機関を通じ、北京行動要綱の概要と、女子の成長には、健康、人権、教育、意思決定に関し、また幼少年期においても、生涯にわたって、身体活動およびスポーツが重要であるとした決議文への認識を深めるよう、強く要請する。

6. 政府間機関、特にユネスコに対し、女子の身体活動およびスポーツに関し、CEDAW（女子差別撤廃条約）がもたらした効果を認識するよう求める。

7. IOCおよびオリンピック・ムーブメントに関わるその他の諸機関に対し、質の高い体育が重要であるという認識を持つよう促し、特に学校教育のカリキュラムにおいて、女子の体育を充実させるための方策と教材の開発を行うよう求める。

8. あらゆる国内および国際的なスポーツ組織に対して、平和的な文化、相互理解、紛争地域におけるオリンピック休戦を促進するための手段として、スポー

ツを用いることを強く求める。

9.IOC、IF、各国NOC、および国内の競技団体に対し、選手、コーチ、スポーツ指導者、その他のオリンピック関係者のための行動規範を含むセクシュアル・ハラスメントに関する指針の策定と実施を要求する。また、IFや各国NOCが開催する、すべてのワークショップや会議において、この問題を取り扱うことを求める。

10.女性とスポーツに関わる非政府組織に対し、政府の機関や地域、国内、国際規模のスポーツ活動との連携を確立することを強く求める。これは、専門的な支援プログラムから利益を得るためである。

11.メディアとの連携を伴うあらゆる組織・関係者に対し、女性のスポーツに関する正しいイメージを表現するために、より多くの的確な情報を提供し、女性のジャーナリストのための特別養成プログラムを作成するよう、要請する。

12.IOCおよびIOC女性スポーツ・ワーキング・グループが、本世界女性スポーツ会議を開催したことに対し、祝意を表する。

13.フランス関係当局、フランス・オリンピック委員会の協力と厚遇に心より謝意を表する。

フランス・パリにて
2000年3月8日

発信元:国際オリンピック委員会

URL:http://www.olympic.org/ioc/e/news/pressreleases/
翻訳:NPO法人ジュース

■タイトルIX（教育修正法第9篇）

Title IX of Education Amendments of 1972

ねらい「合衆国に住むいかなる人も、単に性が違うという理由のみで、連邦政府から財政的援助を受けている教育プログラムや活動において、参加を拒否されたり利益を否定されたりあるいは差別にさらされることはない。」

体育・スポーツに関連する実施規則
PART86－連邦政府から財政的援助を受けている、あるいは利益を受けている教育プログラムや活動での性差別の排除

第34条（教科体育について）
　いかなる学校でも、性を理由に別々のコースを設けたり、また別々の教育プログラムあるいは活動を実施したり、生徒の参加を要求したり拒絶してはならないものとする。このようなコースには、保健、体育、工業、商業、職業、技術、家庭、音楽、成人教育等の科目が含まれる。

(a)初等学校体育については、学校はこの規則の発効日から遅くとも1年以内に、また、中等学校およびそれ以上の学校では遅くとも3年以内に完全に実施するものとする。
(b)この規則は、体育授業・活動において能力によるグループ分けを禁じるものではない。ただし、それは性によらない個人の達成という客観的基準によって評価されなければならない。
(c)この規則においては、次のような場合には性によって生徒を分けることを禁じるものではない。すなわち、レスリング、ボクシング、ラグビー、アイスホッケー、フットボール、バスケットボールその他、身体接触を目的あるいは主とするような種目の場合である。
(d)体育において技能や進歩を測定する場合に、一つの基準が一方の性に不利となる場合は、そのようにならない適切な基準を用いるものとする。

(e)性教育の場合は、男女別習としてもよい。

第41条（課外スポーツについて）

(a)一般的規定－いかなる者も、学校によって提供される対抗競技、大学対抗競技、クラブあるいは校内競技において、性を理由に参加を拒まれたり、利益を否定されたり、他の者と違った扱いを受けたり、他の点で差別されたりすることはない。また、いかなる学校も、性をもとにそのような課外スポーツを提供してはならないものとする。
(b)男女別チーム―(a)の規定にもかかわらず、チームの選抜が競技的技能あるいは含まれる活動がコンタクト・スポーツを基礎としている場合は、各学校は男女別々のチームを運営し、支援してもよい。しかしながら、ノンコンタクト・スポーツにおいては学校が一方の性にしかチームを運営、支援していない場合は、他方の性の者たちは機会を制限されてきたのであり、その者たちはチーム選抜のための予選に参加することが認められなければならない。コンタクト・スポーツとは、ボクシング、レスリング、ラグビー、アイスホッケー、フットボール、バスケットボールとその他の身体的接触を目的あるいは主とするスポーツである。
(c)平等機会－学校対抗、大学対抗、クラブ、校内の競技を運営、支援している学校は、両性の人々に平等の機会を提供するものとする。監督者は平等機会を提供するのに、以下の点を考慮しなければならない。
　(1)スポーツの選択や競争のレベルが両性の興味や能力を効果的に調整しているか
　(2)設備や支給物の提供
　(3)試合や練習時間の計画
　(4)遠征費と日当
　(5)コーチや講義を受ける機会
　(6)コーチやチューターの割当と保障
　(7)ロッカールームや練習施設、大会施設の提供
　(8)医療とトレーニングのサービスの提供
　(9)宿舎と食堂施設の提供

(10)広報

ただし、男女別々のチームを運営する場合、支出総額が両性で必ずしも等しくなる必要はない。このことは、監督者によるこの規則の違反ではない。

(d)調整期間―(教科体育と同様)

出典：井上洋一(1999)スポーツにおける男女の平等機会―アメリカの「タイトルナイン」と女性スポーツ―．山田昇・江刺正吾編　女性と社会―女性エンパワメントを求めて―．世界思想社：京都, pp.75-78.

〈海外での体育・スポーツに関する男女共同参画ガイドライン〉

■「体育・スポーツにおける男女共同参画手引き書」
　NAGWS男女共同参画特別委員会（1995年）

"Gender equity through physical education and sport" NAGWS gender equity task force(1995)

　NAGWS（National Association for Girls and Women in Sport, 全国女性スポーツ協会）は、体育・スポーツにおける男女共同参画のための多様な活動の一環として、1995年に本手引き書を刊行した。この手引き書は、体育・スポーツに関わる人々に、体育・スポーツに存在する固定的な男女観や偏見に気付かせ、これに関わる基本的知識を提供することを目的としている。ここでは、手引き書の構成（表1）及び、男女共同参画のためのチェックポイント（表2-1、2-2）のみ記載した。

表1　手引き書の構成

①体育・スポーツにおける男女共同参画
②背景
③目的
④変化する社会、学校、生徒
⑤平等の定義
⑥女性の学習者
⑦教育における平等
⑧女性学習者の状況
⑨平等を理解する
⑩体育・スポーツ教育の専門家に必要な平等の理解
⑪不平等のチェックポイント
⑫男女共同参画を学ぶための環境
⑬コミットメント
○参考文献
○ことばに見る不平等の事例
○チェックリスト（1～10）
○カナダにおける参考文献
○NAGWS及びカナダにおける推進委員一覧

表2-1 男女共同参画のためのチェックポイント

項目	チェックポイント
プログラム全般	・男女共同参画がプログラムの目標として明確に表明されているか ・プログラムは柔軟性かつ多様性があり、生徒の能力、必要、興味や、生育環境がバランスよく考慮されているか ・男女両方を動機づけるように、楽しさや、人間関係、技術練習が工夫されているか ・性別によらず、技能獲得のために役立ち、構造化された機会が用意されているか ・ジェンダー化されたプログラム、言い換えれば、男子用、女子用のプログラムではないか ・特定の活動を固定観念にとらわれた女子、男子の活動と判断していないか ・試合（競争）中心のプログラムになっていないか ・女子、男子の両方にリーダーになる可能性は与えられているか（ロールモデル、デモンストレーター、アシスタントコーチ、審判）
情報源	使用される資材は、男女双方に等しい価値を反映させるべきである。体育・スポーツの教科書やメディアでの男性の挿し絵が女性のそれよりもはるかに多いことは、体育・スポーツに関わる女性に対する否定的な態度を育てる。女性に対する不均等な描写や省略はスポーツ・身体活動に参加し、向上しようとする女性の意志に悪影響を与える。 ・運動競技への努力や挑戦を男女公平に描写している教材を用いる ・女性に対する固定観念のないことを確かめる ・印刷物、映像を使用する前にステレオタイプ的描写がないか視聴する ・情報源における性的差別の事例を除外する ・学校案内、掲示板、新聞、展示物、メディアガイドなどが男女平等なものであることを確かめる
教師・コーチの関心と相互作用	教育や指導の方法に注意をする。ここが男女間の不平等に敏感な環境を整える始まりなのだ。教育者やコーチが活動や役割分担、会話などをどのように取り扱うかによって、社会的な性役割に敏感になることも鈍感になることも可能なのだ。男子に対してより多くの注意が向けられていることが、よく指摘されている。男子は女子に比べて、賞賛やしつけ、高いレベルの質問、教師の指導時間、教師の関心など多様な関心を受ける。さらに、女子には男子とは異なる教師の期待がある。男子が自己主張や支配することをほめられるのに対して、女子は受動性や追従をほめられる傾向にある（オーストラリアスポーツ委員会、1991）。男女共習が多くの教師にとって課題であることはほとんど疑いのないことである。一方、男女共習の支持者は、体育における男女別習が性別によるステレオタイプを温存し、強化すると主張している。彼らは、態度の変革を成し遂げる唯一の方法が、男女の交流を促すことであると考えるのだ。 教師やコーチは、次のようにジェンダーバイアスのない関心や相互作用を確かなものにできる。 ・リーダーや模範演技者の役割を全ての生徒に均等に割り当てる。 ・固定観念によらない責任を女子、男子の両方に割り当てる（たとえば女子に重いマットを運ばせ、その間男子は清掃） ・ゲームのルールを基本を崩さず全ての生徒（女子、身障者）が参加できるよう修正し、なぜその修正が望ましいのか説明する ・女性、男性の両方の問題行動に平等に対応する。また男子に"sissy"（意気地なし）、女子に"tomboy"（[男の子の様な］おてんば娘）というような偏見を誘うことばを使わないよう徹底する ・性差別のないことばの使用 ・性別によるグループ分けをしない ・他の生徒に対して言動が平等でない生徒への厳しい指導 ・多様な学習スタイルを組み合わせる
教師・コーチの用語	身体活動とスポーツの持つ固有言語は、非常に性差別的であるため、構造的差別の要因として作用している。体育教師やコーチが差別的ことばづかいをすれば、生徒に体育・スポーツは男性だけに向いているものというメッセージを与える。排他的、軽蔑的用語を両性を認め尊重する用語に置き換えることは容易である。付録を参照のこと。教師やコーチが体育・スポーツが男女両性に望ましいものであり、調子や語尾も首尾一貫したものを使用するなど、賢明なことばの使い手になることは可能である。

表2-2 男女共同参画のためのチェックポイント

項目	チェックポイント
生徒の評価	性別による先入観のない評価をすることは女男両方に同じ期待を与える。加えて、評価する者は、賞賛やしつけ、指導、その他の相互作用に男女に等しい時間を充てる。教師やコーチは性別による先入観のない評価方法を慎重に選び、生徒のパフォーマンスについても、男性の経験のみを基準にして評価しないように十分注意しなければならない。（スピードとパワーと共に、バランスと敏捷性も考慮する。）
生徒同士の相互作用	生徒の人間関係の中には男女平等の学習環境を整えるのに極めて重要な力学があることを理解しなければならない。このような力学は生徒たちに「序列」を植え付ける。教師・コーチなどの教育の立場にある者が全く干渉しなければ、それらの人間関係のいくらかは男女平等を脅かすかもしれない。経験を積んだ教師やコーチの多くは、悪影響を及ぼす相互作用の事例をいくつかあげている（Griffin, 1983）。 男女ともに、他の生徒から否定的な作用を受け、その結果、自己認識に対する否定的な感覚が生徒達の身体活動離れを引き起こす原因ともなる。特に女性の多くが身体活動から去っていく傾向にある。教師やコーチは、次のような働きかけによって生徒間の男女平等な関わり合いを促すことができる。 ・適切なことばや行動による生徒間の関わり合いを促す ・生徒間の良い交流を誉める ・肯定的、否定的な相互作用どちらが起こった場合でも、正しい人間関係の在り方を学習する場に変える ・名前の呼び方やセクハラ、いじめなどに対するガイドラインの設定、実施 ・男女が協力して活動する場面の設定 ・教師自身が平等意識の高いロールモデルになる。
ロールモデル	・女性教師として女子だけの体育を教えたり、典型的な女性スポーツと思われるスポーツのみをコーチするのか ・男性教師として男子だけの体育を教えたり、典型的な男性スポーツと思われるスポーツのみをコーチするのか ・コーチが必要なところでは、女性は男性と同じ数だけの地位を占めているのか？女性コーチはいつも女性スポーツをコーチするのか？男性コーチはいつも男性スポーツをコーチするのか？
組織構造時間配分	スケジュール、設備、資金、管理、親の支援などにおいて、女性は公平に扱われてきていない。男性はたいてい女性よりも良い時間帯に良い設備に登録され、最高の用具を身につけ、スポーツファンや学校経営者によって十分に支援されている。いくらかの変化はあったが、まだ遠い道のりである。教育の場における組織的な構造は、以下のようなことによってより平等性を高めることができる。 ・授業や練習、ゲーム、レクリエーション時の設備利用時間を男女公平に計画する ・男女に公平な設備の分配 ・経験のある優れた教師やコーチを女子の活動にも割り当てる ・充分な資金と、管理上の支援を女子の活動にも割り当てる ・教育上の男女平等の事柄に関して、専門職の研修機会を設ける ・問題が発生したときにこれを取り扱うための男女共同参画委員会を組織する ・教育の場における男女平等の研究を進める方法をつくる ・平等な送迎システムの促進 ・平等な食事や軽食の措置 ・平等な設備とスタッフ（更衣室、トレーニング室、トレーニング機器、専門的な相談窓口）

出典：井谷恵子、松岡智子、松岡宏高(1999)アメリカの体育・スポーツにおける男女共同参画の進展
―NAGWSによる男女共同参画手引書を中心に―．京都教育大学紀要　95：1-14．

〈海外のセクシュアル・ハラスメントガイドライン〉

■スポーツ場面におけるセクシュアル・ハラスメントに関するNASPE (National Association for Sport and Physical Education) による声明、2000秋

SEXUAL HARASSMENT IN ATHLETIC SETTINGS
a Statement from the National Association for Sport and Physical Education (NASPE) Fall 2000

　今日の社会におけるセクシュアル・ハラスメントに対する認識の高さを考える時、スポーツ・体育に関わる人々にとってどのような行動がセクシュアル・ハラスメントと捉えられるのかに関して知識を得ること、さらに、コーチやアスレティックディレクター、選手達の健全で正しい関わり方についての教育が必須となる。最近のGerser et al. v. Lago Vista Independent School District (96-1866、6月1998) についての最高裁判決では、教育委員会がセクシュアル・ハラスメントについての知識があるにもかかわらず、それに対する対応を何らしていないこと、あるいはそのような不品行な行動に無関心である委員会側の責任を認めている。

　スポーツ選手に対するセクシュアル・ハラスメントや性的関係を選手と持つことは倫理的に違反行為である。もし、嫌がらせ行為の事実が見過ごされたり、報告されない場合は、その行為は継続することになり、さらにその行為はひどくなる。セクシュアル・ハラスメントがスポーツ選手の健全な生活に与える影響は非常に大きく、選手の競技活動、勉学、そして個人の目標への進歩を妨げる可能性がある。(U.S. Depertment of Education Office Civil Rights, Sexual Harassment: It's Not Academic, 1997)

　セクシュアル・ハラスメントについては1972年に改定された教育修正条項のタイトルIX (Title IX) に示された性差別の禁止条項の1つの形態である。そこでは、連邦政府の経済支援を受けているいかなる教育プログラムまたは活動に

おいて、誰も性差別行為を受けてはならない (62 Federal Register 12038) ことが示されている。次に2つのタイプのセクシュアル・ハラスメント行為について記述する：

(1) 代償ハラスメント－これは、学校職員が生徒に対して、学校のプログラムや活動に参加するためには要求された不愉快な性的行為に服従しなければならないと思いこませる時に起こるものであり、生徒が従う従わないにかかわらないものである。
(2) 環境ハラスメント－性に関する不愉快な要求が非常に耐えがたいものであったり、いつまでも継続する時、あるいは周囲全体にその雰囲気が広がり、そのことによりその生徒の教育プログラムや活動へ参加するための能力に影響を与える時に起こる。

　コーチと選手との間に性的あるいはロマンティックな関係があってはならない。そのような関係を持つことはプロフェッショナル的ではなく、プロフェッショナルとしての地位と権力の悪用の象徴である (Prevention of Sexual Harassment in Athletic Setting, Women's Sports Foundation)。たとえ選手から親密な性的関係を求めてきたとしても、コーチはそれを回避する責任がある。主従の関係があるために、コーチはその選手が（とくに未成年者であれば）セクシュアル・ハラスメントを避ける責任を持つ立場にないことを認識していなければならない。本来のコーチと選手の関係では、コーチが常に選手とのプロフェッショナルな関係を維持する責任を持っている。選手によって引き起こされる親密な関係は、コーチによって未然に防ぎ、思いとどまらせ、また避けられなければならない。

　セクシュアル・ハラスメントはあらゆる人間関係において起こりうる可能性がある。コーチと選手の関係の他には、次のような人間関係が考えられる。
・アスレティックディレクターと選手
・コーチとアシスタントコーチ
・アスレティックディレクターとコーチ
・選手と選手

セクシュアル・ハラスメントとは以下のような行為を指す
・同僚からのハラスメント（生徒間や雇用関係でないもの）
・性的な誘い
・性的な接触
・性的な落書き
・あからさまにいやらしい絵や写真、文章を飾ったり置いたりすること
・性的なジェスチャー
・性的あるいは卑猥な冗談
・性に関する行為の強制
・他人の前で性的な自慰的動作、あるいは自分の性行為を話すこと
・生徒の性活動や行為についてのうわさを広めたり、それに対する評価をする
(U.S. Department of Education office of Civil Rights, Sexual Harassment: It's not Academic, 1997)

　スポーツの場面におけるセクシュアル・ハラスメントは次に示すような例を含む
・コーチが選手に「コーチに抱きつかないと次の試合には出さない」と伝える。
・アスレティックディレクターがアシスタントコーチの身体について性的なコメントをする。
・選手が性に関する冗談やジェスチャーで他の選手のことを嘲笑する。

　コーチやアスレティックディレクターは彼らのもとにいる競技選手やスタッフにセクシュアル・ハラスメントについて教育すべきである。教育することによって事件は未然に防ぐことができ、また個々に適切な対応をする準備ができる。コーチやアスレティックディレクターは学校の中でタイトルIX担当者として任命されている人が誰か知っておく必要がある。

　連邦政府の法律に従って、学校は生徒のためにセクシュアル・ハラスメントを含む性差別についての報告を受ける苦情処理制度を設置することを求められている。また、学校はセクシュアル・ハラスメント防止のための方針を実行することを求められている。(62 Federal Register 12038)。さらにまた、性差別や

セクシュアル・ハラスメントに対して、利用しやすく、効果的で公平な方針をもっている学校は、生徒に我慢する必要のないことを知らせ、ハラスメントを報告することを進めている（62 Federal Register 12040）。

セクシュアル・ハラスメントへの対処

コーチとアスレティックディレクター
- 選手と二人っきりになった時は慎重に、また生徒に指導する時は他のコーチや指導主事に同伴してもらうように心掛ける
- 技術を教えるのに必要以上に選手の身体に触れない
- 生徒と二人っきりで乗車しない
- 競技大会で宿泊した際は離れた宿舎に泊まること
- セクシュアル・ハラスメントについて選手を教育し、また誰かが不快な思いをしているならそれについて選手が話せるように援助する。
- 生徒から性的な振る舞いがあなたに向けられた場合は、いかなる事でも記録しておく。目撃者も含めて、その状況でどのように振る舞ったか、誰にそのことについて話したのか。どんな非難についてもスポーツ・体育ディレクターあるいは学校長に報告する。
- 生徒やプレーヤーにセクシュアル・ハラスメントとは何かについて、適切な事例を示しながら教育し、そのような場合コンタクトをとるべきタイトルIX専門担当者についても指導する。

生徒
もしあなたがセクシュアル・ハラスメントにあっていると思うなら
- 誰かに告げる——サポートしてくれる人を友人、仲間あるいはカウンセラーから探す。あなたがセクシュアル・ハラスメントを受けていることを両親、スポーツ・体育ディレクター、学校長あるいは教師に話す。
- 記録をつける——何がいつ起こったのかを書いて記録を取り続ける。日付、時間、場所、関係する人の名前、目撃者、誰が言ったあるいはした、何を誰にという事を含めてすべて記録する。
- ハラスメントに対して「NO」と言う——加害者にできるだけストレートに言

葉と態度で、彼あるいは彼女の行為は不愉快であり、そしてそれをやめてほしいということを告げる。
・個人行動をとる――学校役員にハラスメントの事実について報告する。教育省公民権課（department of Education office for Civil Rights）に苦情を申し立てる。「公民権課への苦情の提出方法」（HYPERLINK http://www.ed.gov/offices/OCR/ocrshpam.html　www.ed.gov/offices/OCR/ocrpubs.html）があなたを支援します。HYPERLINK http://www.ed.gov/offices/OCR/ocrshpam.html www.ed.gov/offices/OCR/ocrshpam.htmlで、あなたの地域のOCR実施事務所を探すことができる。
・信じる－誰もセクシュアル・ハラスメントの犠牲者になってはならない。その行為をやめさせるために必要な手続きを踏み、学校や政府の公式の手引きを探す。
・あなたの学校でのタイトルIXの責任者にその出来事を報告する。

学校管理者
・生徒、保護者、職員に苦情の提出先を含め性差別の苦情についての手続きについて通知する。
・苦情に対する完全で公平な調査を行う。目撃者やその他の証拠公開の機会を含める。
・苦情処置のための合理的で敏速な期間の表示
・苦情の結果を関係者に知らせる
・あなたの学校がハラスメントの再発防止のための手だてを確認する

あなたの学校はセクシュアル・ハラスメントを防止するてだてを持ち合わせていますか。

→あなたの学校はセクシュアル・ハラスメントに対する方針を開発し、公表していますか。その方針はハラスメントを定義し、厳しく対処すること強調していますか。

→あなたの学校はセクシュアル・ハラスメントの苦情解決のために処置方法を作成し公表していますか。

→あなたの学校は新しい職員、生徒に対し学校の方針と苦情処置について知る方法を取り決めていますか。

→あなたの学校は定期的に職員、保護者そして生徒に対してセクシュアル・ハラスメントの啓発トレーニングを実施していますか。

→あなたの学校は生徒がセクシュアル・ハラスメントについて話し合う討論グループを設けていますか。

→あなたの学校はセクシュアル・ハラスメントが起こっていないかを調査していますか。

→あなたの学校では誰がタイトルIX担当者として任命されているか知っていますか。

　これらの質問に対する答えがほとんど「NO」なら、あなたの学校はセクシュアル・ハラスメント問題を解決する努力が必要です。

翻訳：松岡智子

■Women Sport Internationalによる「スポーツにおけるセクシュアル・ハラスメント/性的虐待」(Sexual Harassment And Abuse In Sport) 防止のための啓発リーフレット（抜粋）

セクシュアル・ハラスメント・性的虐待とは何か？

　セクシュアル・ハラスメントおよび性的虐待は人が他人に対してより大きな力で支配することの表れである。スポーツの場面では、女性や少女が男性や少年よりもハラスメントや虐待の被害者になることが多いと思われる。多くの女性はハラスメントや虐待の被害を受け続けることを避けてそのスポーツを止めてしまう。また、恐怖心やスポーツ奨学金、乏しい自尊心、または誰に助けを求めて良いのか知らないというような理由で、男性コーチや男性の同僚からの性的な行為に耐えている被害者もいる。典型的なケースとして、彼らが加害者の要求に同意したと非難されたり、すべてのことをでっちあげていると非難されることへの恐れから、虐待を受けた選手は沈黙を守る。
　ソーシャルワークなど関連分野における研究では、セクシュアル・ハラスメント・性的虐待の膨大な数の加害者のほとんどは男性であることが示唆されている。セクシュアル・ハラスメント・性的虐待を扱ったスポーツに関する研究は不足しているが、Women Sport Internationalによるものなど最近の研究は、スポーツ界でのセクシュアル・ハラスメント・性的虐待は他の社会分野におけるものと同じくらい深刻な問題であるが、多くのスポーツ団体はセクシュアル・ハラスメント・性的虐待から選手達を守り、それを排除するための適当な機能を持ち合わせていないと指摘している。

セクシュアル・ハラスメントとは何か？

　セクシュアル・ハラスメントとは「望まない、たび重なる執拗な性的な行為」のことであり、次のような事柄を含んでいる。
－記述や口頭によることばでの侮辱や脅迫
－性的な批評
－冗談、わいせつなうわさ話、性に関する中傷

―身体、衣服、結婚に関わること、性についての嘲笑
―はやしたて、いじめ
―できばえや自尊心を嘲笑したり、傷つけたりする
―性あるいはホモセクシュアルに関する落書き
―性に関する悪ふざけ
―性的な注目や誘い、親密な関係を迫る
―ミーティングやトレーニング時間、設備の支配・独占
―恩着せがましい態度や、えこひいき
―身体への接触、愛撫、つねる、キス
―性的な暴力行為
―いたずら電話や写真撮影
―性行為を無理強いする

性的虐待とは何か？

　性的虐待は、虐待する者による性的行為が許容しやすく、拒否できないこと、そしてトレーニングや日常的な行動の一部であると選手が信じるほど入念に仕込まれた場合に起こる。それは次のような事柄である。
―報酬や特別扱いを受ける代替えとしての性的な要求
―身体にさわること
―性器などの露出
―レイプ（rape）
―アナル、バギナへのペニス、指、あるいは物体の挿入
―性的行為の強要
―性的暴行（sexual assault）
―身体的、性的な暴力（physical or sexual violence）
―近親相姦（incest）

誰が危険に遭いやすいか？

　セクシュアル・ハラスメント・性的虐待の危険は、スポーツクラブ内におけ

る「組織管理の弱さ」、「コーチによる独裁・管理行動」、また「選手自身が攻撃を受けやすく、自尊心が低いうえに野心が大きい」など、様々な事柄が複雑に相互作用した結果として生じる。コーチを精神的に信頼し、信じこむ選手、そして選手の自己管理に任せる事をしないコーチの元にある選手達はとくにセクシュアル・ハラスメント・性的虐待に遭う危険性が高い。

スポーツにおけるセクシュアル・ハラスメント・性的虐待を防止するためになすべきこと

WSIはすべてのスポーツ団体に対して以下のようなことを奨励している。
1. 成人、青少年、いずれのスポーツのコーチに対しても「倫理・品行」に関する規定を作成し、遂行する。
2. セクシュアル・ハラスメント・性的虐待の問題について開放的な議論の雰囲気を作り、被害に遭った選手達が告白しやすいようにする。
3. 選手が望ましい自律性と責任感を身につける事のできる指導方法を選択していくような選手の自律性の育成をはかる。
4. セクシュアル・ハラスメント・性的虐待に関する倫理や人間関係の問題、そしてスポーツのコーチングにおける身体接触に関するテクニカルな見解について、情報提供や助言を行うコーチ教育のプログラムに参加させる。
5. 選手の権利、及び高潔さや自律性を保っていく方法についての情報提供、助言を行うような選手とその保護者に対する教育プログラムを採用する。
6. 選手、コーチ両者のための報告・調停システムを導入し、使用する。トレーニングを受けたソーシャルワーカー、あるいはカウンセリング専門家の協力が理想である。
7. 保護者は常に子ども達の状況について十分に知らされており、コーチの仕事を可能な限り援助できることを保証する。
8. コーチングスタッフやボランティアなど全職員の任用において、厳格な適格審査手順を採用する。
9. 常に油断せず、自己満足を避け、スポーツの全てのレベルで最も高い水準の責務を期待要求する。
10. 普段からコーチや選手達の良い行いや成果を賞賛する。

あなたがセクシュアル・ハラスメント・性的虐待の被害に遭ったり、被害に遭った人を助けたい時、また、もっとよく知りたい時には、Women Sport Internationalに連絡を取りましょう。

特別委員会メンバー
Celia Brackenridge(UK)
Sandra Kirby(Canada)
Mariah Burton Nelson(USA)
Tod Crosset(USA)
Karin Volkwein(USA)
Hazel Hartley(UK)

翻訳：松岡智子

■カナダのスポーツ界におけるハラスメント対策

近年の経緯

1993　スポーツ界でのいじめや権力濫用の実態を暴いたテレビ番組"The Fifth Estate"が放映。

1993　CAAWS(The Canadian Association for the Advancement of Women in Sport)を中心にしたワーキンググループの結成。

1994　"Harassment in Sport : A Guide to Policies and Procedures"（スポーツにおけるハラスメント：その方針と手続きへのガイド、及びリソース）をスポーツ組織に配布

1997　"The Harassment and Abuse in Sport Collective"（スポーツにおけるハラスメントとアビューズ対策合同協議会）の結成。

1997-1999　"Harassment and Abuse in Sport Action Plan"（スポーツにおけるハラスメントとアビューズに関するアクションプラン）の実施。

1998　ハラスメントとアビューズ防止に関するガイドブック"Speak Out!…Act Now"（黙っていないで！今すぐ立ち上がろう）発表。

1. ガイドブック"Speak Out!…Act Now"の概要

セクション1：ハラスメント・アビューズへの対応
　ハラスメント・アビューズの定義、関連する法規定、組織の行動方針確立の必要性とその内容、問題発生の把握・確認、訴えに対する段階的対応、メディアとの関係づくり

セクション2：ハラスメント・アビューズの予防
　組織の人員に対する審査の方法、具体的事例をめぐるガイドライン、親・保護者に対する予防のためのガイドライン、スポーツ施設に関するガイドライン、競技会等における予防法・管理法、審判員・競技委員に関するガイドライン

セクション3：リソース

2. ガイドブックに示されたハラスメントの定義

「ハラスメントか否かについて一線を画するように明確に定義するのは,不可能ではないにしても難しい。甚だしいケースなら嫌がらせであることはすぐにわかるが,そこにはつねにグレイな領域が存在する。ある行為に対してすべての人が同じように受けとめるわけではないからである。したがって,ハラスメントを定義するときには必ずある種の主観的な,あるいは解釈的な要素が含まれることになる。」

ハラスメントとは「ある人物から他者へ向けられた,侮辱的,威嚇的,屈辱的な行為,悪意ある行為,名誉を傷つけるような行為,あるいは感情を害させるような行為であり,対象となった個人もしくはグループに,不愉快な思いをさせ嫌悪感を抱かせるものである。不快である,当惑するといった感情にとどまらず,恐怖感,あるいは身の危険すら感じさせることもある」

3. ガイドブックに示されたハラスメントの判断基準

「その行為を行ったものによってでも、その行為を行ったものによってでもない。妥当なる第三者がその時の状況を外部から客観的に見ることによって判断する。この第三者は多くのソースから（情報源）状況の全体を把握して、それらを総合して最終的に判断する。」

その客観性は「多くのソース」、すなわち以下のような基準に照会することで確保される。

a) 法規定、例えば刑法、人権関連法規
b) 当該スポーツ組織の一般的な行動規範
c) コーチ、審判員、アスリートのそれぞれの行動規範
d) コーチング技術やトレーニング技術として是認されているもの
e) その他の分野での標準的な、あるいは容認されている慣習的方法
f) 当該組織の哲学や価値観に裏打ちされた容認されている慣習
g) 判例、同様な事実関係についての判例や裁判所の決定
h) 一般常識

小松直行(1999)スポーツにおけるハラスメント対策〈第1報〉カナダ・スポーツ界の取り組み．日本女子体育大学紀要　29：127-140．より抜粋．

〈FAT防止のための啓発リーフレット〉

■WSIによるFAT防止のための啓発リーフレット（抜粋）

WSI: Women Sport International

Female Athlete Triadとは？

　少女や女性たちがパフォーマンスを向上させたり、また、身体アピールをよくするために非現実的な目標体重コントロールを迫られると、彼女らの多くに、拒食と過食をかわるがわる繰り返す摂食障害、運動性無月経、骨粗鬆症が起こる。これらはどれも独立して起こることがあるが、過度の減量はしばしばこれら3つが連続的に起こる。そのためにこれらを"Female Athlete Triad"という。

摂食障害とは？

　摂食障害とは、不十分な栄養摂取、または、運動量に対しての不適切なカロリー摂取から、拒食症や過食症といった深刻な摂食障害までを指す。摂食障害者は皆、競技的パフォーマンスが低下し、競技者の深刻な身体問題に繋がるリスクを高める可能性がある。

　競技者に関わる人々、すなわち親やコーチ、トレーナーやチームドクターは、摂食障害に関する以下の兆候に配慮しなければならない。

神経性拒食症：
・年齢と身長に対して標準体重から15％下回る体重である
・体重増加や肥満することに対して強い恐怖を示す
・痩せているにも関わらず、太っていると感じる
・無月経である

過食症：
・何をどのくらい食べたらいいのかコントロールできない無茶食いの経歴
・体重の増加を防ぐために不適切な代償行動（自己誘発性嘔吐、下剤、過剰な運動など）を繰り返す
・体重、体型に過敏になり過ぎる

無月経とは？
・原発性無月経とは、16歳で初潮が未発来であると定義づけられる。
・続発性無月経とは3ヶ月以上月経のない状態であると定義づけられる。
・稀発月経 は35-90日周期で起こる月経と定義づけられる。

　月経不順を持っているすべての競技者が摂食障害を持つわけではない。しかし、上述した条件は、体重の軽い身体がパフォーマンスを上達させると推測され、あるいは体型が審判の採点に影響を与えるかもしれないスポーツに参加する運動選手の間では、普通の状況である。体操、長距離走、バレエとフィギュアスケートで高い発生率がみられる。しかし運動選手が体重を減らすようプレッシャーをかけられると、どんなスポーツででも起こりうる。

骨粗鬆症とは？
　骨粗鬆が、低い骨量と骨のもろさや骨折の危険性を高める骨組織の微構成的悪化によって特徴づけられる病気である。女性の運動選手では、若年の成長期における不適切な骨形成や青年期における早期の骨量減に起因することがある。

誰がリスクを負うか？
　もし彼女らが間違った体脂肪や体重の数値を目標として減量するようプレッシャーをかけられるなら、すべての運動選手は危険な状態である。このプレッシャーはコーチ、親、チームメイト、あるいは選手自身からくるかもしれない。エリート運動選手により高いと思われる発生率だが、摂食あるいは他の不適当な方法によって強いプレッシャーや期待が運動選手に仕向けられるなら、Female Athlete Triadはどんな年齢あるいは技能のレベルにおいてでも起こりうる。女性の運動選手の間の摂食障害は、運動の種類によるが、15～62％にまで及んでいると報告されている。

Triadはどのような結果になるのか？
　スポーツパフォーマンス：過剰なダイエットにより、脂肪とともに筋肉量が減少し、パフォーマンスが低下するかもしれない。低栄養による他の副作用は、疲労、電解質アンバランス、貧血と憂うつをもたらし、それらは全て低いパフ

ォーマンスの原因となる。

　健康上の問題：Female Athlete Triadから多くの重大で複雑な医学上の問題が生じている。それらのいくらかは改善可能である。しかし、ほとんどはその後にわたって、心臓、腎臓、消化管と骨組織など、多数の器官システムを害する。さらに、電解質のバランス、中枢神経系と内分泌の機能の問題がある。若い競技者では、最後には死に至る者もある。

Female Athlete Triadを防ぐためには？
　WSIと国際オリンピック委員会医科学委員会は最近、Female Athlete Triadを防ぐ方法を調査するために、また、さらに女性スポーツ選手たちが直面している健康問題の調査のために、共同の委員会を設立した。この委員会は次のようなねらいのために資料とプログラムを開発している。

1.この問題の重大性と、警告サインへの気づき方について、競技者、親、コーチ、医療専門家と運動競技の管理者を教育する。
2.摂食障害を促進するような、毎日の体重測定などの行為を禁止するコーチの行動基準を確立する。
3.規則の変更がFemale Athlete Triadに導く行為に歯止めをかけるかどうかを見るために各スポーツ規則を検討すること。
4.スポーツのプラス面、すなわち競技者の楽しみや身体面、社会面、そして心理面などを促進する。

　さらに、WSIはFemale Athlete Triadの健康に関連する危険性を強調するだけではなく、少女や女性がスポーツや身体活動に日常的に参加することの利益もあわせて教育的なキャンペーンを展開している。

(http://www.de.psu.edu/W SI? Wsitask.htmより)

あとがき

　本書は、『資料でみる女性とスポーツ2000』（2000、NPO法人ジュース調査研究部、文部科学省男女共同参画学習委嘱事業）で収集し、著した内容をベースに、同書では扱わなかったメディアやスポーツ産業など、いくつかのテーマを加え、新たにまとめたものである。また、『資料でみる女性とスポーツ』と同テーマを扱った章でも、2000年に開催されたシドニーオリンピック大会、パラリンピック大会に関するデータのほか、各調査機関等でデータが更新された場合には可能な限りそれを用い、女性とスポーツの「今」に近づくことを心がけた。

　女性とスポーツの関わりについて研究する中で、私たちが共通に抱いていたのは、「直接、自分の研究に関わらなくとも、背景の知識として把握しておきたいデータや資料が、即、入手できない。基礎的な資料を集めたハンドブックがあったら…」という思いであった。

　多領域にまたがって、さまざまな角度から分析したような女性スポーツの資料集が皆無に等しい中で、ひとまずは、この共通の思いに応えることができたであろうと考えている。しかし、実際に作業をはじめてみると、本来ならば既知のものであってよいはずの非常に基礎的なデータが、そもそも存在していなかったり、女性とスポーツの関わりを知ろうとする観点からみれば、再調査や加工が必要であったりと、いくつもの障壁にぶつからなければならなかった。そのため、現段階では、記載を断念せざるを得なかった資料も多々あった。たとえば、年表に記載されていない過去の事実もあるし、記載されていても、その詳細が明らかになっていない事実もある。競技スポーツを扱った章では、日本の現状と他の国々とを比較するまでには至らなかった。男女の学校体育カリキュラムについても、全国的な実態は明らかになっていない。メディアやスポーツ産業に関していえば、女性とスポーツの観点からまとまったデータが集められたのは、はじめてかもしれないという状態である。ともかく各章それぞれに、多くの課題が見出された。

　女性とスポーツをめぐる国際的なムーブメントは、ブライトン宣言以降、ここ20年ほどの間に、急速に盛り上がりを見せている。おそらく21世紀には、女性とスポーツの関わりは、猛スピードで、この100年以上の様変わりを遂げるに違いない。そう考えると、本書の執筆作業の中で見出された課題を解決するの

は、とてつもなく困難なことなのかもしれない。たとえそうだとしても、より一層の磨きをかけた一冊を再び世に問うことができる日を夢み、日々研鑽する決意を新たにして、本書を締めくくりたい。

　本書には図表を多く用いたが、それらの元になったデータや図表は、多くの方々や機関によって行われた調査や研究の貴重な成果に依拠している。1章では過去の新聞記事をそのまま転載させていただいた。2章を執筆するために、㈶日本体育協会に加盟する都道府県体育協会と中央競技団体、㈶日本オリンピック委員会に加盟する競技団体、㈶日本障害者スポーツ協会が、オリンピック大会開催前の多忙な時期であったにもかかわらず、快く調査に応じてくださった。資料編の作成にあたっては、編集作業に原幹子氏（JWS事務局）のご尽力を、海外資料の翻訳には松岡智子氏にお力をお借りした。また、石田良恵氏（女子美術大学教授）はじめ、多くの方々に貴重なアドバイスをいただいた。日本で初めての女性とスポーツに関わるNPO法人であるジュース（JWS）には、本書誕生の直接的契機となった、執筆者たちの出会いの場を与えていただいた。本書の出版は、これら多くの人々や機関のご助力なくしては、成立し得ないものであった。この場を借りてお礼を申し上げたい。

　最後になったが、図表が多く、当初の予定ページ数を大幅に超過した本書の刊行には、大修館書店編集第3部の改発祐一郎氏に大変なご苦労をおかけした。記して厚く感謝の意を表したい。

2001年4月　編集者代表

[編著者]

◆井谷惠子（京都教育大学助教授、体育科教育）
　7章3.4.5.6.7.8.9、資料編

◆田原淳子（中京女子大学助教授、スポーツ史）
　2章

◆來田享子（中京大学非常勤講師、スポーツ史）
　1章1.2.3.4

[著者]

●飯田貴子（帝塚山学院大学教授、スポーツとジェンダー）
　5章

●伊藤紫乃（中央出版（株）発育発達）
　2章、8章6-7

●工藤保子（笹川スポーツ財団業務部調査研究課、スポーツ社会学）
　3章1.2.3.5

●太田あや子（武蔵丘短期大学専任講師、測定評価）
　8章1.2.3.4.5

●小笠原悦子（NPO法人ジュース理事長、スポーツ・マネジメント）
　1章5

●北田和美（大阪女子短期大学助教授、体育科教育）
　7章1.2.7

●熊安貴美江（大阪女子大学専任講師、スポーツとジェンダー）
　9章

●佐藤志穂（仙台大学庶務課学術会事務局、スポーツ社会学）
　9章、資料編

●佐野信子（弘前大学専任講師、スポーツとジェンダー）
　6章

●萩裕美子（鹿屋体育大学助教授、生涯スポーツ学）
　3章4、資料編

●松永敬子（文教大学専任講師、スポーツ経営学・生涯スポーツ学）
　4章

目でみる
女性スポーツ白書
ⓒ　Keiko Itani, Junko Tahara, Kyoko Raita　2001

初版発行―――2001年4月20日

編著者――――井谷惠子・田原淳子・來田享子
発行者――――鈴木一行
発行所――――株式会社大修館書店
　　　　　　〒101-8466　東京都千代田区神田錦町3-24
　　　　　　電話03-3295-5231（販売部）03-3294-2358（編集部）
　　　　　　振替00190-7-40504
　　　　　　［出版情報］http://www.taishukan.co.jp

装幀者――――中村友和（ROVARIS）
カバー写真――ⓒフォート・キシモト
印刷所――――広研印刷
製本所――――難波製本

ISBN 4-469-26459-8　Printed in Japan

Ⓡ本書の全部または一部を無断で複写複製（コピー）することは、
著作権法上での例外を除き禁じられています。

大修館書店の好評既刊書

スポーツ・ヒーローと性犯罪

ジェフ・ベネディクト 著　山田ゆかり 訳

英雄たちは、なぜ許されぬ罪を犯したのか?

マネー、メディア、ファン……トップアスリートを取り巻く環境が加熱する中で、彼らによる性暴力、DV（ドメスティック・バイオレンス）はいかにして発生し、そのとき周囲はどう動いたのか? フィールド、コート上の華麗なプレーの影に潜む暗部を綿密な取材とインタビューによって鋭く抉りだした衝撃のノンフィクション。

四六判・上製・288頁　本体2,200円

大修館書店　　書店にない場合やお急ぎの方は、直接ご注文ください。Tel.03-5999-5434

スポーツ選手の摂食障害

Disordered Eating Among Athletes

NATA(全米アスレティックトレーナーズ協会)【編】 **辻 秀一**(北里研究所病院スポーツ＆骨粗鬆症予防クリニック)【監訳】

NATAによる初の実践的テキスト待望の邦訳！
拒食症、過食症といった摂食障害から選手をどう守ればよいか？
摂食障害の基本的な知識から、診断・ケアの仕方までを詳述する。

主な内容

- 第1章 ● 摂食障害の特徴及び関連する問題点
- 第2章 ● 摂食障害とゆがんだ食行動について知る
- 第3章 ● 摂食障害とゆがんだ食行動の理解
- 第4章 ● スポーツが健全なボディイメージを崩す時
- 第5章 ● 摂食障害の選手への対応
- 第6章 ● 摂食障害を持つ選手に対する長期的サポート
- 第7章 ● スポーツにおける効果的な体重管理のためのガイドライン
- 第8章 ● 選手とコーチのための教育プログラム開発
- 第9章 ● 選手、コーチ、スタッフのための学習資料

A5判・160頁　**本体1,500円**

妊娠中の運動ハンドブック

ジェームス・クラップ [著]　目崎登 [監訳]

安全で健康的な出産のために
最適な運動・エクササイズプログラムとは?

80年初頭以来、一貫して妊娠中の母体と運動の関係について
研究を続けてきた成果を基に、
妊娠中の運動・エクササイズの効能と
その問題点を明らかにし、
妊娠の各段階における
最適な運動プログラム作成までを丁寧に解説。

●A5変型判・256頁　**本体2,200円**

大修館書店　　　書店にない場合やお急ぎの方は、直接ご注文ください。Tel.03-5999-5434